한국 베스트셀러
여성작가의
러브스토리 코드

이화학술총서

한국 베스트셀러 여성작가의 러브스토리 코드

Love Story Code

김말봉, 장덕조, 박계형 소설의 미학

진선영 지음

이화여자대학교출판문화원

책을 펴내며

베스트셀러는 한 나라의 대중문화를 가늠하는 중요한 척도이며 사회 현상을 진단할 수 있는 지표임에도 최근까지 심도 있는 연구는 이루어지지 않았다. 지금까지 베스트셀러 문학에 대한 개별적 논의는 많았지만 출판의 측면에서 주로 연구되었고 산술적 수치에만 의존하여 소비되었다. 한국 근·현대문학사에서도 베스트셀러 문학은 저급한 상업적 대중문학이라고 치부되어 문학사의 범주 안에서 소외되어온 것 또한 현실이다. 주변부 문학으로서 베스트셀러 문학에 대한 관심도 부정적일뿐더러 문학 내부에서도 작가의 성별에 따라 우열이 존재했다.

베스트셀러 문학은 그 시대 대중의 가장 민감한 욕구를 정확하게 포착해낸 작품임과 동시에 당대 사회를 되비추는 거울이다. 하지만 베스트셀러 문학이 갖는 당위성을 인정한다 하더라도 베스트셀러 여성작가는 이중의 푸대접 속에 위치해 있었다. 최근 문화 민주주의적 입장에서 한국문학사에서 어렵사리 한 귀퉁이에 위치하게 된 대중문학은 박계주-김내성-정비석-최인호-조해일 등의 남성작가에게 상업성과 장르성을 명목으로 자리를 허용했지만 여성작가의 이름은 불문(不問)에 부치고 있다. 그러므로 베스트셀러 문학과 여성문학의 교점은 '문학의 이상주의'와 '독서의 현장성' 사이의 자기보순을 극복하고 훨씬 더 풍부한 해석을 가능케 할 것이며 특히 이를 여성문학사와 접점하는 작업은 새로운 주제론적 모델을 제시할 수 있다는 측면에서 유의미하다.

여성작가는 여성으로서의 삶의 경험을 바탕으로 주제를 건설하고 사랑 이야기를 통해 암울한 시대에 독자들을 위무하며 위안을 제공했다. 이것이 당대 독자들에게 큰 울림을 주었을 때 '가장 많이 팔린 책' 베스트셀러가 되는 것이다. 김말봉-장덕조-박계형은 한국 베스트셀러 여성작가의 계보이며 이 이름을 나열하는 것은 새로운 문학사를 기술하겠다는 의미이다. 한국 베스트셀러 여성작가 김말봉-장덕조-박계형의 작가 연보 및 작품 연구는 현재 전혀 진전이 없으며 작품 목록 또한 실증적 고증을 거치지 않아 왜곡된 자료가 남발되고 있는 실정이다. 이 책에서는 말미에 작가 연보, 작품 연보, 참고문헌을 붙임하여 자료학적 가치를 높였다.

이 책은 '러브스토리'라는 주제(코드)로 베스트셀러 여성작가의 대표적인 작품을 분석하는 작품론을 기저로 이를 종합하는 작가론적 형태를 취하며, 이것을 바탕으로 한국 여성문학을 연속성의 측면에서 계보화하고자 한다.

러브스토리라는 항목을 통해 세 여성작가의 문학적 글쓰기를 테마화하고자 하는 것은, 첫째, 사랑이 지닌 보편성 때문이다. 문학적 글쓰기가 동시대인들의 삶과 생각을 담아내는 서사적 장치인 한, 남녀 관계의 근본적인 형식으로서의 사랑 이야기는 빠질 수 없는 제재다. 둘째, 장르성을 바탕으로 하는 베스트셀러 문학 중 러브스토리만큼 다양하고 광범위한 독자층을 형성하고 있는 장르도 드물며 사랑을 통해 다양한 영역과 통섭되므로 베스트셀러 문학의 본질을 확인하기 위해 가장 적정한 장르라 할 수 있다. 마지막으로 김말봉, 장덕조, 박계형의 베스트셀러 소설은 러브스토리를 통해 인간의 삶과 공동체의 문화, 휴머니즘적 가치를 천착하기에 이 세 여성작가에게 사랑은 창작방법론이자 소설의 주제의식이 된다.

또한 여성작가의 허스토리(herstory)와 창작방법론을 통해 베스트셀러가 가지고 있는 문학적 가치를 규명하고자 했다. 허스토리는 우리가 알고 있는 역사(history)가 여성의 삶과 경험을 사소한 것으로 여겨 공식적인 기록에서 제외하고 남성의 활동만을 기록으로 남겨온 남성의 역사(his story)였다는 문제의식에서 나온 말이다. 동시에 '여성들의 과거와 현재의 삶에 대한 이야기를 역사로 만들자(her story)'는 의미를 담고 있기도 하다. 허스토리는 여성에 의해 쓰인 역사로, 여성의 관점과 경험을 기록하는 것을 목적으로 하기에 여성작가의 삶을 되받아 쓰는 허스토리와 작품 내에서 여성인물의 삶을 추적하는 허스토리로 이중화 전략을 구사한다.

세 여성작가는 사랑의 일상사를 주로 소재화했다. 여성작가가 작위적, 공식적이라는 비난을 받으면서까지 유사한 소재와 주제를 고집하는 것은 분명 이유가 있을 것이다. 작가는 여성적 삶의 경험을 바탕으로 일상적 소재와 심리를 개연성 있게 그려내면서 당대 사회에 대한 현실 인식을 드러낸다. 이것이 각 시대를 살았던 여성과 현실에 대한 여성작가들의 솔직함이자 성실함이다. 세 여성작가는 '대중성'과 '멜로성'에 초점을 둔 작품을 지속적으로 발표했고 이것이 독서 시장 및 영화계에서 강렬한 상품성을 가졌다. 이는 작가적 특성이자 문학적 색채로 이해되어야 할 부분이지 비난이나 질책의 대상은 아니다. 김말봉과 장덕조, 박계형의 텍스트에 등장하는 러브스토리 코드는 그러므로 창작방법론이다.

이 책은 김말봉, 장덕조, 박계형의 작품을 각 작가별로 3부로 나누어 서술하고 있으며, 자료학적 가치를 지닌 작가 연보 및 작품 연보는 부록으로 제시했다. 각 부의 명칭을 '코드'라고 명명한 것은 사랑이 감정인 동시에 상징적으로 코드화된 소통 매체라는 니클라스 루만(Niklas Luhmann)의 정의를 따른 것이다. 사랑의 코드는 대중연애소설을 즐겨 쓰는 여성작가에게는 창작방법론이자 독자에게는 사랑의 방식을 습득하는 연애지침이 된다.

코드 1 김말봉, 코드 2 장덕조, 코드 3 박계형은 한국 베스트셀러의 역사, 문화사를 조망할 때 대중 독자에게 큰 인기를 얻은 여성작가이며, 각각의 독창적인 사랑학으로 낱낱의 영역을 확보하고 있다. 코드 1에서는 김말봉의 베스트셀러 러브스토리를 '숭고의 멜로드라마와 대중의 모럴리티'로 주제화했다. 김말봉은 한국문학사에서 독특한 한 지점에 위치하는바 스스로 대중연애소설가라 천명한 이래 1961년 작고할 때까지 쉼 없이 대중연애소설을 발표했다. 김말봉은 멜로드라마의 컨벤션을 사용하여 선악의 대결을 명확하게 구도화했고 인과응보의 당위성을 강조했다. 김말봉의 소설이 대중연애소설의 전형성을 가지면서도 대중에게 인기를 얻을 수 있었던 것은 '대중이 진정 재미있게 읽을 수 있는 제재'로 '건전하고 정의가 승리하는 모럴'을 지향했기 때문이다.

코드 2에서는 장덕조의 러브스토리를 '에로스의 러브스토리와 역설의 미학'으로 주제화했다. 1950년대의 장덕조는 신문연재소설의 연속된 히트와 영화화로 명실상부 '우리 문단의 제일인자로 손꼽히는 대중소설가'였으며 이러한 이유로 이 시기 신문에 연재소설을 가장 많이 쓴 여성작가이기도 하다. 장덕조가 이 시기 신문에 발표한 러브스토리는 삼각관계, 외도, 원조교제, 불륜 등을 사건의 핵심 플롯으로 끌어들인다. 인간으로 하여금 무언가를 충동케 하여 열정을 갖고 욕구하도록 하는 에로스는 욕구 지향적 사랑으로 감각 본능적인 것으로부터 자유로울 수 없으며 종종 미적인 것을 탐닉하거나 본능적인 충동과 욕망에 사로잡힌다. 말초적 신경을 자극하는 성적인 묘사는 물론 직접적인 육체의 노출과 긴장감 넘치는 육체의 접촉은 독자들의 관음증적 욕망을 자극하고 훔쳐보기의 즐거움을 실현시킨다. 선정적이고 관능적인 장덕조의 러브스토리는 젊은 청춘남녀의 본능적 욕망을 재현한다는 점에서 연애 서사의 핵심적 속성이다.

코드 3에서는 박계형의 러브스토리를 '멜로망스의 판타지와 엘레지의 정동'으로 주제화했다. 박계형의 러브스토리는 운명적 만남과 열정적 사랑, 제도화된 결혼과 재생산으로 이어지는 낭만적 사랑의 전형을 그린다. 소설은 시적 감수성을 바탕으로 아름다운 사랑에 대한 강렬한 동경을 드러내는 러브스토리이다. 하지만 박계형의 소설은 사랑하는 관계에서 발생하는 즐거움, 환희, 쾌락, 기쁨의 측면보다는 이별, 아픔, 외로움의 측면에 집중하면서 슬픔의 감정을 주조한다. 비애의 정조를 바탕으로 소설의 결말은 실패, 죽음, 파멸, 불화, 배신으로 종결되기에 엘레지의 정서를 구현한다. 박계형의 낭만주의적 세계관은 당시 독자들에게 강한 울림을 주었고 시대적 코드와 맞물려 박계형 소설의 상업적 성공을 이끌었다.

이 책은 세 명의 베스트셀러 여성작가의 사랑 이야기가 만들어내는 특수한 힘에 대한 연구이다. 이는 한 시대의 담론 형성과 시대의 변화에 따른 담론의 변화를 가능케 하는 조건들에 대해 설명할 수 있게 한다. 이 책은 근·현대문학사에서 사랑 이야기의 출발점에 대한 연구이지만 이는 과거로의 여행이 아니라 사라지지 않는 기원에 대한, 시간의 흐름을 관통하며 작용하는 거대한 연속성에 대한 이해로 나아갈 것이다.

2020년 가을

진선영

차례

Code 1

숭고의 멜로드라마와 대중의 모럴리티:

김말봉

1

'처녀작은 죽은 딸의 이름으로'

:: 김노초의 허스토리 ::

1. 작가의 페르소나, 이명(異名)

식민지 시대에 활동한 작가들은 본명 외에 아호(雅號) 혹은 다수의 필명(筆名)으로 작품 활동을 했기 때문에 생애 및 작품 연구에 있어 이를 규명하는 작업이 연구의 첫머리에 놓이는 것이 주지의 사실이다. 이러한 이유로 유병석은 "한국의 문사들은 꽤 많은 이명을 사용했기 때문에 그들의 문학적 작업을 정리하기 위해 이명을 분명히 밝힐 필요"가 있으며 이는 작품의 좀 더 완전에 가까운 이해, 나아가 문학사 기술의 기초 작업을 위해 가장 중요한 연구 작업이라 천명한 바 있다.[1]

1 유병석, 「한국문사의 이명(異名) 연구」, 『문학사상』 16, 문학사상사, 1974, 74쪽.

작가가 사용하는 이명(異名)은 아호(雅號), 필명(筆名), 자(子), 아명(兒名), 별명(別名) 등을 총칭하는 개념이다. 작가가 본명 외에 다른 이름을 사용하는 것에 대해 여러 가지 개인적·사회적 이유를 추측해볼 수 있다. 시대적 압력으로 본명을 걸고는 쓰기 힘든 것을 쓸 수 있는 자유를 얻기 위해서이거나, 향후 지속될 작가의 문학적 지향을 가명에 아로새겨 특별한 목적의식을 표방하기 위함도 생각해볼 수 있다.

이명 쓰기는 작가의 삶과 시대적 상황에 따라서 의도적으로 개입되어 드러난다는 점에서, 문학적 명성과 표내기 차원에서가 아니라 현실 문제를 깊게 짚어내는 고민과 판단에서 그 사용이 고려되었음직하다. 이는 식민지 근대라는 독특한 지정학적 위치에 있었던 식민지 작가들에게 풍성한 이명이 존재하는 이유일 것이다.

여성작가들이 이명을 사용하는 것은 여성이라는 레테르를 떼고 작품에 대한 진지한 평가를 받기 위함도 있다. 또한 문제작, 인기작에 대한 전작과의 거리 두기도 생각해볼 수 있다. 앞선 네 가지의 이유 중 어느 행간에 작가의 욕망이 자리하면 적게는 한두 개, 많게는 십여 개에 가까운 작가의 페르소나, 가면을 만날 수 있다. 이처럼 존재의 고유명사인 이름은 작가의 특성과 역동성을 표상하는 집약체인 것이다.

이명 사용은 식민지 지식인들 사이에서 널리 사용된 삶의 한 방식이었다. 그러므로 밝힐 수 있는 것을 밝혀내어 텍스트의 필자를 확정하거나 최소한 추정이 가능한 근거 자료들을 모으는 일은 설사 그로 인해 문학사적 맥락이 수정되는 일이 없다 해도 지속되어야 한다. 하지만 이명에 대한 문제 제기는 작가 및 작품 연보가 축적되어 전집이 출간되고 정교한 작품 연구가 진행되는 오늘날 오히려 낡거나 지엽적인 문젯거리로 보이기도 한다.

그러나 이명 연구는 작가 연구나 작품 규명에 있어 근본적인 문제 제기라는 측면, 작가의식의 통시적 변화를 파악하는 출발점이라는 측면에서 간과되어서는 안 될 것이다. 문학 연구가 서구의 사회학적 방법론을 차용하는 담론 연구 중심으로 전환되고 저자라는 개념 역시 담론의 질서 속으로 포섭이 된 이 시대에 작가의 이름이나 뒤적거리는 이 고루한 비평 형식이 여전히 유효할 수 있는 이유는, 작품의 심층에 탐구의 추를 내려 저자의 의도를, 또 그런 글을 쓰게끔 하는 원인을 읽어낼 수 있기 때문이다. 한 작가의 삶과 이력을 정리하고 보존하는 것에 대해 바치는 노력은 결코 낡거나 우완한 방식이 아니라 그 사회의 전통에 대한 성숙을 가늠케 하는 중요한 척도가 될 것이다.

이 글은 작가의 의도에 대한 실증주의적인 태도를 취하며 그런 까닭에 어떤 측면에서 전기 기술의 형태로 나타나기도 할 것이다. 이러한 작업은 원전을 확정하는 작업이나 어딘가에 숨겨진 채 아직 발견되지 못한 작가의 작품을 발굴하고 수집하는 작업으로 이어질 수 있으며 이를 통해 한국문학의 물질적인 토대가 점점 두터워질 수 있다는 점에서 의미를 갖는다.

문학작품의 가장 명백한 근거는 그것의 창작자인 저자이다. 그렇기 때문에 작가의 품성과 생애로 작품을 설명하는 것은 가장 오래된 그리고 가장 잘 수립된 문학 연구의 방법이라는 피터 브룩스(Peter Brooks)의 고전적 논의, 혹은 작가론이나 작품론이 작가가 산출한 문학작품에 대한 비평적 규명에 초점을 둔다면 문학 전기는 작가의 삶에 대한 섬세한 이해를 요구한다는 레온 에델(Leon Edel)의 지침을 따라간다면, 우리가 아주 오래전 자주 사용했지만 더욱 실용적인 도구에 의해 사라진, 녹슨 쟁기의 놀랍도록 날카로운 이면을 만날 수 있다. 이러한 문제의식이 김말봉 이명 연구의 첫 시작점이다.

2. 김말봉의 이명, 검증과 확정

김말봉은 한국문학사에서 독특한 한 지점에 위치하는바 스스로 대중소설가로 공표한 이래 1961년 작고할 때까지 쉼 없이 대중소설을 발표했다. 일찍이 식민지 시대에 발표한 인기작(『밀림』, 『찔레꽃』) 중심의 연구가 포화된 이후 해방 공간과 한국전쟁 이후의 신문 연재 대중소설이 꾸준히 연구되고 있는 실정이다. 해방 이후 발표한 김말봉 작품에 대한 연구는 시대적 이데올로기를 바탕으로 한 작가의식 연구(작가론)이거나 대중소설의 공식에 따라 작품을 연구한 경우(작품론)가 주를 이룬다.

김말봉은 대중적으로 성공한 작가였으나 당시의 인기에 비해 작가 및 작품 연구는 상대적으로 홀대받았다. 일반적으로 한 작가의 생애 및 작품에 대한 기본적인 정보는 전집류의 연표에 의존할 수밖에 없는데 김말봉의 작품이 장편·단편문학대계에 실리는 경우가 드물었고 설사 실렸다고 하더라도 상당히 소략되어 기본 자료로 삼기에도 부족한 면이 있다.

부족한 자료도 자료거니와 김말봉의 경우 신문 연재 장편소설을 모두 본명으로 발표했기 때문에 비교적 다른 이명 외에 본명이 잘 알려져 있다. 특히 한국전쟁 이후에는 본명 외에는 다른 이명을 사용하지 않은 것으로 확인된다. 그렇다면 이명에 대한 문제 제기는 부당해 보이기도 하는데, 이에 대한 해명은 식민지 시대에 발표한 글에 대한 정치한 재고를 통해 김말봉의 이명에 대한 확정 및 작가의식의 규명으로 해소될 수 있을 것이다. 더불어 작가 김말봉과 그의 작품에 대한 선행 연구들의 공과가 검증되어 제대로 된 김말봉 작가 연보 및 작품 목록이 작성될 수 있기를 희망한다.

다음에 소개하는 네 개의 자료는 1980년대 이후 김말봉 작가 연보, 작품 목록이 비교적 상세히 정리된 자료로서 이 저작들을 중심으로 김말봉의 이명을 확인하고, 실증 자료를 근거로 이명을 확정하거나 삭제하거나 보류하는 방식으로 논의를 진행하고자 한다.

① 본명은 말봉(末鳳), 필명은 김보옥(金步玉) 또는 김말봉(金末峰), 아호는 끝뫼, 노초(路草)[2]

② 김말봉의 본명은 말봉(末鳳), 필명은 김보옥(金步玉), 이문옥(李文玉), 또는 김말봉(金末峰)이며 아호는 노초(露草, 路草), 노엽(露葉), 끗뫼 등이다.[3]

③ 끝뫼 김말봉은 1901년 경남 밀양에서 태어났다. 딸만 넷을 둔 집안에 막내딸로 태어나 끝봉이란 뜻의 말봉(末峰)이란 이름을 얻었다. 다섯 살이 되도록 어머니가 사내아이의 옷을 입혀서 키웠다고 한다. 언니 셋을 둔 가정에서는 아들이 너무나도 부러웠고, 활발하고 명석했던 말봉은 어머니 원대로 아들 역할을 잘해냈다.[4]

④ 본명은 말봉(末峰), 필명은 보옥(步玉), 말봉(末鳳), 아호는 끝뫼, 노초(露草)[5]

---

2 정하은 편저, 『김말봉의 문학과 사회』, 종로서적, 1986, 411쪽.

3 서정자, 「삶의 비극적 인식과 행동형 인물의 창조: 김말봉의 『밀림』과 『찔레꽃』 연구」, 『여성문학연구』 8, 한국여성문학학회, 2002, 195쪽.

4 김정준, 『마태 김의 메모아』, 지와사랑, 2012, 53쪽.

5 진선영 엮음, 『김말봉 전집 1: 밀림』, 소명출판, 2014, 793쪽.

①에서부터 ④까지는 김말봉에 관한 주요 저작들 중에서 작가의 이명과 관련한 부분만 발췌한 것이다. ①의 내용은 정하은이 편저한 『김말봉의 문학과 사회』에서 발췌한 것이다. 김말봉의 생애, 문학, 사상, 작품론을 집대성한 이 책은 작가 25주기를 기념하여 출판된 저서로 처음으로 작가의 생애와 작품 연보를 구체적으로 정리했다는 측면, 그의 전작품(단편, 장편)을 아울러 문학적 재평가를 시도했다는 측면에서 김말봉 연구의 선구적 업적을 이루었다. 편저자 정하은은 국문학자이자 김말봉의 둘째 사위라는 점에서 전기적 신빙성을 확보했다. 이후 이 책의 종합성, 상징성 등으로 작가의 생애 및 작품 연보는 고정되었고, 그 행간을 채우거나 수정하는 방향으로 연보는 보강되었다.

②는 서정자가 정리한 연보이다. 정하은의 연구 이후 김말봉 연구의 집대성자로 서정자를 언급함에 주저함은 없다. 서정자는 「김말봉의 페미니즘 문학 연구」와 「삶의 비극적 인식과 행동형 인물의 창조: 김말봉의 『밀림』과 『찔레꽃』 연구」 등 연속하는 두 편의 논문을 통해 김말봉의 처녀작 『시집살이』를 발굴했다. 특히 연구자가 발로 뛰어 수집한 작가 연보는 김말봉 연구의 중요한 기본 자료이며 이를 바탕으로 작가의식의 근간을 확인한 유일한 연구이기도 하다.

③의 저자 김정준은 김말봉의 첫째 사위로 김말봉의 수필이나 설문에 종종 등장했던 매매(전재금)의 남편이다. 에세이 형식으로 기술된 이 책에는 그간 알려지지 않은 김말봉의 사적인 면이 그려져 있어 전기적 자료로서 가치를 갖는다.

④는 김말봉 작품을 정전화하기 위해 진선영이 엮은 것으로 전집의 성격을 가지며, 가장 최근의 저작으로 앞선 선행 자료를 종합하는 성격을 갖는다.

위의 자료를 종합해보면 김말봉의 이명은 10여 가지에 이른다. 이를 바탕으로 증명되어야 하는 몇 가지 쟁점을 정리해보면 첫째 김말봉의 본명은 말봉(末鳳)인가 말봉(末峰)인가. 둘째 김보옥, 이문옥은 모두 김말봉의 필명인가. 셋째 노초(露草), 노초(路草), 노엽(露葉) 등은 모두 김말봉의 아호인가.

이러한 작업을 통해 정설로 받아들여져 의심 없이 되받아 쓰인 연보와 작품의 행간을 들여다보고 과도한 해석과 압도적 비평을 걷어낸 자리, 그 소박한 자리에서 작품을 통해 김말봉 문학의 출발점을 새롭게 발견하고 확정해보고자 한다.

3. 본명, '끝뫼'라는 힌트

①과 ②의 자료, 『한국소설사』의 필명 및 호 일람표, 『한국여성문인사전』에 따르면 김말봉의 본명은 '봉황 봉(鳳)'자를 쓰는 김말봉(金末鳳)으로 기재되어 있다. 반면 ③과 ④의 자료, 망우리의 그의 묘비에는 '봉우리 봉(峰)'자를 쓰는 김말봉(金末峰)이 새겨져 있다. 둘 중 하나는 본명이고 다른 하나는 필명, 혹은 잡지사나 출판사의 실수일 수 있다. 김말봉은 대부분의 작품을 김말봉(金末峰)으로 발표했는데, 칼럼 「명사 부인기자 상호 인상, 비치는 대로의 최의순 씨」에서만 김말봉(金末鳳)의 이름이 확인된다. 이 글은 『조선일보』 여기자 최의순과 『중외일보』 여기자 김말봉이 상호 인상을 주고받는 글로, 당시 소수였던 여기자에 대한 세간의 관심과 김말봉의 호방하고 사교적인 성격이 잘 드러나 있다. 이름을 김말봉이 그렇게 전달한 것인지, 잡지사의 오류인지는 확인할 수 없지만 김말봉(金末鳳)의 이름이 확인되는 유일한 자료이다.

김말봉의 본명이 무엇인지에 대해서는 비교적 명확하게 판단할 수 있는 자기서사가 존재한다. 1934년 『신가정』에 발표한 「맛뽀는 어디로」, 1950년 『여학생』에 발표한 「나의 여학생 시절」이라는 두 편의 수필이 그것이다. 앞의 작품에는 자신의 처녀 시대를 추억하며 이름과 관련한 여학교 시절의 일화가 재미있게 소개되고 있다.

> 나는 지금도 그러하지만 그때 그 처녀시절에는 '모든 일에 수줍고 모든 일에 웃음이 터져 나오던' 내 이름 '김말봉'이가 무척 얄궂고 부끄러운 이름이라고 생각하였습니다. 더구나 처음 서울로 유학을 오게 되어 학교의 상급생들에게 다시 놀림을 받고는 난생 처음으로 엄마와 아버지를 원망하였습니다.
>
> '왜 하필 그 얄궂은 말봉이라고 지어주셨을고' … (중략) …
>
> 그러다가 방학이 되어 나는 집으로 돌아와 아버지와 어머니께 울며불며 진정(陳情)을 하였습니다. 그랬더니 아버지 말씀이
>
> "얘 나는 뜻이 있어 말봉이라 하였다. 경상도의 큰 산은 태백산이 아니냐? 그 태백산 줄기가 이 부산에 와서 끝이 났거든! 그래 네가 그 끝봉오리의 정기를 가지란 말야, 좀 좋으냐?"
>
> 과연 좋기는 좋으나 아버지는 내가 무슨 남자나 되는 듯이 웅장한 산세를 암시하여 이름을 지어주신 것이 더 화가 납니다. … (중략) …
>
> 그때는 자다가도 유쾌한 웃음을 웃던 것이오 그때는 저는 몰라도 분명히 태백산 끝봉 정기 노릇을 하였던 것입니다.[6]

김말봉은 학창 시절 이름 때문에 놀림을 받자 아버지께 항의했던 사건을 추억하며 자신의 이름이 '태백산 끝봉오리의 정기를 이어받아' 남

---

6 진선영 엮음, 『김말봉 전집 7: 해방 전 단편서사 모음』, 소명출판, 2018, 148-149쪽.

성처럼 큰 뜻을 이루라는 의미였음을 밝히며 이를 증명이라도 하듯 '김끝뫼'라는 이름으로 글을 발표했다. 이와 다른 의미로 김정준의 책에 보면 "딸만 넷을 둔 집안에 막내딸로 태어나 끝봉이라는 뜻의 말봉(末峰)이란 이름을 얻었다."[7]고 기록되어 있다.

김말봉은 끝뫼라는 이명을 과거를 추억하거나 내면을 드러내는 수필 등에서 사용하여 이야기의 진정성을 강화하는 형태를 취한다. 이처럼 우리는 끝뫼라는 이명을 통해 그의 본명이 김말봉(金末峰)임을 확정할 수 있고, 이 이름처럼 김말봉이 활발한 기상과 호방한 성격으로 긴 호흡을 갖는 소설가가 되었음을 확정할 수 있다.

4. 필명, 이문옥(李文玉)과 김보옥(金步玉) 사이

김말봉의 첫 문단 등단작은 1932년 『중앙일보』 신춘문예 당선작인 「망명녀」이다. 그는 이 작품을 김보옥이라는 필명으로 발표했는데 그 이유는 「처녀작은 딸의 이름으로」라는 수필을 통해 확인할 수 있다. 보옥은 남편 전상범과의 사이에서 낳은 쌍둥이 남매 중 여아의 이름이다. 딸의 이름 '전보옥'에 자신의 성만 붙여 신춘문예에 응모한 것이다. 당시 『중앙일보』에는 당선작 소개와 함께 당선자의 사진 및 약력이 소개되는데 당시까지의 김말봉의 이력이 상세히 소개되어 있다. 이후 김말봉이 김보옥이라는 필명을 사용한 경우는 현재까지 발견되지 않지만 당시의 기록이나 작가의 수필을 통해 볼 때 이를 김말봉의 필명으로 확정해도 무방하다.

---

7 김성순, 앞의 책, 53쪽.

본사 신년현상문예에 응모하여 당선된 작품의 작자 제군의 약력을 소개하며 따라서 그들의 당선된 감상을 들어본다. 일등 당선 소설의 작자 김보옥(일명 말봉) 여사는 명치 삼십육년 생으로서 일찍이 경성 정신여학교를 졸업하고 그 후에는 도동(渡東)하여 동경송영고등여학교를 졸업하고 경부동지사여전 영문과를 졸업한 후에 문부성 중등교원무시험검정에 합격되었다. 그 후 1929년서부터 동30년까지는 전 중외일보의 신문기자로 활동하였었다. 지금은 가정생활에 종사한다고 한다.[8]

사랑과 계급 갈등을 갖춘 제일 역작인 김보옥의 「망명녀」에 대해서 동시대의 비평가 이원조는 이 작품이 단편소설로 마무리되기 아까운 장편다운 맛이 있고, 표현 기교가 금춘 당선된 작품 중에서 제일 정연하다고 평가했다.[9]

김말봉이 「망명녀」를 발표하여 문단에 등단하기 전까지의 약력이 위의 인용문에 상세히 기록되어 있다. 이 자료에 따르면 김말봉이 김보옥이라는 필명으로 문단에 등단한 것은 1932년이지만, 서정자가 각고의 연구 끝에 「시집살이」를 발굴하면서 그의 등단은 7년이나 앞당겨졌다. 「시집살이」는 신춘문예 제도를 처음으로 도입한 1925년 『동아일보』 가정소설 부분에 3등으로 당선된 작품이다. 1925년 초에 공고가 나고 원고 모집이 이루어진 후 3월의 「당선문예발표」란을 보면 '가정소설 「시집살이」, 광주군 대왕면 둔전리 이문옥'으로 당선자가 기재되어 있다. 신춘문예의 지원 부문과 당선자의 이름 및 주소, 작품명 등을 짧게 수록한 이 지면을 보면 어디에도 이문옥이 김말봉이라는 연관성을 찾

8 「1등 당선 소설, 망명녀의 작자, 김보옥 여사의 약력」, 『중앙일보』, 1932.1.17.
9 이원조, 「신춘당선문예개평」, 『중앙일보』, 1932.2.11.

을 수는 없다. 그런데 약 한 달 후 당시 『동아일보』에 연재 중이던 이광수의 「재생」이 저자의 신병으로 며칠 휴재케 되자 그 대체 독물로 「시집살이」가 실리게 되는데, 이문옥의 이름이 아닌 노초(露草)의 이름으로 연재된다.

「시집살이」는 가정소설이라는 단서가 붙었듯이 열일곱 살 먹은 을순이가 열네 살짜리 어린 신랑에게 시집을 와 겪는 시집살이의 고초를 을순이의 발화로 자조적 · 격정적으로 토로하고 있다. 이 작품을 발굴하여 김말봉의 데뷔작으로 평가한 서정자는 김말봉이 시집살이의 체험을 했다는 사실, 당선문예 발표란의 주소와 이름이 모두 허구라는 점, 노초라는 필명으로 연재되었다는 점, 그리고 그 후 쓰인 글들이 모두 노초나 노엽 등 동명의 아호로 기록되고 있다는 점에서 그의 작품으로 단정해도 좋지 않을까 했다. 이를 근거로 하면 김말봉은 신춘문예에 최초로 입상하여 문단에 등단한 여성작가인 셈이다. 반면 이 작품이 지금까지 어디에도 김말봉의 작품이라는 언급이 없었다는 점, 작가의 친지나 가족에게 문의했지만 별 소득이 없었고, 1925년 그가 어디에 있었는지, 그의 결혼은 어떻게 와해되었는지 등 확연히 밝혀지지 않은 대목은 문제로 남아 있다고 진술했다.

이는 이 책에서도 동의하는 바 작품의 내용만으로는 「시집살이」가 김말봉의 작품임을 확증할 수 없다는 점, 이문옥이 김말봉임을 증명하는 가장 앞선 증거는 노초라는 필명이지만 동명의 필명이 없으리라는 보장도 '없음'을 고려한다면 확정의 증거가 아니라 증명의 항목이 되어야 할 것이다. 또한 신문에 소개된 작가의 이력(신춘문예 선정 당시 작가 이력 소개란) 및 다음 해에 쓰인 작가의 칼럼에 그간 발표한 작품에 대한 상세한 정보(제목, 발표지, 발표연도 등)가 작가의 육성으로 기술되는데 「시집살이」에 대한 언급이 전혀 없다는 점은 여전히 이문옥이라는 필명에 의심의 눈초리를 거둘 수 없게 한다.

> 동지사 여자전문 영문과를 나온 뒤 지금은 없어진 중외일보 부인기자로 일 년 동안 일보다가 가정으로 들어갔습니다. 지금부터 육 년 전 『조선중앙신문』 현상에 「망명녀」라는 단편이 당선이 되고 그 뒤 잡지 신가정에 (지금부터 삼 년 전) 단편 「고행」을 실은 뒤 동아일보에 「밀림」을 연재하게 되었습니다. 어떤 사정으로 「밀림」이 휴재되고 조선일보에 「찔레꽃」을 연재하여 끝을 막고 여류선집에 「편지」라는 단편을 실었습니다. 지금은 다시 「밀림」을 연재하는 중입니다. 새해의 소망이란 좀 더 좋은 작품을 내보려는 것입니다.[10]

마지막으로 두 명의 사위가 집필한 책에서도 이 작품에 대한 언급이 전혀 없다는 점 등을 고려할 때 이문옥이라는 필명과 등단작으로서의 「시집살이」에 대한 확정은 유보되어야 할 것이다. 현재까지의 자료로서는 '아니다'가 아니라 '아닐 수 있으므로 확정할 수 없다'는 판단을 내리는 것이 타당하리라 사료된다.

5. 아호, 노초(路草)와 노초(露草) 사이

앞선 논의를 통해 김말봉의 본명과 필명을 확정하고 유보했다면 마지막으로 해명되어야 하는 이명은 노초라는 아호이다. 노초라는 아호는 김말봉이 본명 다음으로 많이 사용했고, 특히 『중외일보』 부인기자

---

10 진선영 엮음, 앞의 책, 2018, 184쪽.

시절에는 노초라는 이름으로 더 많이 활약했다. 그간 노초라는 아호는 한자어를 달리하여 '路草', '露草' 혹은 '露葉'까지도 모두 김말봉의 이명으로 처리되어 작품 연구에 활용되었고, 특히 등단 초기 작가의식을 규명하는 중요한 척도가 되었다.

정하은이 편저한 『김말봉의 문학과 사회』에 보면 김말봉이 1922년 스무 살 남짓 노초(路草)라는 필명으로 글쓰기를 시작했음을 알 수 있다. 이 기록대로라면 김말봉은 본명보다 먼저 노초라는 필명으로 등단했고, 더욱이 사회주의 계열의 잡지 『신생활』에 실린 시와 평론을 통해 이름을 알리게 된 것이다.

서정자는 「망명녀」가 발표되기 이전 약 10년간(1921~1931년)을 '노초 시대'라 명명하면서 이 노초 시대에 작가는 세계관을 형성했고 평생 추구해 마지않은 어떤 상처 내지 문제를 체험했다고 보았다. 서정자는 습작기인 노초 시대에 시 4편, 수필 평론 7편, 소설 1편 등 모두 12편의 글을 발굴·정리했는데 발표한 글들의 이명을 정리하면 32쪽의 표와 같다.

이 표에서 알 수 있듯이 김말봉의 이명에 대한 확정은 12편에 대한 선별이 관건이다. 12편의 글 중 앞서 확인된 본명 김말봉과 아호 끝뫼를 빼고, 가장 많이 사용된 노초(路草)라는 필명은 작가 생애 중 가장 이른 시기에, 또한 『신생활』이라는 사회주의 계열의 잡지에 사용되어 그 의미가 배가되었는데 이 시기, 이 지면을 제외하고 김말봉이 노초(路草)라는 필명을 사용한 흔적은 찾아볼 수 없다.

잡지 『신생활』은 1922년 창간된 사회주의 잡지로, 1920년대 초반 사회주의 매체의 일부이면서 동시에 프로문학이 형성되는 결정적 매개라는 점에서 그 중요성이 강조될 수 있다. 서정자에 따르면 이 지면에 발표된 4편의 시는 빈궁민의 처참한 삶을 고발하면서 황금만능의 시대

노초 시대 김말봉의 작품과 이명

장르	제목	발표지면	발표일자	발표명
시	암흑을 깨뜨리고	신생활	1922.6.	路草生
	비오는 빈촌	신생활	1922.6.	路草生
	광야에 누워	신생활	1922.6.	路草生
	머리 둘 곳은 어데	신생활	1922.7.	路草
수필	일기 중에서	신생활	1922.9.	路草
	신사의 멱살을 잡고[11]	별건곤	1927.8.	金末奉
	여기자 생활의 감상	조선지광	1930.1.	끝뫼
	매매가 아픈 밤	중외일보	1930.3.29.	金露草
	비치는 대로의 최의순 씨	철필	1930.8.	金末鳳
평론	이상향의 남녀생활	신생활	1922.8.	路草
	감상과 비평(상,중,하)	중외일보	1930.2.19.-23.	露葉
소설	시집살이	동아일보	1925.4.18.-25.	當選者名 廣州郡 大旺面 屯田理 李文玉 連載者名 露草

를 신랄하게 비판하고 있으며, 일기와 평론에서도 김말봉이 아나키즘에 깊은 영향을 받고 있다고 판단했다. 또한 거듭 강조하여 노초 시대의 김말봉이 아나키즘에 깊이 공감하고 있다는 사실은 김말봉의 소설을 해석하는 데 반드시 참고해야 할 중요한 사항이라고 지적한다. 「시집살이」에서 보여준 성에 관련한 여성 억압 문제는 「망명녀」에서 윤락녀의 구원 문제로 이어졌고, 『화려한 지옥』에서 보다 구체적인 실천적

11 이 수필은 김말봉(金末奉)으로 발표되었으나 작가 김말봉의 글이 아닌 것으로 판단된다. 『별건곤』에서 '각방면의 통쾌담'을 수집했는데 노동자인 김말봉이 인력거를 몰면서 겪은 일화와 이에 관한 통쾌담이 수록되어 있다. 잡지 목차에 노동자 김말봉으로 기재되어 있다.

모색으로 이어진다는 것이다. 김말봉의 실천적 페미니즘 의식이 제도적 권위, 지배 원리를 부정하는 민중 차원의 이념으로서의 아나키즘에 바탕한 것임을 노초 시대를 단서로 규정지을 수 있다고 강조했다.

반면 『신생활』지에 발표된 4편의 시와 2편의 수필, 평론은 아나키즘 사상에 깊이 공감하는 격조 있는 글인데 "일본으로 건너가기 전 1922년에 발표한 글들은 정신여학교 졸업만의 학력으로 쓰인 글이라고 믿기 어렵도록 세련되어 있다."[12]는 연구자의 언급에서 알 수 있듯이 당시의 작가 이력으로는 해석되지 않는 이질감이 있다. 그간 김말봉이 아나키즘이건 사회주의이건 어느 이데올로기에 편향을 드러내는 글쓰기를 한 적이 없었고, 당시 김말봉의 상황 및 발표지의 성격을 볼 때 여러 가지 의문이 드는 것 또한 사실이다. 결국 이러한 이질감의 정체는 최근 『신생활』지를 연구한 다른 연구자에 의해 증명되었다.

> 정백의 이력은 1922년 『신생활』 기자로부터 출발한다. 또한 한국의 사회주의 운동사에 관한 대부분의 연구들에서 확인할 수 있는 정백의 행적은 1921년 서울청년회 활동 이후부터이다. 이 논문과 직접 관련이 있는 것은 아니지만 정백이 '노초'라는 필명으로 『신생활』에 발표했던 시나 산문이 정확한 근거 없이 김말봉 연구자들에 의해 김말봉의 작품으로 둔갑돼 연보 등에 등재되었으나 여전히 이것이 시정되지 않고 있다. 이 논문을 통해 바로잡고자 한다.[13]

12 서정자, 「김말봉론: 삶의 비극적 인식과 행동형 인간의 창조」, 『우리 문화 속 타자의 복원과 젠더』, 푸른사상, 2012, 302쪽.

13 김경연, 「1920년대 초 '공통적인 것'의 상상과 문화의 정치: 『신생활』의 사회주의 평민문화운동과 민중문예의 기획」, 『한국문학논총』 71집, 한국문학회, 2015, 349쪽.

정백, 묵소 혹은 노초(路草)라는 필명을 사용했던 사회주의자 정지현. 그는 한국 최초의 사회주의 잡지로 평가되는 『신생활』의 창간에 가담했고 담론의 개진을 넘어 정치미학으로서의 신문예 창작과 번역에 힘쓰는데, 노초의 이름으로 발표한 4편의 시는 사상의 실천적 결과물이었다. 일련의 시편들을 통해 민중들의 빈궁 문제, 인간을 구속하고 기만하는 문화를 비판한다. 『신생활』의 사회주의자들은 사회주의 신사회의 도래를 위한 문화 투쟁의 유력한 장이 문예이며 '생활을 위한 문학' 혹은 '민중 문예'를 구상함으로써 정치와 문학이 분리되지 않는 새로운 문예의 창안을 기획했던 것으로 보인다.

정치적 담론을 미학적으로 형상화하고 이를 새로운 문예 운동으로 기획했던 정백의 시가 김말봉의 시로 둔갑하여 김말봉 작품의 첫 출발점에 놓이고 이후의 작품 해석에까지 지대한 영향력을 행사하는 것으로 연구된 것은 김말봉 연구자로서, 또한 식민지 근대문학 연구자로서 반성할 일이다. 이는 노초(路草) 정백에게 뿐만 아니라 노초(露草) 김말봉에게도 애석한 일이다.

지금까지의 오해는 노초(路草), 노초(露草)라는 동음이의어에서 발단된 것으로 생각된다. 다른 뜻의 두 개의 한자어를 모두 김말봉의 이명으로 판단했고 이것이 검증 없이 되풀이된 것이다. 이제 김말봉의 연보에서 노초(路草)라는 이름과 『신생활』에 발표된 글들은 삭제되어야 할 것이다.

그렇다면 노엽(露葉)이라는 필명은 어떠한가. 김말봉이 노엽이라는 필명으로 게재한 글은 1930년 『중외일보』의 「감상과 비평」이라는 평론 1편이다. 김말봉은 1929년부터 1930년까지 『중외일보』의 부인기자로 활약했고, 1930년 1월 1일 동 신문사 주최 「가정부인 문제 좌담회」에도 본지를 대표하여 참여한 기록, 신문사의 학예부 소속으로 노초와의 연관성 속에서 비평을 위한 또 다른 필명이 필요했으리라 추측한다면 노엽이 김말봉의 필명일 가능성은 충분하다. 여러 외부적 조건이 노엽이 김말봉의 필명일 수 있다는 조건을 충족시키는데 좀 더 명확한 확정을 위해서는 글의 내용을 분석해보아야 한다.

이 평론은 상중하로 나뉘어 1929년부터 1930년까지 조선문단을 통시적으로 고찰한 글인데 편견적 문단, 기성 비평가들의 아집, 소설가의 글쓰기 등의 문제점을 요목조목 비판한 후 제대로 된 비평과 감상을 위해 객관적 태도를 가지고 분류 비평을 해야 한다고 주장하고 있다.

내용으로 볼 때 굳이 김말봉의 글이 아니라고 확정할 수 있는 근거는 없으나 그간 김말봉 문장에서 발견할 수 없는 한문 투의 문장이 상당하고, 동경 유학에서 돌아온 1년 남짓 조선문단(저널리즘, 소설가, 비평가의 역학관계) 전체를 비평적 안목으로 파악하기에는 다소 시간이 부족했으리라는 점, 글의 말미에 어남포(於南浦)가 기재되어 있는 것, 이 글 외에는 노엽이라는 필명이 전혀 발견되지 않는다는 점을 고려한다면, 이 필명 또한 김말봉의 필명이라고 확정할 근거가 부족하다.

그렇다면 노초(露草)는 김말봉의 필명인가. 노초가 김말봉이라는 증거는 수필 「매매가 아픈 밤」이나 당대 잡지사의 설문 등을 통해서 확인할 수 있다. '매매'는 김말봉 소생의 첫째 딸 전재금으로 이 수필에는 부인기자로서 친언니가 집안 살림을 돌보는 광경과 아픈 딸의 병간호, 늦은 밤 풍경이 감상적으로 서술되어 있다. 또 『삼천리』지에서 '세상에서 가장 소중한 것이 무엇이냐'는 설문에 설문자 중외일보사 김말봉은 "금년 세 살 된 딸 매매가 가장 소중하다."[14]고 대답한 것으로 보아 '이슬 로(露)'와 '풀 초(草)'의 노초(露草)는 김말봉의 필명으로 확정할 수 있다.

---

14 김말봉, 「명류부인과 산아제한」, 『삼천리』 8호, 삼천리사, 1930, 88쪽.

6. 『중외일보』와 부인기자 김노초(金露草)

김말봉의 이명을 확정하고 유보하다 보면 김말봉의 첫 번째 글이 저널리즘에 부인기자로서 여학교를 방문한 뒤 쓴 기사문일 수 있으며, 식민지 시대 김말봉의 첫 등장은 부인기자로서였음을 점칠 수 있다. 우리에게 부인기자 김말봉은 다소 생소한데 이는 김말봉이 식민지 후반기를 대표하는 대중소설가로서의 입지가 강한 데 반해 그 이전의 이력이나 활약상이 전혀 알려지지 않은 것에 대한 반증일 것이다.

김말봉은 1927년 교토 동지사여자전문학교를 졸업하고 귀국, 1928년 시인 변영로로부터 기자 권유를 받고 『중외일보』에 취직했다. 김말봉은 『시대일보』(『중외일보』 전신) 때부터 부인기자직을 수행했던 황신덕의 후임으로 1928년 『중외일보』 학예부에 입사한다. 신문사에서 김말봉은 본명보다 노초(露草)라는 필명으로 더 많은 글쓰기를 했다.

『중외일보』 재직 당시 김말봉의 이명

기사 제목	연재 정보
여학교를 찾아-정동 이화여학교	『중외일보』, 1929.9.11. 金末峰
여학교를 찾아-관훈동 동덕여교	『중외일보』, 1929.9.13. 金露草
여학교를 찾아-연지동 정신여교	『중외일보』, 1929.9.14. 金露草
여학교를 찾아-견지동 여자상업	『중외일보』, 1929.9.15. 金露草
여학교를 찾아-제동 여자고보교	『중외일보』, 1929.9.18.
여학교를 찾아-필운동 배화여고	『중외일보』, 1929.9.19. 金露草
여학교를 찾아-수송동 숙명여고	『중외일보』, 1929.9.20. 金露草
여학교를 찾아-안국동 근화여교	『중외일보』, 1929.9.21. 金露草
여학교를 찾아-내자동 여자미술	『중외일보』, 1929.9.22. 金露草
봉사주의, 가정부인 문제 좌담회	『중외일보』, 1930.1.1.-2.

동 신문사에서 <여학교 탐방기>는 이 시기에만 있었고 이것을 김말봉이 취재, 기사 작업을 했던 것으로 보인다. 탐방기의 기본적인 패턴은 학교를 찾아가는 길에서부터 시작된다. 학교에 대한 인상을 학교 건축의 특색과 함께 설명하며 수필적인 짧은 인상기로 시작하여, 기자의 내의를 이야기하고 교장실로 간다. 설립자 혹은 교장의 안내를 받아 학교의 이곳저곳을 살핀다. 이때 김말봉 소설에서 자주 보이는 인물 묘사가 빛을 발한다. 가령 "그가 김활란 씨다. 미국서 대학 학위를 얻고 돌아와서는 일천만 여성 중에 한 사람으로 국제모회의 태평양모회의에 참가하여 반도 여자의 기념을 토하여 득의의 절정에 있는 김활란 씨다. 담황색 원피스에 검은 넥타이를 매고 시원스럽게 잘라버린 머리는 뽀얀 이마를 덮었다."[15]와 같은 것을 예로 들 수 있다. 교장으로부터 학교의 건학 이념과 전문성 등을 전해 듣고, 앞으로의 발전 방향과 개선점 등을 이야기 나누며 탐방기는 마무리된다.

『중외일보』에서 여학교 탐방기를 제외하고 다른 글에서 노초의 이름을 발견하기는 어렵다. 이는 당시 신문, 잡지사에서 부인기자의 역할이라는 것이 여성 독자 확보를 위한 가정란에 한정되는 경우가 많았고, 기사 작성과는 무관한 원고 청탁과 같은 잡무를 보는 일이 많았기 때문이다. 또한 대부분의 여기자들이 결혼 및 사회구조적인 문제로 1~2년간의 짧은 기자 생활을 했고, 특히 『중외일보』사의 경우 재정난으로 인해 존립 자체가 흔들리고 있었던 터라 부인기자의 역할은 더욱 협소했으리라 추측된다.

그럼에도 부인기자로서 김노초의 활약상을 그려볼 수 있는 몇 편의 글이 있다. 외돗생은 당시 활약하는 세 명의 부인기자를 비교하여 직업

15 김말봉, 「여학교를 찾아-정동 이화여학교」, 『중외일보』, 1929.9.11.

중에도 활력과 용기를 가져야 지켜갈 수 있으며 사회의 제일선에 서서 악전고투하는 신문기자 노릇을 하는 아낙네가 세 신문사(동아-최의순, 조선-윤성상, 중외-김말봉)에 한 분씩 있어서 기쁘고 든든하다고 피력했다. 셋의 공통점으로 견실성이 있으며 학력에 있어서 수염난 남기자들의 간담을 서늘케 할 정도로 대단하다고 치켜세운다. 김말봉에 대해서 "조리 있는 필치에는 중외 사회부장의 경탄하는 바이며 때때로 심사가 좋으실 때에는 아름다운 노래를 읊으시어 편집국원들의 마음을 기쁘게 한다. 구수한 경상도 사투리도 특색의 하나이며 일찍이 악단에 이름을 날린 일도 있어 아시는 분이 매우 많다."[16]고 서술했다. 외돗생의 글은 부인'기자'보다 '부인'기자에 초점이 맞춰져 있지만 김말봉이 '조리 있는 필치'로 신문사에서 인정을 받았다는 사실, 같은 학예부 소속의 최독견과 종종 의견 다툼을 했다는 것 등을 알 수 있다. 또한 동아일보의 최의순이 중외일보 김말봉에 대해 쓴 상호인상기를 보면 활발한 기상, 사교적 유형으로 신문기자로서 좋은 자질을 가지고 있었음을 알 수 있다.

김말봉이 직업부인이 된 후 소감을 말한 「여기자의 생활 감상」에서는 부인기자가 된 후의 소회를 확인할 수 있다. 시와 소설에서 보던 세계와는 전혀 다른 현실과 맞닥뜨리게 되어 현기증이 날 정도로 정신이 얼떨떨하다는 것, 직업 전선에 선 많은 남성들을 보며 그들의 횡포를 저주하기보다는 생의 전선 위에 함께 싸우는 동지애를 느낀다는 소회를 전하고, 엄중한 현실의 채찍 아래 많은 직업부인들이 다시 규방으로 돌아가는 것을 보고 성에 의존치 말고 좀 더 엄중히 현실과 싸워볼 것을 요청하며, 참다운 직업부인을 맞이하기 위해 개인적·사회적으로 좀

16 외돗생, 「동아 조선 중외 삼신문사 여기자 평판」, 『별건곤』, 별건곤사, 1929.

더 성숙해질 필요가 있음을 피력한다.

김말봉의 『중외일보』 입사 연도도 확실치 않지만(1928년 혹은 1929년) 퇴사일 또한 확실치 않다. 『삼천리』지의 설문에 중외일보사 김말봉이 응답한 것이 1930년 9월이고 그 이후 『별건곤』의 「풍문첩」에 "중외일보 여기자로 있던 김말봉 씨는 미국 하와이로 유학을 간다고 부산 고향으로 돌아가더니 유학은커녕 전상범 군과 결혼을 하고 최신식 청첩(1930년 11월 26일 상오 11시 부산 영주동 525번지 자택에서 전상범과 결혼식을 거행)을 그의 친지들에게 발했다."[17]는 기사가 실렸다.

김말봉은 1930년 9월과 10월 사이에 신문사를 퇴사한 것으로 추측되고, 이후 부산으로 내려가 전상범과 결혼하여 신혼생활을 즐기는 틈틈이 소설 쓰기를 병행한 것으로 보인다. 그리고 약 1년 남짓 후에 『중앙일보』에 김보옥이라는 필명으로 당선되어 문단에 등단하게 된다.

7. 말봉(末峰), 끝뫼, 보옥(步玉), 노초(露草)의 스토리

김말봉은 한국문학사에서 독특한 한 지점에 위치하는바 스스로 대중소설가로 공표한 이래 1961년 작고할 때까지 쉼 없이 대중소설을 발표했다. 김말봉의 경우 신문 연재 장편소설을 모두 본명으로 발표했기 때문에 이명에 대한 문제 제기는 부당해 보이기도 하는데, 이에 대한 해명은 식민지 시대에 발표한 글에 대한 분석을 통해 해소될 수 있을 것이다. 더불어 김말봉 작품에 대한 선행연구들의 공과가 검증되어 제대로 된 김말봉 작가 연보 및 작품 목록이 작성될 수 있을 것이다.

---

17 「풍문첩」, 『별건곤』 36, 개벽사, 1931.1.

정리해보면 첫째, 김말봉의 본명은 말봉(末峰)이다. '태백산 끝봉오리의 정기를 이어받아' 남성처럼 큰 뜻을 이루라는 의미, '딸만 넷을 둔 집안에 막내딸로 태어나 끝봉이란 뜻'의 말봉으로 이름 지었고 끝뫼라는 이명을 통해서도 그의 본명이 김말봉임을 확정할 수 있다.

둘째, 김말봉의 첫 문단 등단작은 1932년 『중앙일보』 신춘문예 당선작인 「망명녀」이다. 그는 이 작품을 김보옥이라는 필명으로 발표했는데 딸의 이름에 자신의 성을 붙여 신춘문예에 응모한 것이다. 반면 서정자가 발굴한 「시집살이」는 이문옥이라는 이름으로 투고되었고 노초(露草)의 이름으로 연재된다. 그러나 「시집살이」가 김말봉의 작품임을 확정할 수 없다는 점, 이문옥이 김말봉임을 증명하는 가장 앞선 증거는 노초(露草)라는 필명이지만 동명의 필명이 없으리라는 보장도 없음을 고려한다면 확정의 증거가 아니라 증명의 항목이 되어야 할 것이다.

셋째, 서정자는 「망명녀」가 발표되기 이전 약 10년간(1921~1931년)을 '노초 시대'라 명명하면서 김말봉의 실천적 페미니즘 의식이 제도적 권위, 지배 원리를 부정하는 민중 차원의 이념으로서의 아나키즘에 바탕한 것임을 노초 시대를 단서로 규정지을 수 있다고 강조했다. 그러나 잡지 『신생활』을 연구한 다른 연구자에 의해 증명된 결과 노초(路草)는 사회주의자 정지현이었다. 다른 뜻의 두 개의 한자어를 모두 김말봉의 이명으로 판단했고 이것이 검증 없이 되풀이된 것이다. 이제 김말봉의 연보에서 노초(路草)라는 이름과 『신생활』에 발표된 글들은 삭제되어야 할 것이다. 노초(露草)가 김말봉이라는 증거는 여러 수필이나 설문 등을 확인할 수 있는바 '이슬 로(露)', '풀 초(草)'의 노초(露草)는 김말봉의 필명으로 확정할 수 있다.

김말봉의 이명을 확정하고 유보하다 보면 김말봉의 첫 시작이 저널리즘에 부인기자로서 여학교를 방문한 뒤 쓴 기사문일 수 있으며, 식민지 시대 김말봉의 첫 등장은 부인기자로서였음을 점칠 수 있다. 우리에게 부인기자 김말봉이 어색한 것은 대중소설가로서의 입지가 강한 데 반해 그 이전의 경력이나 활약상이 전혀 알려지지 않은 것 때문이다.

김말봉은 1928년 『중외일보』에 입사하여 1930년대 초반 퇴사했고 부산으로 내려가 전상범과 결혼하여 남편의 전폭적인 지원 아래 소설쓰기에 전념하였다. 그리고 약 1년 남짓 후에 『중앙일보』 신춘문예에 당선되어 문단에 등단하게 된다.

2

인조견을 두른 모럴리스트

:: 김말봉의 로맨스 소설 창작방법론 ::

1. 작가란 무엇인가

'작가란 무엇인가?'라는 물음에 우리는 모두가 동의하는 결론에 도달할 수 없으며 설사 결론에 이르렀다 하더라도 그것이 완벽한 정답이 아니라는 것에 오히려 동의할 것이다. 오죽하면 『문학비평용어사전』에서 작가를 정의하는 첫 머리말에 '작가는 문제가 많은 개념이다'라고 기술되어 있을까.

그도 그럴 것이 김병익은 「작가란 무엇인가」라는 글에서 다음과 같이 말하였다.

고전주의 시대의 시인들은 이상적 진리에 도달하려는 딕마의 도제

> 들이었다. 이들은 이성의 세계, 황금률의 세계를 발견하기 위해 끊임없이 연마를 거듭했고, 그들이 발견한 우아하며 균형 잡힌 세계를 시로써 사람들에게 보이고 가르치는 진리의 교사였다. 낭만주의 시대에 이르면 시인은 스승이길 버리고 고독한 산책자가 되며 이성의 객관적 진리를 발견하기보다는 감성에 정직한 정념의 추구자가 된다. 그러나 프랑스 대혁명이 발발하고 산업혁명이 성취되어 귀족사회가 붕괴되자 작가들은 새로운 예술가적 자기규정을 제시하게 된다. 그들의 관심사는 급격하게 변모해가는 현실에 대한 객관적 진상이었고 작가는 그것의 보고자였다. 1차 세계대전을 경과하면서 현실이란 알 수 없는 것이고 재현이란 가짜가 되며 그 알 수 없음과 가짜라는 것의 밝힘이 문학과 예술의 본질이라고 주장하는 모더니스트들의 자기규정이 등장하게 된다.[1]

정리해보면, 각 시대의 요구에 따라 작가의 정의와 스스로의 자기규정이 달랐으며, 이러한 이유로 작가의 정의는 늘 새롭게 생성되거나 소멸되는 과정에 놓여 있음을 알 수 있다. 사회유기체적인 작가의 존재방식이 시대의 부침에 반항하거나 가담하여 독자들에게 어떠한 방식으로든 영향력을 행사하고 작가-독자가 함께 시대정신을 창출하는 이 도저한 예술사의 흐름에는 작가, 저자라는 창조적 주체에 대한 존경심이 깔려 있다.

작가의 천재성과 숙련된 대리인으로서의 역할에 주목할 때 우리는 흔히 'Author'의 어원을 떠올린다. 작품을 구상하고 실현시키는 자라

1 김인환 · 성민엽 · 정과리 엮음, 『문학의 새로운 이해: 그 문턱을 넘어서』, 문학과지성사, 1996, 27-41쪽.

는 뜻의 라틴어 'Autor'에서 유래된 'Author'라는 용어는 중세를 거치며 권위(Authority)라는 말과 지속적인 연상관계를 맺게 되었다. 그것은 세계를 신이 저술한 텍스트라고 보고 그 의미를 해석해내는 권위 있는 자가 저자라는 생각 때문이었다. 이러한 입장에서 저자를 전통에 의거하는 숙련된 대리인으로 여겨서 작품의 의미를 고정시키고 보증해주는 인물로 파악했다. 그리고 이러한 작가에 대한 생각은 현대에도 대중적 견해로 통용되고 있으며 아직도 문학을 논의하는 많은 제도적인 방식에서 사용되고 있다.[2]

앞선 인식은 우리의 근대문학 속에서도 수용되었고 작가는 계몽의 주제자로서, 텍스트의 내외부에서 설교하거나 위로하면서 지식을 전파하는 무소불위의 권위를 갖게 되었다. 박혜경의 논의에 따르면 한국적 근대를 특징짓는 계몽주의적 강박은 근대적 문학담론을 가동하는 중추적인 엔진이었다. 우리는 흔히 작가의 계몽적 의도를 역사적 도덕성이라는 관점에서 문제 삼고 통속성은 시대적인 압력에 밀려 작가의 계몽성이 후퇴한 결과라 여기는 관점을 갖고 있다. 계몽성의 도덕적 오류든 계몽의 결여태로서의 통속성이든 결국은 올바른 역사 인식에 바탕을 둔 계몽성이라는 하나의 당위론적 준거틀을 미리 상정해놓은 상태에서 작품, 작가의 문학/문학사적 가치를 논한다는 것이다.[3] 계몽성과 통속성을 상호 배타적인 개념으로 설명하고 통속성의 문제를 작가정신의 쇠퇴 과정으로 설명하는 기존의 논의들, 그런 의미에서 작가정신을 통속성으로 규정하고, 그 산출된 문학을 통속문학으로 규정한다는 것은 문학적 낙인을 찍는 것과 같은 비평적 행위였다.

---

2 박인기 편역, 『작가란 무엇인가』, 지식산업사, 1997, 2-3쪽.
3 박혜경, 『이념 뒤에 숨은 인간』, 역락, 2009, 47-72쪽.

2. 순수문학 BUT 통속문학 OR 대중문학

앞서 전거한 바와 같이 임화에 따르면 "통속소설이란 재래의 지반에서 우러난 한 개의 전통을 가진 물건도 아니요, 오로지 현대문학의 발전해온 도중에서 파생한 현대적인 소설의 일종이다."[4] 우리가 통속문학의 정의와 속성을 이해하기 위해 시원을 거슬러 오를 때 통속문학과 대항적 짝을 이루어 등장하는 개념이 본격문학, 순수문학이라는 용어이다. 이 둘의 대립적 자질을 통해 각 문학의 특성을 이해해볼 수 있다.

김동인은 독자들의 저급한 취미와 흥미 중심의 통속소설과 이에 반대되는 문학을 '참 문학적 소설'이라 했고, 염상섭은 신문소설은 곧 통속소설이며 통속소설은 곧 대중문예라고 이야기하면서 자신은 '고급한 소설'을 쓸 때와 통속소설 쓸 때를 구별하고 있다고 말한다. 김기진은 일반 독자의 흥미를 붙잡고 보통인의 보통 감정을 움직이는 것을 목표로 하는 것이 통속문학이라 했고, 이광수는 흥미 본위로 윤리적 동기를 포함치 않는 소설로 통속소설을 언급했다. 임화는 통속소설을 "성격과 환경의 분열로써 표현되는 소설문학의 내적 위기"로, 김남천은 "우리 소설이 갖고 있는 모순, 분열, 괴리에 대하여 고민하거나 초극할 방향에서 노력"[5]하고 있는가의 여부에 따라 본격소설과 통속소설을 구분하자는 새로운 기준을 제시했다.

앞선 논자들의 이야기를 들여다보면 통속문학은 독자들의 흥미(김동인, 김기진)를 최정점에 놓고 작가성(염상섭, 임화, 김남천), 윤리성(이광수)을 최하위에 놓는, 혹은 그것을 전혀 고려하지 않는 문학으로 정의하

4 임화, 「속문학의 대두와 예술문학의 비극: 통속소설론에 대하여」, 『동아일보』, 1938.11.17.-11.27.

5 김남천, 「작금의 신문소설-통속소설론을 위한 감상」, 『비판』, 비판사, 1938.12.

고 있다. 임화가 통속소설이라는 말 외에 세태소설, 심리소설, 본격소설의 용어를 사용하면서 이들을 분리한 것은 성격과 환경의 부조화를 어떤 방식으로 처리하느냐는 작가의식의 소산이었다. 소설이란 등장인물(성격)의 윤리성이 소설의 미학적 성격을 이루는 유일한 장르라는 점을 승인한다면 임화의 통속소설론은 바로 이 점을 문제 삼고 있는 것이다. 성격의 윤리성 혹은 작가의 윤리성, 다시 말해 미래에 대한 비전 속에서 현재의 역사를 파악해나가는 작가의 능력을 그는 소설에 요구하고 있는 것이다.

임화의 논의는 식민지 시기 소설계 전체를 조망하는 시야 속에서 전체와의 상관성을 잃지 않은 채 통속소설의 문제를 제기했다는 측면에서 역사적 의의를 갖지만 통속문학이냐 순수문학이냐를 가름하는 작가성과 윤리성은 비평가의 자의적 판단에 따른 유동적 개념이며, 당대적 상황을 고려한 작가의 타협 정도와 한계를 판단하는 기준은 "퍽이나 델리케이트한 문제"[6]인 것이다.

오늘날 오히려 문제(비평적)가 되는 것은 통속문학과 대중문학의 용어적 갈등이다. 통속문학과 순수문학은 대립적 관계에 있지만 통속문학과 대중문학은 유사적 관계에 있기 때문에 개념상 변별적 차이를 명확히 하지 않은 채 혼란스럽게 사용하고 있다. 곧 대중소설(문학), 신문소설, 통속소설(문학), 연애소설, 상업소설 등 논자에 따라 유사한 듯하면서도 실은 매우 자의적인 의미로 사용하고 있는 것이다.

대중문학의 정의는 대중을 'mass'로 해석하는가, 'popular'로 해석하는가에 따라서 그 성격이 달라진다. 'mass'란 분별없는 군중을 의미하기 때문에 'mass'를 위해 제작되는 문학작품은 작가주의를 일체 배

6 윤백남, 「대중소설에 대한 사견」, 『삼천리』, 삼천리사, 1936.2.

제한 상태에서 모방적 · 도식적 · 선정적 특징만을 나타낸다. 이와 같은 대중문학에 대한 부정적 단면을 '통속성'이라 규정할 수 있다. 반면 'popular'는 '넓게 확산되어 있으며 동의되고 있는'이라는 뜻으로 그 안에 'mass'의 일차적 의미인 다수를 전제하고 있다. 긍정적 의미에서 대중문학의 대중성이란 통속성의 효과를 이용한 다수 독자의 확보뿐 아니라 작가 개인의 미학적 특성도 아울러 실현된 경우를 가리킨다.

이 글에서 관련 용어의 관용적 사용을 인정하면서도 이를 명확히 구분하고자 하는 이유는 앞으로 다룰 연구 대상과 관련이 있다. 이 글의 큰 틀이 통속문학(대중문학)에 속하는 개별 작품 연구가 아니라 작품의 창조적 주체로서 작가와 대중문학이기 때문에 이 둘의 교집합적 지점으로 창작방법론에 주목하고자 한다. 이러한 접합 방식은 기존의 대중문학 연구 혹은 작가론과 변별점을 획득할 수 있기 때문이며 이에 합당한 작가로 김말봉을 고려해볼 수 있다.

김말봉의 대중작가 선언은 독자들의 인기와 칭찬을 통해 대중성을 입증받으면서 힘을 얻게 된다. 당시 김말봉의 인기는 식민지 후반기 신문소설계의 새로운 흐름을 주도하여 대중소설이라는 새로운 소설 장르를 분화시켰고 이로 인해 장편소설론, 신문소설분화론, 통속문학론, 신문화재소설론 등의 다양한 비평적 활동을 촉발시켰다. 이처럼 김말봉의 유니크함은 스스로 순수 귀신을 비판하고 전면적으로 대중소설을 표방하여 소설 쓰기를 시도했다는 점이며 대중소설을 경멸하는 창작 환경 속에서 의식적으로 대중소설가임을 자처했다는 사실은 뚜렷한 창작관의 소산이라 할 수 있다.

일찍이 정비석이나 김내성의 대중소설은 그들의 창작방법론에 기대어 과학성(기법론)과 대중성(소설관)에 대한 비평적 검증을 받은 바 있다. 반면 김말봉 소설의 대중성은 작가적 선언에만 기대고 있어 창작방법론으로서의 가치를 인정받지 못했다. 이에 산발적으로 흩어져 있는 작가의 소설작법을 수집하고 이를 체계화하는 과정은 창작방법론으로서 김말봉 소설의 '대중성'에 대한 조명이자 그간 이루어진 내용 중심의 연구에 과학적인 방식을 통해 새롭게 접근하는 전환점이 될 수 있다.

그간 김말봉 문학 연구의 거개가 신문 연재 장편소설을 대중성 혹은 통속성의 측면에서 분석하거나 작가의 현실 인식과 작품의 주제의식을 맞대응하는 작품론 위주의 선행 연구가 주를 이루었다. 이 글에서는 작품에서 작가로 거슬러 올라가는 기존의 방법 대신 작가의 창작방법론을 고찰한 이후 후행하는 연구를 통해 이를 작품 분석에 적용해보고자 한다.

창작방법론이란 이제까지는 작품을 분석한 후 창작 주체인 작가의 의도를 유추하는 방법으로 여겨져왔지만 이제는 단순한 작품 이해에서 출발하는 것이 아니라 실제적인 작가의 창작 과정을 통해서 소설의 의의를 해명할 수 있다. 엄밀한 의미에서 창작방법론이란 심미적 경험에 작품이라는 형태가 주어지기까지의 과정에 대한 논의로 한정된다.

이 글에서는 김말봉의 창작방법을 제시한 일련의 글들을 수집하여 김말봉의 로맨스 소설 창작방법의 논리를 살펴보고자 한다. 이를 대중연애소설 창작방법론이라 해도 좋고, 김말봉의 소설작법이나 기법이라 아울러도 좋다.

3. '나는 대중소설가다'

대중소설가 '선언'

김말봉이 『찔레꽃』을 연재할 당시 그의 인기는 문단에서 전혀 예측할 수 없는, 예상 밖의 인기였다. 비평가 이원조가 유래를 찾아볼 수 없는 인기에 놀라, 충동적으로 「김말봉론」을 썼다는 고백[7]과 당시 조선 문단의 상황을 파악하는 글들에서 앞다퉈 김말봉 소설을 갑론을박하는 장면을 통해 우리는 당대 문단의 충격과 경탄을 유추해볼 수 있다. 그렇다면 당시 논란의 중심에 있었던 김말봉은 뚜렷한 소설관 혹은 창작관을 갖고 대중연애소설 쓰기에 임했을까? 혹은 소설에 후행하는 비평적 판단에 대항할 소신 있는 자기 논리를 갖고 있었을까? 김말봉의 첫 장편소설 『밀림』의 연재 예고를 통해 작가의 포부를 읽어보자.

> 소설 밀림(密林)을 읽어주시는 분이 계시다면 그리고 이것을 단지 신문소설이란 흥미 본위에만 그치지 말고 한걸음 더 나가서 좀 더 냉정히 생각하시고 비판하시어 작자의 붓을 잡은 의도가 어디 있는가를 오직 한 분이라도 짐작하여 주시는 분이 계시다면 한없는 만족으로 생각하겠습니다.[8]

조선 사회를 거대한 밀림으로 상정하고 그 '밀림에서 벌어지는 살고 죽고 싸우고 사랑하는 이야기'를 그리고자 했다는 것, 그리고 이것

7 이원조, 「신문소설분화론」, 『조광』, 조광사, 1938.2.
8 「『밀림』 장편소설 예고」, 『동아일보』, 1935.9.25.

이 신문소설의 흥미 본위만을 목적으로 하는 것이 아니라고 이야기하며 더 깊은 '작자의 붓 잡는 의도'가 그 속에 존재하고 있음을 짐작해달라고 당부하고 있다. '작자의 붓 잡는 의도'를 신문소설의 흥미성과 대립항에 놓는다면 이는 '4년 동안 구상한 만큼' 좀 더 격조 있는 작가의식 혹은 예술성(문학성)을 의도할 것이며, 이에 공명하는 단 한 명의 독자를 위한 작가적 사명을 피력하고 있다.

그런데 『밀림』이 연재되고 한 달 남짓 후에 발표된 글을 보면 연재 예고에서 토파(吐破)했던 포부가 상당히 꺾여 있음을 알 수 있다. 조각가가 오랫동안 심혈을 기울여 만든 대리석 조각이 팔리게 되었는데 사는 사람이 코가 높다, 머리가 나왔다, 손과 발이 크다는 이유로 잘라버리라 하여 긁거나 잘라낸 것이 너무 미워져 결국 조각가가 망치로 이를 부수어버리고 말았다는 비유로 시작되는 이 글은 연재가 시작된 이후의 김말봉의 심경을 잘 대변하고 있다.

『밀림』의 연재 예고가 신문소설의 흥미성에 공감하는 다수 독자를 위한 포부가 아니라 '작가의 붓 잡는 의도'에 공명하는 단 한 명의 독자에 대한 토로였다면 이 글은 '제 딴에는 힘을 다했지만' 소설이 방향성을 잃어버린 것에 대한 자기 항변과도 같다. 조선 사람이라는 것(시대적 검열), 신문소설이라는 것(상업성, 흥미성), 가난한 조선의 한 여인이라는 것(경제적 생활고)의 삼중고가 결국 '작자의 붓 잡는 의도'(예술가적 양심)를 잘라버린 것이다. 김말봉이 이 글을 쓴 1년 후에 참석한 좌담회에서도 앞선 태도는 견지되며, 약 4개월 후 1937년 3월 '순수문학의 궤도에서 벗어난' 『찔레꽃』이 시작된다.

단편소설 「망명녀」로 등단하여 『밀림』에서 『찔레꽃』으로 이어지는 식민지 시기 김말봉의 글쓰기는 작가적 이상과 소설 쓰기의 현실 사이에서 자신의 재능을 인지하고 이를 적극적 혹은 의식적으로, 정치권으로 토착시키는 이행 과정이었다. 막대한 구상과 다채다율(多彩多律)한 곡절을 가진 풍부한 이야기성, 이는 전래의 조선 작가에게서는 볼 수 없는 김말봉 소설만이 가진 매력이요, 이것이 만들어내는 다분한 재미가 선량한 독자들을 울고 웃게 하고 또 좋은 감동과 교훈을 주었던 것이다. 선후 관계를 따질 수는 없지만 이 과정에서 당대의 비평은 부정적 방식을 통해 김말봉이 자신의 작가관을 공고히 하는 긍정적 역할을 수행한 것으로 이해해볼 수 있다.

해방 이후 김말봉의 창작관은 김말봉 주위에서 문학적 수련을 쌓았거나, 작가적 친분을 가진 이들의 육성을 통해 전해진다. 김말봉은 해방 후 서울로 이주했다가 한국전쟁기 다시 부산에서 피난지 살림을 꾸린다. 슬하에 많은 자녀를 거느리고 네다섯 작품을 동시에 연재할 만큼 경제적으로 어려웠지만 피난지에서 그의 밥 한 끼 얻어먹지 못한 문인이 없다 할 정도로 넉넉한 품을 지녔다. 이들이 전하는 에피소드 중 공통된 것은 김말봉 스스로 '나는 대중소설가다' 하고 내어놓고 떳떳한 태도를 취했다는 것이다. 김말봉의 담담하고 솔직한 기만 없는 태도는 자기 변명에 급급했던 당시 신문 연재 작가들과는 엄연히 다른 태도였으며 여장부다운 기개에 오히려 위엄이 있었었다.

당시 김말봉은 조선 최고의 인기작 『찔레꽃』의 작가이자 『화려한 지옥』, 『별들의 고향』, 『태양의 권속』 등을 연이어 중앙일간지에 발표하여 독자들의 입에 오르내리던 '우리 문단에 있어 첫손가락에 꼽히는 여류의 중심'이자 '여류문학계의 거장'이었다. 이러한 작가적 위엄과 지속된 글쓰기가 김말봉으로 하여금 당당히 대중소설가임을 천명할 수 있는 자신감의 바탕이 되었을 것이다.

김말봉은 딱딱하고 어려운 글을 쓰지 않았다. 그렇기 때문에 자신이 평소에 부르짖는 대중소설에 관한 정론적인 글이 거의 없다. 김말봉이 자신의 소설이 대중소설이고, 오직 대중 독자를 위한 소설임을 밝힌 것의 대부분은 신문 연재 예고에서이다. 신문 연재 예고 시 '작가의 말'은 반복되는 패턴을 갖고 있다. 연재소설의 제목을 통해 작가가 전하고자 하는 바를 주지시키고 이것이 주인공을 통해 어떻게 구현될 것인지를 소개한 다음, 마지막으로 이 소설은 오직 대중을 위한 소설이라는 점을 강조한다.[9] 누구도 의식치 않고 오직 독자들의 성원과 지지에 작자의 붓은 힘을 얻었던 것이다.

김말봉은 전하고자 하는 메시지를 비틀거나 꼬지 않고 전달하고, 독자들은 재미있고 흥미롭게 소설을 읽는 것, 이것이 김말봉이 생각한 참된 소설이다. 『밀림』(1935)에서 시작해 작고 전 마지막 장편이 된 『해바라기』(1960)까지 한국 문학사의 종적인 횡단은 김말봉이 대중소설에 대한 자신의 창작관을 공고히 하는 과정이었으며 이 흔들림 없는 대표성이 오늘날 김말봉을 천재 대중소설 작가로 자리매김하게 했다.

'셀피쉬(selfish)', 순수 귀신 비판론

김말봉의 대중작가 선언과 함께 늘 뒤따르는 명제가 '순수 귀신을 몰아내라'이다. 순수문학만을 고집하고 나머지를 배격하는 족속을, 살아 있는 문학이 아닌 죽은 문학을 추구한다는 의미로 순수 귀신이라고 호칭하고 이를 당당히 비판했다.

김말봉이 순수문학을 배격하는 이유는 문학의 위하는 바가 대중 독

---

9 대중을 상대로 쓰는 소설이다. 그러므로 대중과 함께 푸른 날개를 타고 공중으로 날아보고 싶은 것이 작자의 의도라는 것을 밝혀 말하여둔다. 독자제위의 끊임없는 성원을 빈다. (「『푸른 날개』 연재예고, 3월 26일자부터 연재」, 『조선일보』, 1954.3.20.)
대중소설이라면 으레 저급하다는 착각을 하지만, 대중이 얼마나 정의감에 불타고 있는가를 말할 필요가 없습니다. (「『화관의 계절』 연재예고」, 『한국일보』, 1957.9.10.)

자가 아니라 소설가 자신이라고 보았기 때문이다. "제아무리 순수소설 속에 기막힌 철학이 있고 인생의 진리가 숨어 있다고 해도 광범위한 독자층을 매료할 만한 자신이 없다면 이미 소설가로서는 낙제생이라는 것", "독자야 자기 글을 이해하든 말든 자기가 쓰고 싶은 글만 쓰면 된다고 기염을 토하는 작가들"을 보고 김말봉은 "순수 귀신에 눌렸거나 순수 귀신 그 자체라고 했다."[10]

작가들의 선민의식은 다수 가운데 자신들만이 선택되었다는 우월성으로, 독자 대중과의 차별의식으로 드러나기 쉽다. 이들은 폐쇄적 예술관을 갖고 골방에서 자기만족적 글쓰기에 몰두한다는 것이다. 김말봉은 이러한 비순수적 글쓰기보다 대로의 누구와도 친교를 나눌 수 있는 순수한 소설을 쓸 것임을 작가노트에서 밝히고 있다.

한국의 펄 벅((Pearl S. Buck)으로 칭송받던 김말봉은 미 국무성의 초청으로 미국을 3개월 동안 여행하면서 뉴욕에서 펄 벅을 만나고 당시의 일화를 여러 글에 소개한 바 있다. 김말봉이 펄 벅을 만나 처음 던진 질문은 순수문학에 대한 펄 벅의 생각이었다. 이에 펄 벅은 '순수문학을 쓰는 사람은 자기만 아는 소설을 쓰는 셀피쉬(自己本位, 이기주의자)라는 것', '대중과 함께 즐길 수 있는 작품을 쓰는 사람만이 역사가 기억해줄 것'이라고 답한다. 펄 벅은 1938년 미국 여성작가 최초로 노벨문학상을 수상한 인물로 세계적으로 존경받는 여성작가였다. 김말봉은 미국 방문기를 통해, 펄 벅의 권위에 기대어 대중문학의 역사적 우위성과 순수문학의 이기심을 꼬집었다.

---

10 정하은 편저, 『김말봉의 문학과 사회』, 종로서적, 1986, 26쪽.

4. 창작방법론으로서의 대중성과 멜로성

모럴론: 나는 통속소설가가 '아니다'

이 글은 김말봉의 대중연애소설 창작방법론을 재구하기 위해 '나는 대중소설가다'라는 전제하에 아닌 것을 빗금 치는 방식으로 논의를 전개하고 있다. 앞에서 순수문학을 빗금 쳤다면, 여기에서는 통속문학을 빗금 칠 차례이다.

앞서 논의한 바와 같이 우리는 통속문학과 대중문학을 동일시하는 관용적 환경에 놓여 있다. 그러므로 통속문학 작가와 대중문학 작가는 범상히 일치되고, 정확한 어의의 구분 없이 연구자의 개인적 판단에 따라 두 개념은 유연하게 사용되고 있다. 이러한 이유로 김말봉은 천재적 통속 작가이거나 대중소설의 대가로 구분되기도 한다. 하지만 김말봉은 순수문학을 순수 귀신이라 부를 만큼 거부한 것과 함께 자신을 통속소설가로 분류하는 것을 꺼렸다.

> 대중문학이라면 통속과 통하는 것으로 믿고 통속이기 때문에 멸시해도 좋다는 일부 그릇된 인식에 사로잡힌 족속이 있다. 또 그와 함께 대중문학이라면 어느 정도 저속해야 되고 그 저속이 곧 대중의 취미라고 속단하는 작가배가 있다면 이것은 대중을 모욕하는 뜻이 된다.
>
> 대중은 문자 그대로 수많은 민중을 의미하는 것이다. 양떼와 소떼가 하등 동물계에서는 대중에 속하는지도 모른다. 양떼와 소떼가 배부르기 위해서는 봄 여름 무성하게 자란 초장의 풀이 있어야 한다. 대중문학은 이 초장의 풀처럼 어디까지나 신선하고 또 풍성한 영양소를 가져야 한다.[11]

대중문학에 관한 자신의 생각을 공론장에서 처음으로 피력한 이 글의 요점은 크게 세 가지로 나누어볼 수 있다. 첫째, 대중문학과 통속문학의 차별성이다. 대중문학과 통속문학은 같은 것이며 그렇기에 멸시해도 저속해도 괜찮다는 일부의 의견에 대해 이는 '독자 대중을 모욕하는 것이다'라며 반발하고 있다. 김말봉은 한 좌담회에서 순수문학은 자신 혼자만이 엔조이(enjoy)하는 것, 통속문학은 도색적인 경향으로 흐르며 대중의 구미에 영합하려고만 애를 쓰는 것이라고 정의했다. 독자 스스로 문화인으로서의 교양을 잃지 말고 이것을 구분할 수 있어야 하며, 악영향을 받지 말아야 한다는 측면에서 독자의 역할을 강조했다.

둘째, 대중에 대한 정의이다. 김말봉은 "대중은 민중이다."라고 서술했다. 민중은 고정된 것이 아니라 역사 속에서 각기 다른 모습으로 파악되는 유동적인 개념이다. 당대의 역사적 경험에 근거하여 의식을 공유하는 실천 지향적 집합체라는 특징을 갖는다. 김말봉의 대중은 역사 속에서 참된 삶의 가치를 실현해가는 공동체로서, 정의 실현을 지향하는 민중을 뜻한다.

셋째, '신선하고 풍성한 영양소'로 비유되는 대중문학의 주제에 관한 것이다. 대중으로 비유되는 양떼나 소떼가 생명을 유지하기 위해 초원의 풀이 필요하고, 건강히 배부르기 위해 신선한 영양소가 필요하듯이, 대중이 향유하는 대중문학은 대중에게 삶의 에너지를 공급해주어야 한다는 것이다.

김말봉은 대중을 위한 영양소, 대중문학의 사명으로 모럴을 주제화한다. 작가가 강조하는바 자신의 문학이 통속문학이 아닌 이유 또한 여기에 있다. 김말봉은 통속소설과 대중소설을 엄격히 구분하고, 자신의

---

11 김말봉, 「대중문학」, 『경향신문』, 1958.3.5.

소설은 통속소설이 아니라 대중소설이라 명언했다. 작가가 말하는 통속소설은 흥미 본위의 소설이다. 그저 읽는 사람들에게 흥미 있고 재미만 있으면 된다. 그러나 대중소설은 흥미가 있기는 하되 흥미를 위해서만 쓴 것이 아니고 작가가 말하고자 하는 주제가 있어야 한다는 것이다. 김말봉은 자신의 소설은 흥미를 위한 흥미 본위의 작품이 아니고 모럴을 지키려는 테마가 깔려 있으며 그 위에 흥미가 가미된 것이라, 엄격한 대중소설로 구분했다.

'모럴(moral)'은 도덕, 도의, 윤리 등을 의미하는 용어로, 습속(習俗), 풍습을 의미하는 라틴어 'mores'에서 유래했다. 일반적 의미와 어원적 의미가 다른 뉘앙스를 갖는다. 도덕적 법칙이나 덕목은 보편적이고 일반적인 것으로 이러한 것들은 실제로 사회 속에서 생활하고 있는 개개인에게 있어서는 무엇인가 유리(遊離)되어 있는 것처럼 느껴진다. 그러한 도덕을 사회에서 일개 인간으로서 자기 존재 방식을 통해 밀착시키고 사상을 구상화하는 가운데에서 생겨나는 것이 모럴이다. 즉 모럴은 행위의 옳고 그름의 구분에 관한 태도 또는 인생이나 사회에 대한 정신적 태도를 구체화한다.

김말봉 소설 속 주인공들은 작가가 지향하는 어떤 모럴을 드러내는 전형이다. 계급적으로, 세대적으로, 젠더적으로 모럴은 동시대 세태를 대변하는 동시에 각 방면으로 얼마간 훼손되었다는 의미에서 냉소되기도 한다. 김말봉 소설에서 인물들에게 체화된 모럴은 우여곡절과 파란중첩의 과정을 통해 입체성을 띠는 듯하지만 다른 한편에서 이를 굳건히 수성하는 평면적 인물의 절대성이 소설을 압도한다. 김말봉은 작품의 시작에서부터 어떤 방식으로든 의식하고 그것을 암시하면서 글을 써간다.

김말봉은 시대와 사상에 구속받지 않으면서도 대중 독자의 마음에 공감을 불러일으킬 수 있는 흥미로운 제재로 '로맨스 소설'을 선택했다. 김말봉의 연애소설은 남녀 간의 사랑이 소설 구성상 전면적으로 드러나고 소설의 진행에 있어서 사랑을 방해하는 요소나 인물의 등장으로 갈등이 유발되며 결말에는 그 갈등이 해결되고 사랑으로 인해 화합이 이루어지는 도식성의 원칙을 따른다. 이러한 도식성은 악의 전멸적 해소와 선의 일방적 승리를 보여주며 인과응보의 명제를 통해 독자의 욕망에 부합한다.

로맨스 소설이라는 장르가 음식의 양념처럼 독자의 구미를 자극한다면 통속소설이 빠지기 쉬운 저속성을 모럴을 통해 극복하고 이를 통해 읽는 재미에만 그치는 것이 아니라 독자가 무엇을 얻었는가에 집중하는 것이 김말봉의 대중소설 창작방법론이다.

상징적 장치, 모럴의 신비화

김말봉 소설에서 주로 사용되는 기법으로 모럴과 상호 연관성을 갖는 것이 상징적 장치이다. 흔히 소설의 표제로 사용되는 상징적 장치는 인물의 성격과 행위를 시종일관 지배하며 독자에게 하나의 이미지를 생성시킨다. 이미지는 인접성을 타고 의미를 확장시켜 상징의 차원으로 비약되고 모럴을 신비화한다. 김말봉 소설의 복잡한 플롯은 결국 상징적 장치를 풀이하는 과정이다. 김말봉의 이러한 주제 구현 방식이 우연한 결과가 아니라 처음부터 의도된 장치였다는 사실은 신문 연재 예고의 제목 설명과 함께 독자에게 이 부분을 유의하여 읽기를 바란다는 작가의 목소리가 날것으로 전달됨을 통해 알 수 있다.

인생의 행복은 진실로 한 떨기 찔레꽃과 같습니다. 그 아프고 교만한 가지 위에 나부끼는 꽃! 그것은 언제나 수고와 피와 땀을 요구하고 있는 값비싼 약속입니다.

그러나 사람은 모든 대가를 다 바쳤음에도 불구하고 손에 쥔 것은 왕왕이 쓸쓸한 빈 가지뿐일 때가 많음에라! 참으로 꺾기 어려운 찔레꽃![12]

"보아주는 이가 없어도 홀로 피어 알아주는 이가 없어도 향기를 보내주는 찔레꽃"의 이미지가 여주인공 안정순과 오버랩되고 소설의 말미에 정순은 민수를 포기하고 돌아서 찔레 덤불 위에 내리는 눈을 바라본다. 여기에서 찔레꽃의 이미지는 순결한 눈의 이미지로 변주되고 다시 인생과 행복, 사랑의 덧없음으로까지 확장된다. 따라서 찔레꽃이라는 상징은 안정순의 존재를, 그와 동시에 안정순의 삶으로 표상되는 자기희생과 헌신이라는 모럴을 신비화한다. 소설 전체가 찔레꽃이라는 상징을 중심으로 편성되어 있고 이는 연재 예고에서부터 이미 의도된 창작 테크닉이다.

해방 이후 김말봉 소설에 대한 연구에서 대부분 주제화되는 내용은 작품의 대사회적 견인력과 기독교적 색채이다. 해방기 공창제 폐지 운동을 입법화하기 위해 쓰인 『가인의 시장』, 해방정국과 한국전쟁, 피난의 현실적 전개 과정을 정확히 재현하는 가운데 작가의 우익적 세계관을 보여주는 『별들의 고향』, 피난살이의 고단함을 보여주고 종교적 신념을 지키는 내용을 담은 『태양의 권속』, 『옥합을 열고』, 돈과 사랑의 대립 구도에서 연애의 사회성을 살핀 『푸른 날개』, 『생명』 등은 당대 사회 현실의 재현에 중요한 목적을 두고 있으며 당위적 모럴로서 반공주

12 진선영 엮음, 『김말봉 선집 3: 찔레꽃』, 소명출판, 2014, 546쪽.

의 · 기독교 정신의 구현을 주제로 하고 있다. 두 개의 주제의식은 변별적으로 제시되는 것이 아니라 반공주의=기독교주의=가족주의가 동항을 이루고 공산주의=반기독교주의=반가족주의가 대립적으로 위치하면서 선과 악의 이항대립적 관계를 형성한다.

> 광명은 선이다. 어둠이 죽음과 죄와…… 일체의 악을 상징한다면 광명은 삶과 옳음과…… 일체의 선을 나타내고 있는 것이다. 돈과 권세와 청춘과 허영의 소용돌이 속에서 선을 지지하고 광명을 사랑하는 김신희와 그의 애인 이상칠은 마땅히 광명의 본원인 태양의 권속이라야 한다.
>
> 악의 구름이 겹겹으로 가리어 잠깐 동안 태양의 광명이 줄어들기는 하나 태양은 엄연히 낮을 지배하고 있다.[13]

『태양의 권속』에서 '별과 사랑과 청춘'을 소유한 아름다운 두 연인 이상칠과 김신희는 결혼을 약속한 사이이다. 건전과 합리, 지성을 겸비한 이들에게 "팔딱팔딱 뛰는 옥토끼와도 같고 작은 꼬리를 흔들며 금빛 헤엄을 치는 금붕어와도 같은" 설려가 끼어든다. 신희는 가정적 곤란(대리가장)과 애정 갈등 속에서도 꿋꿋이 자신의 신념을 지켜나간다. 자신에게 광명과 선과 생명을 불어넣어주는 신희를 두고 설려에게 흔들렸던 상칠은 신희의 사진을 보며 '신성모독'이라 부르짖는다. 사진 속 신희는 신성으로 추앙되고, 상칠에게 새로운 삶을 준 것처럼 모든 생물에게 에너지를 주는 태양의 이미지로 격상된다.

신희를 배신했던 상칠이 자원 입대하여 비행기를 타고 구름을 뚫고

13 「『태양의 권속』 연재예고」, 『서울신문』, 1952.1.31.

태양을 향해 날아오르는 마지막 장면은 악의 소용돌이에서 헤매던 상칠이 신희에게 구원을 받는 이미지로 전이되고 『태양의 권속』이 실천한 가족주의와 기독교주의라는 모럴을 신비화한다.

정리해보면 김말봉 소설 속 주인공은 작가가 지향하는 어떤 모럴을 구체화시키는 매개체이다. 이때의 모럴은 도덕이라는 보편적이고 일반적인 개념이지만 고정된 것이 아니라 시대와 환경에 따라 변화된 모습을 보인다. 모럴은 상징적 장치를 통해 서사화되는데 고민하거나 사유를 통해 획득되는 것이 아니라 작품의 제목에서처럼 날것으로 직접적으로 얻어진다. 가령 찔레꽃이라는 상징은 안정순의 존재를, 그와 동시에 안정순의 삶으로 표상되는 자기희생과 헌신이라는 모럴을 신비화한다. 『별들의 고향』에서 창열, 영숙, 영주, 득순이 함께 바라보는 '별'은 그 별의 인간적 현신인 창열, 영숙, 영주, 득순의 삶을, 그들이 추구하는 정의, 질서, 자유라는 모럴을 상징한다.

전형적 인간성과 생동하는 인격론의 하모니

김말봉은 소설 창작방법에 있어서 인물을 가장 중요하게 여긴다. 작가의 입장에서 보면 소설을 이루는 여러 가지 구성 요소 가운데 인물만큼 친밀한 요소도 없다. 작가 자신이 인간이기 때문에, 작가는 소설을 창작하는 과정에서 아무래도 인물을 통해서 작가적 입장을 가장 구체적으로 표현할 수 있기 때문이다. 독자의 입장에서도 인물은 소설을 이해하는 데 가장 중요한 역할을 한다. 독자가 소설을 읽고 그 내용을 머릿속으로 재구성하는 과정에서 가장 강한 인상을 심어주는 것이 바로 인물이기 때문이다. 김말봉의 로맨스 소설 창작방법에 있어서 인물은 작가의 말을 대변하는 동시에 독자에게는 간접 체험을 제공한다는 점에서 독자와 작가를 잇는 중요한 교두보의 역할을 한다고 볼 수 있다. 김말봉이 인물을 창조함에 있어서 제일원칙은 대중 독자를 상대로 하는 신문소설이기 때문에 대중을 떠나 생각할 수 없다는 것이다. 이러한 이유로 대중이 즐거울 수 있는 인물, 대중에게 사랑받을 수 있는 인물 창조에 제일 고심하고 있음을 피력한다.

특히 김말봉은 자신이 여자이기 때문에 여인이 느낄 수 있는 희로애락을 훨씬 더 수월하게 묘사할 수 있으며 여자 주인공을 묘사할 때는 마치 자신이 여자 주인공이 된 것처럼 감정이입을 하여, 작가가 소설의 주인공이자 동시에 독자가 되는 경험을 한다고 고백한다.

김말봉은 여주인공 창조에 가장 큰 공을 들인다고 하며 몇 가지 원칙을 나열한다. 첫째, 용모가 아름다울 것, 둘째, 순결성을 잃지 않은 처녀일 것, 셋째, 의지할 데 없는 고아이거나 물질적 혜택을 받지 못한 가난한 가정에서 태어날 것, 이러한 환경에 맞추어, 넷째, 그 성격은 대쪽 같은 지성과 부드럽고 섬세한 감성의 조화를 잃지 말아야 할 것을 강조한다.

뛰어난 미모와 순결성은 작가가 생각하는 여성미의 절정이다. 그렇다고 외양만 중요한 것이 아니라, 용모는 정신으로 드러나기에 그 성격과 영혼도 아름답다는 것이다. 물질적 · 정신적으로 어려운 환경에 처해 있지만 명백한 이지와 순박한 감성으로 역경을 이겨내는 여주인공들은 대중 독자로부터의 열렬한 공감과 동화를 이끌어낼 수 있다.

소설 속 일개인은 그 사람 자신이 타고난 개성과 사회적 영향력에 따른 보편성의 복합체인데 김말봉은 주 인물 창조에 있어 개성적 인물보다는 보편적 인간성을 구현하는 것에 방점을 두고, 로맨스 소설에서 여성미와 남성미의 절정의 소유자를 주인공으로 둔다. 이러한 인물의 보편성은 '진형직 성격'으로 드러나는데 이때의 전형성은 '동류의 특징을 가장 잘 드러내는 본보기'로 스테레오 타입을 칭한다. 김말봉이 제시한 전형적 성격은 입체적 인물이라기보다는 단일한 성질을 중심으로 구성된 평면적 인물에 가깝다.

소설 속 주인공들은 정적인 인물이기 때문에 생동감이 희박하다. 이에 작가는 주 인물의 평면성을 부 인물의 역동성으로 보완하여 조화를 이룬다. 대중소설은 소설이요 수신이나 공민의 교과서가 아니기 때문에 고대소설처럼 태어나면서부터 천재, 장사, 열녀, 효부처럼 될 수 없음을 지적하고 대중소설은 착한 사람이 유혹에 빠질 수도, 약자가 강자가 될 수도 있는 생동하는 인격을 그려내야 함을 함께 강조한다. 그 몫은 '반주 역할을 하는 여인들'이 담당한다.

> 한편 주인공의 반주 역할을 하는 여인들. 이것도 내가 속한 여인족 때문인지 바보나 허수아비로 만들 마음은 꿈에도 없다. 망하되 아름다운 섬광 속에서 비장하게 사라져버리는 여인들은 나의 그러한 의도에서 묘사되는 것이다. 나는 여인이기 때문에 여인만이 당하는 고난과 유혹과 내지 죄악까지가 그 실은 어쩔 수 없는 환경에서 빚어지는 사회악에서 온다고 지적하고 싶다.[14]

반주로 등장하는 여인들은 성공(사랑의 쟁취, 물욕)을 위해 의도했든 그렇지 않든 수많은 악행(주로 주인공에게 고난을 주는)을 저지른다. 독자들은 성공을 위해 물불을 가리지 않는 부 인물들의 속물적인 모습에 혀를 내두른다. 하지만 부 인물의 악인화 과정은 태생적인 것이 아니라 사회구조상 어쩔 수 없는 것으로 서사화된다. 사회구조적으로 부 인물

14 김말봉, 「여류작가와 여인」, 『동아일보』, 1958.4.24.

들은 '악인'이라기보다는 '약자'에 가깝다. 사회적 지탄을 받더라도 약자의 위치에서 벗어나고자 발버둥 치는 것이기에 태생적 '악한'이 아니라 사회적 '강자'가 되기 위한 상황적 욕망으로 그들의 변신술은 소설 전체에 긍정적 의미와 활기, 역동성을 부여한다.

외부적 악조건에 끝내 굴하지 않고 버티어가는, 즉 인생을 승리하는 여주인공, 『찔레꽃』의 안정순, 『태양의 권속』의 김신희, 『푸른 날개』의 한영실과 악조건에 파멸되는 『별들의 고향』의 유송난, 『생명』의 전창림, 『생명』의 유화주, 『푸른 날개』의 미스 현은 "마치 암흑이 있기 때문에 광명이 또렷해지는 것처럼" 전형적 인간성과 생동하는 인격으로 대중 독자들에게 강력한 인상을 준다.

5. 대중을 위로하는 정신의 의복

김말봉 대중소설 창작방법의 첫출발은 대중소설가 '선언'에 있다. 식민지 시기 김말봉의 글쓰기는 작가적 이상과 소설 쓰기의 현실 사이에서 자신의 재능을 인지하고 이를 적극적으로 창작관으로 토착시키는 이행 과정이었다. 그리고 '여류문학계의 거장'이라는 작가적 위엄과 지속된 글쓰기가 작가로 하여금 당당히 대중소설가임을 천명할 수 있는 자신감이 되었다.

김말봉은 소설가 자신만을 위한 이기적 문학이라는 의미에서 순수문학을 순수 귀신이라 비판했고 사람들의 흥미와 기호에 영합하는 저속한 의미의 통속문학도 배격했다. 김말봉은 대중을 위한 영양소, 대중문학의 사명으로 모럴을 주제화했다. 그리고 모럴과 상호 연관성을 갖는 상징적 장치와 전형적 인간성과 생동하는 인물의 조화로 대중 독자들에게 강력한 인상을 주었다.

우리가 기억하는 김말봉과 관련한 가장 비판적인 인상평은 "처음부터 슈트도 못 되는 인조견을 금점꾼 모양으로 번지르르하게 감아 두르고 나선 분"이라는 김남천의 비유이다. 김말봉의 소설은 단 한 글자도 읽지 않았다는 김남천의 비아냥거림은 인신공격에 가까울 정도로 옹졸해 보이지만, 지금 다시 생각해볼 때 생산적 해석을 가능케 한다는 점에서 의의를 둘 만하다.

1930년대는 인조견의 시대라 할 만큼 인조견이 대중들로부터 인기를 얻었다. 다양한 종류의 인조견과 직물이 등장하여 다채로운 색상 연출이 가능해졌고, 여러 가지가 프린트된 직물로 치마저고리를 '깔맞춤' 하는 유행이 시작되었다. 이와 더불어 인조견의 혁명은 기존의 무명, 실크 등 천연섬유와는 비교가 되지 않을 정도로 관리가 편리하고 저렴하여 경제력이 약한 대중들이 적극적으로 양장을 착용할 수 있었던 하나의 배경이 되었다. 이 시기 인조견은 그야말로 대중의 섬유였다.[15]

그러므로 김말봉의 대중소설을 인조견에 비유한 김남천의 비유는 아주 합당해 보인다. 천연섬유가 아닌 인조견이 대중에게 가장 편리하고 알맞은 의복감이었던 것처럼 김말봉의 대중연애소설은 대중을 위한 재미와 위로로 무장된 정신적 의복이었던 셈이다.

김말봉이 추구하는 대중문학은 '대중이 진정 재미있게 읽을 수 있는 제재'로 '건전하고 정의가 승리하는 모럴'을 지향하는 문학이다. 그러므로 김말봉은 '인조견을 두른 모럴리스트'이다. 로맨스 소설이라는 장르가 음식의 양념처럼 독자의 구미를 자극한다면 통속소설이 빠지기 쉬

15 김은정, 「1920-30년대 한국 여성 패션과 소비문화의 변화」, 연세대학교 박사학위 논문, 2013.

운 저속성을 모럴을 통해 극복하고 이를 통해 읽는 재미에만 그치는 것이 아니라 독자가 무엇을 얻었는가에 집중하는 것이 김말봉의 대중소설 창작방법론이다.

3

스마트, 유니크, 순통속 멜로드라마의 시원

:: 『찔레꽃』을 중심으로 ::

1. 전례 없는 순통속으로의 매진

1930년대 후반기는 가히 대중소설의 시대, 그중에서도 대중연애소설의 시대라 해도 과언이 아니다. "현대 신문장편의 챔피언들만이 고색창연한 만년 연애형의 끊일 줄 모르는 반복"이라는 김남천의 비아냥거림[1]이나 "사랑은 본능이며 만인이 흥미를 가지는 문제이기에 신문소설의 귀중한 주제가 된다."[2]는 통속생의 말을 비추어볼 때 감상적 운명물어(運命物語)로서 대중연애서사는 당시 최고의 신문 연재소설 장르

1 정호웅 · 손정수 엮음, 『김남천 전집 2』, 박이정, 2000.
2 통속생, 「신문소설 강좌」, 『조선일보』, 1933.9.9.

였다.

1930년대 후반기에 대중연애소설이 창궐(猖獗)할 수 있었던 가장 큰 이유는 상업주의적 속성이 짙어진 신문과 잡지 등이 대중 독자의 흥미를 끌 수 있는 테마를 핵심적으로 수용하면서 연애를 다룬 소설들이 신문 연재 장편으로 대거 포섭되었기 때문이다. 조동일의 말을 빌리자면 "신문에 연재된 장편소설은 어느 것이든지 통속소설이고 연애소설이었다. 통속소설이 아니고서는 업주는 들인 밑천을, 작가는 쏟은 노력을 보상받을 수 없었다. 연애소설이 아니고서는 통속소설에 필요한 흥미를 갖출 수 없었다. 역사소설이든 사회소설이든 장편이라면 그런 성향을 얼마쯤 지녀 본의가 아니더라도 타협을 해야 했다."[3]

1930년대 후반기 대중연애소설이 일정한 수준의 문학성을 성취하고 대중 독자들의 인기를 얻은 것은 로맨스물이 담지한 사랑의 속성이 독자들의 독서 욕망에 부합되어 특정한 사랑 이데올로기를 산출했기 때문이다. 이전에도 대중연애서사는 존재했으나 대중연애소설군이라는 양적인 집단을 형성한 경험이 없으며, 개별적 속성을 도출하기에도 부족한 면이 있었다. 중요한 것은 특정한 시기에 소설 속에서 사랑의 이데올로기가 두드러지게 나타나기 시작했다는 사실이며 이러한 특성이 어떠한 사회적 징후를 드러낸다는 점이다.

식민지 시대의 비평가 임화는 1930년대 후반기 순수소설의 비극을 신문 연재 통속소설의 인기와 견주어 살피면서 작금의 조선 소설계가 대망한 한 작가로 김말봉을 지목한 바 있다.

> 진실로 김 씨(김말봉)의 출세는 돌연적이고 대담하였다. 씨는 자기

3 조동일, 「통속 연애소설의 기본형」, 『한국문학동사』 5, 지식산업사, 1994, 347-348쪽.

독특한 방법을 가지고 현대소설의 깊은 모순인 성격과 환경의 불일치를 통일하였다. 이 점이 통속적인 의미에서일망정 김 씨를 좌우간 유니크한 존재로 만들게 한 것이다. 그것은 여태까지 조선서 전례를 보지 못한 순통속소설, 상업문학의 길의 확립이고 그 방향에의 매진이다. (중략) 이 증거로서 김말봉 씨가 문단에서 출세한 경로를 생각하면 흥미 있는 바가 있다. 즉 우리 문단에서 씨처럼 최초부터 통속소설을 들고 나온 작가도 없고 그 길에 철저한 이가 없는 것이 우리에겐 흥미 있는 과제다. 요컨대 수년래의 조선 소설계는 마치 의자를 장만해놓고 어느 한 사람을 기다리는 것처럼 한 사람의 완전한 통속 작가를 대망하고 있었다. 그때에 나타난 것이 김말봉 씨다.[4]

유니크(unique)란 무엇인가? 유니크는 이중적 의미를 갖는데 '유일한, 독특한, 진기한'의 긍정적 의미와 '기이한, 돌출적인'의 부정적 함의를 동시에 갖는다. 김말봉의 유니크'성(性)'은 전 조선에 유례가 없는 독특한, 독창성이 풍부한, 진기한 유니크이며 반대로 이상하거나 기이한 존재로서의 유니크이기도 하다. 기실 이 양가성 사이에 김말봉의 문학이 자리 잡고 있다.

식민지 시대 김말봉의 유니크함은 무엇인가. 김말봉이 『밀림』과 『찔레꽃』을 연재할 당시 문단의 이단적 존재로 받아들여졌던 이유는 스스로 '순수 귀신'을 비판하고 전면적으로 대중소설을 표방하며 문단에 출현했기 때문이다. 김말봉의 『찔레꽃』은 1937년 3월 31일부터 10월 3일까지 『조선일보』에 연재되었다가 1939년 인문사에서 단행본으로 출

4 임화, 「속문학의 대두와 예술문학의 비극: 통속소설론에 대하야」, 『동아일보』, 1938.11.17.-11.27.

간했는데 1930년대의 열악한 출판 상황 속에서도 6판을 찍어냈을 정도로 많은 대중 독자를 확보했던 작품이다.

베스트셀러 러브스토리의 효시라는 측면에서 『찔레꽃』의 폭발적 인기는 그 의의를 둘 만하나, 작가가 의식적으로 대중소설을 표방하고 작가적 정체성을 대중소설가에 두고 있었음을 볼 때 김말봉의 역사적 등장은 엄밀한 의미에서 대중소설사의 시작이라 해도 과언이 아니다. 당시 조선의 기꾸지 칸이라고도 불리던 김말봉은 자신이 발표한 대중연애소설의 연이은 성공으로 조선에서 전례가 없는 순통속소설의 길을 열었다.

이러한 이유로 1930년대 대중연애소설의 상징물이자 김말봉의 대표작인 『찔레꽃』에 대한 연구는 상당하다. 이에 이 장에서는 『찔레꽃』의 인기를 선행 연구와의 변별성 및 좀 더 다각적인 관점에서 포착할 필요를 느낀다. 즉 대중의 독서사에 대한 사회적 · 문화적 · 심리학적 해석을 통해 대중연애소설을 역사적이고 미학적인 방법으로 해명하고자 한다.

2. 성모의 재현과 아가페적 희생정신

식민지 시기 대중소설사에서 1930년대 베스트셀러 러브스토리의 양상은 사랑의 육체성이 제거된 정신주의적 경향을 드러내며 소설 속 주인공들은 타락한 욕망의 유혹에 맞서 단호히 자신의 순결성을 지켜나가는 도덕적 영웅들이다. 인간의 도덕적 실존을 문제 삼는 이들의 사랑은 일반인들의 사랑과 비견될 수 없는 위대한 사랑이기에 숭고하며 아가페적이다.

『찔레꽃』[5]은 재자가인(才子佳人)의 사랑하는 남녀 주인공을 둘러싼 오해와 갈등을 극기와 인내로써 이겨내는 여성 주인공을 통해 이타적 사랑의 절대성과 이상화를 보여준다. 이 작품에서 여성 주인공 안정순은 고난으로 서사화되는 현실적 한계를 희생으로 넘어서며 이것은 완벽한 성모(聖母)의 이미지로 구현된다.

재능, 덕성, 미모 면에서 한 점의 결함도 없는 완벽한 '여성미의 절정' 안정순은 가난이라는 물질적 한계를 지니고 있다. 가난이 결국 그녀의 사랑을 좌절시키지만 그녀는 개인적 애정에 머무르지 않고 가난한 가족에 대한 책임, 주변 사람들에 대한 봉사와 배려, 자기 자신에 대한 의지로 확대 변형하면서 사랑의 영역을 확장시킨다. 정순이 자신을 버리되 모든 것을 품는 성모의 이미지로 재현되는 것은 크게 세 가지 측면에서 살펴볼 수 있다. 대리가장, 가정보육교사, 타인의 행복을 위해 자신의 불행을 감내하는 사랑의 양보가 그것이다.

『찔레꽃』의 서두는 '해가 이글이글 대지를 내리쬐는 한여름' 아침부터 일자리를 구하러 다니는 정순의 초라한 행색으로 시작된다. 보육학교 출신의 정순은 다니던 유치원이 하루아침에 문을 닫게 되면서 직업을 잃게 된다. 정순이 일자리를 찾아 서울의 큰 거리를 헤매고 다니는 것은 갑자기 미쳐버린 아버지의 석 달 치 밀린 병원비 때문이다. 어린 동생은 이모님 댁에 의탁해 있고, 썩을 대로 썩어 내려앉은 초가집, 생계를 이을 가장의 부재는 깨끗하고 젊은 여성을 불순한 세계로 던져넣는다. 어렵사리 보육교사 자리를 얻어 생계를 유지할 수는 있게 되었으나 정순을 핍박하고 모멸하는 외부 세계의 폭력에 정순은 시장에 팔려나온 송아지처럼 하루하루를 견뎌내지 않으면 안 되었다. 닥쳐올 가족

---

5 진선영 엮음, 『김말봉 전집 3: 찔레꽃』, 소명출판, 2014.

의 고난을 대신 짐 지며 모든 이기적 오해와 폭력적 현실에 맞서는 정순은 더 큰 사랑의 실천을 위해 자신을 희생의 제물로 바친다.

가족을 위해 돈을 벌어야만 하는 교육받은 신여성의 설정은 1930년대 초반 과도한 섹슈얼리티로 가족 제도를 위협하던 모던걸로서의 신여성과는 확실히 대별(大別)된다. 대부분의 신여성들이 경제적 어려움으로 직업 세계에 발을 들였다 하더라도 신세 한탄이나 허영에 들뜬 욕망으로 가족들의 애물단지가 되거나 몸을 망치기 십상인 데 반해 가난한 집안을 건사하기 위해 젊음을 희생하는 정순은 어디까지나 자기 자신 이외에는 생각지 못하는 동물적 존재들과는 변별된다.

정순이의 직업은 보육교사이다. 정순의 구체적인 직업 활동이 사회에서 이루어졌다면 정순의 교사적 입지가 확인되었겠지만, 정순은 가정보육교사로 활동하면서 어머니의 이미지가 부각된다. 오래전부터 심장병으로 누운 경애의 어머니를 대신해 어린 자녀들의 엄마 역할을 담당하게 된 것이다. 정순은 경애 어머니의 질투와 모함 속에서도 꿋꿋하게 아이들을 자기 자식처럼 돌보고, 경애 어머니가 죽은 후에는 조만호의 집을 나가려고 했으나 나이 어린 용길이 때문에 그럴 수도 없었다. 시기와 질투로 매일 정순을 들볶던 경애 어머니도 죽기 전에 정순을 어린아이들을 마음 놓고 맡길 수 있는 유일한 새어머닛감이라고 말한다.

정순이 구체적으로 성모의 이미지를 획득하게 되는 것은 한 번도 만난 적도 본 적도 없는 경구가 세계일주에서 막 돌아와 아이들의 가정교사인 정순에게 성모의 그림이 들어 있는 사진을 선물하면서부터이다. 이로써 정순은 성모의 이미지로 강렬히 환기되는데 경구는 용길을 안고 있는 정순이가 귀국 기념으로 정순에게 준 마돈나[聖母]의 그림과 같이 생각되어 일순 정순에게 합장하고 싶은 충동을 느끼곤 한다.

병든 아버지와 가족을 위해 헌신하는 대리가장의 모습에, 자신을 핍박하고 모멸하던 이의 자식들을 사랑으로 끌어안음으로써 획득되는 모성적 이미지는 자신을 죽여 더 큰 사랑을 실천하는 성모적 이미지로 승화된다. '하늘에서 내려온 듯이 티 없이 아름다운 정순의 육체', '짙은 그늘을 쫓아내주는 오직 하나의 태양', '경건하고 깨끗한 정순의 미소' 등은 정순의 이미지를 모성애, 자매애, 인류애를 지닌 성스러운 어머니나 구원의 여성으로 기능하게 한다.[6]

부성(대리가장)과 모성(성모)을 동시에 가져 탈성화(脫性化)된 정순은 마지막으로 사랑하는 남자의 행복을 위해 자신의 사랑을 포기한다. 정순은 경구에게 경애가 민수를 사랑하고 있으며 민수와의 결혼을 희망하고 있다는 이야기를 듣는다. 정순은 마음 같아서는 당장 모든 오해를 풀고 민수가 자신의 약혼자임을 밝히고 싶지만 졸업 후 유학을 시키는 것은 물론 민수의 생활비쯤이야 간단히 해결해줄 수 있다는 이야기를 듣고 과연 자신이 민수의 행복을 깨뜨릴 권리가 있는지 반문한다. 자신과 결혼하는 것보다 경애와 결혼하는 것이 더 나으리라는 정순의 생각은 민수의 입장에서 모든 것을 생각해보려는 정순의 지극한 사랑에서 출발한다.

정순은 모든 오해가 풀린 후에도 자신의 사랑을 재출발시키기보다는 그 남성을 사랑한 다른 여성(경애)의 불행을 막기 위해 새로운 사랑의 시작을 거부한다. 정순이 경구의 열렬한 구애를 거부하는 것도 똑같은 이유에서이다. 정순은 경구에게 그의 신부가 될 날만을 손꼽아 기다린 윤희에게 잔인한 남성이 되지 말라고 충고한다.

---

6 김미현, 「여성 연애 소설의 (무)의식: 김말봉의 『찔레꽃』을 중심으로」, 『여성문학을 넘어서』, 민음사, 2002, 233쪽.

"모든 것은 될 대로 되지 않았어요?…… 민수 씨! 이미 한 여자를 울렸으니 또다시 한 여자를 울리는 것은 너무 잔인하지 않아요?…… 두 분은 이미 약혼을 하셨으니…… 행복 되시기만 빕니다."[7]

타락한 세상에 도덕적 주체로서 자존심을 지켜나가는 정순이 자신의 개인적 사랑을 희생하여 더 큰 사랑을 실천하는 성모의 이미지로 고양되는 데 반해 남성미의 절정인 이민수는 도덕적 영웅의 모습을 보여주는 데 그친다. 일주일 전에 자신의 집을 경매에 부친 조만호의 딸 조경애를 죽음의 경각에서 구해낸 민수는 '운명의 물레바퀴'처럼 교만한 조만호에게 도덕적으로 패배감을 안기고 결국 자신이 승리했다는 사실에 쾌감을 느낀다.

민수가 날렵한 승마 솜씨로 경애를 구하고 경애 또한 혼절한 상태에서 영환을 무시하고 민수를 찾으며, 경애의 사고 소식을 듣고 온 가족이 달려와 민수에게 경의를 표하는 대목에서 '진실로 선으로써 악을 이긴' 민수의 행동은 악인들 스스로에게 반성의 기회를 제공했기에 더욱 정의롭고 대범하게 부각된다.

높고 거룩한 인류애를 실천한 민수의 영웅적 행동은 여기에서 그치지 않는다. 경애의 퇴원과 경구의 귀국을 축하하는 가족 파티에서 영환이 제시한 현상금 오천 원을 거절한 민수의 '젊은 사자와 같이 늠름한' 노기는 참석자들로 하여금 저절로 고개가 숙여지게 만든다. 더불어 이것을 기회로 가난한 민수를 비웃어주자 했던 윤영환의 그릇된 짐작과 현상금으로 경애의 생명을 건지려 했던 영환의 존재를 부각시키고자 했던 조만호의 술책은 민수의 옥 같은 행동과 대비되어 더욱 비열하고

---

7 『김말봉 전집 3: 찔레꽃』, 505-506쪽.

추잡하게 그려진다.

그러나 남성미의 절정인 민수의 영웅적 행동이 정순의 성모와도 같은 숭고미로 상승되지 못하는 것은 민수의 모든 행동이 도덕성으로 위장된 복수심으로부터 비롯되었기 때문이다.

> '내 아버지를 울린 녀석 그리고 그 경애라는 교만하고 맹랑한 계집애 앞에서 오천 원을 받아 버린다면? 모처럼 참말로 천재일우에 기적적으로 얻은 내 복수가 그 돈 오천 원과 상쇄 되어 버리겠지?……흥 오천 원에다 내 감정을 팔아버릴 수는 없거든. 그보다도 오천 원을 내게 던져두고 난 뒤에 그는 마치 삯군에게 삯을 지불한 것처럼 득의양양해질 그 꼬락서니를 차마 볼 수 없었던 것이 아니냐.'[8]

자신의 행복을 깨뜨린 조만호에 대한 복수는 경애와의 약혼으로 이어진다. 복수는 사랑의 절대성이 실패한 대상을 향하는 것이 아니라 사랑에 실패한 자기 자신에 대한 보상으로 나르시시즘의 절대성을 드러낸다. 민수가 정순이 조 두취와 결혼할 것으로 오해하고 경애와 약혼하려 드는 것은 이러한 복수로서의 사랑을 보여준다.

이민수의 사랑이 안정순의 사랑처럼 숭고성을 담지할 수 없는 것은 오해라는 똑같은 상황 속에서 민수와 정순의 반응태가 극적으로 상반되기 때문이다. 정순은 자신보다 먼저 민수의 입장에서 생각하고 과연 그에게 이익이 되는 것이 무엇일까를 고민하는 반면 민수는 자신을 물질적으로 패배시킨 조만호와 정순에 대한 복수심으로 들끓었던 것이다.

가난하지만 순결함을 잃지 않고 타락한 세계에서 고고하게 자신을

---

8 『김말봉 전집 3: 찔레꽃』, 256쪽.

지켜나가는 정순은 값높은 영혼의 값높은 승리를 보여주며 성모적 이미지로 재현된다. 허위와 가면의 진흙탕 싸움에서 공리적 현금주의자가 되지 않기 위해 늘 경계하며 도덕적 자존심으로 자신을 지켜나가는 정순은 그야말로 '보아주는 이가 없어도 홀로 피어 알아주는 이가 없어도 향기를 보내주는 찔레꽃'과 같이 숭고한 면모를 지닌다. 정순의 거절이라는 당혹스러운 결말은 찔레꽃이라는 상징적 장치를 통해 긴장을 완화시키고 복선적 역할을 수행한다. 경애에 의해 포착되는 찔레꽃의 이미지가 정순의 성격과 행동을 시종일관 지배함으로써 안정순의 존재를, 그와 동시에 안정순의 삶으로 표상되는 자기희생과 헌신이라는 모럴을 신비화한다.[9]

3. '장한몽'식 선택의 플롯과 권위적 징벌소설

『찔레꽃』이 1930년대 대중연애서사의 대표성을 지닐 수 있는 것은 사랑과 자본주의적 가치 질서 간의 대립이라는 돈과 사랑의 문제가 핵심적 갈등으로 포진하고 있기 때문이다. 돈이 단순한 물질적 허영이나 외부의 폭력적인 강압, 성적 유혹 등의 형식으로 상징되던 이전 시대의 대중소설과 달리 생활의 논리, 일상으로 자리매김하는 것이 『찔레꽃』만의 특수성이자 시대적 안목인 것이다.

1930년대 소비자본주의 사회에서 돈은 인간의 가장 기본적인 본성 또는 인간 최대의 행복인 사랑에 값하는 지위를 갖게 된다. 이제 돈은

9 서영채, 「1930년대 통속성의 존재방식과 그 의미」, 『민족문학사연구』 4, 민족문학사연구소, 1993, 287쪽.

신이 사라진 시대에 물신(物神)이 된다. 돈이라는 물질적 가치와 사랑이라는 정신적 가치의 대결은 1930년대 대중 독자들의 감정과 욕망의 흐름을 반영함으로써 시대적 트렌드를 형성하지만, 이 둘의 대결을 가장 고전적인 방식으로 일시에 해소해버림으로써 재래적 윤리는 신봉된다.

『찔레꽃』은 다양한 성격의 인물들이 등장하여 사건이 복잡하고 규모 있게 꾸며져 있는 듯 보이지만 사실 중첩된 여러 개의 삼각관계는 주 인물을 중심으로 정확하게 이분된다. 멜로드라마의 공식성에 따라 선과 악이 사랑과 돈의 대립으로 정확히 구분된다. 조만호-안정순-이민수, 조경애-이민수-안정순, 조경구-안정순-이민수, 조만호-옥란-최근호 등 크게 네 가지로 구분되는 갈등의 서사는 중심인물을 분기로 좌(左)는 부자=돈=악을, 우(右)는 빈자=사랑=선을 표상한다.

악의 축이자 돈 많은 부자의 전형을 보여주는 조만호는 은행 두취로서 부와 권력을 지닌 인물이다. 스물다섯에 와세다대학을 마치고 경상도 부호 정창식의 맏딸에게 장가를 든 이래 민활한 사업 수완과 정 씨의 후원으로 오늘날에 이른 그는 사십이 넘어서면서 요리집, 호텔, 온천엘 수시로 드나들며 색(色)을 탐한다. 그러던 중 보육교사로 취직한 정순을 보고 "잘 익은 과일을 보는 때처럼 그의 눈에서는 어떤 애욕의 횃불이 여름밤의 인광과 같이 흩어졌다."[10]

조만호는 도덕적으로 타락한 인물의 토포스(topos)를 보여준다. 은행의 두취라는 지위를 이용하여 재물을 축적하고 병든 아내를 두고 성적 욕망을 탐한다. 사회적으로 높은 지위를 이용하여 자신의 성적 욕망을 충족시키는 조만호의 이미지는 대중 로망스(popular romance)에서 가부장제의 이득을 누리는 전형적인 남근적 영웅(phallic hero)과 일치한

10 『찔레꽃』, 18쪽.

다. 남근적 영웅은 여성인물을 도덕적·성적으로 억압하는 면에서 비도덕적 인물의 전형이다.[11]

그러나 조만호의 안정순에 대한 성적 탐욕은 아내의 신경증적 경계와 침모 박 씨의 음모로 표면화되지 않는다. 악의 근원태인 조만호는 오히려 익살맞고 희극적인 인상을 준다. 이러한 이유로 조만호는 공포나 혐오의 감정을 유발하지 않고 악당으로서의 모습은 희석된다. 반면 악의 실행태로서 침모 마누라 박 씨는 그로테스크한 묘사를 통해 구체적인 악인의 모습을 보여준다.

침모 박 씨는 거동이 불편한 경애 어머니의 사설탐정이자 그림자 역할을 수행하면서 정순을 핍박과 모멸감 속에 빠뜨리는 인물이다. 경애 어머니가 죽자 조만호의 매파 역할을 하면서 정순을 오해 속에 고립시키고 자신의 물질적 욕망을 채워나간다. 결국 정순이 자신의 마음대로 되지 않자 기묘한 사기를 계획하고 딸 영자를 정순으로 둔갑시켜 조 두취의 침실로 들여보낸다. 인륜을 저버리고 물질적 욕망에 따라 처신하는 박 씨의 행동은 당위적 서사의 공식적 결말에 따라 처리된다.

『찔레꽃』의 선행 연구가 조만호-안정순-이민수의 삼각관계에 집중하여 논의된 데 반해 조만호-백옥란-최근호의 삼각관계는 부차 플롯 정도로 인식되었다. 하지만 백옥란의 서사는 돈이냐 사랑이냐의 선택에 있어 안정순과 정반대의 선택을 하게 함으로써 정순이 가지 않은 길에 대한 독자들의 호기심을 충족시킨다. 그러므로 안정순의 서사와 백옥란의 서사는 조만호를 기준점으로 상극의 데칼코마니처럼 겹쳐진다. 옥란의 선택이 부정되면 부정될수록 정순의 선택은 더욱더 이상화된다.

조만호-백옥란-최근호의 서사는 황금을 가지고 사랑을 사려는 사나

11 이정옥, 『1930년대 한국 대중소설의 이해』, 국학자료원, 2000, 155-156쪽.

이(조만호)와 순정한 사랑을 돈이라는 우상과 맞바꾸려는 기생(백옥란), 세상 물정 모르는 귀여운 도련님(최근호)의 삼각관계를 은유한다. 최근호는 요정에서 우연히 만난 '학대받는 백색 노예' 옥란을 불행에서 건져내 일평생 사랑할 것을 약속한다. 하지만 자신의 전부를 내어 걸었던 옥란이 다시 기생 권번으로 나온 것을 보고 환멸을 느낀다.

옥란이 근호와의 다짐을 깨고 생활전선에 뛰어들 수밖에 없는 상황은 정순의 그것과 동일하다. 옥란에게는 근호가 벌어오는 육십오 원으로는 생계가 불가능한 칠팔 명의 식구가 달려 있다. 더욱이 숨겨놓은 아들이 내년이면 학교에 들어갈 나이가 된다. 옥란은 궁핍으로 인해 사랑하는 근호와의 약속을 어기고 권번에 나갈 수밖에 없게 되었다. 정순이 타락하고 비도덕적인 돈의 전횡 속에서도 도덕적 자존심으로 자신을 지탱하는 반면 옥란은 자신의 물질적 이익을 계산하고 미래의 안정을 위해 현실과 타협한다. 옥란은 조 두취에게 반강제로 아내가 죽으면 혼인하여 아들 수남을 정식 아들로 호적에 넣어줄 것을 다짐받고 최근호와 헤어질 것을 결심한다. 자본의 논리가 지배하는 가부장적인 사회 속에서 사랑을 포기하고 적극적으로 자신의 욕망, 금전적인 욕망과 사회적 지위를 얻기 위해 수단 방법을 가리지 않는 옥란은 비정한 여성 인물로 악녀 모티프의 전형을 보여준다.

그러나 옥란이 그토록 소원했던 정실부인의 자리는 처음부터 옥란의 자리가 아니었다. 조 두취는 가정교사와 결혼하기로 했다고 전하고 옥란은 영원한 제2의 애인이 되어 자신 곁에 머물러달라고 말한다. 이에 옥란은 아들 수남의 이름으로 전셋집을 줄 것과 가족의 위로금으로 일시 삼만 원, 매달 생활비로 삼백 원을 줄 것을 청한다. 하지만 조 두취는 옥란이 근호와 좋아지낸 것을 이미 알고 있으니 돈 이백 원으로 더 이상 귀찮게 하지 말라고 으름장을 놓는다.

결국 자신에게 지극한 사랑을 약속했던 최근호를 버리고 선택한 황금장이 조만호에게 조롱당하듯 버림받은 옥란은 최근호 역시 다른 여자와 결혼해버리자 자신을 진심으로 사랑한 최근호를 배신한 데 대한 죄의식과 조만호에 대한 복수심으로 충동적으로 조만호를 죽이겠다고 결심한다. 근호의 결혼식 날이자 두취에게 버림받은 날 밤, 옥란은 칼을 품고 조만호의 침실에 숨어든다. 벽장 속에 숨어 있던 옥란은 두취와 가정교사의 침대를 덮친다. 옥란은 조 두취는 해하지 않고 침모의 딸 영자의 갑상선에 한일자로 칼날을 박아 살해한다.

스스로 돈의 논리에 끌려간 옥란의 자학적 행동은 충동적 살인이라는 자기파괴적 행위로 마무리된다. 하지만 여기서 특기할 사항은 돈을 선택함으로써 악의 측에 서게 된 옥란이 복수심으로 의도치 않게 또 다른 악을 제거했다는 점이다. 이 또 다른 악은 침모의 기묘한 계략으로 자신의 딸을 정순으로 둔갑시켜 조 두취와 혼인시키려는 술책이다. 더욱이 딸의 임신으로 비록 혼인이 성사되지 않더라도 물질적으로 큰 보상을 받을 수 있는 악의 완성을 목전에 두고 있었다.

옥란의 영자 살해는 악의 악을 통한 징치일 뿐만 아니라 악의 행동성으로, 모든 오해의 연속이 해결됨으로써 선은 가장 추악한 현장에서 빛나게 된다. 선은 아무런 노력을 하지 않아도 결과적으로 보상받고 치유된다는 자족적 논리는 선으로써 악을 이기고 선이 결국 보상받는다는 권선징악의 논리를 한 차원 높인 것이다. 바로 이 부분에서 도덕성이 종교적 절대성으로 상승된다. 그리고 파탄에 이르러 개심(改心)하게 되는 악의 모습은 동정심이나 연민을 자아내기보다는 인과응보라는 당위가 도덕적 지위를 회복함으로써 정당성을 획득한다.

> "아이고 영자아 어밀 죽어다구. 어미가 너를 이렇게 만들었구나."

침모는 거의 미친 듯이 그는 허옇게 돌아간 눈으로 영자의 상반신을 일으켰다. 갑상선을 한 일자로 칼날을 받은 영자는 벌써 사지가 서늘하게 되어온다.

"아이고 명천 하나님 이 늙은 년에게 벼락을 내려주서요. 이년이 돈에 눈깔이 어두워서……아이고."

…(중략)…

"진범인은 여기 있세요, 호호."

하고 서편 창에 걸려있는 커튼 아래에서 여자의 웃음소리가 들려왔다. 여럿의 눈은 일시에 소리 나는 곳으로 옮겼다. 피가 묻은 단도를 한 손에 들고 나오는 젊은 여인은 무엇이 우스운지 생글생글 웃으며

"저는 기생 백옥란이에요. 데리고 가시면 자세한 말씀을 여쭐 테니까요."[12]

『찔레꽃』은 돈의 서사를 통해 파행적인 소비 자본주의화 과정에서 왜곡되고 뒤틀린 인간관계와 욕망을 되비친다. 물질적인 돈의 논리가 가치론적으로 악의 논리에 상응하는 것은 반자유주의와 반서구주의를 핵심으로 하는 식민지 후기 지배 정책에 동조한다.

식민 지배 초기 개인의 자유, 권리, 행복을 강조하고 국가 간섭을 배제하고자 하는 자유주의 사상은 조선인의 애국심을 약화시킬 수 있는 일제의 핵심 지배 이데올로기였다. 더불어 조선왕조를 비판하면서 자신들만이 조선인의 생명과 재산을 지켜줄 수 있다는 동화의 논리를 식민화에 활용했다. 자유주의는 본질적으로 국가 그 자체에 대해 비판적인 이데올로기이므로 탈조선화를 위한 훌륭한 도구가 될 수 있었다. 그

---

12 『김말봉 전집 3: 찔레꽃』, 503-504쪽.

러나 식민화가 진전되면서 일본은 초기 지배 정책과 달리 자유주의를 강하게 비판한다. 이는 일본이 계속되는 전쟁 수행을 위해 조선인을 진짜 일본인을 만들기 위해 강한 애국심으로 무장한 국가주의(파시즘)를 채택했기 때문이다. 일제가 파시즘으로 나아가면서 자유주의는 제 욕심을 채우는 이기주의로, 구체제의 이념으로 묘사된다.

자유주의는 물질만능, 영리만능, 상업주의적인 것으로, 조만호의 황금으로 취하지 못할 것은 없다는 물질만능적 태도는 이러한 이유로 악의 기능을 하게 된다. 더불어 지금까지 영미(英美)가 지배하던 질서는 돈과 권력이 지배하는 질서, 침략적인 질서이므로 이제는 일본이 중심이 되어 공존공영하는 정신의 질서, 생존권의 질서로 맞서야 하는 것이다. 신질서로서의 국가주의가 자유주의를 압도하고 영미로 대표되는 서구에 대한 반감을 고조시킨다.

경구가 대학을 졸업하고 세계일주를 하는 동안 미국에서 겪은 인종차별은 반서구의 감정을 극대화시킨다. 경구는 세계일주 도중 뉴욕에 도착하자마자 아메리카의 사치와 허영을 확인하고자 제일 훌륭한 호텔로 들어선다. 경구가 궁전과도 같은 호텔 안으로 들어서려 하자 파수병 같은 보이가 앞길을 막아선다. "손님은 백색인(白色人)에 한하여 받습니다."[13]라고 쓰인 진유판을 쳐다보는 경구의 눈은 팽이같이 뱅글뱅글 돌아갔다. 분노를 안은 채 유색인을 들이는 제이류 여관을 물색하던 때가 지금도 경구의 눈앞에 선하다.

> 인종 차별!
>
> 지구 위에 분한 것 슬픈 것 그리고 억울한 것 이 모든 것을 한 데 뭉

13 『김말봉 전집 3: 찔레꽃』, 207쪽.

쳐 놓은 것이 인종 차별이란 저주받은 문자로 화해 나왔다고 경구는 생각하였다.

"이것이 청교도의 아메리카냐? 자유와 평등을 부르짖고 오월호를 타고 대서양을 건너온 너의 조상들은 지금 무덤 아래서 울고 있으렸다."

이것은 그날 밤 경구가 식당에서 어느 YMCA(청년회) 회원을 만나서 부르짖은 첫인사였다.

민족끼리 인종끼리 싸우고 죽이고 그리고 자기네의 조그마한 사회를 배경으로 거기서 우월감을 느끼며 나보다 나은 자를 씹고 깎고

'만약에 이러한 더러운 감정이 내 속에 남아 있거든 나는 죽어 없어져라.'

경구는 스스로를 저주하면서 그날 밤은 이상한 흥분으로 거의 뜬 눈으로 새웠던 것이다.[14]

조선인을 개만도 못한 개의 하인으로 부리며 귀족적인 부와 사치를 일삼는 미국인의 행태를 통해 피 끓는 울분을 느끼는 경구의 정서는 반서구의 감정을 극단적으로 표출하며 국가주의 이데올로기에 복무하게 된다.

4. 동화(同化)를 통한 낙관적 센티멘털리즘

다각적으로 얽혀 있는 애정의 삼각관계는 애정의 중심축에 서 있는 인물이 돈이냐, 사랑이냐의 취사의 갈등에 놓여 있다는 점에서 선택의

14 『김말봉 전집 3: 찔레꽃』, 207-208쪽.

플롯을 추구한다. 이러한 선택의 플롯은 멜로드라마적 공식성에 의해 문학적 관습으로 고정되어 있다. 독자들은 연애소설의 장르적 공식을 따라 편안하게 독서에 참여할 수 있지만, 독자들의 상식적 예측은 서사 내부의 다양한 변수와 우연적 상황의 얽힘으로 호기심과 긴장감을 유발한다. 심미주체는 최종적으로 낙관적 전망에 심정적 안정감을 기대하면서도 선택의 과정이 구체적으로 어떻게 펼쳐질 것이며, 최종적으로 어떻게 해결될 것인지를 흥미롭게 추적한다.

『찔레꽃』의 폭발적 인기를 견인하며 독자들의 동일시적 감정이입을 이끌어내는 여주인공 안정순은 민수의 사랑이냐, 조만호의 돈이냐의 갈림길에서 어느 하나를 선택해야 한다. 동일시(Identification)는 자기 이외의 대상이 자신이 좋아하거나 존경하거나 혹은 부러워하는 대상일 때 그 사람의 행동 특성을 모방함으로써 자신이 마치 그 사람이나 된 듯한 만족감을 가지게 되는 것으로 명확한 의식의 지각 작용이라기보다는 잠재의식적인 반응의 결과이다. 독자는 작중인물과의 동일시를 통해 독서 체험을 현실의 삶 속에서 의미화하고 확대하는 과정을 거치고 가치를 내면화하게 된다. 안정순의 인간됨을 볼 때 독자들은 쉽게 정순의 선택이 사랑을 향할 것임을 예측할 수 있지만 정순의 근본적인 고난의 원인인 가난이 서사에 계속해서 노출됨으로써 안정순의 선택은 긴장감 있게 진행된다.

정순이 조만호 집의 가정교사 생활을 시작했을 때 '전설에 나오는 공주'마냥 신기해하는 것은 호화로운 생활에 대한 동경과 환상의 표현이라 할 수 있다. 이 같은 심리는 안정순의 집과 조만호의 집의 선명한 공간 대비를 통해 극단화된다.[15] 독자들은 정순의 시선을 따라 부르주아

---

15 동님편으로 향한 이 방은 앞에 유리문이 있고 서쪽에 둥그런 창이 났는데 그 창에는 뻥

가정의 부와 사치를 구경하면서 엿보기의 욕망을 충족시킨다. 하지만 부와 사치가 행복의 전당이 아니라 황금으로 만든 지옥임을 정순이 겪은 에피소드를 통해 바라봄으로써 자신들의 현실적 처지를 위안받게 된다.

정순이 독자의 공감과 감정이입의 대상이 될 수 있는 것은 현금적 공리주의를 경계하고 도덕적 자존심을 지키는 인물임에도 물질의 유혹에 흔들리는 약한 인간적 모습을 서사에 종종 노출하기 때문이다. 정순의 회의하고 갈등하는 양상의 진폭이 커지면 커질수록 수용주체는 서사주체에게 쉽게 동화된다.

'동화(Assimilation)'는 체험의 동질성을 바탕으로 한다는 점에서 동일시의 한 양상이다. 동화는 독자가 소설 속에서 자신이 선택한 모델의 양식을 본떠 자아를 형성하려는 거의 의식적인 노력이라는 점에서 선망의 기제를 포함한다. '스르르 구름같이 손에 감기울 저 아름다운 옷감'에 대한 유혹은 너무도 강렬하며 자존심만 아니었다면 '열 번 절하고 진열장 앞으로 달려갔을' 정순의 태도를 통해 독자는 인간의 양면성에 대한 이해와 정순의 도덕적 선택에 대한 선망을 동시에 체험하

뚫어진 우물정자로 간살을 막아 놓은 말하자면 썩 신식 풍속으로 꾸며진 방이다. 두 칸 반은 훨씬 더 될 듯한 이 방 한편에는 체경이 달린 양복장이 놓여 있고 전나무로 만든 테이블 옆에 등의자 한 개 벽에는 팔 월 삼 일이란 글자를 안은 달력이 걸려 있다. 방 맞은편 넓은 뜰에는 솔, 살구, 복숭, 뽕나무들이 죽 들어서서 은은한 그늘을 지우고 있는 것이 무엇보다도 정순의 맘에 들었다. 정순은 전설에 나오는 공주처럼 하루 동안에 달라진 자기 생활이 무척 신기롭게 생각이 되었다. 『김말봉 전집 3: 찔레꽃』, 23-24쪽.

"칫, 저걸 어떡해. 비가 막 새는군." 천장 한 귀퉁이가 뻘겋게 빗물이 내밴 사이로 뚜둑뚜둑 굵은 빗방울이 떨어지는 것이다. 재작년에 지붕을 이은 뒤로 아직 그대로 있는 정순네 초가집은 썩을 대로 썩은 모양이다. 어머니는 세숫대야를 갖다 물 떨어지는 곳에 갖다 놓고 후르르 한숨을 내쉬며 부엌으로 난 창을 확 열어젖혔다. "저런 제길 부엌에도 물이 하나로군." 어머니는 소매를 둥둥 걷고서 뜰로 내려왔다. 부엌에서 덕 덕 물을 퍼내는 소리가 들려오자 정순은 꿈에서 깨듯이 그는 책을 내려놓고 벌떡 일어섰다. 『김말봉 전집 3: 찔레꽃』, 17쪽.

게 된다.

정순의 선택 플롯은 취사의 문제에 있어 직선의 서사에 가깝다. 물질에 대한 인간적 욕망이 발견되지만 언제나 그 결론은 도덕적 자존심을 더욱더 무장하는 계기가 된다. 더불어 자신의 욕망을 발견할 때마다 본성을 깨우치고 그러한 물적 가치를 지닌 인물들을 비판함으로써 상대적으로 자신의 자존심을 굳건히 수성하기 때문이다. 이러한 직선의 서사가 독자들에게 단조롭거나 지루하지 않게 읽히는 것은 직선 속에 오해의 플롯이 겹쳐지면서 공식성이 가변되기 때문이다. 이 오해도 두 개의 서사가 중첩되면서 서사의 진행은 더욱 복잡해진다. 오해로 비롯되는 곡선의 서사는 독자들의 흥미와 긴장감을 배가시키는 기능을 수행한다.

경애-민수, 경구-정순의 표면적 사랑의 서사는 경애와 경구의 오해에서 비롯되었지만 악의성이 없다는 점에서 지탄받지 못하고, 진실을 알고 있는 두 연인의 망설임으로 독자들은 더욱더 안타까움을 느끼게 된다. 연인을 위하는 마음으로, 자존심으로 진실을 행동으로 옮기지 못함으로써 진실은 은폐되고 정보는 지연된다. 오해가 거듭될수록 정순과 민수의 결합 가능성은 낮아지고 독자들의 긴장감은 고조된다. 침모의 계략에 의해 발생하는 오해는 자신의 욕심을 채우기 위해 정순을 이용한다는 측면에서 악의성을 갖고, 독자들은 훈계의 눈초리로 서사를 따라간다. 이들의 오해 과정을 읽는 독자들은 안타까운 심정으로 마음을 졸이고 어서 오해가 풀려 재결합하기를 기대한다.

결국 위험에 빠진 정순과 민수의 사랑은 흉악한 오해가 일시에 해소됨으로써 행복한 결말을 향해 나아가는 듯하지만 여기에 또 하나의 반전이 도사린다. 모든 오해가 밝혀진 뒤에 민수는 자신의 잘못을 깨닫고 정순에게 용서를 구한다. 순결한 정순을 오해한 것은 자신의 천박함 탓

이요, 정순의 결백이 증명된 이상 모든 처리를 정순의 뜻에 따르겠다고 말한다. 일반적인 멜로드라마의 공식성을 따른다면 정순은 민수를 용서하고 고난의 대가를 보상받는 결혼이나 그에 걸맞은 화합의 해피엔딩으로 진행되어야 할 것이다.

그러나 정순은 모든 독자들의 예상을 깨고 순리의 뜻을 따라 민수의 청을 거절한다. 독자들은 사랑의 패배를 감내하고 또 다른 사랑의 아픔을 만들지 않기 위해 돌아서는 정순의 고결한 덕행에 감동한다. 수용주체들은 그동안 그녀가 무릅썼던 고통과 그런 고통이 보람 없이 끝난 것에 대해 동정과 연민을 느끼게 된다.

여기서 『찔레꽃』의 감상성은 최고조에 이른다. 오해-갈등-중첩된 오해-오해의 해결-갈등의 해소의 에피소드적 반복, 운명적으로 엇갈리는 사랑의 서사는 심미주체로 하여금 감정이입의 강렬도를 높이고 센티멘털리즘을 미감케 하는 것이다.

센티멘털리즘(Sentimentalism)은 비애, 눈물, 우울, 탄식, 애상 등을 기본 정조로 한다. 하지만 센티멘털리즘이 눈물의 비애와 탄식에 주조된다고 해서 체념적 비관주의에 기대는 것은 아니다. 감상성으로 번역되는 이 용어는 인간성의 사실적 표현으로 인간의 미덕에 대한 찬양을 통해 소박한 낙관주의와 이상주의를 전망한다. 김기진은 “일상생활의 외위(外圍)에서 불가항력의 초인간력을 부단히 느껴오고 따라서 숙명적 배신적 사상에 감염을 오랫동안 당하여 온 특정한 사회의 보통인의 보통 감정은 일양(一樣)으로 센티멘털리즘 아닌 것이 없다.”고 말한 바 있으며 이러한 이유로 센티멘털리즘은 “현재 조선 사람의 보통감정이요 최대의 풍속을 가지고 항행을 하여왔다.”고 지적했다.

안정순의 행위에 대해 독자들의 감정이입은 하나의 미감으로 집결되지 않을 것이다. 이는 결말의 의외성 때문일 터인데 이민수와의 결별로 당혹스러운 가운데 아쉬움과 탄식을 느끼고, 경구와의 새로운 사랑을 전망하면서 기대와 예찬의 복잡한 감정을 느끼게 된다. 하지만 이러한 일련의 감정들이 소박한 낙관주의에 기대고 있음으로 의외적이기는 하나 충격적이지는 않다. 정순의 태도를 통해 독자들이 미감하는 센티멘털리즘은 '혼합된 감정의 모순'이라는 측면에서 일종의 숭고미이다.

프리드리히 실러(Friedrich Schiller)가 논문 「숭고한 것에 관하여」에서 논한 것처럼 숭고의 감정은 "어떤 발작처럼 그것의 최고도에서 표현되는 슬픔과 황홀함에까지 이르게 할 수 있는 기쁨의 결합이다." 하나의 감정에서 두 개의 모순되는 느낌의 결합은 모순되지 않는 방식으로 우리의 도덕적 자립을 증명한다는 점에서 감상적이다.[16]

센티멘털리즘은 탄식하고 감사하고 슬퍼하고 원망하고 기뻐하고의 연쇄적 반응을 이끌어냄으로써 수용자로 하여금 하나의 감정에 오래 머무르지 못하도록 유도한다. 빠르게 변하는 감정의 기복은 텍스트 내부의 서사 속도에 따라 긴장감을 유발하고 수용자의 외부적 현실을 잊고 내적으로 몰입하게 만드는 최선의 미감이다. 독자들이 정순의 행위를 통해 느끼는 이러한 감상성은 더 높은 차원의 열망, 기대, 환희를 주조하는 숭고의 감정이다.

일반적으로 대중연애서사는 선악의 이분법적 대립구도 속에서 결국 선이 승리하는 해피엔딩의 형식으로 '교정할 수 없는 낙관주의(incorrigible optimism)'를 선보인다. 결론만 놓고 보자면 『찔레꽃』은 대중연애서사의 기본 공식에 위배된다. 서로 사랑하지만 결과적으로 이들의 애정 실현은 좌절되기 때문이다. 하지만 선이 보상받는 해피엔딩

16 김수용, 『아름다움의 미학과 숭고함의 예술론: 쉴러의 고전주의 문학 연구』, 아카넷, 2009.

의 구조가 아님에도 악을 통해 악이 제거되고 인물들의 도덕성과 윤리성이 강조되면서 심미주체들은 안정감을 갖고 위안을 얻게 된다.

더불어 이민수에 의해 할퀴어진 마음을 안고 서 있는 정순에게 경구가 다가옴으로써 장차 그 두 사람의 새로운 결합이 예비되어 있다. 목숨을 걸 만큼 사랑했던 민수가 자신을 오해하고 오히려 고난의 수렁 속에 밀어 넣음으로써 정순이 받은 타격과 배신감은 나름의 교양과 윤리감각을 갖춘 경구에 의해 치유됨으로써 수용주체에게 또 다른 기대감을 갖게 한다.

독자들은 정순의 용서하고 자기를 희생하여 더 큰 사랑을 실천하는 감상적 숭고미를 심미적 향수로 전이시킨다. 이것은 심미주체가 서사주체의 행동에 공감을 갖고 바라보며 그것을 하나의 미적 감정으로 받아들여 자신들의 행위에 준거 척도로 삼는다는 것이다. 자본주의적 돈을 권력 삼아 전횡을 일삼는 부르주아의 타락성, 또는 그것을 좇는 인물들의 탐욕스러운 욕망과 대비하여 비록 가진 것은 적지만 삶에 최선을 다하고 타인을 위해 스스로를 희생하는 서사주체의 교양과 도덕을 확인하면서 심미주체는 어떻게 살 것인가의 물음에 대답하게 된다. 도덕적 주체가 전하는 삶의 가치는 주어진 삶에 만족하지 않고 적극적으로 가치 있는 삶을 추구하는 것이다.

독자들은 그들의 도덕성과 희생을 선망하면서 자신들도 물질적 부정적 돈의 논리에 저항하고 도덕적 보편성이 현실에서 승리할 수 있음을 보여주고 싶을 것이다. 심미주체는 서사주체의 행동을 현실적 경험의 한 양상으로 모방함으로써 도덕적 저항을 실천한다. 수용주체들은 정순을 통해 이분법적 삶을 대리 체험하게 됨으로써 자신의 삶에 객관성을 부여할 수 있게 된다. 이러한 독서 체험은 삶의 무질서한 경험에 질서를 부여하고 새로운 의미를 생산한다는 점에서 창조적 체험이다.

이러한 삶의 발견과 생산적 체험이 없다면 인간은 존재적 진실을 묻어두고 도착과 왜곡의 실존에 함몰되고 말 것이다.

결국 『찔레꽃』은 선과 악의 대립을 돈과 사랑의 이분법으로 알레고리화함으로써 현실을 모델화한다. 이렇게 의미론적으로 대립되는 선악의 인물 구도는 긍정과 부정의 속성을 각각의 인물들에게 귀속시킴으로써 그들을 가치 평가하고 또 그것을 통해 가치에 부합되게 정돈된 인간상과 세계상을 만들어냄으로써 사회화 작용을 한다.

5. 이상적 사랑과 도덕적 인간학

1930년대 후반기 대중연애소설군의 특징은 정신적 사랑의 절대성, 순정화, 개인의 헌신 등을 통해 이상주의적 성격을 갖는다. 이 시기 대중연애소설을 대표하는 『찔레꽃』에서는 사랑하는 남녀 주인공을 둘러싼 오해와 갈등을 극기와 인내로써 이겨내는 여성 주인공을 통해 이타적 사랑의 절대성과 이상화를 보여준다. 복잡한 부차플롯을 설정하여 애욕과 순정의 갈등 관계를 보여주지만 결과적으로 육체적 사랑을 추구하는 인물들이 몰락하고 여성 주인공 안정순은 현실적 한계를 희생으로 넘어서며 완벽한 성모의 이미지로 구현된다. 욕망에 순응하는 패배주의자가 되지 않기 위해 늘 경계하며 도덕적 자존심으로 자신을 지켜나가는 정순은 '보아주는 이가 없어도 홀로 피어 알아주는 이가 없어도 향기를 보내주는 찔레꽃'과 같이 숭고한 면모를 지닌다. 찔레꽃의 이미지는 안정순의 삶으로 표상되는 자기희생과 헌신이라는 모럴을 신비화한다.

서사적으로 볼 때 『찔레꽃』이 1930년대 대중연애서사의 대표성을 지닐 수 있는 것은 자본주의적 가치 질서를 상징하는 돈과 사랑을 선택적 갈등으로 하는 멜로드라마적 구조를 지니기 때문이다. 『찔레꽃』은 다양한 성격의 인물들이 등장하여 사건이 복잡하고 규모 있게 꾸며져 있는 듯 보이지만 사실 중첩된 여러 개의 삼각관계는 주 인물을 중심으로 정확하게 이분된다. 멜로드라마의 공식성에 따라 선과 악이 사랑과 돈의 대립으로 정확히 구분된다. 결말부에 이르러 기생 백옥란이 침모의 딸을 살해하는 장면은 악을 통해 악을 소멸시킬 뿐만 아니라 악의 행동성으로 보는 오해가 해결됨으로써 선은 가장 추악한 현장에서 빛나게 된다. 선은 노력하지 않아도 보상받고 치유된다는 자족적 논리는 선으로써 악을 이기고 선이 결국 보상받는다는 권선징악의 논리를 높은 차원에서 서사화한 것이다.

독자들은 여주인공 안정순이 용서하고 희생하여 더 큰 사랑을 실천하는 장면에서 숭고함을 느낀다. 돈을 권력 삼아 모든 것을 제 마음대로 하려는 부르주아의 타락성, 또는 그것을 좇는 인물들의 탐욕스러운 욕망과 대비하여 비록 가진 것은 적지만 삶에 최선을 다하고 타인을 위해 희생하는 안정순의 교양과 도덕을 확인하면서 독자들은 어떻게 살 것인가의 물음에 대답하게 된다. 1930년대 대중연애소설의 긍정적 주인물인 도덕적 주체가 전하는 삶의 가치는 주어진 삶에 만족하지 않고 적극적으로 가치 있는 삶을 추구하는 것이다. 도덕적 주체의 이상적 행위는 당시의 독자들에게 자신들이 나아가야 할 바를 제시하고 있는 모범적 행위이며 또한 상찬의 대상이기에 『찔레꽃』은 연애소설이면서 계몽적 교육소설로 역할하게 된다.

4

대중연애소설과 세태소설의 한 접점

:: 『가인의 시장』론 ::

1. (여성) 생활인, (여성) 소설가, (여성) 운동가

『가인의 시장』[1]은 『찔레꽃』의 작가이자 식민지 시대를 대표할 만한 베스트셀러 여성작가 김말봉의 해방 이후 첫 작품이다. 『밀림』과 『찔레꽃』의 열화와 같은 인기를 뒤로 하고 일본어로는 글을 쓰지 않겠다는 절필 선언 후 해방이 될 때까지 붓을 들지 않았던 김말봉은 이 작품을 통해 소설 쓰기를 재개한다. 1938년 12월 25일 『밀림』 후편이 96회로 연재가 중단된 이후 약 9년 만의 일이다.[2]

1 김말봉, 『가인의 시장』, 『부인신보』, 1947.7.1.-1948.5.8.

2 김말봉이 식민지 시대 발표한 장편소설은 『밀림』, 『찔레꽃』 두 편이다. 김말봉의 첫 장편소설인 『밀림』은 4년 동안의 작품 구상을 통해 스케일이 크고 격조 높은 세계를 구현

약 7년 동안을 부산에서 생활인으로 살던 김말봉은 해방과 함께 서울로 이주하여 적극적인 대사회활동을 시작한다. 남편 이종하와 함께 아나키스트 유림(柳林)이 이끄는 독립노동당 창당에 관여하여 이종하는 노동부장, 김말봉은 부녀부장의 직책을 맡게 된다. 독립노동당 부녀부장의 직책을 수행하면서 폐업공창구제연맹의 회장직을 수락하고 공창폐지운동의 전면에 나서게 된다. 결국 김말봉을 중심으로 한 여러 여성단체들의 노력으로 1947년 10월 28일 공창폐지령이 확정되고 11월 폐창연맹은 해소된다.

서울로 이주한 후 사회 활동과 함께 글쓰기를 시작한 김말봉은 개인적 사정으로 연재 취소를 거듭하다 『부인신보』의 요청으로 첫 번째 글쓰기를 재개한다. 1947년 『부인신보』에 연재된 『가인의 시장』은 공창폐지법 제정을 적극적으로 추진하는 가운데 공창폐지운동의 필요성을 여론화하기 위해 집필한 작품이다. 해방 이후 조선 여인의 가장 절실한 사회 비극으로 공창제를 제재화하고 "소설 속에서 들려오는 비명과 호소와 탄원에 독자들이 응답하기를 바라는" 집필 의도를 가지고 있었다.[3]

하고자 했던 노력의 결실이었다. 하지만 3년이라는, 연재 기간이 길었던 만큼 여러 가지 우여곡절을 겪게 되는데 95회 연재 중 남편의 죽음(1936.1.26.-2.25.)으로 한 달간 연재를 중단했고 발표 지면의 무기 정간(『동아일보』 4차 무기 정간, 1936.8.29.-1937.6.2.)으로 무려 1년 이상 연재를 중단하게 된다. 바로 이 1년의 휴지기에 『찔레꽃』(『조선일보』, 1937.3.31.-10.3.)이 발표된다. 『찔레꽃』의 완재 후 한 달이 지난 1937년 11월 4일부터 『밀림』 234회가 연재되어 1938년 2월 7일로 총 293회로 전편이 완재된다. 『밀림』은 처음부터 전·후편으로 구상된 작품으로 약 5개월 후인 1938년 7월 1일에 후편의 1회가 연재되는데 후편 연재 예고의 포부와 다르게 구체적인 이유 없이 96회 연재 후 중단(1938.12.25)되어 미완으로 남아 있다. 일반적으로 김말봉의 식민지 시기 마지막 작품이 『찔레꽃』으로 알려져 있지만 김말봉의 절필 전 마지막 작품은 『밀림』이다.

3 1946년 3월 21일 『동아일보』에 김말봉이 오랫동안의 침묵을 깨고 장편소설 『밤과 낮』을 집필하기로 되었다는 소식이 발표되지만 실제 연재되지는 못했다. 연재 취소 사유에 대해서는 『가인의 시장』 연재예고 '작가의 말'을 통해 사정을 유추해볼 수 있다. 「해

하지만 『가인의 시장』은 9년 만에 글쓰기를 갱기한 의도와 발분에 반해 연재는 한 달 이상 중단되었고 결국 결말이 없는 미완의 작품으로 종결된다. 이후 『가인의 시장』은 1951년 문연사에서 단행본으로 출간될 때 『화려한 지옥』으로 제목이 바뀌고 결말이 보충된 것과 함께 내용의 부분적 삭제와 보충, 목차 등이 변경되어 출판된다. 『가인의 시장』의 변신은 여기서 그치지 않고 1977년 대일출판사에서 『벌레 많은 꽃』으로 제명이 변경되어 출판된다. 대일출판사본은 문연사판 『화려한 지옥』의 장정을 그대로 따르는데 작가 사후(1961년 사망)에 출판된 책이기 때문에 후손과의 합의 후 제명이 붙여진 것인지 출판사 임의대로 출판된 것인지 확인할 수 없다.

앞선 사정으로 『가인의 시장』은 『부인신보』 연재본보다 『화려한 지옥』이라는 단행본 제목으로 더 많이 알려져 있고 선행 연구 또한 개작 양상을 연구한 박선희의 논문[4]을 제외하고는 모두 『화려한 지옥』을 연구대상으로 하고 있다. 주로 공창제를 반대한 김말봉의 전기적 사실에 근거하여 작가 김말봉을 소설 속 인물 '정민혜'(공창폐지연맹위원장)와 일치시키고 공창제 폐지의 정당성을 구현하고 이상적으로 결말짓는 선전소설로서 작품을 분석하고 있다. 앞선 전제하에 도덕적 양극화, 권선징악의 결말이라는 서사문법을 통해 대중소설로 분석한 최미진, 이병

방 후에 장편을 몇 개 구상했던 것만은 사실인데 내 자신의 사정으로 매양 발표할 약속을 이행치 못한 책임을 늘 마음에 고통으로 생각하고 있던바 이번에 여인들만의 힘으로 오로지 조선 여인들만의 의도와 발분으로 부녀신보가 탄생되니 내 분명코 조선 여인의 한 사람인지라 어찌 병약을 탄하며 무능을 겸하고만 있을 수 있으리오. 감연히 붓을 들고 조선 여인으로서 외치고 싶은 절실한 사회 비극의 한 토막을 이제 소설로 여러 독자 앞에 내어 놀 용기를 가져봅니다. 독자 제씨는 소설 속에서 들려오는 비명과 호소와 탄원에 어떠한 답을 하시렵니까." 진선영 엮음, 『김말봉 전집 4: 가인의 시장/화려한 지옥』, 소명출판, 2015, 605쪽.

4 박선희, 「김말봉의 『佳人의 市場』 개작과 여성운동」, 『우리말글』 54집, 우리말글학회, 2012.

순의 논문은 대중소설가로 출발한 김말봉의 작가의식이 해방 이후에도 지속되고 있음에 주목했다. 최근에 이루어진 임미진, 배상미의 논문은 김말봉의 『화려한 지옥』을 박계주의 『진리의 밤』과 묶어 해방기 성노동자에 집중하여 두 작가의 우익으로서의 정치적 입장을 살피고 있다.

김말봉 작품을 연구한 논문들이 대부분 『밀림』과 『찔레꽃』에 편중되어 있고 해방 후 발표한 장편소설의 수(30여 편 이상)에 비해 그 작품 연구가 일천한 데 반해 앞서 살핀 바와 같이 『화려한 지옥』을 연구한 논문은 적지 않다. 이는 김말봉이 오랜 절필 후 처음 발표한 작품의 개작본이라는 상징성과 함께 작가의 전기적 이력을 소설에 대입해 작가의식을 살피기에 유용한 작품이기 때문일 것이다.

하지만 기존 논의에서 짚고 넘어가야 할 점은 『가인의 시장』과 『화려한 지옥』은 동일한 작품임에도 엄연히 다른 텍스트라는 점이다. 『가인의 시장』이 『화려한 지옥』으로 개작되면서 공창제 폐지의 당위성이 강조되는 에피소드가 보충되고, 결말에서도 『가인의 시장』은 오채옥이 황영빈의 살해범으로 체포되어 창기라는 이유로 누명과 온갖 수모를 받는 것으로 미완 종결되는 데 반해, 공창제 폐지 이후 창기들의 삶을 위한 준비 작업과 실질적인 대책 마련이 실감 나게 드러난다. 이처럼 『화려한 지옥』은 『가인의 시장』에는 없었던 결말이 보충되면서 모든 여성이 연대하여 '희망원'이라는 생활 공동체를 설립, 여성운동의 이상적 결과를 보여준다. 결국 『화려한 지옥』에서는 결말의 보충을 통해 작가의 소설적, 현실적 이상향을 뚜렷이 개진하고 있는 것이다. 이러한 이유로 『화려한 지옥』의 연구 결과는 『가인의 시장』 연구에 소급 적용될 수 없다.

2. 가인의 '시장'과 화려한 '지옥'의 틈바구니

1947년 7월 1일 연재를 시작한 『가인의 시장』은 1948년 3월 19일부터 4월 7일까지 잠시 연재가 중단되었다가 4월 8일부터 다시 연재되었다. 이후 1948년 5월 8일까지 한 달 동안 연재되다가 이후 완결되지 못하고 미완으로 끝난다. 『가인의 시장』은 1948년 5월 8일 전체 108회로 연재가 중단되었는데 연재 횟수 오기, 중복 등을 계산하면 실제 연재된 횟수는 119회이다. 『가인의 시장』이나 『화려한 지옥』을 대상으

『부인신보』에 연재된 『가인의 시장』 연재 정보

소제목	연재 횟수	전체 횟수	연재 일자	비고
장편소설 연재예고	-	-	1947. 6. 12.	-
헤롯의 칼	1-9	1-9	1947. 7. 1.-7. 15.	-
태양의 배반자	1-11	10-20	1947. 7. 17.-8. 9.	-
속죄의 대가	1-13	21-32	1947. 8. 10.-9. 5.	-
밟히는 영혼	1-12	33-45	1947. 9. 9.-11. 13.	<밟히는 영혼>, <짓밟히는 영혼>으로 소제목 혼용
새벽은 오건만	1-16	45-55 연재 횟수 오기	1947. 11. 18.-12. 19.	원래는 63회로 끝나야 함
슬픈 제단	3-17 횟수 오기	56-69	1947. 12. 20.-1948. 1. 29.	-
산은 푸른데	1-16	70-84	1948. 1. 30.-3. 4.	<산은 푸른데> 혹은 <산은 푸르건만>으로 소제목 혼용
물은 바다로	1-8	85-93	1948. 3. 5.-3. 18.	<풀은 바다로> 혹은 <물은 바다로>로 소제목 혼용
돈과 사람과	1-13	94-106	1948. 4. 8.-4. 29.	-
심판	1 3	107-108	1948. 5. 5.-5. 8.	미안 종결

『가인의 시장』과 『화려한 지옥』의 목차 비교

<table>
<tr><th>『가인의 시장』 목차</th><th>『화려한 지옥』 목차</th></tr>
<tr><td>헤롯의 칼</td><td>헤롯의 칼</td></tr>
<tr><td>태양의 배반자</td><td rowspan="2">태양의 배반자</td></tr>
<tr><td>속죄의 대가</td></tr>
<tr><td>밟히는 영혼</td><td>밟히는 영혼</td></tr>
<tr><td>새벽은 오건만</td><td rowspan="3">새벽은 오건만</td></tr>
<tr><td>슬픈 제단</td></tr>
<tr><td>산은 푸른데 1-5</td></tr>
<tr><td>산은 푸른데 5-7</td><td>부서지는 우상</td></tr>
<tr><td>산은 푸른데 8-16</td><td rowspan="3">돈과 사랑</td></tr>
<tr><td>물은 바다로 1-2</td></tr>
<tr><td>돈과 사람과 1-3</td></tr>
<tr><td>물은 바다로 2-8</td><td rowspan="2">운명의 변동</td></tr>
<tr><td>돈과 사람과 3-13</td></tr>
<tr><td>심판 1-3</td><td>심판</td></tr>
</table>

로 한 논문은 많으나 구체적인 서지사항을 밝힌 논문은 없기에 연재 정보 및 연재 일자, 단행본 시 변경된 내용을 95쪽과 96쪽 표에 자세히 적는다.

이 장에서는 『가인의 시장』을 공창제 폐지의 공론화라는 작가적 목적을 넘어서 소설 속에 풍부하게 재현되는 해방 공간의 세태(환경, 인물)에 집중하여, 해방기의 적실한 세태소설로 고찰하고자 한다. 세태소설을 어떤 특정한 시기의 풍속이나 세태의 한 단면을 묘사하는 것을 목적으로 하는 소설양식이라 할 때 이는 대중연애소설이 연애의 양상을 통해 역사성, 시대성을 보여주는 것과 맥락관통한다. 『가인의 시장』은 광복의 기쁨이 가신 후 해방 공간의 민낯을 남녀 간의 연애, 세태풍속을 통해 가감 없이 보여줌으로써 이상과 현실, 자유의지와 예속화 등이 맞부딪힌 해방 공간의 양면성을 폭로한다.

해방을 통해 얻은 민족의 자유는 위축되었던 민족정신을 다시 불러일으키고, 새로운 민족국가를 건설해나갈 수 있는 기회를 주었지만, 이 해방이 한국인들의 자주적 역량에 의해 성취된 것이 아니라 일제의 패망으로 이루어진 것이고 이로 인해 열강 세력의 미묘한 균형과 갈등 속에 빠져들면서 한국 사회의 혼란은 가중되었다. 민족의 독립과 자유민주주의의 이상을 실현할 수 있는 기반을 확보하지 못한 채 이루어진 해방은 정치, 경제, 사회적 불안을 가중시키는 가운데 민족국가 수립을 위한 친일청산, 봉건청산, 외세척결의 슬로건이 난무했다. 해방기는 이처럼 희망의 의지와 절망적 현실이 맞부딪히는 역설적 공간이었으며, 『가인의 시장』은 과감한 실험정신보다는 소박한 세태 묘사의 수법으로 이 시대가 지닌 역설적 상황을 재현했다.

세태라는 용어를 처음 언급한 최재서부터 김남천에 이르기까지 그간의 논의를 집합해볼 때 사회적 변혁기 인간들의 삶의 양태를 총체적으로 그린다는 점, 인물의 행동 양식에 있어서 물질(돈)이 인간의 사고 행위를 결정한다는 점, 소재적 차원에서 세태를 그리지만 사상성은 배제된다는 점 등은 『가인의 시장』을 이데올로기나 자기비판에 침윤되지 않은, 해방 공간의 세태를 묘사하는 소설 양식으로 고찰할 수 있게 한다. 특히 이 작품은 1930년대 신문소설의 사회세태소설로서의 특성을 해방공간이라는 풍속 위에서 다시 펼쳐놓으며 1950년대 신문소설과의 교두보 역할을 수행하고 있다.

『가인의 시장』은 해방기에 각각의 국면을 대표하는 시대적 인물들이 만들어내는 상황의 복합적이고 병렬적인 측면이 동시에 부각되면서, 박신성보다 공간적 관계 논리를 환기시키는 세태소설적 면모를 지닌다. 『가인의 시장』에 전면화되는 오채옥의 여성 수난사에는 해방기의 정치, 경제, 사회사가 교직되어 있으며, 각자의 이익에 따라 상품(여성)을 교환하는 해방 공간 인물들의 욕망이 얽혀 있다.

해방기 뛰어난 웅변력으로 '애국자의 꺼풀을 둘러쓰고 있는 한 개의 맹랑한 스핑크스' 대학생의 전형을 보여주는 황영빈, 일제 때는 애국자를 밀고하는 친일분자로, 해방 후에는 밀수입한 아편으로 민족을 좀먹는 '늙은 파우스트' 손성묵, 미군을 상대로 사창을 운영하며 시대의 주구 노릇을 하는 악질 모리배 김황용 등 다수의 인물들이 등가적으로 제시된다.

대부분의 세태사가 그러하듯 이 글에서는 보통 사람 혹은 작은 사람들의 다양한 사회적 정체성을 강조하며, 이들 각자가 욕망에 따라 일상을 살아가게 함으로써 사회·역사적 맥락의 문제를 폭로하고자 했다. 특히 이 작품은 결말이 없기 때문에 연구의 분석적 무게를 작가의 사상성과 주제화에 두기보다 문제의 상태를 대등하게 드러내는 것에 의미를 두는 세태소설의 방법론이 적정할 것이다.

해방 공간의 혼란한 사회상을 '가인[5]의 시장'이라 명명한 작가는 앞서 살핀 부정적 인물들을 '카인'으로, 이들에게 고난을 당하는 오채옥을 '아벨'로 설정함으로써 해방기의 사회 갈등과 비극을 종교적으로 은유화했다. 특히 (가인의) '시장'과 (화려한) '지옥'이라는 공간적 제명은 인

5 가인(佳人)은 '카인'을 이른다. 창세기에 따르면 최초의 인간 아담과 에봐가 원죄를 짓고 신이 마련해준 낙원인 에덴동산을 떠난 후에 카인과 아벨이라는 형제를 낳았는데 카인이 아벨을 살해하게 된다. 하나님은 카인에게 저주를 내려 영원히 방황하게 하고 이마에는 표식을 만들어 아무도 카인을 죽이지 못하게 한다. 형제 갈등을 보여주는 카인과 아벨의 이야기는 원초적인 선과 악의 대립을 상징하고 있다. 카인을 악마로 아벨을 구세주의 전형으로 보는 것이다. 김자성, 「독일문학작품에 구현된 카인 아벨의 소재 변용(Ⅰ)」, 『헤세연구』 제23집, 한국헤세학회, 2010, 50쪽.

물들의 일상을 지배하는 해방기의 공간성을 강하게 환기시킨다. 그러므로 해방 공간의 인물들은 사적인 영역이면서 고도로 정치적인 체제의 역사 속에 위치한다. 즉 해방기, 바로 이 시 · 공간이 '카인의 시장'이며 '화려한 지옥'인 것이다.

3. 젠더 접점, 창기(娼妓)의 사랑과 민족의 보건

교차의 플롯은 여러 개의 플롯이 병렬되면서 교차되는 플롯으로 교차의 플롯이 성립되기 위해서는 병렬의 플롯이 선행되어야 한다. 병렬의 플롯은 플롯이 대등하게 나열되면서 이야기의 독립성은 강화되는 특성을 갖고, 교차의 플롯은 위성 플롯이 병렬되는 가운데 중심 사건이 위성 사건을 가로지르게 된다. 『가인의 시장』은 해방 공간이라는 특수한 환경에서 기생하는 전형적 인물들이 주조하는 사건을 병렬, 교차하여 보여줌으로써 해방 공간의 지향과 현실적 문제점 사이의 모순을 폭로한다. 이는 특히 해방 공간의 문제적 젠더, 창기의 사랑과 모성을 둘러싼 각축전 속에서 펼쳐진다.

복수의 사건이 병렬적으로 대등하게 형상화될 때, 해방 공간의 독특한 일상생활에서 벌어지는 다양한 사건들을 그대로 노출함과 동시에, 함께 전개되는 이야기들을 대비적 관계에서 살펴볼 수 있다. 결과적으로 대비적 총합을 통해 해방 공간의 역설적 상황을 폭로하는 기능을 하게 된다. 세태소설의 이러한 플롯은 시모어 채트먼(Seymour Chatman)이 언급한 '폭로의 플롯'이나 제럴드 프랭스(Gerald Prince)가 논의한 '복수 서사'와도 의미상 일치한다. 이처럼 『가인의 시장』은 작품의 내면적 깊이보다 소재의 폭을 중시하는 해방기 문학, 세태소설적 특징을 반영하고 작품 속에서 다루어진 경험적 현실의 다양성은 해방 공간의 시대적 모순을 보여준다.

작품의 첫 시작은 해방 후 처음 맞는 봄이건만 해방의 기쁨이나 행복을 노래하지 못하고 깊은 탄식과 절망, 죄악 속에 현실의 잔인성과 미래의 추악성을 견뎌내야 한다는 비관적 목소리로 시작된다. 일월루의 간판 창기 오채옥은 사랑하는 황영빈의 아이를 임신하자 태아를 지키기 위해 유곽을 탈출한다. 채옥이 창기가 된 것은 아편 중독에 걸린 남편이 유곽에 팔아버렸기 때문인데 식민지 시대 오채옥처럼 가난과 무지, 타인의 강권에 의해 공창으로 전락하는 여성 현실과 시대는 바뀌었지만 여전히 이들에게 기생하는 인물들의 추악한 욕심이 펼쳐진다.

채옥은 뱃속에 생겨난 하나의 생명을 보호하기 위하여 인육시장을 탈출했지만 세상은 고기를 팔던 그녀를 쉽사리 받아주지 않았다. 아무런 보호의 약속도 없이 정처 없이 뛰쳐나온 채옥은 흑인에게 짓밟히고 식모살이로 들어간 국밥집 주인에게 유린당할 뻔하며, 거리에서 매를 맞는다. 어느 누구도 백주의 대로에서 임산부가 구타당하는 것을 제지하지 않는 상황에서, 채옥은 정민혜 여사에 의해 구출된다.

정민혜는 채옥의 훼손된 육체에서 '학대 받는 조선 여인의 운명'을 발견한다. "시커멓게 부어오르는 눈 잔등이며 한편 비뚤어진 입이며 피가 얼룩이 져서 말라 있는 코언저리며"는 망가진 여성 육체를 통해 훼손된 조선 영토를 환기시킨다. 정민혜가 채옥을 자유롭고 해방된 미래로 인도하는 과정은 피폐화된 식민지 조선이 신생 대한민국으로 나아가기 위한 과정으로 환유되며, 그러므로 공창폐지운동은 건국의 초석적 사명이 되는 것이다.

"내상은 일었습니다. 공창 폐지의 사명은 횡(橫)으로 유곽의 여인들은 인도적으로 구원하자는 것과 또 종(縱)으로 민족 보건을 위하여 성병을 박멸하자는 민족의 보건 운동으로 볼 수 있고만요…… 공창 폐지 연맹이야말로 건국의 가장 초석적 사명을 가지고 있습니다 그렇지요?"[6]

이 인용문은 정민혜와 백송희가 공창폐지연맹에 대해 문답하는 가운데 대화의 결말에 이르러 공창폐지운동의 목적을 정리하는 대목이다. 표면적으로 보면 창기 해방에 그 목적이 있는 듯하지만 공창 폐지의 궁극적 목적은 성병 박멸을 통한 민족의 보건에 있으며 이는 건국의 초석이 될 것이라는 점이다.

매춘업을 불특정 다수인을 상대로 성교하는 직업이라고 할 때 이를 정부가 정식으로 허가한 것은 1916년부터이며 이를 공창이라 부른다. 성매매를 공인하는 제도인 공창제는 한반도에서 일제가 정치적으로 지배력을 확보해가는 과정에서 등장하여 일제 식민지 기간 동안 존속되었다. 공창제의 도입은 조선 여성에게 피지배민족으로서의 인권 유린과 더불어 성의 유린이라는 이중적인 착취를 요구하는 식민지 지배의 기저이며, 조선 사회의 정치 · 경제를 아우르는 일본의 일원적인 지배체제를 공고히 하기 위한 대표적 조치였다.

해방 후 미군정은 새로운 국가를 건설하기 위한 식민 잔재 청산의 일환으로 현실의 공창, 사창 여성의 존재를 불인정하며 매춘 폐지를 선언했다. 미군정기에 공포된 1946년 5월 부녀자 인신매매금지법과 1947년 11월 발표된 공창제폐지령은 식민지로부터의 해방을 뜻하는 상징적 사건이었다. 자유와 질서, 민주주의를 지키는 수호자로서 미군정과

6 『김말봉 전집 4: 가인의 시장/화려한 지옥』, 96쪽.

민족국가 수립을 위한 한국인들의 열망이 부녀국이란 여성조직을 만들었고 공창제도를 일소한 획기적인 여성정책을 입법화하게 된 것이다.

당시 '공창은 공동 변소, 사창은 집안 변소'라는 말처럼 창기들은 성병보균자로서 건강한 조선으로 나아가는 데 걸림돌이 되었다. 성병의 창궐은 창기의 일신상의 문제가 아니라 가정을 망치고 아들을 타락시키며, 잠재적 질병으로 미래의 자손에게 유전되는 도덕상, 사회풍교상, 보건위생상 중요한 문제였다. 건강한 여대생 백송희가 황영빈에 의해 매독에 감염되고 자살을 떠올릴 정도로 고통 받았던 점은 앞선 사실을 잘 보여준다. 그러므로 공창제 폐지는 성병의 예방을 통해 민족 공동체의 건강과 생명을 보호하는 일이며, 건강한 조선 정체성으로 새로운 국가를 건설하기 위한 토대가 되는 것이다.

이처럼 공창제 폐지는 민족 보건을 통해 건국의 초석을 다지는, 해방 공간의 대표적 사회운동이었다. 하지만 시대적 가치들이 당위적으로 지켜지기에 해방 공간은 너무나 혼란한 과도기였다. 공창제가 법적으로 폐지되는 과정에서 공·사창 여성들의 탈매춘을 돕기 위한 사회 문화적, 경제적 보완책들은 시급히 마련되지 못했고 오히려 편법적인 사창의 증가 상황에 직면하게 된다. 김황용의 사설 유곽은 공창폐지운동으로 공창의 사창으로의 진행과 변화된 매춘업을 통해 해방 공간의 문제점을 응집하여 보여준다.

일월루를 탈출하여 밤거리를 헤매던 채옥은 길거리에서 흑인(미군)에게 납치당한다. 끌려간 곳에서 김황용을 만나게 되는데, 채옥은 황영빈의 아이를 가졌으니 탈출을 도와달라 부탁한다. 김황용은 굶주린 채옥을 음식으로 달래고 탈출시켜준다고 차에 태우는데 그것이 흑인병사 해리의 지프였다. 인적이 드문 곳으로 끌려간 채옥은 노상에서 성적 유린을 당하고 모든 것을 빼앗긴 채 노방친다. "채옥이가 선사하고 간 사탕 두 부대가 내일 모레 또 글피 아니 날마다 사탕 부대와 밀가루와 약 상자를 불러들일 마술이 될 수 있는 것인데" 채옥을 놓쳐버린 것을 아쉬워하던 김황용은 우연히 길에서 다시 채옥을 만나게 되자 자신의 집(사설 유곽)으로 이끈다. 김황용이 운영하는 사설 유곽은 공창제 폐지 후 성매매가 밀매음으로 전환되고, 미군이 성매매의 새로운 주체로 등장한 해방 공간의 역설적 상황을 보여준다.

> 결단코 미덥지 못한 이 사나이지만 채옥은 우선 아무데고 가서 몸을 숨기고 싶은 맘에 김황용의 집으로 가기로 하였다.
>
> 황용이 손을 드는 대로 하이야가 두 사람 앞에 정거하고 그리고 눈 깜짝할 사이 채옥은 황금정 육정목 김황용의 사설 유곽으로 들어갔다.
>
> 일본식으로 되어진 건축은 그리 크지 않다. 시멘트로 발라진 벽 이층에 창이 둘 아래층에 창이 양편으로 하나씩 가운데 현관이 하얀 페인트를 쓰고 있으나 문전은 신문지 조각 휴지 나부랭이가 아무렇게나 구르고 있고 초콜릿 껍질을 쌌던 종이까지 흙발에 밟히어 더러워진 채 여기저기 흩어져 있다.
>
> 자동차에서 내려 현관으로 들어선 때 층층대 위로 빼꼼히 고개가 하나 내다본다.
>
> 입술에 피같이 바른 연지가 얼룩이 졌고 몹시 볶아 얹은 머리는 빨간 새둥지를 엎어 논 듯 눈시울은 파랑 물감을 칠했는지 또는 극도로 오는 피로 때문인지 퍼렇게 쾡 하니 들어간 채로 이쪽을 내려다보는 한 개의 얼굴과 마주칠 때 채옥은 눈살을 찌푸렸다. …(중략)…
>
> "오빠 해리가 말요 이번 목요일에 제대가 되어 본국으로 간대요."
>
> 얼굴이 기름하고 눈꼬리가 약간 위로 치켜진 듯한 화자의 얼굴에는 살기가 돈다.

"임신이라고 해도 어쩔 수 없다고 그러지 않아요? 어떻게 해 오빠?"

"…………"

황용은 한참 동안 잠자코 섰다가

"걱정 말아, 될 대로 되겠지. 근데 말이야 이 사람은 말이야 오늘부터 우리 식구야. 그러니 말이야 잘 사귀란 말이야."[7]

공창의 사창화, 사창화된 여성들이 양공주나 양갈보로 새로운 형태의 성매매 여성으로 전환되는 과정은 용산에 주둔했던 일본군이 퇴기하고 그 자리가 미군으로 대체되던 해방 공간의 상황과 일치한다. 일본군이 주둔하면서부터 생겨난 공창제도가 미군정기 폐지되고 동시에 새로운 형태의 인육시장이 탄생한 것이다. 미군들의 성매매는 성병의 확산은 물론이거니와 신종 성범죄의 온상이었으나 어려운 경제 사정으로 인한 공급의 문제, 해방 후 미군이라는 존재가 차지하는 정치적 비중으로 인하여 어떠한 제지 없이 정착·확산되었으며, 『가인의 시장』은 이러한 세태를 사랑과 모성을 지키기 위해 고군분투하는 오채옥의 수난사를 통해 세밀하게 보여주는 것이다.

김황용으로부터 도망쳐 정민혜에게 구원된 이후, 짐승의 노릇에서 사람다운 사람으로 탈바꿈된 후에도 채옥의 수난사는 계속된다. 채옥은 황영빈의 약혼녀 백송희가 황영빈의 실체를 알고 그를 권총으로 쏘아 죽이는 것을 목격한다. 살인의 현장에서 탈출한 채옥은 영매의 집에서 조산을 하게 된다. 추하고 병든 채옥의 몸에 매독과 임질의 미균으로 범벅된 아이의 출산과 사산, 백송희에 의해 아비의 죽음을 보고 방에서 그 자식의 시체를 보는 채옥의 운명은 지금까지 거쳐온 삶처럼 기

7 『김말봉 전집 4: 가인의 시장/화려한 지옥』, 105-108쪽.

구하며, 엎친 데 덮친 격으로 황영빈 타살의 누명까지 쓰게 된다. 간신히 살아난 백송희의 침묵과 창기라는 이유로 물증 없이 잡혀와 겪게 되는 온갖 고초는 거리의 여성이 해방된 조선의 새로운 구성원으로 포섭되는 과정이지만 미완으로 종결됨으로써 그 수난사만이 부각된다.

공창제의 폐지는 여성의 일로서 전 국가적 전 민족의 운명에 관한 민족 보건상의 문제였으며, 이는 건강하고 깨끗한 건국의 주춧돌로서 법제화되어야 한다는 선언적 과제였다. 하지만 시대적 당위는 현실적 여건에 압도되어 왜곡된 형태로 정착한다. 새로운 형태의 인육시장의 출현은 성매매 주체의 변화를 보여주며, 성병의 확산은 물론 신종 성범죄의 온상이었으나 정치적, 경제적, 심정적 수혜는 이를 공론화할 수 없는 당대적 역설을 드러낸다. 『가인의 시장』에서 보여주는 성매매 방식의 전환은 한국전쟁 이후 본격화, 오늘날까지 지속되는 사회적 문제의 전사로서 해방 공간의 적실한 세태를 보여준다.

4. 정치 교점, 두 얼굴의 사나이와 민족국가 건설의 양면성

해방기는 광복의 기쁨이 가신 후 식민지 잔재의 청산과 지속, 찬탁과 반탁, 혁명과 반혁명, 좌익과 우익, 통일독립국가의 수립과 분단체제의 성립이 갈등하고 대립했던 격동의 연대였다. 이러한 해방 공간은 일제의 패망과 식민 지배 체제의 붕괴로 통치 및 권력의 중심이 존재하지 않는 힘의 공백 상태를 의미했고, 여러 정치 세력들이 제각기 새로운 정치 질서 구상에 의한 국가 건설을 시도할 수 있었던 정치적 가능성이 열려 있던 공간이기도 했다. 조선은 주권국가(state)도 정부(government)도 존재하지 않는 국세법상 '임자 없는 땅'으로 간주되었고 미군정에 점령권과 통치권을 행사할 대리 권한이 주어졌다. 실질적인 정치 권력 주체의 부재 속에서 각종 정당과 사회단체들이 난립했다. 정당의 난립과 이념 투쟁은 해방기 민족의 최대 과제이던 자주적 민족국가의 건설을 위한 움직임이었다.

특히 이러한 정당에서 청년, 학생들은 그 어느 계급, 계층보다 먼저 그리고 활발하게 새로운 국가를 건설하기 위한 선봉적·전위적 활동을 벌였다. 근대적 욕망과 현실 변혁에의 강렬한 열망을 지닌 청년들은 당시 가장 격렬한 양상을 보여주는 정치 활동의 주체였다. 『가인의 시장』에서도 정치단체, 청년단체에 소속되어 시대의 울분과 나아갈 방향을 웅변하는, 다양한 청년들을 만날 수 있다.

황영빈은 잘생긴 외모에 뛰어난 웅변력을 지닌 학생 단체의 간부이자 XX대학교 문과에 학적을 둔 대학생이다. 장로의 아들로서 신앙 속에서 생활하며 약혼녀 영숙을 둔 장래가 촉망되는 학생이다. 황영빈의 정당 정치의 활약상은 광장의 정치를 수행한 화려한 웅변력으로 대변된다. 해방기를 광장의 정치 시대라고 일컫는 것은 특정한 세력들이 정치적 목적을 달성하기 위해 대중을 설득하는 대규모 집회가 곳곳에서 펼쳐졌기 때문이다. 단상에 나서기만 하면 폐부를 찌를 듯한 열변으로 청중을 도취시키고, 간부들의 회의에서도 언제나 선명한 플랜을 세워 좌중을 경복케 하는 황영빈은 만장의 갈채를 받는 청년이다.

황영빈은 해방기를 과도기의 혼란 상태로 인지하고 당의 총결산에 따라 데모를 계획한다. 피를 흘리지 않는 곳에 참된 건설, 참된 혁명은 없다는 결의 하에 비상한 각오로 동지를 모은다. 하지만 계획이 중도에 노출되어 동지들이 검거되고 황영빈 또한 검속을 받게 되는데, 이때 검속을 피하기 위해 백송희에게 준 피스톨이 빌미가 되어 이 총에 맞아 사망한다.

표면적으로 볼 때 황영빈은 시대와 조국을 걱정하는 정의로운 애국자처럼 보이지만 실상은 그렇지 않다. 황영빈은 창기 조합장 김황용에게 돈을 얻어다 쓰고 아편쟁이 손성묵의 앞잡이 역할을 한다. 문란한 성생활로 채옥을 임신시킨 후 외면하고, 송희에게 매독을 옮겨 고통 속에 몰아넣는다. 스스로를 시대의 영웅으로 생각하기도, 천박한 호색한이라고도 생각하는 즉흥적이고 이중적인 성격의 소유자이다. 황영빈은 동지들에게 값 높이 평가되는 인물이지만 과도기 민주주의의 설익은 진리를 통으로 삼켜버린, 인권과 공민권을 주창하는 해방 공간에 우후죽순으로 설립된 정당의 허점을 노출하는 인물이다.

해방 공간은 식민지 치하에서의 정신적 상처를 극복하고 민족 전체의 조화로운 삶을 모색할 수 있는 민족국가 수립이 최대의 정치적, 사회적 테제였다. 민족의 역량을 집결하여 새로운 민족국가의 건설을 위해 발 빠르게 정치단체들이 세력화되었다. 그러나 미군정기 국내 중요 정치 사회 세력들은 아직 구체적인 국가 건설 방안을 제시하지 못한 채 자중, 안녕, 질서를 호소하고 요구하는 수준에서 대처한다. 즉 정치 세력 및 정당들은 미군정의 압도적 규정력 속에서 당파적 이해를 우선시하고 대중 동원을 통해 이를 현실화하려는 데 급급한 실정이었다. 당시 정당 간부직의 매매는 비일비재했으며 이러한 방식의 세 불리기를 통해 허울뿐인 정치성을 키워나갔다.

> '자식들 아니꼽게…… 아주 갸륵한 체들 하고…… 손성묵 씨가 자기네만 못해서? 그래 어느 정당에 모리배가 없다더냐. 흥 ○○당에 ××씨는 일천만 원을 내놓고. ××씨는 자그마치 이천만 원을 내놓더라. 그래 그 돈의 유래를 아느냐 말이다 아니 모르느냐 말이다. 알고도 모르는 칙 모르고도 아는 척 하는 놈들이…… 네놈도 그놈들이지 오십보백

보지 뭐야.'[8]

아편밀매업자 손성묵은 "그럴듯한 단체나 정당을 물색하여 돈 백만 원이나 기부를 하고 그 단체의 간부의 탈을 한 개 뒤집어 써" 과거 이력을 세탁하고자 한다. 손성묵은 황영빈의 정치력을 이용하여 정당 간부직을 사려고 했지만 회장의 거부로 무산되자, 경제부장을 매수하여 회의장에서 이를 공론화하고 간부직을 사려고 한다. 황영빈에 매수되어 간부직 매매를 적극적으로 찬성하는 경제부장은 "대중을 포용하고 대중의 신뢰를 받아야 할 우리 당에서 어느 정도 청탁을 혼음할 아량이 있어야 한다."고 주장한다. 즉 현시대적 여건으로 당세를 확장하기보다, 사상을 강행하기보다 현상 유지를 위해서 (돈을 받고 간부직을 매매하는) 포용력과 탄력을 지녀야 한다고 생각한 것이다.

앞서 지적한 바와 같이 해방기 정치 사회 단체는 자주적 민족국가 건설에 대의명분을 두고 있었다. 민주주의 하에서 정치적 실권을 가진 정당은 정견을 대중에게 알리어 대중으로 하여금 옳은 이념을 파악케 하고 일반 대중이나 이익집단의 다양한 이해관계를 집약함과 아울러 결집된 의사를 정부에 전달하는 대변자 역할을 수행해야 한다. 하지만 해방과 함께 우후죽순으로 난립한 정당은 민족적 대의나 사회적 결집보다는 이데올로기적 당파성에 매몰되어 있었고, 미군정과의 관계에서 우위를 점하기 위한 대중 동원에 주력하고 있었다. 대중 포용과 신뢰의 축적이라는 이름으로 포장된 정치적 부정은 세 불리기에 급급한 해방기 정당정치의 상황을 보여준다. 결국 인물 검증이라는 명목으로 손성묵의 정당 입성은 저지되었지만 손성묵이 맹신하는 황금의 위력

8 『김말봉 전집 4: 가인의 시상/화려한 지옥』, 321쪽.

은 폐창구제연맹에 백만 원의 기부금을 전달하면서 영웅적 미거로 포장된다.

손성묵의 간부직 수령을 홀로 저지한 청년부장 오현석은 껍데기에만 집착(화려한 수사학이나 정당의 규모)한 자신이 경솔했음을 반성한다. 겉으로는 사회적 정의를 부르짖으면서도 사회적 악을 서슴지 않는 인물들이 판치는 당대 현실을 환기하며 지금과 같이 혼란한 시기에는 '양이 껍질을 둘러쓰고 이리의 심장을 가진 정치가와 애국자와 지도자들을 분간하고 판별할 지식이 무엇보다도 필요하다는 것'을 강조한다.

5. 사회 절점, 신분 세탁을 통한 친일파의 변신

해방 이후 건국 준비와 동시에 수행된 새 국가 시스템에서 일재 잔재의 청산은 중요한 이슈였다. 우리만의 건강하고 깨끗한 국가를 건설하기 위해서는 일제가 남기고 간 정신적 물질적 잔재를 청산해야만 민족국가 건설에 매진할 수 있기 때문이었다. 1945년 8월 일본 제국주의가 2차 대전에서 패망하고 쫓겨감에 따라 한반도에 남기고간 여러 잔재들 중 『가인의 시장』에서는 아편과 적산의 문제를 중요한 사회 문제로 서사화한다.

전통 사회부터 아편은 가정 상비약의 개념으로 인식되었고, 일제 시대 때는 아편과 모르핀이 일반 의료용으로 사용되어 중독성이나 위험성에 대한 인식이 부족했다. 일제는 모르핀 사용에 대해 비교적 관대한 정책을 실시하여 많은 오남용 피해자들이 중독자로 전락해갔다. 해방 후 일본 관리들은 엄청난 양의 생아편을 조선에 남기고 갔고, 해방과 함께 중국 등지에서 넘어온 마약 중독자들은 국내 아편 유입과 확산에 결정적 역할을 하게 되었다. 서울 장안에서부터 시골 촌락까지 일상생활 깊숙이 침투한 아편은 보건상, 법률상 심각한 문제를 일으키고 민족의 정신을 갉아먹는 심각한 사회 문제가 되었다.[9]

'늙은 파우스트처럼 무서운 지혜를 갖고' 악마와 손잡은 손성묵은 시대와 담합하여 민족의 피를 말리는 흡혈귀 같은 존재이다. 손성묵은 코카인, 아편, 모르핀 등 마약 공급의 조선 내 총본산으로, 집 앞에는 늙거나 젊거나 어두운 얼굴의 조선인들이 약간의 돈이라도 생기면 하얀 가루를 사기 위해 줄을 이었다. 그의 금고 속에는 매일매일 지폐가 뭉텅이로 굴러 들어왔고, 민족의 선혈을 말리는 손성묵을 이 시대는 신흥 재산가로 부르고 있다. 시대에 편승하여 돈줄의 흐름을 꿰고 있었던 손성묵은 아편으로 축적한 자본을 기반으로 적산을 사들인다.

일본의 패망 후 조선 내 일본인들이 남기고 간 재산은 미군정과 한국 정부에 귀속되는데, 조선인들은 당시 미군들이 일본인 재산에 대해 '에너미즈 프로퍼티(Enemy's Property)'라고 부르던 것을 그대로 옮겨 '적산'이라고 불렀다. 당시 귀속 재산은 국내 총 재산에서 커다란 비중을 차지했기에 어떤 세력이 장악하여 어떠한 방식으로 운영하는가는 한국 사회의 진로를 규정한다는 점에서 매우 중요한 문제였다. 남조선에서 미군정에 귀속재산으로 접수되기 전에 이미 대부분의 동산류는 처분되었고 부동산의 경우도 문서 위조, 친일적 조선인과의 담합 등 각종 불법행위가 자행되었다. 1945년 12월 미군정의 공식적인 불하 발표(모든 일본인 재산에 대한 소유권을 소급하여 군정청이 강제 접수) 이후에도 적산은 무주공산격으로 특정인에게 무원칙적으로 방매되었다.

손성묵의 하수인 김황용이 연맹원 주영매를 반복적으로 찾아와 위

---

9 조석연, 「해방 이후의 마약문제와 사회적 인식」, 『사학연구』 108, 한국사학회, 2012.

협적 언행과 폭력을 일삼는 상황은 적산가옥을 둘러싼 사회적 문제를 문맥화한다. 주영매는 자신의 집이 "가등이라는 일인한테 직접 받은" 적산가옥이라는 점에서 권리를 주장하지만 미군정의 법령에 따르면 일본인이 소유했던 재산의 권리는 한국인에게 있지 않았다. 주영매는 미군정의 이러한 정책을 잘 알지 못했는데 이들의 맹점을 활용해 당시 미군정과 우호적 관계를 맺고 있던 세력들(모리배)은 엠피를 앞세워 적산가옥을 헐값에 매입했고 재산을 증식, 사회의 기득권층을 형성하게 된다.

훼손된 민족정신을 바로잡기 위한 일제 잔재 척결의 구체적인 과제로서 하나 더 언급되어야 할 것은 친일 또는 부일협력자에 대한 처단이었다. 광복이 되자 외국에서 독립운동을 하다 귀국한 독립지사는 물론이고 지하에 숨어 있었거나 의중을 감춘 채 은인자중하던 우국지사들은 무엇보다 친일파가 우선적으로 청산되리라는 기대감이 높았으며 국민들의 보편적인 정서 또한 친일파 처벌을 통한 심정적 보상에 집중되어 있었다.

이 같은 국민들의 의견을 수렴한 남조선과도입법의원들은 부일협력자들에 대한 처벌과 숙청을 위해 '부일협력자 민족반역자 전범 간상배에 대한 특별조례'를 제정하고 미군정에 공포·시행을 요구했으나 미군정에 의해 거부된다. 하지가 설파한 대로 '친일파 청산은 당신네들의 문제'라며 일명 '친일파 숙청법'의 승인은 일축되었고 반민특위는 와해되었다.[10] 그 결과는 한국의 정치계를 비롯한 모든 분야가 기득권을 움켜

10 대한민국 정부가 수립된 후 소장파 국회의원들을 중심으로 다시 '반민족행위처벌특별법'이 제정되고 반민특위가 발족되면서 본격적인 친일세력 청산작업에 들어갔다. 그러나 친일세력들의 거부반응이나 반발 역시 만만치 않았다. 그들은 반민특위에서 활동하거나 지원하는 정치인들을 상대로 협박·납치·암살을 시도하기도 했다. 더욱이 이를 비호하는 이승만 대통령의 의지가 너무나 강렬했다. 그는 일제강점기 애국지사들을 체포·

쥔 친일세력에 의해 재지배되는 기현상으로 발전했다. 이들은 반공의 기치를 높이 들고 철저한 자기방어 태세를 통해, 미군정의 보호와 수용 아래 적극적인 친미주의자로 변신한다.

손성묵은 일제시대에는 애국자를 밀고하거나 애국심이 농후한 사람들의 명부를 작성하여 일제에 바치는 친일분자였고, 해방 후에는 일본인이 중국에서 밀수입한 아편을 넘겨받아 '방방곡곡으로 민족의 선혈을 말리고' 있다. 손성묵은 불법적으로 축적한 재산으로 청춘도 명예도, 정의와 도덕까지 살 수 있다고 생각하는 인물이다. 손성묵의 행적은 광복 후 남한 사회에서 친일파 숙청이 제대로 이루어지지 못했고, 그런 상태에서 '영어 잘하고 자본주의 이념에 이해가 많은 보수 우파적 유산세력, 비록 친일성향이지만 반공성향 역시 투철한' 이들이 친미파로 둔갑하여 중용되는 현실을 보여준다.

> 손성묵 씨는 영빈을 비롯하여 배빈 일동을 식탁으로 안내하는 것이 당연한 일이다. 더욱이 오늘 자기의 참된 애국애족심에 가장 큰 감격을 가지고 G대좌까지 출석하였다는 것은 마땅히 일석이조가 아닐 수 없다.
>
> 이것으로 자기는 군정청 요직의 한 자리를 얻을 수 있는 약속도 되는 것이매 식탁에는 간간히 웃음소리가 들리고 숟가락 소리 술잔을 내려놓는 소리 그리고 이야기 소리가 주방까지 들려온다.[11]

구금·처벌하는 데 가장 악독한 고문을 가하고 그 가족들을 핍박한 고등경찰을 비롯한 악질 경찰들을 비호하는 발언을 서슴지 않았다. 그 결과는 1949년 6월 6일 친일경찰에 의한 반민특위 습격 사태로 이어졌다. 그리고 그해 9월 해체됐다. 반민특위 와해는 친일세력 청산을 갈망하던 국민들을 허탈하게 만들었다. 김영택, 「친일세력 미 청산의 배경과 원인」, 『한국학논총』, 국민대학교 한국학연구소, 2009, 481-539쪽 참조.

11 『김말봉 전집 4: 가인의 시장/화려한 지옥』, 423-424쪽.

자신의 친일 이력을 세탁하기 위해 공창폐지연맹에 백만 원의 찬조금을 약속하는 저녁 식사 자리에 G대좌를 출석시키는 것은 친일분자가 '애국애족심'을 명분으로 친미분자로 자연스럽게 변신하는 모습을 보여준다. 남한에서는 친미적인 반공 체제가 수립됨으로써 친일은 반공의 이름으로 그 처벌을 면제받았을 뿐 아니라 친일을 했더라도 반공만 내세우면 애국이 되는 역설적 사태가 벌어졌다. 당시 남한에서 절대적인 힘을 행사하는 군정청의 요직까지 보장받는 자리는 이후 손성묵이 적산의 문제에서 미군정의 비호 아래 마음대로 엠피를 부릴 수 있는 기반이 된다.

6. 카인의 화신과 카오스의 시대

『가인의 시장』은 해방 공간의 현실을 실시간으로 포착한 대중소설이자 세태소설로, 소박한 세태 묘사의 수법으로 해방기 사회의 지향점과 현실적 간극에서 발생하는 역설적 상황을 재현, 모순을 폭로했다. 이 작품은 해방기 문학이 침윤한 이데올로기나 자기비판에 함몰되지 않고, 복수의 사건을 병렬적으로 형상화하여 함께 전개되는 이야기들의 대비적 총합을 통해 해방 공간의 양면성을 보여주었고 이를 통해 당대 사회현실에 대한 비판적 통찰과 사회적 정의에 대한 독자들의 현실감각을 일깨우고 있다. 문학사적으로 볼 때에도 이 작품은 1930년대 신문소설의 사회세태소설로서의 특성을 해방 공간이라는 풍속 위에서 다시 펼쳐 놓으며 1950년대 신문소설과의 교두보 역할을 수행하고 있다.

해방에 따른 일본 식민지 체제의 붕괴가 곧 주권적 독립국가 수립을 필연적으로 보장하지 않았기에 해방 공간의 세태적 표상들은 해방 후

카오스의 현실 세계를 연역하여 보여준다. 앞서 여성(공창폐지운동), 정치(민족국가 수립을 위한 정당정치 활동), 사회(일제 잔재의 청산)적 측면에서 해방 공간의 세태성을 고찰했다.

세태소설을 부정적으로 논의한 임화나 긍정적으로 발전시킨 김남천은 공통적으로 세태소설이 드러내는 사회 역사적 성격을 강조했다. 세태 풍속을 면밀하게 묘사하는 것은 일상성 자체에 대한 위기나 문제의식을 내포하는 것이기에 현실 폭로와 비판성을 갖는 세태소설은 세밀화된 사회소설이라고 할 수 있으며 이러한 의미에서 『가인의 시장』은 해방 공간의 적실한 사회소설이자 세태소설인 것이다.

5

액자(額子)의 서사, 중첩된 인과와 운명적 멜로

:: 『꽃과 뱀』을 중심으로 ::

1. 1949년 『꽃과 뱀』, 1954년 『바람의 향연』

김말봉이 일제 시기 9년의 절필을 끝내고 해방 이후 첫 번째로 발표한 소설은 『가인의 시장』(『부인신보』, 1947.7.1.-1948.5.8.)이다. 김말봉은 9년 만에 글쓰기를 재개한 만큼 웅장한 포부로 연재에 주력했으나 해방 이후 사회의 혼란상이나 출판계(잡지사)의 사정으로 연재가 지속될 수 없었다. 휴재와 결호가 반복되던 중 결국 완결되지 못하고 결말이 없는 미완의 작품으로 종결된다.

『꽃과 뱀』은 1949년 문연사에서 초판 발행되었다. 『가인의 시장』이 연재 당시 미완으로 끝나고 1951년 문연사에서 단행본으로 출간될 때 『화려한 지옥』으로 제목이 바뀌고 결말이 보충된 것과 함께 내용의 부분적 삭제와 보충, 목차 등이 변경되어 출판된 것으로 볼 때 『꽃과 뱀』은 김말봉이 해방 이후 발표한 소설 중 첫 완결작인 셈이다.

해방기 신문이나 잡지에 연재되었는지 여부는 확인되지 않았으나 소제목과 목차가 없고 회차로 진행되는 것(총 11회)으로 보아 잡지에 연재되었을 가능성이 높다. 현재 초판본은 확인 불가능하고 1957년 문연사 발행본이 가장 많이 남아 있는데 초판본 발행 이후 1957년까지 15판이 발행된 것으로 보아 작품의 대중적 인기를 가늠해볼 수 있다.

이 작품이 난행본으로 발간된 것과 별도로 1954년 『바람의 향연』이라는 제목으로 『여성계』에 연재되는데 목차의 진행 상황이나 내용이 『꽃과 뱀』과 동일하다. 『꽃과 뱀』의 연재 여부가 불투명한 상황에서 이후 다른 잡지에 재연재 됨으로써 연재 예고나 작가의 말 등을 기대했으나 잡지의 부분적 결실로 이 또한 확인할 수 없는 점이 안타깝다. 『바람의 향연』은 1961년 김말봉 작고 후 동일한 제목으로 신화문화사에서 출판되는데 작가의 사후 일주기를 기념하여 "그의 이백여 작품 중에서 아직 널리 알려지지 않은 것으로써 특히 이채를 띤 작품을 선택하여 출판"했다는 사실, 과거 문연사에서 조판했던 지형을 빌려 이 책을 제작했다는 머리말의 내용을 통해서도 『바람의 향연』이 『꽃과 뱀』과 동일한 작품이라는 것을 알 수 있다.

한국전쟁 이후 김말봉의 인기작인 『푸른 날개』, 『생명』에 대한 연구적 성과가 축적된 가운데 최근 『가인의 시장』, 『별들의 고향』을 중심으로 김말봉 해방 이후 작품에 대한 연구적 관심이 높아지고 있다. 반면 앞선 두 작품 사이에 끼어 있는 『꽃과 뱀』 혹은 『바람의 향연』에 대한 비평적 관심은 턱없이 부족하다.

『꽃과 뱀』을 연구 대상으로 한 논문으로 박산향과 김영애의 논문이 있다. 박산향은 『꽃과 뱀』이 남녀의 애정 문제를 소재로 종교적인 색채와 판타지적 요소를 함께 보여주는 소설이라 말하고 대중성과 예술성, 욕망의 세계와 종교의 세계, 현실과 판타지 등의 양면성을 중심으로 고찰했다. 박산향의 논문은 『꽃과 뱀』을 연구 대상으로 한 단일 논문이라는 점에 의의를 지니지만 작품에 대한 깊이 있는 분석보다는 김말봉 대중소설의 특징을 설명하는 가운데 『꽃과 뱀』의 내용이 부분적으로 차용된 인상을 갖게 된다. 김말봉 소설의 전모를 확인하기 위해 소설을 통시적으로 살핀 박산향의 박사학위 논문에서도 『꽃과 뱀』은 제외되어 있다.[1]

김영애의 논문은 해방 이후 새롭게 출발한 김말봉의 문학세계를 미시적으로 살피고 그 미적 의미를 탐색하기 위해 『꽃과 뱀』에 집중, 원환적 서사구조와 신화적 상징성의 측면에서 분석했다. 그러나 인물들의 합일과 구원의 욕망은 죽음을 통해서만 가능하다는 결론에 동의하지만 이러한 분석 방식이 논문의 제목처럼 대중소설의 위상에 어떻게 부합하지는에 대한 의문이 남는다.[2]

소논문을 제외하고 김말봉 소설의 문학사적 의의를 종합적, 통시적으로 고찰한 학위논문에서도 『꽃과 뱀』을 찾아보기란 쉽지 않다. 김말봉의 생애, 창작관에 대해 살피고 단·장편 11편을 주제론적으로 고찰한 홍은희 논문은 식민지, 광복, 한국전쟁의 순으로 발표 작품을 통시적으로 구분하고 이를 삶의 문제와 윤리의식, 사회 문제와 개혁의지, 신앙의 문제와 기독교적 이상주의로 주제화했다. 홍은희의 논문은 연구대상의 외연을 확대하고 이를 통시적으로 접근하여 문학사적 의의를 확

1 박산향, 「김말봉 소설 『꽃과 뱀』에 나타난 양면성 고찰」, 『인문사회과학연구』 14권1호, 부경대학교 인문사회과학연구소, 2013; 박산향, 「김말봉 장편소설의 남녀 이미지 연구」, 부경대학교 박사학위 논문, 2014.

2 김영애, 「『꽃과 뱀』의 대중소설적 위상」, 『한국어문교육』 19권, 고려대학교 한국어문교육연구소, 2016.

인한 점, 그간 논의의 대상에서 제외되었던 단편을 포함한 점 등의 성과는 인정되나, 연구 대상 선정의 작위성과 대표 작품 중심의 논의는 연구적 한계로 남는다.[3]

앞서 살핀 바와 같이 『꽃과 뱀』은 개별 논문들은 물론이고 김말봉의 소설을 통시적으로 살핀 학위논문에서도 제목조차 언급되지 않는다. 이는 『꽃과 뱀』의 독특성 때문일 터인데, 이 장에서는 이러한 특성이 오히려 김말봉의 작품세계를 다채롭게 만드는 요소라 생각한다. 즉 『꽃과 뱀』은 김말봉의 작품 중 세계와 구성면에서 가장 김말봉 '답지' 않은 작품이며 주제 면에서 가장 김말봉'스러운' 작품인 것이다.

해방 이후 김말봉 소설을 연구한 논문에서 대부분 주제화되는 내용은 작품의 대사회적 견인력과 기독교적 색채이다. 이는 작가의 개인적 이력과 맞물려 소설을 해석하는 유용한 자원이 된다. 김말봉의 후반기 소설은 현실적 시간이 소설적 시간과 나란히 병행되는 특성 때문에 열쇠소설 혹은 사회적 멜로드라마라는 명칭이 부여되거나 크리스천의 인간성 회복을 기원하는 종교소설이다. 해방기 공창제 폐지 운동을 입법화하기 위해 쓰인 『가인의 시장』, 해방 정국과 한국전쟁, 피난의 현실적 전개 과정을 정확히 재현하는 가운데 작가의 우익적 세계관을 보여주는 『별들의 고향』, 피난살이의 고단함을 그린 『태양의 권속』, 『옥합을 열고』, 돈과 사랑의 대립 구도에서 연애의 사회성을 살핀 『푸른 날개』, 『생명』 등은 당대 사회 현실의 재현에 중요한 목적을 두고 있으며 당위적 가치로서 반공주의, 기독교 정신의 구현을 주제로 하고 있다.

반면 『꽃과 뱀』에는 시대적(시·공간), 사회적 요소가 중요한 의미를 갖지 않는다. 시간적 요소는 현실적, 사회적 리얼리티가 아니라 주인공

3 홍은희, 「김말봉 소설 연구」, 대구가톨릭대학교 석사학위 논문, 2002.

관우의 나이 듦에 따른 세월의 흐름에 초점이 맞추어져 있고, 암자를 중심으로 이동하는 여로형 서사는 정주지에 의미가 있는 것이 아니라 이동의 운명성에 방점이 놓인다.

해방 이후 김말봉 소설의 시·공간적 배경은 각각의 시기(해방기-한국전쟁기-피난기)에 서울, 대구, 부산의 로컬리티가 갖는 특성을 통해 세태소설, 사회소설적 분위기를 갖는 반면 『꽃과 뱀』은 기이한 그로테스크 판타지가 전반적인 분위기를 형성함으로써 현실성을 거세하고 소설을 환상적인 분위기로 이끈다. 특히 제재 면에 있어서 남성 주인공이 스님으로 설정된 것도 상당히 이채롭다. 이는 송하춘이 『꽃과 뱀』이 김말봉 소설을 통틀어 가장 예외적인 작품이라고 평가한 지점과 일맥상통한다.[4]

이처럼 김말봉 '답지' 않은 제재와 배경은 『꽃과 뱀』 만의 독특한 분위기를 주조하지만 반면 소설을 주제화하는 방식은 다분히 김말봉 '스럽다' 종교와 욕망 사이에서 갈등하고 방황하는 남녀 주인공, 관우와 진화의 사랑이야기는 전통적인 김말봉식 연애소설의 공식을 따르고 '모든 것은 될 대로 되었다'는 삶의 진정한 주제자는 '운명'이다. 사랑을 위해 운명을 거역하려 하지만 결국 운명은 모든 것을 원래의 자리로 돌려놓는다.

그간 김말봉은 내용(주제)의 압도적 우위로 인한 평이하고 단순한 구조, 이로 인한 소설적 형상화의 미달이라는 비난을 받아왔다. 하지만 이 작품에서는 형식적 고민을 통해 전지적 소설 방식에서 탈피해 다양한

---

4 단행본 출간 전에 연재되었다는 기록이 있으나, 연재 지면이 어디인지 구체적인 시기가 언제인지 확인되지 않는다. 설화적 모티프와 가학적, 피학적 사랑 등은 김말봉의 작품 세계를 통틀어 상당히 예외적이라 할 만하다. 초반부의 인물 설정이나 스토리는 '조신몽' 설화를 연상케 한다. 송하춘 편저, 『한국현대장편소설사전: 1917-1950』, 고려대학교출판부, 2013, 93쪽.

이야기의 전개와 함께 독자의 흡인력을 고취시키고 있다. 이에 이 글에서는 김말봉 해방 이후의 첫 완결작인 『꽃과 뱀』[5]을 분석함으로써 신문에 연재된 인기작 중심의 편향된 연구를 지양하는 개별 작품의 의미론과 함께 김말봉 대중연애소설의 다채롭고 풍부한 작품세계를 조명해보고자 한다.

2. 액자식 구성을 통한 멜로소설의 형식 실험

『꽃과 뱀』은 시작부터 강한 호기심을 불러일으킬 만한 설정을 통해 독자들의 흥미를 자극한다. 숲골댁은 이 집에 들어온 지 삼 개월밖에 되지 않은 가정부이다. 집안의 곳곳을 소제하고 가사를 돌보아야 할 식모이지만 '사랑이 다섯 개나 되는 방이며 백 평이 넘는 소제는' 백 첨지가 맡아 보고 자신은 네 식구의 식사와 빨래만 하면 되는 '장난감같이 손쉬운 일들이었다.'

식모이지만 여러 곳에 접근이 제한된 화자 숲골댁의 눈에 비친 이 집과 사람들은 기이하다. 이 집의 심복 하인인지 가까운 일가인지 알 수 없는 애꾸눈의 백 첨지, 나이를 가늠할 수 없고 차가운 웃음을 웃는 젊은 주부, 그의 남편인 듯한 한 쪽 귀가 없는 청년 등 한 가족이라고 생각하기에 이질적인 구성원들이 숲골댁을 제외하고 비밀을 공모하고 있다.

숲골댁에게 '가지 마라', '하지 마라' 등 금지의 조항이 많아질수록 작품의 긴장감은 높아진다. 안채에서 사랑채로 연결된 판자문에 적힌

5 진선영 엮음, 『김말봉 선집 5: 꽃과 뱀』, 소명출판, 2016.

'불허단입'이 주는 단절감, 접근이 금지된 뒤채, 정기적인 의사의 방문과 뒤채로의 출입 등 인물과 공간의 성격이 모두 의심스럽다. 독자들은 숲골댁의 시선을 따라 이 집 사람들에게 의문의 시선을 보내고 비밀에 대한 궁금증을 증폭시키게 된다.

빨래를 다림질하던 어느 날 밤 숲골댁은 화장실에 다녀오던 중 뒤채에서 들려오는 기이한 신음소리를 듣게 된다. 그간 자신에게만 출입이 금지되었던 뒤채에 대한 궁금증이 쌓여가던 중 신음소리를 듣게 되자 두려운 가운데서도 뒤채를 엿보게 된다. 뒤채의 방문이 열리고 나오는 젊은 주부의 손에는 기다란 채찍이 들려 있고 함께 젊은 사나이도 뒤따른다. 반쯤 열린 영창문 사이로 머리가 허옇게 세인 늙은이가 두 손을 결박당한 채 죽은 사람과 비슷하게 누워 있는 모습을 발견하게 된다.

또한 그동안 주부의 남편으로 생각했던 한쪽 귀 없는 청년이 해골 같은 늙은이의 아들이라는 사실, 주부가 사나이의 어머니라는 사실은 놀라움을, 결국 아내와 아들이 남편이자 아버지인 늙은이에게 채찍을 가하고 있었다는 사실을 알게 되면서 숲골댁은 기함을 한다. 더욱이 늙은이에게 채찍을 가하고 함께 안방으로 들어가 엉큼한 농을 치는 기이한 모자 관계는 소설을 더욱더 그로테스크하게 만든다.

이 집 사람들이 그간 통제와 금지를 통해 숨기려 했던 음모적 사실을 발견한 숲골댁은 날이 새자 집을 떠난다. 나가면서 백 첨지에게 이 집은 도깨비들이 사는 집이라고, 당신도 얼른 이 집을 떠나라고 권한다. 숲골댁에게서 들은 도깨비 집이라는 말을 되뇌며 백 첨지는 회상에 잠긴다. 이 작품은 기괴하고 그로테스크한 외부 액자가 숲골댁의 퇴장으로 마무리되고 백 첨지의 회상을 통해 자연스럽게 내부 액자가 열리면서 외부 액자의 궁금증을 내부 액자를 통해 풀어가는 액자형 구조를 취하고 있다.

작가가 주제를 효과적으로 전달하기 위한 고민 중의 하나는 작품을 전개해나가는 방식, 작품의 구조에 대한 것이다. 구조를 어떻게 설정하느냐에 따라서 이야기가 전개되는 방식이 달라질 수 있으며 작품의 배경, 인물 등의 반영도 다르게 될 수 있다. 액자소설이란 이야기 속에 또 하나의 이야기를 포용하는 것으로 액자 속 사진처럼 두 이야기가 끼워져 있는 데서 붙여진 이름이다. 액자 밖의 이야기와 안의 이야기는 서로 종속적인 경우가 많으나, 밖의 이야기는 주로 도입부의 역할을 하고, 안의 이야기가 사건 전개의 핵심적 역할을 담당하기에 비중이 더 크다. 일반적으로 하나의 이야기를 단일 서술자가 독자에게 들려주는 단일소설과 달리 액자소설은 액자부와 내부 이야기라는 복수의 서술 주체를 가지므로 독자들은 훨씬 입체적으로 독서 효과를 경험하게 된다. 즉 서술자 분화와 담화의 복잡한 과정에 의해 독자에게 특별하고도 상이한 인각 효과를 가져오게 하는 것이다.

이 작품에서 외부 액자는 단순한 도입부의 역할, 내부 이야기에 종속되는 한계를 벗어나 독자들에게 강렬한 호기심을 유발하는 적극적 의미를 갖고, 외부 액자에서 숲골댁과 함께 놀라움과 궁금증을 가진 독자가 백 첨지의 회상으로 내부 액자로 자연스럽게 이끌리면서 소설의 극적 긴장감이 유지된다. 헐버트 자이들러(Herbert Seidler)가 밝힌 바와 같이 외부 액자는 내부 이야기와의 거리를 발생시킴과 동시에 서사에 신뢰를 갖게 함으로써 특유의 예술적 효과를 자아낸다.[6] 정상치에서 일탈된 기인형 인물들(백 첨지, 주부, 젊은 사나이, 해골 노인)과 비현실적이고 충격적 내용을 담고 있는 외부 이야기의 파격성을 긴 호흡의 내부 액자가 추리하듯 밝혀냄으로써 단일소설에서 성취할 수 없는 미학적

6 한용환, 『소설학 사전』, 고려원, 1992, 298-300쪽.

효과를 얻게 된다.

회상으로 열리는 내부 액자에서 백 첨지는 주인공 민관우가 여로를 지속할 수 있도록 도와주는 조력자이자, 민관우와 진화의 사랑에 적극적으로 개입하여 이들의 사랑을 더욱 운명적으로 물들이거나, 사랑하는 연인들의 사후(死後) 이야기를 후일담으로 전하는 서술자이다. 제1회의 후반부에서, 외부 액자에서 내부 액자로의 자연스러운 진입과 함께 백 첨지는 '통도사의 공양승 묘운'으로, 채찍을 맞고 누운 해골 민관우는 '통도사의 젊은 중 혜남'으로 분해 삼십 년의 시간을 거슬러 이야기가 재시작된다.

이 작품의 내부 이야기는 회차를 거듭하여 반복되는 에피소드를 통해 민관우와 진화의 사랑, 질곡을 다루면서 그 운명성을 증폭시키고 있다. 단편소설의 미학적 완결성을 추구하는 액자구조가 장편소설에서 사용될 때 내부 이야기의 부피감은 커질 수밖에 없는데, 그럼에도 외부 이야기 안에 여러 내부 이야기가 들어간 순환적 액자소설이거나 사교적인 즐거움에 목적을 두는 목적 액자소설은 아니다. 이 작품은 외부 이야기 안에 하나의 내부 이야기, 민관우와 진화의 만남과 이별이 반복되는 단일 액자소설의 형태를 취하면서 그 단일한 이야기가 그로테스크한 분위기와 맞물려 환상적으로 재현되는 특징을 가지고 있다.

내부 이야기에서 민관우와 진화의 만남과 이별이 거듭되는 가운데 외부 액자의 실마리가 10화에서 제시되면서 자연스럽게 내부와 외부는 맞물리게 된다. 내부 이야기가 진행되는 가운데서도 외부 액자의 강렬한 인상을 유지하는 독자들은 정체가 밝혀진 백 첨지와 민관우를 제외하고 주부와 젊은 사나이의 정체에 대한 궁금증을 품고 있었는데 10화에서 정체가 드러나면서 이들의 기이한 가족 관계도가 완성된다.

민관우에게 채찍을 가하는 수부는 진화가 관우와 부부의 인연을 맺어준 난실이라는 사실, 한쪽 귀가 없는 젊은 사나이는 진화의 남편 고경덕의 혼외 자식을 민관우가 주워다 길렀다는 것, 결정적으로 난실과 노석이 민관우에게 채찍을 가하는 것이 민관우의 자발적 요청이었다는 사실 등이 밝혀지면서 외부 액자의 그로테스크함은 서사적 당위성을 얻게 된다.

11화에 이르러 내부 이야기는 이물감 없이 외부 이야기와 결합되어 닫힌 액자형 구조로 마무리된다. 변함없이 날마다 채찍질이 연속되면서 관우의 혼절과 환상(꿈)이 잦아진다. 꿈속에서 진화를 만난 관우는 진화의 무릎을 베개 삼아 깊은 잠에 빠져 들고, 난실이 들어왔을 때 관우는 살아 있을 때 한 번도 보지 못한 평화로운 얼굴로 숨이 끊어져 있었다. 같은 날 서울 진화의 집에서도 초상이 났다.

> 고경덕 씨는 진화를 데리고 서울에서 살았다. 깨끗하게 늙은 진화는 별로 아픈 곳도 없이 뜨락을 소요하다가 방으로 들어와 누운 것이 그대로 잠자듯 숨이 끊어졌다는 것이다.
>
> 이상하게도 이날 진화는 나이에 맞지 않게 짙은 화장을 하고 농속에 깊이 들었던 녹이홍상을 입고 있었다는 것이다.
>
> '생전에 깨끗하게 사랑을 속삭이던 관우에게로 시집을 갔는지도 모른다.'
>
> 묘운이가 뒷날 친지에게 한 말이었다.[7]

관우의 사망과 진화의 죽음이 이어지고, 살아생전 이루지 못한 사랑의 결실은 죽음으로써 완성된다. 한날한시에 완성된 관우와 진화의 굳

7 『김말봉 전집 5: 꽃과 뱀』, 164쪽.

센 사랑을 결혼으로 의미화하는 묘운의 전언을 통해 이야기는 운명적 사랑의 강렬함을 전한다. 이 작품에서 외부 액자에서 내부 이야기로의 진입, 내부 이야기에서 외부 액자로의 연결이 자연스러운 것은 백 첨지에서 묘운으로, 묘운에서 백 첨지의 시선으로 액자를 관장하는 서술자 때문이다. 이로 인해 서사적 완결성은 높아지고 후일담처럼 전달되는 덧붙임을 통해 주제적 완결성은 높아진다.

3. 여로형 서사와 운명적 사랑의 절대성

앞에서 작품의 전체 구조인 액자구조와 도입부와 종결부라고 할 수 있는 외부 액자를 다루면서 형식적 특징에 집중했다면 여기에서는 내부 이야기를 통해 작품의 주제의식을 도출해보고자 한다.

> 지금부터 삼십 년 전 백 첨지는 통도사의 공양승 묘운이었다. 그가 속환(俗還) 되어 삼십 년을 지난 오늘에도 통도사에서 때던 불을 여기 이 집 주인 민관우 씨의 집에서도 때고 있느니만큼 그의 운명은 별다른 변화도 비약도 없다.
>
> 그러나 그가 따르고 아끼어 오늘까지 이른 민관우…… 그때 통도사의 젊은 중 혜남은 너무도 희한한 운명의 길을 걷고 있었다.[8]

내부 이야기로 들어서면서부터 서사의 중심 주제는 강하게 환기된다. 관우를 따르는 묘운의 운명은 예전(묘운, 액자의 내부)이나 지금(백첨

8 『김말봉 전집 5: 꽃과 뱀』, 16쪽.

지, 액자의 외부)이나 변함이 없지만 혜남에게는 '희한한 운명의 길'이 예고되어 있었다. 내부 이야기에서는 관우의 나이 듦에 따른 시간의 경과와 여로형 서사를 통해 운명의 길을 걷는 남녀의 사랑 이야기가 펼쳐진다.

통도사의 젊은 중 혜남은 어느 초파일 전날 밤 '꽃 속에 뱀이 있고 뱀이 처녀로 변하는 꿈'을 꾸게 된다. 그리고 꿈속의 처녀를 초파일 날 실제로 만나게 되면서 상사병에 걸려 번뇌하게 되고 결국 절을 등지게 된다.

제2화에서는 환속하여 4년 후 경남 사천의 성내 보통학교 교원이 된 스물네 살의 민관우를 만나게 된다. 꽃다운 청춘의 사년을 길 위에서 보낸 관우는 그토록 잊으려고 노력했던 꿈속의 처녀가 담임한 학생의 누이로 눈앞에 나타나자 깊은 운명에 절감한다. 관우는 진화 또한 사 년 전 초파일 날 통도사에서 관우를 보았으며 항상 그리워했노라는 고백을 듣자 서로가 '지중한 전세부터의 인연'임을 깨닫게 된다. 관우는 진화의 사랑 앞에 일체의 행복을 송두리째 바치기로 결정하지만 폐결핵에 걸려 사경을 헤매게 된다. 진화의 도움으로 사십일 만에 병이 쾌차한 관우는 묘운이 거처하고 있는 구절사로 요양을 떠난다.

진화가 부모의 허락 없이 집을 잡혀 관우의 치료비를 대는 동안 아버지의 회사는 어려움을 겪고 고경덕(노랑 수염쟁이 늙은 홀아비)의 돈으로 회사를 살리게 되자 둘의 약혼을 추진한다. 경제적 이유 외에도 진화는 '총각과 혼인하면 생리사별할 운명이니 상처한 사람과 결혼'하여야 한다는 사주를 받았기 때문이다. 아버지의 입으로 짧게 언급된 사주는 저주처럼 진화와 관우의 생애를 지배하여 살아서는 부부의 연을 맺지 못한다는 복선적 역할을 한다. 진화는 결혼하지 않겠다는 결단을 보이기 위해 사흘을 굶다가 구절사로 가서 머리를 깎는다. 그러나 부모와 관우가 마음을 알아주지 않고 재차 시집갈 것을 권하자 이에 모욕감을 느끼고 자살을 결심하지만 혼례복을 입고 함께 자살을 약속한 관우가 밤새 도망친 것을 알고 비겁한 자식이라 욕하고 혼례를 올린다. 관우는 나름대로 평생 건강치 못한 자신을 돌봐야 하는 진화의 인생이 불쌍하기도 하고, 성급한 자살 결심을 원망할 수도 있으니, 1년 후에 다시 만나 사랑을 재확인하기로 하고 절을 떠난 것이다. 그러다가 진화가 관 속에 누워 있는 꿈을 꾸고 다시 솟골로 돌아갔으나 진화의 야멸찬 냉대에 발길을 돌린다.

다시 5년의 세월이 흘러 스물아홉 살이 된 관우는 내운사 근처 두옥에서 묘운과 함께 살고 있다. 우연히 비를 피해 들어선 노파와 젊은 처녀(옥련)를 집에 들이면서 여름 내내 즐거운 교류를 한다. 노파는 관우의 생김새와 됨됨이를 귀히 여겨 옥련의 짝으로 점찍고 급히 식을 올리려 한다. 간단히 친척들과 인사를 나누는 자리에서 관우는 장인, 장모를 만나게 되는데 옥련의 아버지가 고경덕이고 의붓어머니가 진화임을 알게 된다.

이후 서른세 살의 관우는 대구 아래 경산의 무릇골에 나타난다. 혼례날 장모로 나타난 진화를 보고 혼절한 관우는 묘운의 손에 이끌려 나와 정처 없는 방랑의 길에 올라 사 년을 떠돌이 생활을 한다. 노독으로 몇 달을 한 초상집에 기거하던 중 주인 과부댁의 청을 듣게 된다. 이 집의 주인인 고 주사가 올 터인데 그와 최후 담판을 지어달라는 것이다. 시어머니와 남편을 한꺼번에 잃은 과부댁의 사정이 딱하기도 하고 대가를 지불하지 않고 머물러 있는 터라 어쩔 수 없이 전면에 나서게 된 관우는 다음 날 고 주사 부부를 맞이하게 된다.

관우가 이집 집주인인 듯 대문으로 나갔을 때 인력거에서 내리는

> 남자는 두꺼운 외투 깃 속에 턱을 묻은 노랑 수염이다. 다음 인력거에서 고동색 모본단 두루마기 앞섶을 쥐고 내려서는 여인은 틀림없는 진화다. … (중략) …
>
> 관우는 빈 잔 한 개를 진화 앞으로 내밀어 놓고 주전자를 들었다. 길게 아래로 바른 관우의 속눈썹이 주전자를 내려놓는 것과 함께 슬쩍 위로 치켜졌다. 눈썹 속에서 환히 광채가 나는 두 개의 눈동자가 진화의 눈과 마주쳤다. 지극히 짧은 일순간이었으나 관우는 이미 진화와 무궁한 정화(情話)를 속삭인 듯 흐뭇이 마음이 슬거웠다.[9]

혼례 사건 이후 사 년 만에 다시 만난 관우와 진화는 놀라움보다 반복되는 인연의 운명성에 오히려 흐뭇한 감정을 느낀다. 몇 해를 전혀 다른 공간 속에 떨어져 있어도 결국 어떻게든 다시 만나게 되는 이들의 필연이야말로 운명 말고는 무엇이라 이름 붙일 수 있을까. 세계의 모든 것은 뒤로 물러선 채 찰나에 마주친 두 눈동자는 함께하지 못한 시간을 살뜰히 이야기 나누는 듯이 정겹기만 하다.

진화는 다시 만난 관우를 놓치기 싫어 과부댁이 원한 요구 조건을 최대한 수용하고 관우와 이 집 시누이와의 혼례를 추진하지만 처녀가 첫날 밤 급사하는 사건이 발생한다. 손 한 번 잡아보지 못한 아내가 죽자 관우는 또다시 방랑길에 오른다. 팔도강산의 절간을 골고루 순례하는 동안 칠 년이 지나고 관우는 인생의 황혼, 사십이 되었다. 관우와 묘운은 며칠 만 바람 쏘고 오겠다는 인사를 남긴 지 칠 년 만에 무릇골로 다시 향한다.

약관의 통도사 젊은 중 혜남은 불혹의 나이가 되어서도 여전히 여로

---

9 『김말봉 전집 5: 꽃과 뱀』, 105-107쪽.

위에 있다. 여로형 서사는 작중인물이 머물러 있던 곳을 떠나 다른 곳으로 여행하는 공간 이동이 중심이 되는 서사로, 출발점으로부터 도착점에 이르는 인물의 여로가 중심 사건이며, 작품의 주제 전달에도 핵심적 기능을 한다.

여로형 서사가 여행 서사의 하위 범주이기는 하지만 이 작품을 여행 서사가 아닌 여로형 서사로 굳이 변별한 것은 여행은 본질적으로 다른 경험(자신이 위치한 공간이 아닌 다른 공간으로 이동하며 새로운 경험을 하는 것)을 통해서 개인의 전체성을 구성할 수 있도록 도와주는 사회 현상이기 때문이다. 여행은 장소 이동이라는 피상적 의미보다 개별 주체의 욕망과 경험을 통한 자기 발견과 재구성이라는 요소가 두루 내재된 개념이다.[10] 하지만 관우는 여러 공간을 이동, 여행하지만 개별적 공간의 의미화나 자기 발견에 목적이 있는 것이 아니다.

반면 여로형 서사는 작중인물이 머물러 있던 곳을 떠나 다른 곳으로 이동하는 여정이 작품의 중심 구조를 이루며 여기서 공간 이동은 지리적 여행에 한정된다. 따라서 여로형 소설은 출발점으로부터 도착점에 이르는 인물의 물리적인 공간 이동 즉 여로에 방점이 놓이고 관우의 여로는 회차별로 독립성과 연결성을 가지며 관우와 진화의 운명적 사랑을 반복적으로 에피소드화하고 있다. 짧은 만남, 긴 이별로 여행이 계속될수록 이들의 운명은 더욱 끈끈하고 질기게 점착된다.

관우와 묘운은 칠 년 만에 돌아온 무릇골에서 귀가 잘린 채 버려진 아이를 발견한다. 돌멩이처럼 길에서 주웠다 하여 노석이란 이름을 붙여 기른 사내아이는 사실 과부댁이 고경덕에게 겁탈 당해 낳은 아이로 이후 과부댁은 정신을 놓고 우물에 빠져 죽는다. 관우는 진화를 빼앗

10 이소운, 「여로형 소설의 크로노토프」, 『국어교육연구』 41, 국어교육학회, 2007.

아 간 고경덕의 자식을 자신이 기른다는 것에 깊은 운명의 수수께끼를 느낀다.

과부댁의 장례로 관우가 돌아온 것을 알게 된 진화는 초상과 상관없이 칠 년 만에 보는 관우에게 더욱 큰 사랑의 감정은 느끼고 관우 또한 진화에게 강렬한 애정을 느낀다. 진화가 계속해서 관우를 결혼시키려는 이유는 자신과의 결혼이 운명적으로, 현실적으로 불가능한 상황에서 자신과 끈이 있는 다른 여성과 관우를 결혼시켜 옆에서라도 지켜보기 위한 차선책인 것이다. 친인척이라는 명분(관우와 결혼할 난실은 진화의 먼 일가 조카이다)으로 관우를 옆에 두고 싶은 진화는, 자신이 사랑하는 사람임에도 다른 여성과 결혼시켜야 하는 운명에, 관우에게 채찍질을 가함으로서 울분을 표출한다. 관우 또한 이 기이한 관계, 끊으려야 끊을 수 없는 운명의 채찍을 받으며 자신의 운명을 받아들인다.

진화가 그리운 날이면 관우는 난실에게 채찍질을 부탁한다. 이때의 채찍질은 단순한 가학과 피학의 관계가 아니라 보통의 사랑하는 남녀처럼 열정적으로 사랑할 수 없었던 진화와 관우의 운명에 대한 몸부림이자 수용의 낙인이다. 또한 진화와 관우를 둘러싸고 실타래처럼 엉킨 인간관계에 대한 희생제의이다. 고경덕의 처 진화를 관우가 포옹하고 고경덕의 자식 노석이가 관우의 처 난실을 희롱하는 강렬한 운명의 인과 속에서 관우는 진화를 꿈꾸며 죽어간다.

『꽃과 뱀』의 내부 이야기는 사랑을 가로막는, 운명을 극복하고자 하는 연인들의 노력에 집중하지 않는다. 전세(前世)에서부터 내세(來世)까지 이미 정해져버린 운명의 순리를 따라 만나고 헤어짐을 반복하면서도 사랑의 강도를 높이고 언젠가 다시 만나리라는 믿음의 강렬성은 찰나의 욕망을 압도한다. 관우와 진화가 서로에게 평생 동정(童貞)으로 살았다는 것은 운명적 사랑에 순종한 것이며 이로써 이들에게 사랑은 숙명이 되었다. 그 운명의 힘 속에 신의 섭리를 발견하고 그것에 거역하지 않고 순종하는 데서 이들의 사랑은 적극성을 띠게 된다.

4. 꽃, 뱀, 바람을 통한 그로테스크 판타지

운명이란 인간을 포함한 모든 것을 지배하는 초인간적인 힘을 뜻한다. 운명은 삶이, 사랑이 인간의 의지와 이성으로 견인되는 것이 아니라 예언이나 마력, 신앙으로 증명됨으로써 인간의 이해를 넘어서는 것이다. 인간을 포함한 우주만유의 일체가 어떤 힘이나 존재의 지배를 받는 것이라 생각하여 그 지배하는 필연적이고 초인간적인 힘, 또는 그 힘에 의하여 신상에 닥치는 길흉화복을 우리는 운명이라 불렀으며 이러한 사상을 숙명론 또는 운명론이라고 했다.

앞서 지적한 바와 같이 관우와 진화의 사랑은 여로형 서사를 통해 운명성을 극대화한다. 비개연성의 개연성, 즉 서사의 논리를 해치면서까지 계속되는 우연의 중첩은 인과의 절대성으로 나아가게 한다. 더불어 이 작품을 더욱더 운명적으로 물들이는 초인간적, 초자연적 현상들은 운명의 절대성을 배가시키고 작품 전체를 이성적 해석을 거부하는 그로테스크함으로 물들인다. 그로테스크한 이미지가 제공하는 감각적 경험은 기존의 이성적 사유에 대한 전도로서 반합리적이다.

이 작품의 제목 꽃과 뱀은 관우와 진화의 상징적 치환이자, 진화가 그린 그림의 제목이기도 하다. 즉 꽃은 관우를, 뱀은 진화를 은유하는데, 꽃은 아름다움의 상징인 동시에 순결함, 새로움의 상징이며 여성적인 것이지만[11] 이 작품에서는 관우의 수동성, 깨끗한 영혼 등을 표상한다. 진화의 관상을 보고 사제(蛇體)로 생겼다는 묘운의 말처럼 뱀은 진화를 상징한다. 특히 뱀 상징은 양가성을 갖는데 전체를 강조할 때와 주요한 특성을 강조할 때 그 상징적 의미가 달라진다. 예컨대 껍질을 벗는 모습, 혓바닥을 내미는 모습, 몸 전체가 물결치는 모습, 쉬잇 소리, 희생물을 둥글게 감으며 공격하는 방식 등은 다양하게 해석될 여지를 갖는다.

이 작품에서 뱀(진화)은 꽃으로 상징되는 관우의 몸을 칭칭 감고 그 중심(얼굴, 목)을 향해 갈라진 붉은 혓바닥을 날름거린다. 나무를 칭칭 감고 있는 뱀의 이미지, 혹은 희생물에 똬리를 튼 뱀은 뽈 디엘(Paul Diel)에 의하면 성서적 상징을 환기하며 부정의 원리를 의미한다. 그것은 나무를 감고 있는 뱀의 형태가 악의 근원으로서의 생명과 부패가 서로 밀접한 관계에 있음을 암시하기 때문이다. 희생물을 향해 춤추는 찢어진 혓바닥 또한 생명과 부패의 근원으로서의 악을 상징하거나 창조나 생명과 대립되는 파괴, 죽음, 혹은 불모의 세계를 상징한다고 한다.[12]

진화는 뱀으로 환기되는 것 외에도 바람으로 자주 언급됨을 알 수 있다. 이 작품의 1949년 단행본 제목이 『꽃과 뱀』이고 1954년 『여성계』에 연재된 제목이 『바람의 향연』인 것을 볼 때 '뱀'과 '바람'은 모두 진화를 상징한다고 할 수 있다. 바람은 능동적이고 격렬한 상태에 있는 공기로, 특히 이집트와 그리스의 경우 악의 힘을 소유하는 것으로 인식되었다고 한다.

관우의 인생에 똬리를 튼, 바람을 일으키는 진화는 관우의 종교적 삶을 뒤흔드는 악의 요소로서 인간적 욕망을 표상하지만 이들의 대립적 성격이 강화될수록 운명성 또한 강화된다. 이처럼 남녀 주인공의 형상

11 이승훈, 『문학상징사전』, 고려원, 1995, 184쪽.
12 아지자 · 올리비에리 · 스크트릭 공저, 『문학의 상징 주제 사전』, 장영수 역, 청하, 1989, 301-303쪽.

화에 꽃, 뱀, 바람 등의 자연적 요소가 결합됨으로써 인물의 서사성은 약화되고 그로테스크한 이미지가 강화된다. 그로테스크는 로마 문화의 초기 기독교 시대에까지 거슬러 올라가는 예술 양식으로 당시 하나의 그림 속에 인간적인 요소와 동식물적인 요소들이 함께 얽혀 결합된 양식이 발전된 것이다. 그로테스크는 사실성이 차단된 자연과의 유사성이라는 맥락에서 충격과 섬뜩함, 뭐라 표현할 수 없는 당혹감을 느끼게 한다.

남녀 주인공이 자연물로 은유화되는 것과 함께 내부 이야기의 시작이 '희한한 운명의 길을 예고하는' 관우의 꿈으로부터 출발되는 것은 상당한 의미를 지닌다. 일반적으로 소설에서 꿈은 복선적 역할을 함으로써 앞으로 일어날 일의 조짐을 앞당겨 보여주는 기능을 수행한다. '꽃 속에 뱀이 있고 뱀이 처녀로 변하는 꿈'은 꿈의 메커니즘 중 어떤 표상이 다른 특정 사물로 뒤바뀌는 상징적 표상으로서 예언성을 갖는다. 묘운에게 실없는 소리로 치부되는 이 꿈은 후에 관우가 사년 만에 만난 진화에게 이야기하고, 진화가 꿈을 이미지(그림)로 완성함으로써 운명적 주술성을 갖게 된다.

> 뱀의 상체가 중의 가슴에 합장하고 있는 손바닥을 지나 오른편 겨드랑이를 빠져 왼편 귀밑으로 나와 빨간 주둥이를 중의 턱 아래에 바싹 들이댔다. 뱀의 몸은 흑칠같이 완전히 검고 번쩍번쩍 윤이 나는데 뱀의 상체는 중의 몸에 그 하체가 숨은 곳은 불꽃이 활활 타오르는 듯이 풍성하게 피어 있는 진달래 덤불이다. 젊은 중은 가슴에 안긴 뱀을 쥐고 꿈을 보는 듯 도취되어 있지 않는가. … (중략) …
>
> 뱀의 주둥이 끝에는 굵은 바늘 같은 두 개의 혓바닥이 가위처럼 날름거리는 것이 보인 때문이나. 어찌 보년 뱀은 살아서 방금 진달래 덤

> 불 속에서 나무둥치를 감고 그리고 중의 가슴팍을 휘감아 턱 아래로 들어가고 있는지도 모른다.[13]
>
> 진화가 정열을 쏟아 그린 이 그림 한 폭은 관우의 평생을 지배하는 사랑의 약도라 해도 좋고 천애의 고아로 유리하는 관우 자신의 운명의 거울이라 해도 좋다.[14]

관우의 복선적 꿈이 예언적 기능을 수행함과 함께 운명의 초자연적 힘을 부각시키는 것이 뱀의 현실적 활동성이다. 관우가 꽃으로 진화가 뱀으로 상징되는 것은 극히 자연스럽지만 이러한 이미지가 에너지를 갖고 실제에 출현할 때 사실적 설명은 불가능해진다. 그로테스크가 판타지가 되는 지점이다.

관우는 진화를 만나고 온 이후 '뱀이 자기 가슴에 착 달라붙어 그 예리한 혓바닥으로 자기 목에서 선혈을 빨아내고 있는' 꿈을 꾸는데 꿈 이후 폐결핵에 걸려 사경을 헤매게 된다. 또한 진화의 주선으로 무릇골 시누이와 결혼을 올리던 날 신부는 진화가 결혼 선물로 보낸 꽃과 뱀의 그림을 보고 신랑의 몸뚱이에 뱀이 서리어 있는 것 같은 공포를 느낀다. 그리고 온몸에 뱀의 무늬를 남긴 채 죽는다. 뱀에 물려 죽었다는 소문과 함께 '신부는 잠옷을 입고 화관족두리를 쓴 채 관속으로 들어갔다.' 신부의 장례식이 끝난 후 허물만을 남겨놓고 사라진 뱀의 그림이나 관우의 처소에서 똬리를 튼 뱀이 발견된 것을 볼 때 현실적으로 설명할 수 없는 초자연적 힘이 작품의 전반을 지배하고 이러한 그로테스크 판타지는 인간의 사유로는 설명할 수 없는 운명의 마력을 드러낸다.

---

13 『김말봉 전집 5: 꽃과 뱀』, 41쪽.
14 『김말봉 전집 5: 꽃과 뱀』, 118쪽.

5. 김말봉'스럽다', 김말봉'답지 않다'

이 장에서는 김말봉의 해방 이후 첫 완결작인 『꽃과 뱀』을 분석함으로써 신문에 연재된 인기작 중심의 편향된 연구를 지양하는 개별 작품의 의미론과 함께 김말봉 대중연애소설의 다채롭고 풍부한 작품 세계를 조명하고자 했다. 그간 김말봉은 내용(주제)의 압도적 우위로 인한 평이하고 단순한 구조, 이로 인한 소설적 형상화의 미달이라는 비난을 받아 왔다. 하지만 이 작품에서는 형식적 고민을 통해 전지적 소설 방식에서 탈피해 독자들의 호기심과 지적 욕구를 충족시킴으로써 주제화에 성공하고 있다.

작품은 전체적으로 볼 때 액자소설의 형식을 취하는데 정상치에서 일탈된 기인형 인물들(백 첨지, 주부, 젊은 사나이, 해골 노인)과 비현실적이고 충격적 내용(노인에게 채찍을 가하는 인물들의 연합)을 담고 있는 외부 액자의 파격성을 긴 호흡의 내부 액자가 추리하듯 밝혀냄으로써 독자들의 긴장감은 유지되고, 내부 액자의 여로형 서사는 회차별로 독립성과 연결성을 가지며 관우와 진화의 반복되는 인연을 운명적으로 물들이고 있다. 비개연성의 개연성, 즉 서사의 논리를 해치면서까지 계속되는 우연의 중첩은 우리로 하여금 인과의 절대성으로 나아가게 한다. 남녀 주인공의 형상화에 꽃, 뱀, 바람 등의 자연적 요소가 결합됨으로써 인물의 서사성은 약화되고 그로테스크한 이미지가 강화되는데, 관우가 꽃으로 진화가 뱀으로 상징되는 것은 극히 자연스럽지만 은유화된 이미지가 실제에 출현할 때 사실적 설명은 불가능해진다. 이러한 초인간적, 초자연적 현상들은 운명의 절대성을 배가시키는데, 운명은 삶이, 사랑이 인간의 의지와 이성으로 견인되는 것이 아니라 예언이나 마력, 신앙으로 증명됨으로써 인간의 이해를 넘어서는 것이다. 현실적으로 설명할 수 없는 초자연적 힘이 작품의 전반을 지배하고 이러한 그로테스크 판타지는 인간의 사유로는 설명할 수 없는 운명의 마력을 드러낸다.

이 장에서는 『꽃과 뱀』이 김말봉의 작품 중 제재와 구성 면에서 가장 김말봉'답지' 않은 작품(스님이라는 제재, 사회적 리얼리티의 제거, 환상적인 요소)이며 주제 면에서 가장 김말봉'스러운' 작품(연애소설적 형식, 운명론적 세계관)이라 전제하고 『꽃과 뱀』의 독특성과 보편성에 주목했다. 이러한 연구 결과는 『밀림』과 『찔레꽃』 속에 갇힌 김말봉의 작품 세계에 대한 새로운 이해를 요구하며 다양한 작품 해석을 기대하게 한다.

6

반공주의, 기독교주의, 사회적 멜로드라마

:: 『별들의 고향』론 ::

1. 『별들의 고향』 수난시대

해방 정국, 한국전쟁기 김말봉의 유니크함은 장편소설 창작에서 발견할 수 있다. 김말봉은 한국 작가 중 이례적으로 단편소설보다 신문 연재 장편소설을 많이 쓴 작가이다. 김말봉의 단편소설은 동화 및 청소년 소설을 제외한 약 25편 남짓이고 장편소설은 신문 연재 장편으로 30편 이상이 훌쩍 넘는다. 작품 발표 지면이 한정되어 있던 당시의 상황을 고려해본다면 지속적으로 신문에 소설을 연재할 수 있었던 김말봉의 저력을 확인할 수 있다.

하지만 여기서 짚고 넘어가야 할 것은 비평적 연구의 대부분을 차지하는 작품은 식민지 시대 발표한 『밀림』, 『찔레꽃』 두 편이라는 사실이다. 작가의 전체 작품 중 10%도 되지 못하는 작품 편수가 작가적 이력과 작품의 전체 경향을 가두고 있는 형상이며 이를 통해 제한된 작가론과 의미 반복적인 작품론이 산출되는 실정이다. 이러한 현상은 작품의 90%에 해당하는 해방 이후, 한국전쟁기에 연재했던 소설을 구하기 어렵기 때문인데, 그러므로 김말봉 문학에 대한 기초적 자료를 확보하고, 해방 이후 작품에 관심을 갖는 것은 김말봉 문학의 전모를 확인하기 위한 기초 연구로서 의의를 지닐 수 있다. 최근 김말봉의 해방 이후 첫 작품인 『가인의 시장』(개작 후 『화려한 지옥』)에 다양한 연구적 접근이 이루어지고 있어 이러한 관심이 다른 작품 연구에도 긍정적인 관심을 불러일으키리라 기대해본다. 이에 이 장에서는 한국전쟁기에 발표된 『별들의 고향』을 연구 대상으로 작품의 주제의식과 김말봉 문학의 의미를 되짚어보고자 한다.

우리에게 1970년대 최인호의 대중소설로 유명한 『별들의 고향』은 김말봉이 한국전쟁기 『서울신문』에 연재하고 1953년 정음사에서 출간한 소설이기도 하다. 그간 『별들의 고향』 연재 여부는 확인되지 않았는데, 연재 여부가 확인되지 않았던 저간의 사정이 있었던 것으로 보인다.

1956년 『경향신문』 9월 21일자에는 『서울신문』의 연재소설 무단 중지에 대해 작가 61명이 동신문사에 일체의 집필을 거부하는 사건이 보도된다. 이 사건은 『서울신문』이 연재 중이던 김팔봉의 소설 『군웅』을 작가에게 사전 양해도 구하지 않은 채 신문사 임의로 중단해 버린 사건인데 이에 대해 작가들이 연합하여 집필 거부의 성명을 발표한 것이다. 이 사건을 보도하던 중 동신문사가 이전에도 연재소설을 임의 중단 시켜버렸던 사실이 언급되는데 그 선례가 되는 작품이 김말봉의 『별들의 고향』이다. 작품을 중지시킨 정확한 이유는 알 수 없으나 연재가 거듭되면서 흥미가 떨어지고 독자들의 호응이 격감되었냐고 판단한 신문사 측의 일방적인 통보로 추측된다. 『서울신문』의 일방적인 게재 중지 조치에 불복해 김말봉은 '작품 박해와 명예 손상'을 이유로 1천만 원 배상 청구 소송을 제기했지만 전시 상황에서 여론화되지 못하고 흐지부지 처리되고 만다.[1]

앞선 경위로 볼 때 『별들의 고향』은 1950년 『서울신문』에 연재되던 중 신문사의 일방적인 조치로 연재가 중단되었고 미완으로 연재가 중단된 소설을 이후 완성하여 1953년 정음사에서 단행본으로 발표한 것으로 보인다. 한국전쟁기 『서울신문』의 부분적 결실(缺失)로 정확한 연재 일자 및 연재 횟수, 연재 예고 등은 확인할 수 없었지만 연재 여부는 확인할 수 있었다.

『별들의 고향』의 우여곡절은 여기서 그치지 않는다. 1953년도 정음사 발행 판본을 보면 모두 5번의 페이지 누락이 있다. 105~108면(송난의 집으로 초대된 창열이 송난의 책장에 꼽혀진 책을 보고 사상적으로 충돌하는 장면), 119~126면(송난의 생일 초대로 오덕수와 적철의 만남 이후의 갈등 장면, 최창열과 적철의 격투, 이 싸움으로 적철은 권총을 빼앗김), 137~140면(박국진이 우익 진영에 배치된 프락치로부터 파업 삐라를 발견하고 조치하는 장면), 153~156면(전국학생 웅변대회 장면), 405~416면(곽봉섭, 홍철호, 송난, 난주의 일본 밀입국행)이 그것이다. 단행본을 육안으로 확인 가능한 국립도서관 소장본(정음사, 1953)과 한남대학교 도서관 소장본(정음사, 1953)을 비교해본 결과 고의적 훼손 흔적이 없는 것, 누락된 페이지가 일치하는 것으로 보아 발행될 때 출판사의 실수 혹은 검열에 의한 페이지 누락으로 보인다.

---

1 「『서울신문』에 작가 61명 도전-일체 집필을 거부, 소설 『군웅』 무단 중지가 도화선」, 『경향신문』, 1956.9.21.

연재 미완, 다섯 번의 페이지 누락에도 『별들의 고향』은 연구자들의 꾸준한 관심을 받아왔다. 이병순은 『화려한 지옥』과 『별들의 고향』을 연구대상으로 대중소설의 인물 형성 공식(도덕적 양극화), 작가의 신념과 당대의 지배적 이념의 결합을 통해 두 작품을 계몽적 대중소설로 규정했고 최미진, 김정자는 『별들의 고향』은 작중인물들의 애정 추구라는 기본적인 이야기와 배경적 요소로서 사회역사적 사건을 결합하여 독특한 이중적인 효과를 드러내는 사회적 멜로드라마를 공식성으로 삼고 있다고 평가했다. 또한 동명소설인 최인호의 『별들의 고향』과의 상호 텍스트적 연구를 통해 이 두 작품이 연애소설의 공식성을 기반으로 삼으면서 1950년대와 1970년대의 변화하는 기대지평을 새롭게 문맥화하는 전략과 기술방식을 선보이고 있다고 평가했다.

이 글에서는 『별들의 고향』을 대중연애소설의 장르 공식에 충실한 작품으로 분석하면서도 작가의 가치관, 시대 인식에 집중하여 이데올로기적으로 고찰하고자 한다. 한국전쟁기 김말봉의 삶과 소설은 '체험과 반영'이라는 소설의 본질과 가치를 명료하게 드러낸다. 소설이 작가의 사회적 체험의 반영이란 사실은 그것이 필연적으로 이데올로기의 모습을 띠고 있음을 의미하는데 이때의 이데올로기란 세계관이나 가치관을 포함한 광의의 개념이다.

『별들의 고향』은 대중연애소설의 공식을 따르면서도 한국전쟁기에 발표된 해방-전쟁 체험문학으로서 김말봉 소설을 통시적으로 접근할 때 상당한 의미를 지닌다. 『별들의 고향』은 1947년 크리스마스를 이틀 앞둔 날로부터 시작하여 대한민국 정부 수립의 과정, 한국전쟁, 피난 등 한국 역사상 가장 비극적인 4년을 기록하고 있다. 처절한 역사의 소용돌이에서 작중인물들이 겪는 사랑과 삶의 부침은 역사적 사건 뒤에 숨겨진 혼란한 이면들에 대한 문학적 반영이다. 이때의 반영은 역사적 사실을 밀도 있게 재현하는 방식이자 작가의 시대의식, 사상성을 투사한 것이다. 작가는 작가 자신의 정체성과 관점이 투여된 인물을 통해 역사를 재현하는 가운데 당위적 가치(작가적 이데올로기)를 수성하고자 한다.

더불어 이러한 당위적 가치는 해방 이후 전개될 김말봉 작품의 주제의식을 전사하고 있다. 『별들의 고향』의 전반부는 김말봉이 해방 이후 처음으로 발표한 『가인의 시장』과 '공창폐지운동'이라는 모티프가 겹쳐지면서 미완으로 끝난 작품의 주요 모티프가 향후 어떻게 진행되는가를 후일담처럼 보여준다. 『별들의 고향』 중·후반부는 한국전쟁과 그 후 피난살이, 이데올로기의 갈등이 중점적으로 다루어지면서 1950년 이후 발표한 작품들의 모티프와 주제의식을 종합적으로 서사화하고 있다. 이처럼 『별들의 고향』[2]은 해방 이후 작품의 부교 역할을 하면서 김말봉 작품의 주제의식, 작가관(이데올로기)을 파악할 수 있는 단초를 제공한다.

2. 당위적 가치로서의 반공주의

앞서 지적한 바로 대로 『별들의 고향』의 시대적 배경은 광복-대한민국 정부 수립-한국전쟁으로 이어지는 민족사이다. 광복과 한국전쟁 전후의 역사적 소용돌이 속에서 최창열, 김영숙, 유송난의 애정 갈등이 주요 플롯을 이루고 부차 플롯으로 처리되는 등장인물의 삶은 분단으로 치닫는 역사적 상황과 긴밀하게 연관되어 있다. 개별 인물들의 삶은 역사적 상황의 의미를 고양시키는 민족의 비극적 삶으로 확장되며, 그 속

2 진선영 엮음, 『김말봉 전집 6: 별들의 고향』, 소명출판, 2016.

에서 사건의 이데올로기적 의미와 가치에 대한 해답을 찾을 수 있다. 이러한 역사적 사건의 문학적 대응은 우리가 이미 잘 알고 있다고 생각하는 과거(광복 이후 한국전쟁)의 상황에 대해 사실은 피상적으로 알고 있었다는 자각과 함께 보다 명확히 실체에 접근할 수 있게 해준다.

역사적 사건을 문학적으로 규명하는 경우, 문학적 증언은 생생하게 살아 있는 사회 역사적 사건을 소설로 형상화한다는 점에서 작가의 시대적, 문학적 소명의식을 요구한다.[3] 역사적 사실을 어떻게 인식하고 서술하는가는 작가의 역사 인식에 크게 의존하게 되는데 이러한 이유로 선별적으로 사건화되는 역사적 사실은 작가의 역사 인식에 종속될 수밖에 없다. 특히 이 작품은 역사적 사실이 전개되는 현장에서 발표되었고 작가의 생체험이 바탕 되어 있기에 더욱 그러하다.

작가는 역사적 기록이라는 사회학적 방법과 대중연애소설로서의 형상화라는 융합의 형식성을 취한다. 즉 멜로드라마에서 삼각관계에 놓인 남녀 주인공을 역사적 사실로서 '전체주의'(공산주의)와 '자유주의'(민주주의)의 상징체로 재현함으로써 이항 대립적으로 서사화한다. 선과 악의 구체적 형상물을 통해 자유민주주의, 기독교주의를 당위적 가치로서 문학적으로 증언하고 있다.

『별들의 고향』은 해방 후 2년이 지난 시간, 대한민국 정부 수립 1년 전인 1947년, 크리스마스를 이틀 앞둔 날, 대학생 최창열이 실연의 상처로 방황하는 모습으로 시작된다. 자존심 강한 창열은 송난에게 구애의 거절을 당한 후 피덕칠의 손에 이끌려 유곽 '봉황각'으로 가게 된다. 봉황각의 간판격인 노연심은 맹장염 수술 후 손님을 받지 못하다가 최창열에게 '어느 나라 왕자가 자기를 구원하러 온 것 같은' 애틋하고 참

3 정찬영, 「한국 증언소설 연구」, 부산대학교 박사학위 논문, 2000.

된 감정을 느끼게 된다.

창열은 송난에게 상처 입은 마음을 연심을 통해 위로받고 며칠간의 불 같은 사랑으로 미래를 꿈꾸지만 연심에게서 성병을 얻고, 또한 연심이 다른 내객을 접대하는 것을 보고 배신감을 느끼며 모든 여성들에게 야유와 질타를 퍼붓는다. 하지만 피덕칠로부터 연심이 자살했다는 것과 자살 유서('먹기 위하여 입기 위하여 또 누구에게 몸을 팔지 않으면 안 됩니다. 참으로 더러운 일이올시다')를 받은 후 연심을 고통에 몰아넣은 유곽이 부서질 때까지 싸울 것을 다짐하며 공창폐지운동에 투신하게 된다.

공창제와 관련하여 동일한 모티프를 다루는 『가인의 시장』은 공창폐지운동의 정당성과 법적 실현을 목표로 한 작품으로 공창폐지연맹과 그들에 의해 교화되는 창기 오채옥의 여성 수난 서사가 주를 이룬다면 『별들의 고향』은 공창폐지론이 공창폐지 연기론으로 변질된 가운데 공창폐지법 시행을 두고 지지파와 반대파가 갈등하는 양상을 보여준다. 최창열, 공창폐지연맹(강소영 위원장), 애국부인회는 공창폐지법 즉시 시행을 주장하는 반면 유곽 포주들의 대표격인 창기조합장 오덕수는 삼 개월 연기론을 주장하고 있다.

오덕수는 금 밀수출과 아편 밀수입을 통해 얻은 수입을 신정 일대 유곽에 투자해 거금을 모은 인물로 유곽폐지론이 일자 건물(유곽) 값이라도 건져 내려고 삼 개월 연기론을 주장하고 있다. 오덕수는 해방정국, 한국전쟁 이후에도 발 빠르게 시대에 적응하여 살아남는 전형적인 모리배이다.

해방 이후 한국 사회의 단면을 표면화하는 공창 폐지 모티프는 표면적으로 볼 때 최창열과 오덕수의 대립으로 보인다. 하지만 공창 폐지 지지파와 반대파의 대표격인 최창열과 오덕수와의 갈등 양상은 구체화되지 않고 오히려 최창열의 사상과 웅변력에 감탄하는 등 오덕수는 최창열에 우호적인 감정마저 갖고 있다. 공창폐지운동으로부터 시작하여 향후 최창열이 지향하는 사상, 이데올로기의 대립적 갈등 세력으로 남로당이 등장한다.

남로당의 대표적인 백웅, 적철은 남한 내에서 김일성의 지령을 받고 민주주의 세력과 싸우는 비밀 독서회를 운영하며 공산주의 의식화 및 무력 투쟁에 주력하고 있다. 남한 사회에 혼란을 일으키는 것을 목표로 하는 그들에게 공창폐지운동은 훌륭한 무기가 된다.

이론적으로 '못 가신 사의 해방', '학내받는 매춘부를 위한 투쟁'이라는 그들의 슬로건에 따르면 적철은 공창 폐지를 주창해야 하지만 남한 사회의 혼란에 더 큰 목표를 두고 있기에 공창 폐지에 동조하지 않는다. 그렇다면 창기조합의 대표격인 오덕수와 연합하여 공창폐지 연기론을 주장해야 옳지만 오히려 오덕수를 이용하여 돈을 갈취하는 장면은 그들의 위선과 위악을 아이러니하게 보여준다.

이 작품에서 공창폐지 연기론은 공창폐지연맹의 강소영과 창기조합장 오덕수의 싸움이 아니라 최창열로 대표되는 우익과 남한 사회를 혼란에 빠뜨리기 위한 적철(남로당)을 위시한 좌익의 싸움을 보여주기 위한 모티프이며, 이러한 갈등 내에서 송난의 좌익화가 애정 갈등의 쟁점으로 부각되고, 제2의 탈피를 통해 송난의 실체를 알게 된 창열은 붉은 사상에 대항하는 전국학생웅변대회를 개최하면서 정신적으로 무장하게 된다.

최창열과 함께 해방정국 민족, 민주주의의 가치를 실현하고 적화에 대한 강력한 반감을 드러내는 인물이 박국진이다. 공창 폐지 연기론의 에피소드는 최창열, 유송난 중심에서 박국진과 박경진의 에피소드로 전환되는데 P여사, 박국진의 우익-가족주의와 박경진의 좌익-반가족주의의 대립은 가족 내부의 이데올로기 갈등이 가족을 어떻게 파괴하는

지 적나라하게 보여주면서 민족의 비극으로 확대된다.

박국진은 애국부인회 부회장 P여사의 맏아들이자 박경진의 오빠이며, 현재 경찰전문대학 교수로 재직하고 있다. 박국진은 진통을 겪고 있는 조국을 위해 목숨이라도 바칠 각오가 되어 있는 젊은 우익 경찰이다. 정의감과 뛰어난 선견지명으로 우익 진영에 배치된 프락치를 색출, 대규모 파업의 음모를 미리 발각하여 주모자를 체포하는 데 공을 세워 종로경찰서 사찰계 주임으로 배치된다.

박경진은 사상 면에서 압도적인 공산주의 정수분자로 사상에 충실하기 위해 가족과 절연한다. 각자가 추구하는 주의와 사상이 다르다면 이는 가족이 아니라 원수이며 자신은 어머니와 오빠의 추태에 대적하여 맞서 싸울 것을 선언하고 탈가한다.

P여사, 박국진과 박경진의 갈등은 이데올로기의 대립과 함께 공산주의 이데올로기가 가족주의를 압도하고 있다는 사실을 보여준다. 인간의 태생적인 인연, 혈연을 넘어서는 이데올로기의 위압성은 절대적이며 또한 교활하기까지 하다. 이는 P여사나 박국진은 위기의 순간에도 경진에게 가족적 배려와 애정을 보여주는 반면 경진은 필요할 때는 가족을 이용하고 거추장스러울 때는 대적하는 양면적인 모습을 통해 알 수 있다. 원수의 앞잡이라고 떠나간 집에서 며칠간 은신하다, 딸의 일신을 걱정하는 어머니를 비아냥거리고 봉희가 가져온 계란까지 알뜰히 챙겨가는 경진의 행위는 영악스럽기 그지없다. 박국진 집안의 갈등은 한국전쟁으로 처참하게 파국을 맞이하게 되고 공산주의 이데올로기의 잔혹성과 허위성을 폭로하는 가장 잔인한 가족 비극의 양상을 보여준다.

적철이 오덕수의 일천만 원을 갈취한 것과 함께 대한민국 정부 수립 이후의 사건은 홍철호가 처남인 피덕칠의 삼백만 원을 빼앗는 것이 사건의 중심을 이룬다. 홍철호(적철의 부하)는 세계 적화운동을 위하여 이러한 일쯤은 마땅히 있어야 한다고 생각하고 피덕칠의 돈을 교묘하게 빼어낸 자기들은 가장 총명하고 철저한 혁명가로 자부하는 것이었다. 홍철호는 적화의 명목으로 빼앗은 돈으로 마작 군자금이며 새로 사귄 장미의 화장품도 사는 것이었다.

적철을 위시한 남로당은 이론적으로 강경한 사상, 무장 투쟁 단체로 그려지지만 그들이 이론과 실력을 행사하는 구체적인 현장은 해방 이후 사회를 혼란케 한 악질 모리배의 행위와 별반 다르지 않다. 무산자들을 위한 구호와 이론을 실천하기보다는 모략과 술수로 님의 돈을 빼앗고 회합을 훼방한다. 더욱더 교활한 것은 적화의 명목으로 갈취한 돈을 일신의 영달과 재미를 위해 사용하는 것이며 이 모든 것을 이데올로기의 이름으로 정당화하고 있다.

공산주의 이데올로기의 난폭성과 냉혈성은 한국전쟁을 통해 극대화된다. '거리의 영화와 향락을 저주하는 붉은 마수가 비수를 갈고 있는 줄 모르는 무한 대중' 최창열과 김영숙은 미국으로 가기 위한 비자가 나오기만을 짜릿한 동경과 설렘으로 기다리고 있다. 돌아올 불행을 예감치 못하는 박국진과 이봉희의 결혼식이 1950년 6월 22일 화려하게 거행된다. 처절한 비극의 서막이 오르기 전 '희망과 행복의 화신'인 두 커플의 행복감은 절정에 이르고 다가올 비극과 대비하여 더욱 아름답다. 창열의 동생 창민은 치대에 입학 준비를 하고 박영주는 내년에 문학사가 되고 강찬호는 공과에 입학 준비를 마쳤다. 최창열과 김영숙의 비자가 내일이면 나온다는 6월 25일 일요일 아침 한국전쟁이 발발한다.

소설은 한국전쟁이라는 거대한 파고가 얼마나 난데없이 휘몰아친 폭력인지를 사실성 있게 재현한다. 내려오는 피난민과 진군하는 국군 사이에서 여전히 전쟁을 실감하지 못하는 창열과 영숙은 하룻밤 만에 인민공화국이 된 서울의 진기한 풍경과 맞닥뜨린다. 영숙을 찾다가 피난민에 휩쓸려 한강까지 오게 된 창열은 인민군에 의해 다시 시내로 들어오게 되고 피덕칠의 집에서 영숙과 조우하게 된 창열은 득순이 철호와 함께 피덕칠의 집에 오면서 또다시 위기를 맞게 된다. 홍철호는 언더우드 박사 부인을 살해하고 도주하던 중 최창열에게 잡혀 사형을 언도받았다가 감옥을 탈출한 것이다. 변소에서 홍철호를 맞닥뜨릴 위기일발의 순간은 손에 땀을 쥐듯 긴장감을 유발한다. 간신히 위기의 순간을 넘긴 창열과 영숙은 피덕칠의 집에서 나오고 홍철호는 피덕칠을 인민재판위원장으로, 피득순을 여성동맹위원장으로 위촉하여 데려간다.

최창열과 김영숙의 위기를 대신하여 행복감에 젖어 있던 박국진과 이봉희 부부는 이데올로기의 희생양으로 바쳐진다. 박국진과 이봉희는 반동경찰의 거물과 그에 동조하는 아내로 잡혀와 즉시 사형이 언도된다. 그리고 이 총살의 집행자가 여동생 박경진이라는 사실에 비극성은 극대화된다.

> "박국진."
>
> 경진은 침착하게 국진을 불러 놓고
>
> "어릴 때 남매로 자라가던 인정을 생각하고 내가 사형을 집행할 터이니 내 손에서 눈을 감으시오…… 안대를 대어 드리리까?"
>
> "일 없어 그냥 쏘아라……"
>
> 갑자기 국진은 두 손을 높이 들고
>
> "대한민국 만세."
>
> 하고 방이 떠나갈 듯이 외쳤다. 이 소리는 그의 폐부에서 전신에서 마지막으로 쏟아놓는 참된 외침이었다.
>
> 경진의 눈썹이 꼿꼿이 일어섰다. 그의 권총을 들었던 손가락이 움직이자

"탕!"

하는 소리가 났다. 국진은 두 번째로 외친 소리가

"대한민국 만……"

까지 발음을 하고 그의 상반신이 몇 번 비틀거렸다. 경진의 권총뿌리가 다시 국진의 가슴을 향할 때다. 봉희가 비조같이 아니 번개같이 국진의 앞을 막아섰다.

"탕 탕."

두 방의 총은 참띠랗게 봉희의 가슴으로 들이맞았다. 폭 고꾸라지는 봉희를 안을 듯이 국진은 두어 번 팔을 버둥거리면서 봉희의 상체 위에 쓰러졌다. 아직도 부분적으로 꿈틀꿈틀 경련을 일으키고 있는 국진의 상반신을 내려다보는 경진은 세 번째 권총을 단단히 쏘았다.

"탕."

하는 소리가 다시 났다. 후두부를 바로 맞은 국진은 비로소 잠이 든 것같이 완전히 조용하여졌다.

국진과 봉희의 신혼생활은 엿새 만에 끝이 난 것이다.[4]

공산주의의 극악성은 경진의 무자비함을 통해 드러난다. 경진이 남로당의 핵심간부로 경찰에 잡혀왔을 때 국진은 경진에게 가족으로서의 정과 임신한 여동생에게 연민을 느끼지만 경진은 철의 심장을 가진 여인으로 추앙되면서 단 한 톨의 자비심이나 가족 간의 애정도 없이 오빠를 확인 사살하고, 벽장 속에 숨어 있는 어머니를 붙잡아 당에 넘긴다. 잡혀가는 와중에도 손자를 걱정하는 어머니의 정에 철저한 자아비판을 권하는 경진의 냉혈성은 공포를 자아낸다. 친구 은희의 집에 의탁하고

4 『김말봉 전집 6: 별들의 고향』, 361-362쪽.

있던 영숙과 창열 또한 경진에 의해 발각된다. 경진은 칼끝에 총을 꽂고 천장을 쑤셔보라고 지시하고 결국 천장에 숨어 있던 창열과 은희의 동생은 칼에 찔려 인민군에 압송된다.

적철과 송난의 심문은 계속되고 득순의 도움으로 간신히 생명을 유지하는 가운데 국련군의 인천상륙작전으로 인민군의 비극이 상세히 기록된다. 역사적 사건의 전개 과정에 대한 정확한 정보는 이야기를 보다 사실적으로 받아들이게 하며 사실을 바탕으로 한 이야기는 작가의 목소리에 권위를 부여한다. 국련군의 기총소사로 건물이 파괴되자 창열과 영숙은 탈출하고 적철과 피덕칠은 사망한다. 서울 수복 후 창열은 연락장교로 영숙은 후방 간호장교로 일하다 부산에서 박영주, 피득순과 조우한다.

공창폐지운동으로부터 시작하여 한국전쟁으로 이어지는 서사 과정은 개인적 울분(연심의 죽음에 대한 복수)과 치기(송난과의 애정 갈등)로 선택한 사상이 일련의 부정적 현실 체험을 통해 절대적 가치로 주인공에게 신념화되는 과정을 보여준다. 해방 후 좌우 이데올로기의 대립과 사회적 혼란, 국제적 냉전 논리가 극단적으로 표출된 한국전쟁은 사상(자유민주주의)의 절대화에 결정적인 계기가 되었고, 이는 생명을 수호하기 위한 당위적 가치로서 받아들여지게 된다. 이는 역사 속에서 삶을 재현하는 작가의 소명의식이자, 이 시기를 인간으로서 살아내야 했던 작가의 현실 인식이기도 하다.

최창열은 기독교에 환멸을 느낀 동생 창민이 전체주의에 대한 동경을 표명하자 전체주의에서 개인은 기계에 불과하나 자유민주주의에서 개인은 현실적 모순을 개선할 수 있는 자유를 가진다며 전향을 설득한다. 하지만 이러한 계몽적 구호보다 현실에서 공산주의 이데올로기를 따르는 인물들의 위악성과 폭력성(적철, 박경신, 홍철호 등)의 소설적 재현은 독자들에게 좀 더 설득력 있게 전달된다.

우익의 자유주의적 · 민족주의적 색채를 표면화하기보다 좌익의 악, 추, 부정적 요소를 전면화하여 이분법적 결말구도를 보여줌으로써 인과응보에 대한 철저한 당위적 결말을 보여준다. 조선신학교 강당에 직격탄이 떨어졌으나 멀쩡히 살아난 영숙과 창열에 반해 남산동 고수근의 지하실에 숨어 있던 박경진, 오죽실, 진맹찬 등은 '불더미 속에서 산산이 부서지고 깨어졌다.'

역사적 사건의 소설적 진행은 사회적 멜로드라마의 성격을 띤다. 존 카웰티(John Cawelti)는 사회적 멜로드라마(bestselling social melodrama)를 멜로드라마적 구조와 사실적인 사회 역사적 배경을 결합시킨 독특한 양식으로 공식화했다. 그에 의하면 사회적 멜로드라마는 멜로드라마의 발전적 형태로서 초점은 사회성(sociality)과 대중성(popularity)의 조화로운 결합에 있다. 사회적 쟁점과 현안을 부각시킬 문제적 인물과 시대적 상황을 응축시킨 역사적 배경은 개인의 주체적인 행위에 집단적 당위의 가치를 부여함으로써 세계의 도덕성을 사실성 있게 맥락화한다.

한국전쟁기를 배경으로 열악한 환경의 선(자유민주주의)이 위압적이고 강한 악(공산주의)의 환경에 노출되면서 선의 위기를 맞게 된다. 악의 일시적 승리와 선의 유보는 더욱 강한 선의 회복을 기대하는 지평으로 이어지고 결국 악의 전멸적 해소와 선의 일방적 승리는 당위의 측면에서 실현된다. 이는 다른 인물의 죽음이 간소하게 처리되는 반면 가족을 죽이면서까지 철저하게 공산주의를 실천한 박경진의 최후를 통해서도 알 수 있다.[5]

5 송장들 가운데 어린아이를 안은 봄놓이가 있다. 물론 모가지는 잃어버린 채 엎드려져 있

3. 기독교인의 사랑과 간증하는 소설

반도대학 정치과 이학년에 적을 둔 최창열은 자신을 수재 내지 천재의 한 사람으로 자신하고 있다. 최창열이 정치과에 적을 둔 것은 대통령이 되기 위함이며 그러기 위해서는 영어와 독일어에 정통해야 하기 때문에 어학에 주력하고 있다. 최창열은 그러한 연령에서 가지는 꿈과 양심, 허영을 가진 청년이다.

작품은 1947년 12월 23일 ×동 교회 성가 연습실에서 시작된다. 크리스마스를 이틀 앞두고 맹렬한 성가 연습이 진행되는 가운데 테너의 핵심적 역할을 해야 할 최창열의 연속된 결석으로 연습이 제대로 진행되지 못하고 있다. 최창열은 학생연합회 지육부에서 만난 송난에게 구애를 했으나 거절당하자 "찬양대에 나오기 싫어"진 것이다. 송난의 거절로 화가 난 창열은 그 화살을 '태초에 아담의 갈빗대를 취해 이브를 만들어낸 실없는 장난꾸러기 여호와에게로 돌리며' 이제부터 여호와를 경멸하기로 다짐한다.

최창열은 송난에게 거절당한 반발심에 노연심과의 정열을 불태우고 관능의 세계로 빠져든다. 달콤한 향락의 며칠을 보낸 창열은 자신이 진심으로 한 사람의 몫의 남자가 되었음을 뽐내었다. 하지만 갈빗대를 취한 대가로 성병이 걸리고 함께 미래를 설계하던 연심이가 다른 손님을

는 그 품속에는 별로 상한 데도 없는 어린아이가 절명되어 있고 아이를 안은 것을 보아 분명 박경진이었다. 송장들을 하나씩 하나씩 끌어내던 인부가 메줏덩이같이 사람의 모가지 한 개를 길바닥으로 동댕이를 쳤다. 머리를 뒤로 꽁꽁 뭉친 두 눈알이 빠져 덜렁덜렁 달려 있는 경진의 모가지가 사람들의 발길에 공처럼 굴러 다녔으나 이런 모가지쯤 별로 놀라는 사람도 없었다. 온종일 길바닥에서 이리 구르고 저리 밟히어 흙투성이가 된 경진의 모가지가 그 이튿날 저녁때쯤 되어 어느 중학생의 발길에 탁 채어 시궁창으로 굴러들어가 버렸다.『김말봉 전집 6: 별들의 고향』, 408쪽.

받은 것을 알고 처절한 배신감을 느낀다. 또다시 '아담의 갈빗대를 뽑아서 이브를 만들어낸 여호와가 이 모든 책임을 져야 한다'고 부르짖는다.

작품의 첫 소제목인 '갈빗대'는 아담의 갈빗대를 뽑아서 만든 이브를 상징하는데 송난과 연심과의 애정 갈등은 기독교에 근접해가던 창열이 하느님을 부정하고 야유하는 계기가 된다. 작품의 전반부에 창열이가 하느님을 거부하고 부정하는 것은 그들이 독서하는 책을 통해서 알 수 있다. '영주가 혼자서 기도를 올리는 동안 창열은 손을 내밀어 책상 위에 얹힌 니체의 차라두스트라를 읽었나'

창열은 니체를 이해할 수 있는 대학생은 자신 밖에 없으리라 자신하고 연애편지에도 니체의 글을 인용한다. 창열이 존경하는 철학자 니체, 즐겨 읽는 책 『차라투스트라』는 무엇을 의미하는가? 차라투스트라는 신의 죽음에 관한 선언이다. 이는 그리스도교적 신의 죽음을 의미하기도 하고 서양의 전통적 자명성이었던 형이상학적 초월세계의 파괴를 의미하기도 한다.[6]

신의 죽음에 대한 선언은 그리스도교 자체에 대한 비판일 뿐 아니라 인간을 창조적 존재로서 긍정하게 하고 이 지상에서 잃어버렸던 의미를 다시 돌려주게 하는 필연적인 전제로 이해된다. 평소에 니체의 글을 탐독하는 창열은 자신이 한 개의 초인이 된 것으로 믿었고 따라서 언제나 자기의 재주와 힘을 긍정하고 자랑했다.

스스로를 초인으로 자처했기에 송난, 연심과의 애정 관계에서 심한 마음의 부침을 겪은 창열은 신을 모독하고 부정한다. 하지만 이러한 반

---

6 니체의 전체 저작은 다음과 같이 설명될 수 있다. 『즐거운 학문』에서 서곡을 울려주고 『차라투스트라』에서 상연된 신의 죽음은 『도덕의 계보』에서 그리스도교 도덕의 형태로 『안티크리스트』에서 그리스도교 비판으로 이어지면서 20세기 서양 지성사의 근본을 뒤흔드는 사건이 된다. 백승영, 「니체 『차라투스투라는 이렇게 말했다』」, 『철학사상』 16, 철학사상학회, 2003, 64쪽.

항의 과정은, 강한 부정이 강한 긍정과 맞닥뜨리듯 두 번의 탈피(연심의 죽음을 통한 육체적 탈피, 송난의 애정갈등을 통한 정신적 탈피)를 통해 자기 부정의 과정을 거치면서 자연스럽게 하느님과 김영숙에게 인도되는 필연적 과정으로 그려진다.

창열은 일체의 과거를 말살할 목적으로 송난에게 '최창열 부고'의 전보를 보낸다. 이때의 부고는 '차라투스트라의 부고'이다. 송난과의 경솔한 사랑놀음, 연심과의 천박한 사랑의 유희, 그 일체를 영원히 매장하고 제2의 탈피를 감행하는 것이다. 그날부터 창열은 니체의 책을 덮어 버렸고 스스로 '나는 천재는 아니다. 초인은 더욱 아니다'라고 맹세한다.[7]

최고의 지성, 최고의 인간으로 자부했던 자만이 깨어지면서 자신을 더 이상 믿을 수 없게 된 창열은 인간의 힘을 넘어서는 절대적 타력에 의지하고자 한다. 다시 예배당에 나가기 시작한 창열은 이전에는 신학교를 다닌다는 이유로, 나이 많은 가정부인처럼 멋없던 영숙이 새롭게 보이기 시작한다. 영숙과 함께 외할머니 산소에 동행하면서 지난 과거와 과오를 고해하고 새로운 인간으로 재탄생하게 된다.

결국 연심, 송난을 거쳐 영숙에게 가는 편력의 과정은 육체적, 정신적 탈피를 통해 인간이 자기 맹신, 자기기만을 버리고 하느님에게로 가는 탈피의 길이었다. 더불어 신학, 종교는 '민족의 영혼을 걱정하고, 민족의 인격을 완성하는' 애국운동의 일환으로 창열은 일신의 변화를 시도한다.

창열은 외교관, 대통령이 되겠다는 허영된 꿈을 버리고 민족에 좀 더

7 창열은 예배 시작할 때부터 끝날 때까지 진정으로 그는 눈에 보이지 않는 큰 힘을 사모하였다. 그 힘은 첫째 바른 것이라야 한다. 바르게 살 수 있도록 희망을 주어야 한다. 새로 일어설 용기를 주어야 한다. 니체가 말한 초인의 힘과는 다른 것이다. 소위 초인이라는 것은 자기를 믿는 것이다. 그러나 창열은 자기를 믿지 않기로 한 것이다. 자기보다 훨씬 강력한 타력(他力)을 갈구하는 것이다. 『김말봉 전집 6: 별들의 고향』, 190쪽.

도움이 되고자 반도대학 정경과 삼학년에서 수원 농과대학 이학년으로 자리를 옮긴다. 선교사 E씨 부처는 영숙과 창열을 예일대학 교육과의 스칼라십 과정에 추천하고 유학 문제로 언더우드 박사 집에 방문하게 되면서 언더우드 박사의 '풍속도 방언도 인종도 다른 먼 동양 작은 나라로 와서 일생을 남의 행복과 번영을 위하여 고스란히 평생을 바친 위대한 사랑의 사도' 앞에 마음으로부터 나오는 감사와 찬미를 보낸다. 또한 좌익의 총탄을 맞으면서도 "서로를 사랑하라"는 말을 남긴 언더우드 부인, 부인의 죽음 앞에서 제포된 범인에게 사형을 삼해날라는 언더우드 박사의 진정서는 '원수를 사랑하라'는 그리스도의 사랑을 곁에서 지켜볼 수 있는 기회가 된다.

더불어 창열보다 훨씬 더 진실한 크리스천이자 부지런한 주일학교 선생이요 술도 담배도 하지 않는 얌전한 동생 창민이 기독교의 타락과 이기에 환멸을 느끼며 모든 것에 양심이 있고 정열이 넘치는 소련을 동경하자 그것은 종교를 숭배하는 현대적 인간의 문제이지 기독교 본질의 타락이 아니라고 설교하며, 투명성의 이면에 자리 잡은 집단의 굶주림, 개인 자유의 박탈, 인권의 유린, 인간성의 박탈 등을 비판한다. 창열과 창민의 대립은 남한=기독교=자유=인간성 / 소련=반기독교=통제=집단성의 이항대립을 보여주며 창열이 이론적으로 더욱 견고한 기독교주의와 자유민주주의 사상을 옹호하게 되는 계기가 된다.

창열은 언더우드 박사를 통해 그리스도의 사랑을 간접 경험하고 창민과의 대립을 통해 이론을 공고히 할 수 있었다. 이론과 간접 경험으로만 하나님을 영접한 창열에게 한국전쟁은 하나님을 권능을 생체험하게 되는 종교적 계기가 된다.

정치보위부에 잡혀온 창열과 영숙에게 적철과 송난의 심문이 계속되는 가운데 그들이 태연한 얼굴빛으로 앉아 있는 것을 보고 송난은 불에 단 쇠꼬챙이로 영숙의 얼굴을 지지려 한다. 이 순간 창열은 하나님께 하나님의 권능을, 구원을 기도드린다.

신의 능력이 현실에서 실현될 때 종교는 위엄과 권위를 갖게 된다. 고전적 유신론에서 하나님의 권능은 하나님이 세상을 움직이고 다스린다는 진리이다. 세상에서 가장 큰 악은 하나님의 권능을 의심하는 것이며, 저항적 세력의 도전과 회의에 대해 신은 일방적이고 직선적인 권능을 펼친다. 신의 사도인 영숙과 창열이 위험에 처하고 지상의 악인 송난이 그들의 기도를 비웃으며 위협을 가하자 마치 거짓말같이, 바로 그 순간, 기적이 일어난다. 신은 국련군의 총공습으로 권능을 실현하고 당위로서 창열과 영숙은 정치보위부를 탈출하고 적철은 사망한다.

이후 연락장교와 간호장교로 부산에 오게 된 그들은 박영주와 조우한다. 박영주는 전쟁 전 창열에게 늘 하느님의 그늘에서, 기도 속에서 살기를 권한 순수한 그리스도인이었다. 창열보다 앞서 공창폐지운동에 참여했고 전국학생웅변대회에서 우익의 선봉 역할을 한 영주였지만 한국전쟁 중 나라를 위해 싸우지 않고 서울을 도망친 것에 대한 죄책감에 국민병으로 참전했다가 퇴역하여 부산에서 생계를 구걸하다 우연히 창열과 영숙을 만나게 된 것이다. 영주 또한 전쟁이 기도를 잊게 했지만 자신이 기도를 멈추고 있을 때조차 주님이 자신을 사랑하고 있다는 사실, 그것이 거지로 전전하던 자신을 창열하게 인도했다는 것으로 증명되었음을 창열에게 고해한다.

> "지금은 기도를 알았어. 하기야 기도를 배울 때까지는 굉장한 대가를 지불했지만."
>
> 영주가 눈을 뻔히 뜨고 창열을 바라본다. 창열은 여맹 사무실 별실에서 당한 이야기며 기총소사를 할 동안 영숙과 함께 그곳을 탈출하였

던 이야기를 하였다.

"오 자비하신 아버지."

영주는 신음하듯이 이렇게 외치고

"창열 군! 이제야 알겠네. 나를 이런 고난쯤 당하게 하신 주님의 섭리를 이제야 확실히 깨닫겠어. 자네가 이번 사변을 통해서 진정으로 기도를 배웠다면 난 이런 고난쯤은 달게 받아도 좋아."[8]

이들은 서로의 전쟁 체험을 고해하면서 모든 것을 신께서 예비하신 것임을 자각하고 더 굳건한 순애의 그리스도가 되기로 다짐한다. 신의 사도들에게 한국전쟁은 신을 불신하는 계기가 아니라 오히려 기도를 배우고 신을 경험하게 되는 계기가 되었다. 이들은 욕망에 들끓는 인간에서 자신이 체험한 신의 복음을 널리 전하는 신의 사도가 된 것이다.

4. 단테적 별의 이미지와 이데올로기

앞서 『별들의 고향』을 두 개의 주제의식으로 대별하여 살펴보았다. 선언적 가치로서 반공주의와 기독교주의는 이 작품의 주제의식이자 김말봉의 시대의식이며 『별들의 고향』 이후 발표된 작품 세계를 압축적으로 보여준다. 작품의 종결부에서 창열, 영숙, 영주, 득순이 함께 바라보는 '별'은 이 두 개의 가치를 문학적, 종교적으로 증명하는 상징물이다.[9]

창열은 별이 하나의 혼령이라고 한다면 한국전쟁으로 희생당한 영

8 『김말봉 전집 6: 별들의 고향』, 443쪽.
9 Tresidder, J., 『상징이야기』, 김병화 역, 도솔, 2007.

혼들일 것이라 말하며 그 혼령들로 "S박사며 R박사며 그리고 P여사, 유태명 씨 또 영숙 씨 어르신네 허다한 정치인, 예술가, 사회사업가, 끌려가고 맞아 죽고 전장에서 죽고 기차에서 죽고" 등을 구체적으로 지목한다. 이들은 모두 자유민주주의 가치를 수호하거나 전체주의 체제를 거부한 인물들이다. 자유민주주의의 가치를 실현하다 죽은 사람들의 혼령으로서의 별은 정의, 질서, 자유 등의 미덕을 나타내는 단테적 별의 이미지로 승화된다.[10]

영주는 별의 이야기를 들려준다. "지금은 밤이다. 하지만 조금 후에 밤이 가면 새벽이 오고 그리고 태양이 떠오른다고." "고향을 지키자. 어둠이 사면을 삼키는 우리 고향을, 친구야 너와 나만은 태양이 떠올 동안 비록 적은 광명이라도 한데 모아 어두운 고향에 비춰보자."[11] 암흑의 시대에 고향을 지키는 적은 광명으로서의 별, 그 별의 인간적 현신이 사랑의 사도인 창열, 영숙, 영주, 득순이다. 새벽이 오고 태양이 떠올 때까지 고향을, 친구를 지킬 안내와 수호의 상징으로서 별은 점성술에서 신이자 혹은 신의 대리자로서 인간 세상을 비추었다. 이제 창열, 영숙, 영주, 득순은 신의 대리자로서 인간 세상에 찬란한 광채를 비출 것이며 앞으로 돋아날 많은 별들과 함께 희망과 용기를 북돋우어 새벽을 열고자 하는 것이다. 요약해보면 『별들의 고향』의 핵심적 주제의식은 '별'을 통해 상징화된다. 공산주의에 대항하여 끝까지 자유민주주의/반공주의를 선택한 사람들의 영혼으로서의 별은 이데올로기적 투사물이며, 암흑의 시대에 고향을 지키는 수호와 안내의 상징으로서 별은 종교적 투

---

10 단테는 지옥을 별이 없는 암흑의 장소라고 했다. 그는 <연옥>편에서 별을 정의, 질서, 힘, 사려, 절제 등의 미덕을 나타내는 정령의 이미지로 제시했다. 추현주·남상인, 「미술치료에서 별 상징 활용과 의미」, 『미술치료연구』, 한국미술치료학회, 2010, 1245쪽.

11 『김말봉 전집 6: 별들의 고향』, 456-457쪽.

사물이다.

두 개의 주제의식은 변별적으로 제시되는 것이 아니라 기독교인의 사랑을 추구하는 창열과 영숙은 반공주의=기독교주의=가족주의가 동항을 이루고 공산주의=반기독교주의=반가족주의가 대립적으로 위치하면서 선과 악의 이항대립적 관계를 형성한다. 작가는 반공이데올로기를 비롯한 정치적 강령이 삼투된 기독교주의를 절대적 우위를 놓고 있는데 이러한 우익 편향의 시대인식은 김말봉의 해방 이후 작품세계를 지배하는 절대적 가치로 군림한다.

5. 증언으로서의 문학사, 간증으로서의 고해사

이 장에서는 김말봉의 소설 『별들의 고향』을 대상으로 한국 전쟁기에 발표된 사회적 멜로드라마로서의 가치와 김말봉 소설을 통시적으로 연구하기 위한 단초를 마련하고자 했다. 『별들의 고향』은 1947년 크리스마스를 이틀 앞둔 날로부터 시작하여 대한민국 정부 수립의 과정, 한국전쟁, 피난 등 한국 역사상 가장 비극적인 4년을 기록하고 있다. 처절한 역사의 소용돌이에서 작중인물들이 겪는 삶의 부침은 역사적 사건 뒤에 숨겨진 혼란한 이면들에 대한 문학사적 증언이다.

작가는 역사적 기록이라는 사회학적 방법과 대중연애소설로서의 형상화라는 융합의 형식성을 취한다. 즉 멜로드라마에서 삼각관계에 놓인 남녀 주인공을 역사적 사실로서 '전체주의'(공산주의)와 '자유주의'(민주주의)의 상징체로 재현함으로써 이항 대립적으로 서사화한다. 선과 악의 구체적 형상물을 통해 자유민주주의, 기독교주의를 당위적 가치로서 문학적으로 공인하고 있다.

반도대학 정치과의 최창열은 스스로를 초인으로 자처했기에 송난, 연심과의 애정 관계에서 심한 마음의 부침을 겪고 신을 모독하고 부정한다. 하지만 이러한 반항의 과정은 두 번의 탈피를 통해 자기 부정의 과정을 거치면서 자연스럽게 하느님과 김영숙에게 인도되는 필연적 과정으로 그려진다. 신의 사도들에게 한국전쟁은 신을 불신하는 계기가 아니라 오히려 기도를 배우고 신을 경험하게 되는 계기가 되었다. 이들은 욕망에 들끓는 인간에서 자신이 체험한 신의 복음을 널리 전하는 신의 사도가 된 것이다.

이 작품의 주제의식은 '별'을 통해 상징화된다. 공산주의에 대항하여 끝까지 자유민주주의/반공주의를 선택한 사람들의 영혼으로서의 별은 이데올로기적 투사물이며, 암흑의 시대에 고향을 지키는 수호와 안내의 상징으로서 별은 종교적 투사물이다.

Code

2

에로스의 러브스토리와 역설의 미학:

장덕조

7

장덕조의 허스토리와 야담 창작의 의미

1. 장덕조 문학의 평가와 그 잉여

이 글의 출발은 여성작가 장덕조에 대한 관심에서이다. 최근 장덕조 관련 선행 연구는 10년의 간격을 두고 두 편의 박사학위 논문[1]이 산출되면서 통시적 연구의 기반이 마련되었고 개별 작품론이 행간을 보충하며 풍성한 결과를 집적하고 있다. 장덕조 소설의 연구 결과가 누적된 만큼 소설적 경향을 시기적으로 분류하여 분석한 선행 연구를 정리해 보면 다음과 같다.

1 김윤서, 「장덕조 소설의 젠더의식 연구—1950년대 연애소설을 중심으로」, 영남대학교 박사논문, 2017; 조리, 「장덕조 소설 연구」, 전북대학교 박사학위 논문, 2007.

장덕조의 초기 소설은 등단한 1932년부터 1940년대까지 각종 신문과 잡지에 발표된 것으로 약 30여 편가량이다. 식민지 시기 장덕조 소설은 작가의 경험적 일상이 소설의 모티프가 되면서 일상적, 가정적, 여성주의적 제재가 주류를 이루었고 1930년대 신가정의 윤리를 구축하면서 일탈한 혼인 양상을 아이러니를 통해 꼬집었다. 1930년대를 살았던 다양한 식민지 여성들의 삶을 가장 여성적인 주제로 풀어낸 장덕조는 그러므로 제2세대 여성작가로서의 대표성을 지닌다.

장덕조는 1943년부터 1945년까지 집중적으로 「새로운 군상」, 「행로」 등 친일 성향의 작품을 발표했다. 『방송소설명작선』에 실린 「우후청천」과 「연화촌」은 애국반 활동이나 '군국의 어머니' 등 일제 말기 총후부인에게 부과된 역할을 적극적으로 선전하는 후방문학으로 분류될 수 있다. 한국전쟁 중에는 여성작가 최초로 육군 소속 종군작가로 활동하면서 『전선문학』에 반공소설과 수필을 발표하고, 강연회에서 소설낭독과 문인극 공연을 하는 등 적극적으로 활동했다. 일제 말기와 한국전쟁 중 장덕조의 문학이 지배 담론에 호응하려 했던 여성 지식인의 의도적 글쓰기였다는 혐의는 국가주의에 동원된 문학이라는 관점에서 비판적으로 고찰된다.

한국전쟁 이후에는 대중적 취향(연애소설, 역사소설)의 신문 연재소설을 집필했다. 장덕조의 작가적 신분이 확립된 것은 이 시기라 할 수 있는데 당시 대중소설 인기의 '빅3'였던 정비석, 김내성, 박계주와 어깨를 나란히 한다. 장덕조는 1950년대 당시 인기의 척도라 할 수 있는 신문소설을 가장 많이 연재한 여성작가로서 독자들에게 큰 호응을 얻었다. 러브스토리를 통해 한국 사회의 변화와 흐름을 상징적으로 포착한 반면 소설이 획득한 독특한 사랑의 양상을 대중연애소설의 전형적 결말구도로 귀결시키면서 대중연애소설의 관습성을 지속시켰다.

오늘날 장덕조는 당시를 추억하는 대중들에게 역사소설가로 각인되어 있다. 작가는 대중연애소설을 쓰던 시기에 역사소설도 같이 집필했는데『광풍』,『낙화암』,『벽오동 심은 뜻은』,『이조의 여인들』 등과 같은 여성이 주인공인 장편 역사소설을 주로 집필했다. 다작의 작가로 유명한 장덕조는 70대 중반이던 1989년에도 방대한 분량의 대하소설『고려왕조 5백년』을 출간할 정도로 역사소설 창작에 몰두했다. 장덕조의 역사소설은 독창적인 주제의식이나 사상성보다는 재미있는 스토리 전개에 중점을 두어 대중적인 흥미를 충족시켰고 독자들은 여성 암투적인 역사소설에 깊이 빨려 들어갔다. 2007년 조리가 박사학위 논문에서 장덕조의 역사소설을 언급한 후 역사소설과 관련된 연구는 아직까지 전무하지만 장덕조와 관련한 선행 연구를 작품의 통시성으로 분류했을 때 향후 장덕조의 역사소설에 대한 관심이 촉발될 것으로 보인다.

필자 또한 장덕조가 이룩한 넓고 깊은 작품 세계를 탐색하는 과정에서 장덕조의 역사소설에 관심을 갖게 되었다. 한국전쟁 이후 본격적으로 시작된 장덕조의 역사소설은 남성작가의 역사소설과 다른 여성주의적 역사소설이며, 가정서사를 역사 안으로 편입시켜 여성의 기다림과 희생을 부각시켜 역사를 여성의 수난사로 해석했다는 점에서 그 특징을 파악할 수 있었다. 이는 다소 이질적으로 보였던 장덕조 초기 소설의 세계가 역사로 확장된 양상을 보이는데, 한국전쟁기 역사소설의 원류를 식민지 시기 발표한 장덕조의 첫 역사소설인「한야월」로 거슬러 올라가기 적합한 이유가 될 것이다.

장덕조가 식민지 시기 발표한 소설을 정리하다 보면 놀라운 사실을 발견하게 된다. 식민지 여성의 생활과 감정에 밀착되어 있는 소재를 채택하여 서사화한 단편소설의 수만큼이나『월간야담』에 발표한 야담의 수가 많다는 사실이다. 장덕조의 야담에 대한 관심이라는 측면에서 권기성의 연구는 이 책의 연구 내용과 문제의식을 공유한다. 권기성은 근대 야담 연구가 '대중'과 '통속'이라는 전제로 귀결되면서 개별 작가들에 대한 면밀한 고찰이 미흡하다는 전제하에 그 대표적 사례로 장덕조를 언급한다.[2]

장덕조가 『월간야담』에 가장 많은 글을 기고하면서 주도적 집필진이 되었고, 고전적 세계관을 전유하여 재현하면서 자신만의 문학적 특색을 드러내었다는 점은 이 글의 주제의식과 맥을 같이한다. 하지만 권기성의 언급처럼 장덕조의 야담이 장덕조의 삶과 문학의 정체성을 보여주는 지표로 기능한다면 이는 단절이 아닌 연속성의 측면에서 고찰되어야 할 것이다. 야담과 역사소설의 인접성을 가늠해보더라도 한국전쟁 이후 시작된 역사소설 집필의 긴 도정은 이미 식민지 시기 작가의 20대부터 배태되어 있던 '재래의 이야기성'에 그 시원을 둘 수 있다.

이화여전 출신의 모던걸, 『개벽』의 여류기자, 제2기 여성작가군의 대표, 이 모든 '근대적' 수식어와 함께 '여성 야담가'를 접목하는 행위는 이질적이어서 놀라운, 확정된 근대를 파고드는 균열과 틈을 엿보는 것 같다. 장덕조의 작품을 통시적으로 고찰하는 연구의 막바지에 이르러 다시 처음으로 되돌아가는 과정은 한 여성작가의 작품을 관통하는 '작가성'에 대한 탐구이자 식민지 근대성에 대한 다른 방식의 질문이 될 것이다.

---

2 권기성, 「근대 야담 작가 연구의 외연 확장과 시선의 전환-『월간야담』의 작가군과 '장덕조'」, 『동방한문학』 80, 동방한문학회, 2019.

2. 『월간야담』의 여류 야담가의 정체

야담은 주로 조선 후기에 한문으로 기록된, 비교적 짤막한 길이의 잡다한 이야기들의 총칭이다. 야담 안에는 전설, 민담, 소화, 일화, 야사 등 설화적인 작품이 있는가 하면 소설적인 것도 있으니 복합적인 갈래에 해당하며 이러한 이유로 내용 또한 매우 다채롭다. 야담은 중세에서 근대로 이행하는 과정에서 서화를 한문으로 기록하는 과정에서 생성되었으며 한문문학에 새바람을 일으키는 구실을 했다. 이처럼 전근대적 성격을 지닌 야담은 1930년대 근대적 매체가 야담을 대중서사로 흡수하면서 근대 독자들의 열렬한 환영을 받게 된다.

1934년 10월 10일자로 윤백남에 의해 창간된 최초의 야담잡지 『월간야담』은 그 제호에서 알 수 있듯이 야담을 전문적으로 다루었던 잡지였다. 1939년 10월까지 5년에 걸쳐 총 55호가 발행되었고 총 500편에 가까운 야담이 실렸으며 권당 10,000여 부가 팔리는 등 상당한 대중성을 확보하고 있었다. 『월간야담』이 발행된 1934년은 역사물이 범람하던 시기로 비단 야담뿐 아니라 과거 및 조선적인 것을 소재로 하는 많은 양식들이 유행했고 '전통과 복고 바람'과 '사화(史話)와 역사소설의 지속적인 인기'라는 새로운 소설 수용 양상으로 그 인기가 지속되었다.[3]

민중오락으로서의 야담은 민중에 방점을 찍게 되면 민중교화운동으로서의 야담의 성격을 지니지만 오락에 주안점을 둘 경우 새로운 공연문화이자 즐길거리로서의 성격이 나타난다. 1920년대 후반에 야담은

3 김윤회, 「『월간야담』에 나타난 야담의 양상과 대중서사로서의 의의」, 고려대학교 석사학위 논문, 2012, 11-12쪽.

비슷하면서도 상이한 두 힘 사이의 긴장을 유지하고 있었지만 1930년대 들어와 야담은 급속도로 대중화하고 상업화된다. 이 과정에서 두각을 보인 것이 윤백남이었고 『월간야담』이었다.[4]

『월간야담』은 재미있고 흥미로운 이야기를 대중에게 제공하는 것을 목표로 삼고 있었다. 이렇게 취미독물만을 모아놓았다는 점, 의식적으로 논설과 뉴스를 배제했다는 점은 『월간야담』의 가장 큰 특징이다. 『월간야담』은 역사성을 내재한 야담보다는 역사적 사실을 독자에게 이해하기 쉽고 흥미로운 방식으로 전달할 수 있는 야담을 취급하고사 했다.

『월간야담』의 작가층을 보면 양백화(33회), 윤백남(22회), 신정언(19회), 연성흠(19회), 윤효정(17회), 장덕조(17회), 춘금여사(17회) 등이 필자로 참여했고 연호당(延皓堂), 만년청(萬年靑), 김초(金草), 구송(丘松), 일파(一波) 등 익명의 필자도 자주 눈에 띈다. 가장 많은 야담을 연재한 양백화는 양건식으로 중국 야담을 게재하는 역할에 한정되어 있었고, 윤백남은 잡지의 발행인이자 책임편집자로서 『월간야담』에서 두 번째로 많은 글을 기고한 필자였다. 신정언은 윤백남과 더불어 식민지 시대를 대표하는 야담가였으며, 연성흠은 본명 외에 연호당(延皓堂)이라는 필명을 사용했는데 아동 잡지에 주로 글을 기고했던 아동문학작가이다. 윤효정은 한말의 정치가이자 애국지사로 본명 외에 소운거사(紹雲居士)라는 필명을 썼다.

연구자의 시선에 따라 집필진에 대한 여러 가지 해석이 가능한 바 본 연구가 주목하는 지점은 목록에서 확인되는 두 명의 여성작가(장덕조,

---

4 유인혁, 「<월간야담> 연구: 1930년대 야담과 '조선적인 것'의 대중화」, 동국대학교 석사학위 논문, 2010, 43쪽.

춘금여사)에 대한 궁금증이다. 앞서 살핀 바와 같이 『월간야담』의 집필진 구성이나 개별 작가에 관한 연구가 상당한 진척을 이루었기에 대부분의 작가나 그 필명이 확정되어 주요 필진의 위용이 확인된다. 김윤희의 논문에도 야담 작가 장덕조에 대한 설명이 다루어진다.

특히 1950년대 이후 장덕조가 신문 연재 대중소설, 역사소설을 주로 집필했다는 정보는 식민지 시기 지속적으로 야담을 창작했다는 것과 서사적 친연성이 돋보이는 대목이다. 장덕조가 『월간야담』에서 다섯 손가락 안에 드는 다작의 야담 작가였다는 사실도 놀랍고, 장덕조와 어깨를 나란히 하며 지속적으로 야담을 창작했던 춘금여사의 실체 또한 놀랍다. 하지만 장덕조에 대해서는 소략이나마 정보가 제공된 반면 그 어느 관련 연구에서도 춘금여사에 대한 언급이 없다는 것은 의아한 점이다. 다른 남성 야담가의 경우 김안서, 방인근, 박영호, 윤승한 등은 게재한 횟수는 적으나 주목할 만한 작가로 언급되면서 작가들의 개별적 특성을 변별하는 연구가 이루어졌다. 『월간야담』의 대중성과 상업성을 다채로운 필진 구성에 기대고 있는 제반 연구에서 춘금여사에 대한 의도적 누락은 아쉬운 점이 아닐 수 없다.

여기에 『월간야담』의 작가층만을 따로 떼어 연구한 신상필의 논문을 보충해보자. 『월간야담』의 작가층 분석을 통해 독창적인 야담 작가군을 파악하고 이를 바탕으로 식민지 시기 새로운 문학 현상을 확인하고자 했던 신상필은 『월간야담』을 주요 작가군의 교체가 이루어지는 1년 6개월의 주기로 나누어볼 때 각 작가군마다 일정한 경향성이 드러난다고 보았다.[5]

---

5 신상필, 「야담 전문잡지 『월간야담』·『야담』의 운영과 작가층의 구성 양상」, 『남명학연구』 53집, 경남문화원, 2013, 205-230쪽.

각주의 표에서 볼 때 한국 야담을 담당한 인물들이 잡지의 주력 필진이었다. 이들은 한국 고전 야담의 소재를 발굴하여 단편의 일회 분량으로 지속적인 활동을 했다. 조선 재래의 이야기를 근대 대중들에게 국문으로 소개함으로써 야담 잡지의 의도를 충실히 구현한 작가들이라 할 수 있다. 한국 야담을 중심으로 놓고 볼 때 앞서 김윤회의 논문과 필진이 거의 중첩되는데 유일하게 '일파(一波)'라는 이름만이 새로 추가된다. 신상필의 논문에 따르면 일파는 22편으로 가장 많이 연재한 윤효정의 뒤를 이어 21편의 야담을 연재한 작가로 『월간야담』의 2기와 3기를 이어주는 주요 필진이다. 실제 잡지를 확인해보아도 일파의 이름과 작품이 확인되는데 김윤회의 논문에 일파의 이름이 누락된 것이 의아하다. 신상필의 논문에서도 양백화, 신정언, 윤백남, 김동인 정도만의 필진이 상세 서술될 뿐 앞서 주목한 춘금여사나 일파에 대한 서술은 발견할 수 없다.

이 장에서는 장덕조의 역사소설에 대한 관심에서 출발하여 그 서사성의 시원을 식민지 시기 발표한 야담 쓰기에 두었다. 이는 1950년대 본격적으로 시작되는 장덕조 역사소설에 대한 효과적 해석을 가능하게 할뿐더러, 먼 시간을 거슬러 식민지 시기 야담의 성행이라는 문학적 현상에 대해 '신' '여성' 작가의 집필이 새롭고 의미 있는 해석의 지점을

분기	1기	2기	3기
한국 야담	신정언	신청거	연성흠
	윤백남	일파	일파
	김동인	장덕조	장덕조
	소운거사	춘금여사	윤승한
중국/일본 서사 및 역사	양백화	양백화	양백화
장/단편 한국 역사		홍효민	윤효정, 김소

열어줄 것이라는 믿음 때문이다. 하지만 그것에 도달하는 과정에서 다소 곁가지처럼 보이는, 『월간야담』에서 확인되지 않은 주요 필진에 대해 집착한 이유는 물론 장덕조에 기인한다.

『한국민족문화대백과사전』과 『한국여성인물사전』을 참고해보자.

> 장덕조(張德祚 · 1914~2003)는 1914년 10월 13일 경상북도 경산에서 태어났다. 본관은 인동(仁同), 필명은 춘금여사(春琴女史), 일파(一波), 노노자(怒怒子) 등이다.[6]

『월간야담』의 많은 작가들은 본명과 필명을 혼용하여 야담을 게재했고 후반으로 갈수록 그러한 경향은 더욱 심했다. 이러한 이유로 필명이 확인되지 않은 작가, 특히 많은 야담을 연재했음에도 확인되지 않은 춘금여사와 일파에 관한 설명이 부족한 감이 있었는데 위의 자료에서 알 수 있듯이 춘금여사와 일파 모두 장덕조의 필명이었다.

앞서 언급한 바와 같이 장덕조는 이화여전 영문과 출신으로 『개벽』의 부인기자로 활동했고 제2기 여성문단을 대표하는 여류작가이다. 그러나 당시 『월간야담』에 야담을 쓰던 춘금여사, 일파와 동일인이라는 사실은 전혀 알려진 바가 없다.

그렇다면 『월간야담』에서 그 누구와도 비견할 수 없는, 많은 야담을 집필한 작가는 장덕조이다. 또한 『월간야담』이 창간된 이듬해부터 야담 집필을 시작했으니 1기에서부터 3기까지 전 시기를 아우르는 것 또한 장덕조가 유일하다. 이는 장덕조의 야담을 중심으로 『월간야담』의

6 김양선, 「[한국여성인물사전] 장덕조」, 『이투데이』, 2017.11.29. 간혹 일파의 한자어가 '一派'로 된 경우가 있는데 이는 잘못이다.

잡지적 성격을 재해석할 수도 있는 기반이 된다. 다음 절에서는 『월간야담』에 본명(장덕조)과 필명(춘금여사, 일파)으로 실린 야담의 전모를 확인해보고 그 갈래적 특성을 파악해보자.

3. 아름답고 비극적인 로맨스 야담

장덕조가 『월간야담』에 본명과 필명으로 연재한 야담을 정리하면 오른쪽의 표와 같다.[7]

표의 내용을 정리해보면, 『월간야담』에 장덕조의 이름으로 발표된 야담은 17편, 춘금여사는 18편, 일파는 19편으로 총 54편의 야담을 연재했다.[8] 21호에서부터 31호까지는 본명과 필명을 뒤섞어 같은 호에 3편을 동시에 발표하기도 했다. 나누어보면 총 55호까지 출간된 『월간야담』에서 단 1호를 제외하고는 야담을 발표한 격이다. 작가가 품고 있는 다종다양한 이야기성이 놀랍고 이를 꾸준히 잡지의 지면으로 토해낸 작가의 지구력이 경이로울 따름이다.

김윤회는 『월간야담』에 연재한 야담의 양상을 크게 세 가지로 분류했는데, 첫째, 규범화된 의식(전근대적 가치로서 윤리와 도덕적 가치의 긍정)

---

7 이 시기 장덕조는 『월간야담』뿐 아니라 『매일신보』에도 많은 야담을 발표했다. 확인되는 자료는 다음과 같다.
「일청(日精) · 월정(月精)」, 『매일신보』, 1936.4.9; 「영오(迎烏)와 세오(細烏)」, 『매일신보』, 1936.4.16; 「자겸(子謙)과 청음(淸陰)」, 『매일신보』, 1936.8.5.-15; 「기연(奇緣)」, 『매일신보』, 1936.8.27.-9.10; 「파동」, 『야담』, 1939.6.

8 표에 보면 새로운 점이 눈에 띄는데, 일파의 이름으로 표지가 작성된 것이다. 잡지의 목차에 '표지:일파(一波)'로 게재되어 있다. 55호까지 두루 살펴보면 표지는 일파, 이경근, 편집실이 나누어 그렸는데 일파와 이경근의 표지는 확연한 차이가 난다. 이경근은 『월간야담』의 삽화를 도맡아 그렸는데 이러한 이유로 거의가 인물화 위주의 표지를 그렸다. 반면 일파는 자연물을 대상으로 취했는데 대나무, 난, 꽃, 새 등을 주로 그렸다.

『월간야담』에 장덕조가 연재한 야담 목록

연재 지면	장덕조	춘금여사	일파/일파생
6호, 1935. 3.	-	-	표지
7호, 1935. 4.	-	-	표지
8호, 1935. 5.	-	-	표지
9호, 1935. 6.	-	-	표지
10호, 1935. 7.	-	-	시조십수(時調十首)
11호, 1935. 8.	-	-	구회(口繪)
12호, 1935. 9.	때는 눈앞에(전편)	-	표지
13호, 1935. 11.	광란의 무희 (때는 눈앞에 후편)	-	표지
14호, 1935. 12.	미녀와 비련		표지
15호, 1936. 1.	조반의 비애	상사몽	표지
17호, 1936. 3.	만파식적	춘소감별	표지
19호, 1936. 6.	벌수발복	-	표지
20호, 1936. 7.	기인 김진사	충효	표지
21호, 1936. 8.	금주삽화	용강의 어옹	표지, 피 묻은 부채
22호, 1936. 9.	돈 잘 쓰는 사위	몽조	표지
23호, 1936. 10.	솥 속에 돈 꾸러미	두 친구	표지, 여색화인
24호, 1936. 11.	머리 위에 도끼날	열열장부	해묵오백동
25호, 1936. 12.	문장수난	인색한 장인	교동의 운성
27호, 1937. 2.	순정의 호떡 두 개	기지가 활인	보수
28호, 1937. 3.	-	-	충복설원
29호, 1937. 4.	맹부를 구출코저	패낭의 비상	허실
30호, 1937. 5.	옥봉애가	묘상의 광객	표지, 벌레 먹은 떡잎
31호, 1937. 6.	양봉승공	미녀대평기	고도의 의인
32호, 1937. 7.	-	결사고충: 노환 김처선	비상유언: 여배물복과거
33호, 1937. 8.	원앙가연: 의사요확탄	혈루애화: 정녀 홍루몽	표지

연재 지면	장덕조	춘금여사	일파/일파생
34호, 1937. 9.	-	-	유협백수
35호, 1937. 11.	-	벽오동 심은 뜻은	-
36호, 1937. 12.	-	장력당이문	-
37호, 1938. 1.	-	의기남아: 숙명? 인연?	-
38호, 1938. 2.	-	-	-
39호, 1938. 3.	-	신문	표지
40호, 1938. 4.	-	-	-
41호, 1938. 5.	-	지성달의: 감천의 정성	-
42호, 1938. 6.	-	-	-
43호, 1938. 7.	-	-	친구와 돈 석량
44호, 1938. 8.	-	-	목은의 사희시, 빈군수득전법
45호, 1938. 10.	-	-	하담의 강정
46호, 1939. 1.	-	-	풍연전
47호, 1939. 2.	-	-	-
48호, 1939. 3.	-	-	관중장물
49호, 1939. 4.	-	-	-
50호, 1939. 5.	-	-	묘공보은
51호, 1939. 6.	-	-	-
52호, 1939. 7.	-	-	-
53호, 1939. 8.	-	-	단편물: 시하관오시발복
54호, 1939. 9.	-	-	-
55호, 1939. 10	-	-	충혼의 죽엽

의 추구, 둘째 과거를 비극적으로 이미지화(반역, 혁명, 전쟁, 자결), 셋째 과거의 역사를 여성들의 역사로 치환하고 근대 여성보다는 전통 여성을 선호하며 그들을 칭송하는 모습을 보여준다고 했다.

이 세 가지 양상 틀로 장덕조 야담을 분류해보면 상당 부분 일치한다.[9] 장덕조의 첫 야담인 「때는 눈앞에」는 단편의 일회 분량으로 연재된 이후 야담과는 달리 2호에 걸쳐 전편, 후편으로 연재되었다. 전편은 왕에게 충성했으나 모략으로 내쳐짐을 당한 김형과 간사한 모략가 김성의 대결을 통해 목숨을 걸고 임금에 충성을 맹세하는 유교 윤리를 담고 있다면, 후편은 김형의 딸 매영이 아버지의 원수를 갚기 위해 임금 앞에 서나 결국 원수를 갚지 못하고 광녀가 된다는 비극적인 이야기이다. 이 야담은 김윤회가 정리한 『월간야담』에 연재된 야담의 세 가지 속성을 모두 갖는다고 할 수 있다.

신라의 성군 신문왕과 충신 김유신이 함께 만파식적을 얻게 되는 경위를 다룬 「만파식적」, 양녕대군의 종실후손 이지광이 세상의 이욕과 명예를 등지고 선묘를 지키고 살아가는 모습과 그 보상을 다룬 「벌수발복」, 서민으로부터 몸을 일으켜 병수사 북병사의 고관에 오른 명장 덕봉, 서봉의 출세담 「양봉승공」, 올곧고 충직한 이항복과 그의 장인 권율의 임금에 대한 충성심을 드러낸 춘금여사의 「열열장부」 등은 모두 부부, 군신, 노주의 관계 속에서 지켜야 할 유교 윤리를 권유하는 '건전 야담'이다.

군에 대한 신의 충성, 주에 대한 노의 충직함은 서사가 진행되는 동안 변함없는 모습을 유지한다. 이러한 일정함은 갈등을 유발하기도 하지만 위기가 닥쳤을 때 문제를 해결할 수 있는 단초가 되기도 한다. 이러한 충신들의 올곧은 절개는 서사 내 극적인 분위기를 만들어내면서 인간으로서 살아가는 데 필요한 올곧은, 전통적 가치에 대해 이야기한다.

효, 의리, 인정, 정직, 용기, 선과 의 등 사람으로서 마땅히 지켜야 할

9 이후 분석되는 장덕조 야담의 출처는 이 표의 내용으로 대신한다.

도리를 그리기도 한다. 「맹부를 구출코저」는 심청전의 다른 버전인데, 눈 먼 아버지를 봉양하는 귀덕이라는 효녀의 이야기이다. 가난한 집 딸 귀덕이는 아버지의 권유로 부잣집에 시집가게 되지만 시댁에서 눈칫밥을 먹으며 갖은 고생을 한다. 몸이 고되고 힘들어도 귀덕이는 아버지를 생각해서 참아내지만 아버지가 눈이 멀었다는 소식을 듣고 시댁의 이기적인 태도에 질려 남편에게 이혼을 청하고 친정으로 가게 된다. 결국 귀덕이의 봉양으로 아버지가 눈을 뜨게 되고 효녀 표상을 받으며 이야기는 마무리된다.

부부간의 정의와 윤리를 다루고 있는 「금주삽화」, 보은(報恩)의 의미를 되새기는 「돈 잘 쓰는 사위」, 도적이 소저의 높은 절개에 감심하여 훔친 돈을 두고 간다는 「솥 속에 돈 꾸러미」 등이 그 예이다. 임경업 장군이 호랑이를 잡은 춘금여사의 「감천의 정성」, 검약(儉約)의 가치를 강조하기 위해 옛 이야기를 끌어내어 들려주는 「인색한 장인」, "옛날에도 옛날"로 시작하는 고담(古談)인 일파의 「묘공보은」은 우직하고 인정 많은 나무꾼 고두쇠에게 은혜 갚은 토끼의 이야기로 악의 징치와 선의 승리 속에서 보은의 의미를 되새긴다.

장덕조의 야담에는 기인들(역사 속 기인들, 김 진사, 홍 노인, 거지 사위, 암행어사 등)이 많이 등장하는데 세속적 욕망을 따르는 보통의 사람들과 달리 정의와 도덕, 올곧음과 절개, 바른 이치를 지키기에 범인(凡人)과 다른 기인으로 취급된다. 기인들의 별나고 수상한 행적은 세상의 풍속을 거스르지만 그 거스름은 지조와 절개 때문이다. 이들의 괴이한 행적은 역사의 숨은 이면을 들추어내기도 하고 권선징악의 정서, 의로운 인물과 탐관오리의 대비를 통해 정과 의라고 하는 윤리적 감각을 환기시키기도 한다.

춘금여사의 「묘상의 광색」에는 세소의 왕위 찬탈에 세속을 등시는 김시습이 등장한다. 김시습이 속세를 떠나는 날 친구 조려의 딸이 태어나고 조려는 자신이 죽으면 딸을 꼭 시습이 맡아달라고 부탁한다. 김시습은 부조리한 세상을 제정신으로 살 수 없어 미친 것처럼 행동한다. 이후 조려의 딸은 장성하여 아버지의 유언대로 김시습을 찾아와서 결혼에 이르지만 결국 죽음을 맞이하고 김시습은 다시 정처 없이 떠돌이 신세가 된다.

「노환 김처선」에서 늙은 환관 김처선은 연산군의 황음무도함에 염증을 느껴 사직하고 질녀와 단둘이 살아간다. 그런데 질녀 영옥이 거둥구경을 나갔다가 연산군의 눈에 띄어 채홍사에게 잡혀가자 김처선은 직접 연산군을 찾아가 충간을 하다 처참한 죽임을 당하게 된다. 연산의 악행에 관한 역사적 서술은 많지만 작가는 연산의 수많은 악행에 저항하는 인물 중 김처선을 등장시켜 연산의 악행을 폭로함으로써 잘 알려지지 않은 역사의 이면을 서술하고 있다. 잘 알려지지 않은 역사상의 숨은 인물을 발굴하여 당대의 독자들에게 알릴 뿐만 아니라 역사의 표면이 아닌 이면을 통해 역사에 접근하는 방식을 취한다.

김윤회가 정리한 세 번째 유형의 야담에는, 혜원이 우연한 기회에 성종의 눈에 들어 내수비가 되었으나 미천하여 성종의 은혜를 받지 못하고 결국 사가로 나가 여승이 되는 이야기(「미녀와 비련」), 연산이 세자 시절 글 읽기를 강요했다는 이유로 끔찍한 죽임을 당한 조지서의 아내가 신주를 지키는 이야기(「문장수난」), 전 판서 이인형의 딸이 이름도 없는 시골선비 조원의 첩이 되었지만 허례와 가면에 쌓인 생활 대신 참다운 생활, 사람다운 생활을 찾아가는 이야기(「옥봉애가」) 등이 있다. 전통적인 가치를 수호하는 여성들의 이야기에서는 옛 이야기를 통해 오늘을 경계하는, 다음과 같은 작가의 목소리가 직접 노출되어 있다. 이러한 서술 방식에서도 『월간야담』이 지향한 바를 유추할 수 있다.

대저 충의백의 후손으로 한번 시집 왔다가 죽기로써 맹세하고 두 마음을 두지 않아 부도를 온전히 지키었으니 이 얼마나 거룩한 일이냐. 요사이 경망한 신여성들이 깊이 생각할 문제일 줄 안다.[10]

『월간야담』은 대중의 취미를 염두에 두고 작업을 수행한 결과 '흥미진진한 탐정물, 연애물, 전기물, 사화'가 두루 섞여 있는 모습을 보여주는가 하면 확실한 문헌적 근거가 있거나 순전한 작가의 창작이라는 양극단을 두고 다양한 성향을 띠는 작품을 연재했다. 그리고 그중에서도 가장 많은 비중을 차지하는 것은 바로 연애물이었다. 연애물에 등장하는 여성의 경우 올곧고 지조 있는 열부 열녀이거나 투기가 심한 여성인데 이들 사이의 갈등이 흥미진진한 연애서사를 이끌고 있다.

성종 공효대왕은 뛰어나게 어지시고 총명하신 어른이었다. 을축 11월 28일 열세 살의 어리신 나이로 위에 오르사 갑인 12월 28일에 승하하시기까지 실로 이십오 년이란 긴 세월을 두고 닦으신 업적의 자취는 한이 없었다. … (중략) … 그러나 여기에 소개하려는 이야기는 그 같은 세상에 드러난 선행이 아니고 지존의 만능한 자리에 있어 오히려 괴로운 사랑을 가슴 깊이 품고 민민한 날을 보내시던 왕의 숨은 슬픈 이야기다.[11]

잘 알려진 역사적 사건이나 인물의 일면이 아니라 그 이면에 숨은 이야기를 들추어내는 야담은, 특히 왕의 슬픈 사랑 이야기를 적은 「미녀

10 「문장수난」, 『월간야담』 25, 1936.7.
11 「미녀와 비련」, 『월간야담』 14, 1935.12.

와 비련」은 그 시작에서부터 비극적인 정조가 가득하다. 왕이 밤 미행을 나갔다가 북악산 밑 어떤 가난한 오막살이에서 발견한 관비의 딸 향화는 임금의 부름을 받고 입궐한다. 영특한 재주와 뛰어난 미모로 왕의 사랑을 독차지하나 그 신분이 미천하여 승은을 입지 못한다. 향화는 사가에 있는 병신동생 걱정에 나날이 어두워지고 젊은 왕은 치기 어린 자존심에 마음을 잡지 못하는 향화를 결국 사가로 내보낸다. 향화가 궁을 나간 후 그녀를 그리워하는 임금과 병신동생마저 죽자 여승이 되어 전국 명승지를 돌며 임금의 천추만세를 비는 향화의 사랑 이야기는 슬프고도 장엄하다.

춘금여사의 첫 야담인 「상사몽」은 마치 원수 집안의 비극적인 사랑을 그린 「로미오와 줄리엣」을 떠올리게 한다. 집안 좋고 인물 좋은 예학궁 안익이 원수 집안의 딸을 사랑하게 되어 상사병에 걸린다. 안익의 집안에서는 어쩔 수 없이 주위를 속여 결혼을 시키고 행복한 결혼생활을 하게 되는 듯하지만 비밀은 오래가지 못하고 사랑하는 부부는 헤어지게 된다. 하지만 사랑의 끈을 놓지 않으려는 부부지정은 밤을 틈타 그 사랑을 지속시킨다. 그러나 이 또한 발각되고 아내의 집안에서 벌로 다른 남자와 결혼시키려 하자 아내는 자결하기에 이른다. 어젯밤에 만난 아내가 자결했다는 소식을 듣고 안익도 아내를 따라 자결함으로써 이야기는 비극적으로 종결된다.

장덕조 야담의 전편을 놓고 볼 때 가장 눈에 띄는 점은 바로 이 연애물이다. 앞서 살핀 바와 같이 장덕조 야담의 경우 본명과 필명 간의 내용상 차이는 크지 않다. 즉 장덕조가 본명으로 썼을 때와 춘금여사나 일파로 발표했을 때의 차이는 없고 모두 단편 분량의 한국 야담들이다. 그런데 장덕조 야담 전체를 놓고 볼 때 연애물의 비중이 확연히 높고 그 이야기적 성취도도 높이 평가할 만하다. 장덕조의 야담은 "확실한 이야기성과 로맨틱한 필치로 대중들의 심금을 건드릴 뿐 아니라 한편으로 죄와 악을 징계하고 의와 선을 취득하면서도 능청맞게 굴곡이 있어 부지불식간에 가슴을 태우고 주먹을 쥐게 하는 야담들이다."[12]

아름답고 비극적인 장덕조의 로맨스 야담은 장덕조가 1950년대 이후 펼쳐놓은 대중연애소설과 멜로풍 역사소설의 씨앗이 되었을 것이다.[13] 그 서사적 증거가 야담 「묘상의 광객」과 역사소설 『광풍』이다. 앞서 언급한 바와 같이 춘금여사의 「묘상의 광객」에는 세조의 왕위 찬탈에 세속을 능지는 김시습이 등장한다. 본 야담은 당대 정치에 대한 환멸로 기인 행세를 하는 김시습과 함께 운명과도 같은 인연을 이어가는 조려의 딸이 중심이 된 로맨스 야담이다. 김시습의 이야기는 장덕조의 첫 역사소설인 『광풍』으로 이어진다. 이 작품은 1953년 『동아일보』에 200회나 연재된 작품으로 김시습을 주인공으로 하여 횡포한 세조 치하의 역사적인 비극을 그렸다. 역사적 사실을 그리는 중에 오직 의를 위하여 초야에 묻혀 기인으로 살아가는 김시습의 행적과 함께 기약 없는 낭군을 20여 년이나 기다리는 소옥의 사랑이 비극적으로 그려진다. 작품의 주요 인물이나 플롯이 1937년에 쓰인 「묘상의 광객」과 정확히 일치한다. 장덕조의 역사소설은 이전 시대에 쓰인 야담을 모티프로 역사적 사실을 풍성히 첨가하고 스토리를 보강하여 1950년대 새로운 작품 세계를 선보였다.

---

12 「편집후기」, 『월간야담』 33호, 1937.8.

13 이 외에도 춘금여사가 쓴 야담 「벽오동 심은 뜻은」에서 기생 벽동선의 이야기는 장덕조 대중역사소설을 대표하는 『벽오동 심은 뜻은』의 소춘풍으로 이어진다.

4. 이화여전 출신의 모던걸과 현모양처 사이

장덕조는 1932년 19세의 나이로 『개벽』에 기자로 입사하여 같은 해 이태준의 추천으로 『제일선』에 '서울의 한 백화점에서 여점원에게 매춘을 간접적으로 강요하는 관리자의 부당노동행위에 맞선 여점원들의 투쟁'[14]을 그린 단편 「저회」를 발표한다. 이후 장덕조의 작품 세계는 "인텔리적 명랑성과 우울성과 퇴보성을 아울러 가진 모더니즘에 흐르는 경향"[15]이 있다고 평가받았거나 "무수한 여성들의 주류 없는 심신의 부동성에 대한 반동의 생산"[16]이라는 평가를 받으며 '어느 여류소설가보다도' 믿음성을 갖춘 작가라는 찬사를 받았다. 여자전문학교 졸업, 여기자, 여류작가 등 당시 근대성의 지표를 배지처럼 달고, 전형적인 인텔리성과 모더니즘 경향의 소설을 썼던, 20세 전후의 장덕조는, 왜 야담을 쓰게 되었을까.

장덕조는 1914년 경북 경산군 자인면 속칭 순월마을이란 곳에서 태어났다. 대구 · 경북권은 예로부터 양반 관료주의라 할 가부장적 제도가 뿌리 깊게 자리 잡고 있었던 곳으로 전국에서 개화의 속도가 가장 느렸을 뿐 아니라 산업화의 진전이 늦었다는 것은 완고한 보수주의가 팽배했다는 것을 의미한다. 장덕조가 태어난 순월마을 또한 무속 일색인 산골마을이었다.

그나마 아버지 장재수는 자인에서도 신문화, 신문명을 가장 먼저 수용한 개화인이었으며, 천석 재산을 가진 이 고을 제일의 부자로 알려졌

---

14 배상미, 「제국과 식민지의 백화점과 여성노동자—미야모토 유리코의 「다루마야 백화점」과 장덕조의 「저회(低徊)」를 중심으로」, 『비교문학』 68권, 비교문학회, 2016.

15 홍구, 「여류작가군상」, 『삼천리』, 삼천리사, 1933.3.

16 임순득, 「불효기에 처한 조선여류작가론」, 『여성』, 여성사, 1940.9.

다. 덕조는 어렸을 적부터 아버지의 사랑을 독차지하면서 마을 아이들과 함께 서당에서 공부했는데, 이때 그는 다른 아이들보다 한문을 일찍 깨쳐 천재소녀라는 칭호를 받기도 했다고 한다.

마을에 조그마한 학교를 세울 정도로 교육과 문중에 관심을 가졌던 아버지는 남다른 재주를 타고난 딸에 기대가 컸던 셈인데, 신뢰에 찬 아버지의 기대에 장덕조는 여자로서 마을에서 단 하나밖에 없는 서울 유학생이 되었고 대학 공부를 한 여자도 인근 마을을 포함해 그녀 단 한 사람뿐이었다. 장덕조는 1932년 등단하고 얼마 되지 않아 서울의 거부로 알려진 박명환과 결혼했다. 하지만 포장된 이야기와 다르게 한 번도 생활의 여유를 누리지 못하고 독립문 근처에서 어린 자녀를 데리고 가난하게 살았다는 기록이 확인된다.

> "사람이 대처로 나갔으면 성공을 해서 돌아와 고향 땅을 개혁해야 하는 거야. 길을 넓히고 다리도 놓고 고향사람들을 잘 살도록 해 줘야 한다. 여자라 해서 그런 일을 못하란 법은 없어." … (중략) …
>
> 그는 얼마나 안타까웠을까. 신학문을 공부했고 봉건적인 도덕이나 인습을 타파하려는 자기주장을 지닌 듯하면서도 강렬한 현시욕도 없고 불 같은 생명력의 분출도 없이 단지 그 감정과 언동만이 정상한 궤도에서 벗어난 듯한 딸. 자신의 재능을 갈고 다듬어 화려한 개화를 눈앞에 보여주지도 못하는 딸. 그동안에 내가 한 일은 소설을 쓰는 것과 아이를 낳은 것뿐이었다.[17]

여자아이지만 장차 가문을 빛낼 것이라는 아버지의 자랑에 미치지

17 장덕조, 『일곱장의 편지』, 주우, 1981, 97-98쪽.

못하게, 장덕조는 친정으로부터 적지 않은 재산을 받았으나 남편이 사기를 당해 이를 모두 날리고 아버지의 임종 때 고향에 갈 차비조차 없었다고 한다. 그가 여류작가로서는 특이하게 야담에 손을 댄 것은 다분히 고료로써 호구지책을 해결하려는 뼈아픈 속사정이 있었던 것이다.[18]

당시 장덕조는 현모양처식 직업여성의 이미지를 가진 대표적인 인물이었다. 살림 잘하고 남편을 잘 섬긴다는 칭찬이 자자했고 수필 하나를 내놓는 데도 반드시 남편의 검열을 받고야 안심하고 내놓는다고 했다. 동료 문인한테는 '엄마 문사'라든가 '현숙한 아내', '착한 어머니'란 인상을 심어줄 정도로 풍설과 시비와 거리가 먼 사람이었다.

장덕조의 초기 단편소설이 보여주는 문학 세계 또한 삶과 다르지 않았다. 여성에 대해 전혀 차별의식이 없었던 유년 시절 가정 환경과 근대적 여성 교육을 받고 성장하여 근대적 직업여성으로서 기자 역할을 수행했던 그였지만, 그는 오히려 전통주의적 세계와 친연성을 드러낸다. 아내는 가정에서 살림살이에 힘쓰고 자녀를 출산하고 투기를 금하며 남편은 공적 영역에서 경제활동에 충실하고 아내를 사랑으로 대하는 것이다. 부부애를 바탕으로 한 부부 역할론은 전통적 젠더 역할론에 기반을 두고 있다. 이러한 세계관은 유교주의적 세례를 받은 유년의 경험과 더불어 손쉽게 야담의 세계로 나아갈 수 있는 사상적 토대가 되었을 것이다.

지주의 집에서 태어나 1920년대 여학교 교육을 받고 근대의 식민지 도시화 과정과 마주친 장덕조는 여러 글에서 자유의지와 생명의 정열을 꿈꾸나 향락적인 모던 풍속을 시종 경계하는 자세를 취하고, 무력한 조선 남성을 그린 동시에 여성운동가의 이데올로기를 달갑지 않게 여

18 이강언, 「장덕조의 생애와 문학」, 『나랏말쌈』 8, 대구대 국어교육과, 1993, 21-24쪽.

기는 태도를 드러낸다. 그는 아씨라 불리면서 현모양처의 역할을 성실히 수행하려는 전통적 여성인 동시에 잡지와 신문 지면을 공적인 사회로 진출할 수 있는 직업공간으로 삼았기 때문에 시대의 낙오자 신세를 면하고 신여성이라는 자기 인식을 할 수 있었다. 그는 글쓰기를 사회참여 방식으로 택했으나 체제의 대립 면에서 사회 비판적 투사나 운동가로서의 지도자 역할을 수행하지는 않았다.

이는 작가 개인의 특수성이자 성격이지 시대 착오적 발상이라고 굳이 비하할 이유는 없다. 여전히 이 시기는 전통과 근대의 패러다임이 충돌 길항하는 시대였고 박화성, 강경애처럼 글쓰기를 했던 작가도 있고 장덕조처럼 글쓰기 하는 작가도 있었던 것이다. 이것이 제2기 여성작가의 다원성이다.

5. 1950년대 멜로풍 역사소설의 씨앗으로서의 야담

이 글은 한국전쟁기 이후 큰 인기를 얻은 장덕조 역사소설에 대한 관심에서 출발되었지만 역사소설에 대한 본격적인 연구는 후속 연구를 통해 보완될 예정이다. 1950년대 장덕조 역사소설이 신문연재 장편소설의 상업성과 통속성에 기댄 일회성 장르 선정이 아니라는 사실은 식민지 시기 발표한 수많은 야담을 통해 증명될 수 있다.

장덕조는 이화여전 영문과 출신으로 민족문화실현운동에 앞장섰던 『개벽』의 여기자가 되었다. 이태준은 장덕조의 필력과 재기를 눈여겨보았고 그의 추천으로 문단에 데뷔했다. 장덕조는 19세에 등단한 이래 여성의 생활과 감정에 밀착된 단편소설을 발표했지만 같은 시기 그보다 더 많은 수의 야담 또한 집필했다. 심리주의, 모더니즘적 경향의 단편소설을 썼던 20세 전후의 장덕조는 어떻게 전통적 세계관을 담은 고사성어의 세계를 넘나들 수 있었을까. 이것이 본 연구의 출발점이다.

『월간야담』의 작가층을 분석한 결과 장덕조는 춘금여사와 일파라는 필명으로 동시에 다수의 작품을 잡지에 연재했다. 그렇다면 『월간야담』에서 그 누구와도 비견할 수 없는 많은 야담을 집필한 작가는 장덕조인 것이다. 장덕조 야담은 남녀의 연애사를 다룬 로맨스 야담의 비중이 확연히 높다는 것이 특징이다. 확실한 이야기성과 로맨틱한 필치로 대중들의 마음을 흔들 뿐 아니라 한편으로 선과 정의를 취하고 악과 죄를 벌하면서 대중의 가슴을 태우고 주먹을 쥐게 하는 야담들이다. 아름답고 비극적인 장덕조의 로맨스 야담은 장덕조가 1950년대 이후 펼쳐놓은 대중연애소설과 멜로풍 역사소설의 씨앗이 되었을 것이다.

장덕조는 전통적이고 보수적인 지역 환경에서 성장했고 유교주의적 세례를 받은 유년의 경험은 자연스럽게 야담의 세계로 나아갈 수 있는 토대가 되었을 것이다. 그의 단편소설 또한 전통적 젠더 역할론에 기반을 두고 있으며 작가의 삶 또한 문학세계와 다르지 않았다. 더불어 결혼 이후 원고료로써 호구지책을 해결하려했던 뼈아픈 속사정은 다작의 한 이유가 되었을 것이다.

1930년대는 전통과 근대의 패러다임이 충돌 길항하는 시대였고, 장덕조는 신여성 담론을 생산해 내는 대중지의 일원으로 출발했지만 야담 쓰기를 통해 한문 세대의 문화 활동에도 한몫을 했던 것이다.

8

부부 중심의 러브스토리와 스위트홈의 구상

:: 초기 단편소설을 중심으로 ::

1. 페미니즘 문학 비평의 성과

1980년대 이후 활발하게 진행되어온 여성 문학 연구는 이미 그 탁월한 성과를 집적한 것이 사실이다. 기존의 페미니즘 문학 비평은 가부장적 이데올로기 하에서 억압받는 여성의 문제에 집중하여 여성의 타자화, 왜곡된 여성 이미지를 집중적으로 고찰함으로써 많은 여성작가의 발굴과 다시 읽기를 가능하게 했다.

하지만 일정도의 성공과 완성을 이룬 페미니즘 문학 비평은 오히려 여성 문학 연구 내에서 계보학적인 지형도를 구축하고 정전을 재배치하는 양상을 통해, 페미니즘 비평이 비판했던 그 지점을 답습하는 경향이 있다. 이중의 왜곡과 연구자들의 선택적 취향에 의해 여전히 미발굴과 오독의 그물 속에 갇힌 많은 여성작가들이 존재한다. 이러한 관점에서 본다면 페미니즘 비평의 연구 과제는 여전히 무한하며 그 비평적 역할도 더욱 확대되어야 할 것이다.

이 장에서는 이러한 연구 취지와 목적을 기반으로 식민지 제2세대 여성작가군을 대표하는 장덕조의 초기 소설을 살펴보고자 한다. 장덕조라는 이름은 익숙함과 생소함을 동시에 안겨준다. 작가명이 주는 친숙함의 이면에 대표작을 떠올릴 수 없는 낯설음은 현재 문학사에서 장덕조의 위치를 새삼 가늠케 한다.

장덕조는 식민지 제2세대 여성작가군을 대표한다. '조선여류작가론'을 통해 당대 여류작가의 목록과 성질을 고찰한 임순득의 글[1]과 식민지시대 여성작가의 형성 과정을 살핀 심진경[2]이 분류한 여성작가 목록을 볼 때, 공통되는 제2세대 여성작가로는 박화성, 강경애, 최정희, 이선희, 모윤숙, 노천명, 장덕조 등이 있다. 나혜석, 김명순, 김일엽으로 대표되는 제1세대 여성작가군의 개인적 · 문학적 비극과 변별되는 제2세대 여성작가군은 박화성, 강경애의 리얼리즘적 계급문학론을 제외하고는 그 여류적 정체성을 '여성다움'에 기대고 있다.

상식처럼 정의되는 2세대 여류문인 집단 내에서 장덕조의 위치는 독특하다. 이화여전 문과 출신으로 기자생활을 했다는 점, 1930년대 중반 이후 여성작가 좌담회의 중심 멤버이자 여류문단의 핵심 인물이었다는 점 등을 볼 때 2세대 여성작가의 존재론적 특성을 모두 겸비했다. 뿐만 아니라 문학적 성향으로 여성적 · 가정적 · 정신적인 특징을 보이는 것 또한 2세대 여성작가 그룹의 한 일원으로 손색이 없다.

---

1 임순득, 「불효기에 처한 조선여성작가론」, 『여성』, 여성사, 1940.

2 심진경, 「문단의 '여류'와 '여류문단'」, 『상허학보』 13집, 상허학회, 2004.

장덕조는 분명 2세대 여성작가군을 대표하며 왕성한 문단 활동을 했지만 다른 여성작가들에 비해 문학 작품에 대한 비평이 일천하다. 현재 여성 문학 연구의 지형도 속에서 박화성, 강경애, 최정희, 이선희, 장덕조를 다루는 무게 추는 현저히 기울어져 있다. 리얼리즘적 현실 인식을 통해 여성주의적 비판정신을 선보인바 일관되게 고평 받는 박화성과 강경애, 여류다움의 새롭게 보기를 통해 꾸준히 주목받는 최정희나 이선희가 있으나, 비평의 결과가 비판이든 찬이든 장덕조 문학 연구는 찾아볼 수 없다.

2. 새로운 부인문학의 가능성

장덕조는 1932년 19세의 나이로 『개벽』에 기자로 입사하여, 같은 해 이태준의 추천으로 『제일선』에 「저회」를 발표한다. 이후 작고한 2003년까지 70여 년 동안 소설, 희곡, 라디오 및 TV 드라마 등 다채로운 문단 이력을 선보이며 2세대 여성작가 중 가장 긴 시간 동안 문학 활동에 전념했다.

장덕조가 문단 활동을 하던 당시 작가에 대한 일반적 평가는 2세대 여성작가들에 대한 부정적 비판과 다르지 않다. 이화여전 문과 출신의 기자라는 직업은 그녀들의 인텔리성을 보증하지만 허영에 가득 찬 취미로서의 글쓰기로 문학적 기능을 다하지 못했다는 부정적 평가를 받는다. 당대의 비판은 구체적인 작품 분석을 통한 비평적 판단이라기보다는 여성작가의 사생활을 소설에 소급 적용한 경향이 적지 않다.

처음으로 장덕조의 작품에 주목한 백철은 「자장가」, 「약한 자」, 「양말」을 고평했다. 이 작품들이 인텔리 남성의 비굴성과 무력한 성격에 대조적으로 여성의 영리함과 인내성을 잘 그려내었다고 평가했다. 이후 「여름밤」과 「안해」를 비평한 자리에서 여성작가다운 섬세한 감각을 투입하여 경쾌한 템포로 작가의 재치를 보였으나 이전의 작품에 비해 심리 추구의 불분명, 인물 성격의 모호 등으로 전체적으로 작품의 품격을 갖지 못한 소품에 지나지 않는다고 혹평했다.[3] 백철의 평가는 여류작가 작품 전체를 대상으로 하는 가운데 개별 작품을 짧게 인상평한 성격이 짙으나 장덕조 소설의 장단점을 적절히 지적하여 후행하는 연구의 유의미한 지점을 마련했다.

이 땅의 부인문학이란 미래의 문학이지 현재의 문학이 아니라고 비판하며 당대 여류문학 전체를 살핀 임순득의 글은 1930년대 당시 여류작가의 면모와 문학에 대한 탁월한 평가를 선보인다. 임순득이 당시의 부인문학을 부정하는 근거는 그 출품물들이 조선의 생활 감정과는 하나도 통하지 않기 때문이다. '애틋한 하소연에 치중하는 궁색한 감성'의 최정희, '천상의 노래와 같은 미사여구로 신선의 아지랑이를 먹고 사는' 모윤숙, '고도에의 편력을 즐겨하며 관념적인 고뇌를 부려가며 병적인 자세로 일관하는' 이선희 등은 모두 이러한 이유에서 비판의 대상이 된다. 임순득은 그중 장덕조의 소설에서 새로운 부인문학의 가능성을 발견한다.

> 사람들은 씨를 가정부인의 여기라고 부질없는 입놀림을 할 필요는 없는 것이다. 적어도 장 씨만은 어느 누구의 '여류소설가'보다도 착실한 문제에다 착안점을 두고 겸손하게 자기의 창작대상으로써 키우려

3 백철, 「금년의 여류창작계」, 『여성』, 여성사, 1936; 백철, 「10월 창작평-금일의 문학적 수준」, 『조선일보』, 1938.10.5.

> 는 성의를 일병의 작품 <자장가>를 제외한 최근의 '여류작가' 속에 볼 수 있는 것이다. 이러한 씨의 노력은 창작대상이 어느 정한 높이와 심도를 갖추어진 우연성을 기다릴 것 없이 씨의 문학시야는 높고 넓어질 수 있을 것을 믿지 않고는 우리는 최정희, 모윤숙 씨의 세계에 허전하여 발을 디딜 수 없는 것이다.[4]

임순득이 장덕조의 문학을 긍정적으로 평가하는 지점은 그녀가 즐겨 나무는 '착실한 문제'에 있다. 이때의 착실함은 당대 여성의 생활과 감정에 밀착되어 있는 소설 소재를 말한다. 여류문인이 자신의 생활 근거가 되는 가정 문제를 소재로 하여 당대의 다양한 여성의 삶과 습속을 재현하는 것, 이것이 임순득이 고평한 장덕조 소설의 특징이다. 매일 매일의 삶을 견인하는 일상성, 그 속에서 발견되는 진리와도 같은 교훈은 여성에게 체험적 삶의 지혜가 된다. 이것이 당대 최정희, 모윤숙, 이선희 등과 변별되는 장덕조만의 착실함이다.

장덕조가 왕성하게 작품 활동을 수행한 1930~1940년대 평단의 반응은 앞서 다룬 것을 제외하고는 전무하다. 다종의 장르와 다작의 작품을 출간했음에도 이후 장덕조 문학은 문학사에서 '안이한 작품 내용'이라는 이유로 배제된다. 장덕조의 작품이 일관되게 비판받는 주제의식의 안이성은 한국 문학사를 내리누리는 사회 비판의식이거나 사상성의 반대 이름일 것이다. 하지만 이는 임순득이 말한 착실함의 다른 명명이며 여성작가와 모태적 친연성을 갖는 일상의 윤리이다.

2000년대 이후 장덕조 문학은 작품론이나 작가론이 아닌 다양한 주제론적 방법론에 의해 주목받는다. 작가의 친일(親日)과 종군(從軍)의 역

4 임순득, 앞의 글, 53쪽.

사적 협력은 국가주의에 동원된 문학이라는 관점에서 비판적으로 고찰된다. 일제 말기, 한국전쟁 중 장덕조의 문학이 지배 담론에 호응하려했던 여성 지식인의 의도적 글쓰기였다는 혐의로부터 자유롭지 못한 반면, 1950년대 대중연애소설은 당대 여성들의 현실적 문제와 변화된 사회상을 핍진히 묘사하며 새로운 세태소설로서의 가능성을 보여준다. 최근 이 시기 장덕조의 신문소설에 대한 연구가 활발한데 이는 대중소설에 대한 변화된 인식과 장덕조 소설의 발전적 가능성에 대한 타진이 접합된 결과이다.

2007년 조리의 박사학위 논문은 장덕조의 작가적 행보와 방대한 전작의 면면을 통시적으로 고찰함으로써 연구의 새로운 장을 열었다. 각각의 시대를 대변하는 대표작을 살피고 장르문학에 대한 인식을 발판으로 변화를 모색함으로써 오랜 기간 작품 활동을 지속할 수 있었던 작가의 저력을 고찰했다.[5] 조리의 논문은 장덕조에 대한 비평적 관심을 촉발하고 연구의 규모면에서 높이 평가될 만하나 연구의 출발점으로서의 방법론적 미숙함이 엿보인다.

이에 이 장에서는 앞선 연구들의 선구적 의의를 인정하고 그간의 연구에서 상대적으로 누락되어온 장덕조의 초기 단편소설을 연구하고자 한다. 최근의 연구는 1940년대 후반부터 1950년대까지 작품에 대한 관심이 폭발적인 데 반해 초기 소설에 대한 관심은 여전히 저조하다. 장덕조 초기 소설에 대한 관심은 작가의 문학적 출발에 대한 해명이며 이에 대한 규명이 제대로 이루어져야 작가적 이력에 균형을 확보할 수 있다. 그리고 이러한 이해는 한 걸음 더 나아가 2세대 여성작가군의 문학적 전모를 밝히는 제반작업이 될 것이다.

---

5 조리, 『장덕조 소설 연구』, 전북대학교 박사학위 논문, 2007.

3. 부부 역할론과 '신'가정소설

조리의 분류에 의하면 장덕조의 초기 소설은 등단한 1932년부터 1940년대까지 각종 신문과 잡지에 발표한 것으로 약 30여 편가량에 해당한다. 장덕조 초기 소설의 주요 소재는 인간적 삶의 근간을 형성하는 사랑, 결혼, 가정 문제 등이다. 1930년대를 살았던 다양한 식민지 여성들의 삶을 가장 여성적인 주제로 풀어낸 장덕조는 그러므로 2세대 여성작가로서의 대표성을 지닌다.

장덕조 소설 속 여성들은 소박하게 삶을 설계하고 꿈을 이루어가는 식민지 여성들이다. 청춘남녀는 사랑을 하고 그 결실로 가정을 이루고 아이를 기다리며 서로에게 충실하고자 노력한다. 이들이 삶을 영위하는 실질적 공간은 고향이나 가정이므로 외부적 개입이나 사회적 갈등은 서사에 표면화되지 않는다.[6] 여성들의 주요 갈등은 연애나 애정 갈등이며 그것이 사소하게 혹은 폭풍처럼 행복한 삶을 흔드는 위협의 요소가 된다. 하지만 장덕조 소설 속 여성들은 의도치 않게 겪게 되는 삶의 혼란을 일탈이나 타락의 기제로 삼지 않고 그간의 삶을 되돌아보거나 반성의 계기로 삼는다. 그러므로 초기 소설은 화려하거나 도발적이지 않으며 여성 주인공에게서 발칙한 모던성을 기대하기는 어렵다.

초기 소설의 여성들이 사랑과 결혼을 통해 궁극적으로 지향하는 바

---

6 장덕조의 초기작 두 편(「저회」, 「애인」)에서는 경향문학적 색채를 느낄 수 있다. 여성의 정조 문제를 사회 투쟁과 연결하여 직장파업을 주도하는 영애, '주의자' 애인의 우울과 번민을 함께 나누며 끝까지 그를 기다리겠다고 다짐하는 인숙의 세계는 외부 세계와의 갈등을 통해 시대의 모순을 이해하고자 하는 사회의식을 발견할 수 있다. 하지만 주제의식이 식민지 사회의 부조리나 인간상의 모순을 발견하는 데까지 나아가지 못하고 갑자기 사랑의 완성으로 봉합되는 결말은 사회 현상에 대한 깊이 있는 이해나 외부 세계에 대한 관심이라 보기는 어렵다.

는 평범한 가정의 건설이다. 낭만적 사랑의 다양한 양상과 그 잉여로서 미혼모, 축첩의 문제, 사랑의 결실로 형성되는 신혼가정, 이혼가정, 사별가정, 재혼가정 등 식민지 가정의 다채로움을 보여준다. 그러므로 장덕조 초기 소설의 원형은 가정소설로 볼 수 있다.

가정소설은 가정을 주된 배경으로 하여 가정의 유지 번영 문제를 다루고 가족 구성원 사이의 갈등이 사건의 중심이 되는 소설이다. 인물들에게 가정은 세계의 중심이요 가치의 원천이며 존재의 궁극적 거점이다. 그러므로 외부의 사회 및 세계는 가정에 비해 상대적으로 의미가 약화될 수밖에 없고 초월적·이상적 가치보다는 세속적이고 현실주의적 가치관이 지배한다.[7]

장덕조 초기 소설은 가정소설의 본질을 충실히 따른다. 가정 내 남편과 아내의 역할 및 애정 갈등, 임신과 출산의 문제, 친인척 문제, 집안의 대소사 등 가정을 구심점으로 연결된 많은 축들이 소재가 되어 이야기가 꾸려진다. 또한 한 가정이 자체 내 문제로 해체되고 가정의 구성원들이 또 다른 가정을 이루어내기 위한 노력으로 새로운 대체 가정이 형성되는 과정을 보여준다. 이때 외부의 요소는 전혀 개입되지 않는다는 점에서 가정소설의 전형적 형태로 볼 수 있다.

하지만 일반적 의미의 가정소설이 남성 중심의 가부장적 질서 속에서 특히 아버지와 아들의 관계가 서사의 기본항을 이루고, 그 불완전한 교체가 사건의 중심을 이루는 반면 장덕조 초기 소설은 가족 관계 중 오직 '부부 관계'에만 집중된다. 장덕조 초기 소설은 30여 편 정도인데 그중 부부 관계가 서사의 중심에 놓이고 그 갈등 관계에 주목한 소설이 15편, 부부 갈등이 서사의 중심은 아니지만 부차 플롯으로 서사에 영향

---

7 최시한, 『가정소설 연구』, 민음사, 1993.

을 미치는 소설이 4편에 이른다.[8] 이는 초기 소설의 과반수 이상이 이 문제를 다룬다는 것인데 그만큼 초기 소설의 세계관과 주제의식을 유추해볼 수 있는 지점이다.

가정소설이 가족의 결합원리로서 혈연과 남성 중심의 소설이라면 장덕조의 소설은 사랑을 기반으로 한 부부 중심의 소설이다. 바로 이러한 특성이 장덕조의 가정소설이 전통적인 가정소설의 서사를 위반하는 1930년대적 가정소설의 새로운 형태임을 보여준다.

1930년대 식민지 가정은 재래의 구가정과 변별되는 근대성 성취의 한 거점이자 사회의 변화를 도모할 수 있는 중요한 지점으로 이해되었다. 이에 사회 각처에서 가정 개량의 당위성이 높아가고 새로운 신가정의 롤모델이 제시되었다. 1930년대 신가정의 전형적 모습은 남편과 아내 그리고 자녀로 이루어진 핵가족으로 이러한 가족의 정형성이야말로 스위트홈의 표상이라 할 수 있다. 한 남자와 한 여자가 사랑으로 만나 결혼하고 그 결실인 아이를 낳아 기르면서 가정을 꾸리는 것, 그것은 세상에서 가장 행복하고 평화로운 것이라는 가족 담론을 생성한다.

앞서 언급한 바와 같이 신가정의 가족 형태는 부부와 그 미혼의 자녀를 중심으로 한 핵가족이다. 남편은 월급쟁이로 돈을 벌어오고 아내는 안살림을 담당하고 자녀를 양육하고, 자녀는 똑똑하고 건전하게 미래의 동력으로 자란다.

---

8 집을 세주었다가 낭패를 본 일화를 다루는 「악마」와 「횡액」에서 주요 플롯은 주인과 세입자 간의 싸움이다. 주인의 입장에서 서술되는 이 소설은 세입자임에도 주인에게 온갖 고통을 주는 세입자를 악마로, 그들과의 만남을 횡액으로 다룬다. 서사의 주요 사건만 보면 부부 문제와 별 관계가 없어 보이지만 집 문제가 가정 불화의 원인이 되면서 남편과 아내의 다툼이 발생한다. 세 주기를 반대하던 남편은 아내가 경제적 이유로 덜컥 집을 세놓았다가 세입자로 인해 고통을 받는 것을 보고 해결사로 나선다. 하지만 남편의 주선에도 일이 해결되지 않자 부부는 말싸움을 벌이고 감정에 큰 타격을 받게 된다. 주인과 세입자 간의 싸움은 이제 부부의 싸움으로 전도된다.

장덕조의 초기 단편소설은 식민지 시대 신가정의 형태를 보여준다. 월급쟁이 혹은 사업을 하는 남편은 열심히 돈을 벌고 아내는 풍족하지 않은 가정살림을 근면하고 검소하게 건사한다. 안과 밖, 아내와 남편의 정확한 역할 분담은 이분화된 성역할을 보여준다. 대부분이 아내의 이야기로 서사화되는 소설에서 아내는 남편의 퇴근 시간에 맞춰 저녁밥을 짓고 대문간에서 남편을 기다리거나 술자리로 늦는 남편을 걱정하며 국 데우기를 되풀이한다.

「귀여운 여자」의 혜경은 밤늦도록 돌아오지 않는 남편을 기다린다. 책을 읽다가 누워도 봤다가 갖은 몸부림을 쳐도 시간은 더디만 간다. 아침에 남편은 회식으로 늦을 것이라고 미리 언질을 했지만 밤늦도록 돌아오지 않는 남편 때문에 화도 냈다 걱정도 했다 의심도 했다 온갖 심정을 볶고 있다. 대문을 두드리는 소리에 남편인 줄 알고 나가보니 순사가 와서 골목에서 강도사건이 났으니 조심하라 이른다. 이 말에 깜짝 놀라 취중에 검문이나 당하지 않았을까 걱정하여 대문간을 나서는데 남편을 태운 자가용이 온다. 너무도 기쁜 마음에 남편의 품에 안기어 엉엉 운다. 「남편」의 인애, 「젊은 부부」의 아내, 「근친전후」의 아내, 「부부도」의 판선 등 대부분의 여성이 규정된 역할 규범에 따라 아내의 역할을 충실히 수행한다.

앞선 소설들과 반대로 여성이 여류예술가로 성공하여 사회인으로서의 면모를 보여주는 소설도 있다. 「여류예술가」의 영화는 E전 음악과 출신의 재원이지만 예술과 결혼의 고민 끝에 후자를 선택했다. 행복한 결혼 생활 중 남편은 '훌륭한 여류예술가일수록 훌륭한 살림꾼이 될 수 있다'는 논리로 아내에게 유학을 권한다. 남편의 도움으로 2년간의 유학생활을 마친 영화는 공적인 생활이 많아질수록 가정이 부담스러워진다. 결국 예술을 위해 가정을 버리기로 결심한 영화는 가정 탈출을 감행한다. 하지만 탈출한 영화는 사회에서 자신의 허영적 이미지와 예술계의 허위를 깨닫고 환멸을 느낀다. 그녀는 하이힐을 벗고 고무신을 바꿔 신고 가정으로 돌아온다. 소설에서는 허위와 암투로 얼룩진 사회와 아늑한 천륜의 가정을 대립시켜 이 세상에 믿을 것은 남편과 가정밖에 없다는 사실을 '되돌아온 노라'를 통해 보여준다.

이처럼 장덕조 초기 소설은 부부의 애정 갈등을 중심으로 갈등의 요소가 가정 내에 존재하는 가정소설의 형식으로 보여준다. 하지만 그녀의 초기 소설이 1930년대 신가정의 선형적 형태와 변별되는 특징적인 면모가 있다. 그것은 자녀가 없다는 사실이다. 부부간의 자녀에 대한 대화, 자녀의 문제가 주요한 사건의 모티프가 되거나 혹은 모성이 언급되는 소설은 현저히 그 수가 적다.[9] 자녀의 문제가 핵심적 쟁점으로 취급되는 소설은 아이를 갖고자 하나 생기지 않아 이것이 가정 불화의 원인이 되는 소설뿐이다. 이때 아이는 스위트홈을 이루기 위한 남편의 사랑을 지속시켜줄 매개로서 역할한다.

「부부도」의 판선은 결혼한 지 칠 년이 되어도 아이가 없어 걱정이다. 그렇다고 남편의 애정이 덜하거나 한 것은 아니지만 늘 남편에게 귀여운 아이 하나 안겨주지 못한 것이 아내의 도리를 다하지 못하는 것인 양 안절부절못한다. 폐병에 걸려 입맛이 없고 살이 내리는 것을 임신으로 알고 오히려 좋아하는 지경에 이른다. 날이 갈수록 병증은 심해지고 남편에게 미안해진 판선은 갈보에게 가서 아이 얻을 것을 권한다. 남편은 크게 화를 내고 아내의 따귀를 때린다.

9 모성을 주제의식으로 다루는 소설은 초기 대표작으로 평가받는 「자장가」 한 편뿐이다. 「어떤 여자」에서는 재혼을 결심하게 된 배경으로 모성이 언급되지만 색안경을 끼고 자신에게 돌을 던지는 사람들에게 재혼을 정당방위하기 위한 수단으로 사용된다. 「입원」에서는 전염병으로 입원하게 된 아들에 대한 애틋한 모정이 그려지지만 소설의 핵심은 병원의 엄격한 통제와 규율에 관한 이야기이다.

「한 교훈」의 철수는 늦게 장가를 들어 아내와 즐거운 한때를 보내지만 결혼한 지 3년이 지나도 아이가 없자 삶의 기쁨이 없다. 그러던 중 부부가 우연히 거리에 나갔다가 동료가 아이를 데리고 장난감을 사는 것을 보고 서로가 꼬여 말다툼을 벌인다. 이 일이 발단이 되어 부부는 결국 이혼하기에 이른다.

부부 중심 가족에서 자녀의 역할이란 재생산 이데올로기를 통해 부부 사랑의 영속성을 보증하는 한편 가족 구성원의 역할과 책임을 강화시켜 가족 내밀화에 기여한다. 외부적으로 볼 때에는 화목한 가정, 행복한 가정의 표상이 된다. 장덕조 초기 소설의 여성 인물들은 남편과의 사랑을 지속시켜줄 아이, 사랑의 증표로서 자녀를 원하지만 어떤 이유에선지 아이를 가질 수 없고 이로 인해 불화가 발생하게 된다. 이는 아내가 현모(賢母)가 될 수 없는 결핍의 증후이자 부부 중심의 애정 갈등만이 서사 내 중심 사건이 될 수 있는 단초가 된다.

아이의 공백으로 여성 인물들은 모성을 발현할 수 있는 기회를 차단당한다. 그러므로 모성이 주제되지 못한다. 이것이 장덕조의 소설이 제2세대 여성작가 소설들과 확연히 분기되는 지점이다. 제2세대 여성작가들은 모성 모티프를 활용하여 어머니의 삶을 치열하게 재현하거나 아버지가 부재한 가족 공간에서 여성이 어머니이자 아버지가 되는 경험을 통해 사회와 상호 작용하는 양상을 소설화했다. 제2세대 여성작가들이 자신의 젠더 정체성을 모성에 두어 서사 내 경험을 통해 여성이 주체이자 국민으로 인정받고자 하는 욕망을 보여주었다면 동일하게 여성적, 가정적 특성을 갖는 장덕조 소설은 제2세대 여성작가의 일반적 특성 내에서도 젠더 정체성을 아내로 한정하여 이분화된 성역할에 봉사하거나 여성의 주체적 성향을 사랑을 통해 확인받고자 했다.

1930년대 장덕조 초기 소설의 여성 인물들이 '아내'로서 젠더 정체성을 형성하고 이를 특성화하는 방식은 이후 장덕조 소설의 지향점과 변모 양상을 파악하는 의미 있는 지점이 될 것이다. 가족과 가정의 개념이 처음부터 고정된 어떤 것이 아니라 사회의 역사적 변동과 함께 생성되는 것이라고 볼 때 장덕조의 부부 중심의 가정소설은 식민지를 읽어내는 하나의 방법이 될 수 있다.

4. 질투하는 부부, 연애 감정의 소환

가정은 부부의 결합으로 형성되는 집단이기에 부부 관계는 가정의 기초가 되는 일차적 요건이다. 특히 1930년대 신가정의 전형적 형태로서 핵가족은 전적으로 부부 관계에 의존하고 있어서 부부간의 상호 작용이 대가족에서보다 더욱 강하고 상호 관심도도 높다. 따라서 부부는 서로가 정서적으로 더 많은 것을 기대하게 되었고 이것이 충족되지 않을 때에는 심각한 갈등과 좌절을 일으키며 마침내 가족이 파탄에 이르게 된다.

가정 불화의 원인에는 여러 가지 이유가 있겠지만 장덕조 가정소설의 주요 갈등 요인은 부부 사이에 연적의 개입과 그로부터 발생하는 애정 갈등으로서의 질투이다. 초기 소설에서 일상의 안정성, 생활의 만족성, 삶의 연속성을 드러내는 지표가 부부간의 사랑이다. 일상이 위험에 노출되거나 불안할 때 제일 먼저 이것을 감지하는 것이 사랑인데 가장 응집된 사랑의 다른 이름인 질투는 사랑이 완전성을 획득해나가는 과정에 시련을 예비함으로써 사랑의 강도를 강화시킨다.

> 질투하는 사람으로서의 나는 네 번 괴로워하는 셈이다. 질투하기 때

문에 괴로워하며, 질투한다는 사실에 대해 자신을 비난하기 때문에 괴로워하며, 내 질투가 그 사람을 아프게 할까봐 괴로워하며, 통속적인 것의 노예가 된 자신에 대해 괴로워한다. 나는 자신이 배타적인, 공격적인, 미치광이 같은, 상투적인 사람이라는 데 대해 괴로워하는 것이다.[10]

바르트의 질투의 단상은 여러 가지 시사점을 준다. 질투가 하나의 감정이 아니라는 사실, 공포, 불안, 분노, 시기, 슬픔, 굴욕감 등의 혼합물이자 정념의 사회화를 무시한 감정의 민낯이라는 사실이다. 인간의 역사를 통해 볼 때 질투는 많은 고통과 비극을 만들어왔고 이러한 이유로 사회에서 금기시되어 자신이나 타인에게 솔직하게 드러내기가 어려웠다.

질투는 관계의 산물이자 관계나 관계의 질을 지속하고자 하는 동기의 산물이다. 질투는 이미 확립된 관계나 관계의 질을 상대방이나 제삼자가 위협하는 상황에서 발생한다. 현재의 관계나 관계의 질을 손상당할지도 모른다는 위협에서 오는 불안과 이런 위협을 유발시킨 상대방에 대한 분노 감정이 질투 반응의 핵심이지만 여기에 자기 자신을 되돌아보게 하는 성찰의 힘을 함께 가진 역설적 감정의 복합체이다. 그러므로 질투는 건강과 관계를 해칠 위험성이 있는 반면 소중한 관계를 점검하고 유지하거나 향상시킬 수 있게 해주는 순기능 또한 갖고 있는 것이다.

초기 소설의 대표작이자 질투의 양상과 주체의 반응을 주제의식으로 잘 보여준 「해바라기」를 살펴보자. 인애는 시골의 넉넉한 가정에서 생활의 노고를 모르고 자라나 여학교를 졸업하자마자 결혼한 아직 소녀 같은 꿈을 안고 사는 젊은 아내이다. 남편은 명랑한 성미와 달콤한

10 롤랑 바르트, 「질투」, 『사랑의 단상』, 김희영 역, 동문사, 2004, 213쪽.

표정과 화려한 웃음을 가진 남자이다. 하지만 결혼 후 남편은 아내의 방순한 향기를 이해하지 못하고 '만년 문학소녀', '못난이'라고 타박한다. 인애는 요즘 들어 괜한 트집과 역정을 내는 남편의 태도에 의심을 품게 된다. 여기에 영화를 보고 나오던 중 우연히 만난 기생과의 눈인사는 아내의 의심에 결정적 역할을 한다.

질투의 외부적 형상은 사랑하는 두 사람 사이의 제삼자의 개입이다. 사르트르에 따르면 인간은 사랑할 때 연인에게 바쳐진 자신의 주체성을 그 연인의 사랑을 통해 되돌려 받기를 원한다고 한다. 하지만 되돌려 받길 원하던 자신의 본질이 다른 사람을 향하고 있다는 것을 아는 순간 인간은 극심한 고통을 받게 된다. 절망적 질투심은 사랑을 잃어버렸다는 사실에서 발생하지만 그 상실은 한층 더 깊이 파멸적인 자아상실에 기초하고 있는 것이다.

> 사실 인애는 결혼 후 남편에게 대하여 전신의 사랑과 온 생명을 바치고 있는 것이다. 아내의 의무 남편의 권리. 그런 것은 상관없다. 그저 자기가 온갖 것을 바쳐 사랑을 맹세하는 것같이 남편으로부터는 굳센 남성의 정열과 진실을 요구하여 마지 않았다. … (중략) …
>
> '사람은 떡으로만 살 수 없다' 하는 것과 꼭 같이 인애는 그 같은 남편의 평범한 사랑으로만 충분하다 할 수 없었다. 불덩이 같은 그 무엇 그렇지 않으면 얼음 같은 증오를 요구하는 것이었으나 남편이 이해하여주지 않는 데는 할 수 없다.[11]

인애는 사랑을 통해 자신의 존재 가치를 확인한다. 자신의 전 존재가

11 「해바라기(1)」, 『삼천리』 9권 1호, 삼천리사, 1937.1, 284-285쪽.

남편에게 투여되어 있는 한 남편 또한 자신과 같은 마음으로 사랑을 표현해주길 기대한다. 하지만 결혼 후 남편은 결혼 전보다 더 모를 사람이 돼버렸다. 남편의 달라진 태도에서 삶의 권태를 발견한 젊은 아내는 '별나게 초라해진 제 모양에' 울음이 앞선다. 초라한 자신의 모습과 견주어 더욱더 멋져 보이는 남편과 화려한 기생을 떠올릴 때 의심은 꼬리를 물고 질투는 심장을 집어삼킨다. 인애의 계속되는 추궁과 의심에 남편은 달래기도, 빌기도 해보았지만 끝내 질투의 끈을 놓지 못하자 크게 화를 낸다. 하등 문제될 것이 없는 것을 가지고 싸움을 만들려는 인애에게 남편은 '망령 난 늙은이'라고 욕하고 집을 나간다.

인애는 남편이 집을 나가자 흥분한 나머지 쓰러진다. 인애가 쓰러졌다는 소식을 듣고 친한 언니 영희가 찾아온다. 인애는 영희에게 저간의 사정을 이야기하고 자신의 진정을 몰라주는 남편이 야속하다고 말한다. 이에 영희는 자신의 부부 관계를 빗대어 부부애를 강의하는데 부부 사이의 사랑이란 느끼는 사랑이 아니라 '위하는' 사랑이라는 것, 부부애의 가장 큰 원수는 집착된 형식(질투)과 허울 좋은 맹세(입 밖으로 하는 맹세)라는 것이다.

> "그보담도 그런 남편을 더욱 크게 사랑할 만한 아량을 가져 보는 게 어때?"
>
> "응, 알아들었어. 근데 그런 사랑을 가질려면?"
>
> "노력이지. 위선 관념뿐인 사랑보단 육체적으로 인애가 맡은 바 천직을 진실하게 열렬히 행하고."
>
> "어떤 천직이우. 육체적으로 해야 할 일이."
>
> "그 신경질부터 좀 녹이고 바느질도 잘하고 살림도 좀 잘 살고 그리고 애기 하나 낳고 말야. 병 없는 부부 사이에서 어린애가 생기지 않는

건 아내의 과도한 신경질이 대부분이 원인이라거든."[12]

영희가 강조하는 부부도(夫婦道)의 핵심은 여성이 육체적 천직을 다 하는 것에 있다. 그 예로 바느질을 포함한 살림살이를 잘하고 무엇보다도 아이를 낳는 것이다. 아이를 낳지 않는 것은 아내로서의 천직을 다 하지 못하는 직무유기인 것이다. 새로운 부부도의 핵심은 아이 낳기를 포함한 아내 역할론의 강화로 신가정의 핵심 담론이 된다.

인애는 영희 이야기를 통해 자신의 질투가 남편을 진심으로 사랑하지 못한 데서 온 결과임을 깨닫고 반성한다. 자신의 심정적 불안을 남편에게 전가하고 그로부터 오는 타박에 오히려 스스로의 괴롬을 조장하는 것, 이것이 불행의 근원이었던 것이다. 인애는 질투를 계기로 진정한 부부애와 완전한 사랑에 한걸음 더 다가갈 수 있을 것 같다고 말한다.

남편도 마찬가지이다. 집을 박차고 나온 남편은 자신의 행동이 너무 심했다는 것을 알고 후회한다. 자신의 말과 행동이 심약한 아내에게 격한 타격을 주었으리라는 반성은 물론 결혼 후 '여태까지 체험해보지 못했던 풍부한 애정'과 '어제까지 그처럼 범연하고 천편일률적이던 아내가 이처럼 아깝고 귀엽고 애틋할 줄이야' 새삼 느끼게 된 것이다. 남편은 잘못을 후회하고 집으로 돌아간다. 남편은 아내의 손을 어루만지며 자신을 기다려준 것을 감사하고 아내는 남편만을 믿고 의지할 것을 다짐하며 더욱더 깊은 사랑을 느낀다. 이처럼 질투로 인한 부부 갈등은 부부 개인 간의 강화된 역할론과 건강한 가정윤리의 건설이라는 대명제를 던지며 아름답게 종결된다.

질투로 인한 부부 갈등을 다루는 소설들은 「해바라기」 외에도 상당

12 「해바라기(3)」, 『삼천리』 9권 5호, 삼천리사, 1937.10, 47쪽.

수가 있다. 「남편」에서는 친구인 임 군을 자신의 집에 하숙시켰다가 아내와의 사이를 오해하여 질투를 유발하는 남편의 심리를 그리고 있다. 「여름밤」에서는 남편의 기생 오입 소문을 듣고 아내가 질투하여 남편과 싸움을 벌이고 「양말」은 바(bar)의 마담으로 있는 아내와 손님 사이를 오해해 질투를 느끼는 남편의 심정을 그리고 있다. 「근친전후」에서는 근친을 떠나는 아내가 남편의 늦은 귀가와 기생방 출입으로 잔소리를 했다가 말다툼을 벌이고 「젊은 부부」에서 아내는 남편이 자신의 여고 동창과 즐거운 시간을 보내고 왔다는 사실을 알고 질투한다.

이처럼 다채로운 질투의 양상을 서사화함에도 갈등과 불화의 원인이 되는 질투로 이별이나 죽음, 파탄같이 비극적으로 종결되는 소설이 없다. 오히려 질투는 잊고 있었던 상대방의 매력을 일깨우는 자극제로 이용됨으로써 결혼 3년차 부부의 권태와 매너리즘을 해소하고 다시 연애 때의 감정으로 되돌아가게 하는 장치로 작용한다.

요약해보면 장덕조 소설에서 질투의 전개 과정은 다음과 같다. 오해로 유발된 질투심으로 부부 간의 불화가 조성된다. 이 싸움은 원인과 책임을 상대방에게 전가함으로써 파국으로 치닫는 듯하지만 부부 각자의 시간 속에서 서로의 위치와 자기를 되돌아봄으로써 상대방에 대한 이해로 한 걸음 더 나아가는 계기가 된다. 아내와 남편은 감정을 해소하고 서로에 대한 더 깊은 사랑을 느낀다. 질투는 개입된 인물들 간의 비난보다는 구성원 간의 반성의 계기가 됨으로써 갈등이 조화롭게 해결되고 부부 역할론을 핵심으로 하는 새로운 부부 윤리가 탄생한다. 이들은 고난을 이겨낸 식민지 시대 가장 아름다운 현부현처(賢夫賢妻)들이다.

질투를 애정 갈등으로 다루는 소설에서 특징적인 면모가 하나 더 있다. 제삼자의 개입으로 부부 갈등이 유발되는 소설에서 개입된 제삼자의 실체가 불명확하다는 것이다. 제삼자의 형상은 아내와 남편의 상상

속에서만 구체화될 뿐 서사의 표면에 등장하지 않는다. 그러므로 이를 둘러싼 부부 간의 대립만이 극대화되어 소설은 다분히 심리주의적으로 전개된다.

장덕조의 초기 소설 전반이 부부 중심의 가정소설로서 동일한 소재와 갈등을 서사화함에도 천편일률적이거나 소품으로 전락하지 않는 이유는 작가의 뛰어난 심리 묘사에 있다. 갈등이나 불화 중에 있는 남편, 아내의 거짓 없는 내면 심리, 미묘한 감정 변화를 디테일하게 묘사하고 상황의 변화가 긴장감 있게 전개됨으로써 소설은 개연성을 획득한다. 작가의 이러한 장점은 동성인 여성 인물의 심리를 묘사할 때보다 오히려 남성 인물의 심리를 그려낼 때 더욱 탁월하다.(「한 교훈」, 「양말」, 「해바라기」, 「여름밤」, 「근친전후」, 「인간낙서」 등)

하지만 이러한 핍진한 심리 묘사를 끝까지 밀어붙여 인간의 한 본성을 파악하거나 혹은 식민지 인간상에 대한 이해로 나아가지 못하는데 장덕조 소설의 한계가 있다. 다만 현상과 사건의 나열, 일차적 감정 서술, 손쉬운 화해, 이 모든 것을 주관하는 도덕적 기율, 확고하고 뚜렷한 일원론적 가치 지향성은 장덕조 초기 소설을 교조주의적(教條主義的)으로 만든다.

5. 비극적 결말 구도, 연적의 개심 장치

장덕조의 초기 소설은 부부 중심의 가정소설로 질투를 주요 갈등으로 주제화되었다. 부부는 제삼자의 개입으로 가정 불화를 겪는다. 앞서 살핀 바대로 제삼자는 부부 사이의 갈등의 요소이지만 서사 내에서 구체적 행위의 주체는 아니다. 서사 내에서 중요한 것은 부부 간의 질투와 반성, 화해의 과정이다.

반면 개입하는 제삼자가 주인공인 소설도 있다. 장덕조 소설의 주제의식이 가정윤리의 건설에 있다면 이들은 가정윤리의 파괴자이자 사랑의 배신자들이다. 아내나 남편의 입장에서 보면 이들은 경계해야 할 대상이다. 아내가 질투를 통해 자기반성의 길을 모색했다면 개입자이자 배신자인 이들은 아이러니를 통해 도덕적 개심(改心)을 하게 된다. 결론을 놓고 보면 이들도 결국 가정윤리 건설을 위한 희생자들이다.

그동안 장덕조 소설은 주제의 과도한 우위성과 소설 형식의 미달로 가치가 폄훼되어왔다. 하지만 탁월한 심리 묘사나 기교적 우월성은 이러한 평가를 불식시킨다. 장덕조 소설의 기법적 우월성은 아이러니의 장치를 통해 미학적 성취를 이루어낸다.

아이러니의 사전적 정의는 '의미하려는 것과 반대로 말하여 어떤 사람이나 사물을 조롱하는 방식'이다. 아이러니의 생성은 수사학적 관점에서 출발되었으나 독일 낭만주의를 거치면서 예술 창작의 원리가 되었고, 현대에 이르러 문학 현상을 규명하는 방법론으로 사용되고 있다.[13]

아이러니의 본질, 역사, 성격과 유형을 총체적으로 분류한 뮈케(D. C. Muecke)에 따르면 아이러니는 크게 말의 아이러니와 상황의 아이러니로 나뉜다. 말의 아이러니는 아이러니스트가 말이나 표정, 몸짓으로 무엇을 가장하거나 아닌 것을 그런 척, 그런 것을 아닌 척함으로써 형성되는데 주로 수사학, 서술과 풍자의 형식, 문체론 등의 범주에 속하는 문제들을 제기한다. 반면 상황의 아이러니는 사건의 진행과 어긋난 결과의 차이로 발생하는 스토리 차원의 아이러니이다.[14] 장덕조는 기법적

13 이은주, 『디드로 소설과 아이러니』, 만남, 2006.

14 뮈케, 『아이러니』, 문상득 역, 서울대학교 출판부, 1986.

측면에서 상황적 아이러니를 즐겨 사용한다.

채만식이 유쾌한 소설로 분류한 「어미와 딸」을 보자. 술집 주모인 어미는 매일같이 드나들던 정 가가 한 달이 지나도 소식이 없자 사내의 변심을 생각하고 천지가 아득해진다. 어미는 정 가와 정이 붙은 후 늙은 영감을 학대해 자살하게 하고 노름빚을 대기 위해 외딸마저 첩으로 팔아버렸다. 자신의 모든 것을 내어 바꾼 정 가는 이제 그의 남편이요, 가족이요, 보배였던 것이다. 정 가를 직접 찾아 나선 어미는 반길 줄 알았던 정 가가 오히려 아내 뒤에 숨어버리고 그의 아내로부터 흠씬 두들겨 맞고 동네 구경거리가 되어 돌아온다. 어미는 돌아오는 길에 늙은 영감이 빠져 죽은 연못가에서 신세를 한탄한다.

어미는 늙은 영감(남편)의 사랑을 저버린 배신자이자 정 가네 가정에 개입한 가정 파괴자다. 늙은 영감이 아내의 갖은 학대와 매질에도 살아갈 수 있었던 것은 아내의 마음이 잠깐 '젊은 몸'에 현혹되어 자신을 떠난 것이라는 믿음 때문이었다. 그러나 아내의 마음이 영영 자신을 떠나버린 것을 알게 된 영감은 살아갈 의미를 잃고 결국 추운 첫겨울 집 뒤 연못에 몸을 던진다. 어미는 늙은 영감의 사랑을 알지 못하다가 정 가의 본처에게 봉변을 당한 후 자신의 처지를 깨닫게 된다. 자신은 착한 영감을 사지(死地)로 내몬 악처(惡妻)이자 아내 있는 남자를 탐한 간부(奸婦)였던 것이다.

어미는 정 가의 처에게 봉변을 당한 후 앓다가 폐병을 얻는다. 어미의 병간호 때문에 딸이 친정에 오게 되는데 이후 웬 사내가 집을 드나든다. 늙은 남편에게 늘 불만을 가지고 있었던 딸에게 사내가 생긴 것을 알고 어미는 깜짝 놀란다. 사내는 딸이 도망갈 명목으로 마련한 돈을 불린다는 이유로 노름판에 뛰어들었다가 돈을 다 날리고 다시 노름 밑천을 요구하는 것이다. 결국 딸은 남편에게 어렵게 얻은 금반지를 빼

사내에게 준다.

어미는 정 가의 아내에게 봉변을 당한 후 자신의 처지를 알게 되고 문란한 삶을 반성했다. 하지만 그러한 삶을 산 대가는 반성만으로 부족하다. 어미는 육체적 욕망을 좇고자 첩으로 팔아버린 딸이 자신과 똑같은 삶을 살게 된 것을 보고 경악한다. 딸이 이런 신세가 된 것은 자신이 늙은 부자에게 딸을 팔아버린 결과이며 늙은 남편에게 성적 욕망을 채우지 못한 딸은 자신과 똑같이 '젊은 몸'에 현혹되었던 것이다. 딸의 인생이 악처이자 간부인 어미의 인생과 겹쳐질 때 어미는 삶의 아이러니를 느낀다.

상황의 아이러니는 어떤 일의 상황이나 상태가 의도했건 의도하지 않았건 정반대로 나타날 때 발생한다. 기대와 결과의 차이, 악마가 인간을 농락하듯 희생자인 어미는 운명 앞에 좌절한다. 이렇듯 아이러니적 상황은 어미에게 자기반성적 상황을 만들어내지만 어미는 딸에게 이야기하기도 전에 혼수상태에 빠지고 죽음이 예고됨으로써 비극적으로 종결된다.

상황의 아이러니를 통해 주제를 전달하는 또 다른 작품으로 「여자의 마음」이 있다. 이 작품은 첩을 본 남편에 대한 본처의 질투와 첩의 이중적 마음을 아이러니를 통해 훌륭히 묘사하고 있다. 이 작품에서 주인공이자 아이러니적 희생자는 늙은 창기 '향화'이다. 스물일곱의 늙은 창기 향화는 인품 좋은 영감을 만나 기생 생활을 청산하고 첩으로 들어간다. 영감의 마나님은 일종의 허영심으로 향화를 동생처럼 대한다. 하지만 향화는 처음엔 고맙던 영감이 석 달이 채 지나지 않아 삭아버린 정력으로 괴롬을 느낀다. 젊은 여자의 생기와 정열로 괴로운 나날을 보내던 향화는 영화를 보러갔다가 옛 손님 홍운을 만나고 육체적 관계를 맺는다. 결국 향화는 영감 마누라의 눈을 피해 연애를 하다 현장에서 발각되어 큰 고초를 겪고 집에서 쫓겨난다. 다옥정 집에서 쫓겨날 때는 자신이 좋아하는 사내와 마음껏 살 수 있어 홀가분하고 행복했다. 그러나 나이 아래인 사내를 남편으로 섬기는 생활이란 결코 즐거운 생활만은 아니었다. 일거리 없는 사내는 매일 집에서 뒹굴고 살림살이는 더욱 힘들어졌으며 여기에 덮쳐 지병까지 심해진다.

난봉이 심한 홍운은 집에서 부리는 계집애까지 넘보기 시작한다. 향화는 표면으로는 웃음을 띠고 잘해주었지만 '불같이 치밀어 오르는 질투를 금할 수가 없었다.' 결국 사내는 향화 몰래 옥이를 품고 이를 옆집 아줌마를 통해 듣게 된 향화는 시골에 있다는 옥이의 건달 삼촌을 불러 올려 옥이를 시골로 보낸다.

향화는 사내를 지키기 위해 자신과 똑같은 처지에 있는 옥이를 떠나보낸다. 옥이는 어린 향화이다. 향화는 부모도 친척도 없는 외로운 몸에 건달로 돈만 뜯어가는 오라비 때문에 여기저기 창굴을 전전했다. 옥이 또한 가난한 살림으로 열여섯에 종으로 팔려 건달 삼촌에게 돈을 뜯겨 왔다. 향화가 다옥정 집에서 쫓겨날 때 옥이를 큰댁으로 내치지 않은 것은 어렸을 적 불쌍한 자신과 꼭 같은 처지에 있는 옥이에 대한 연민 때문이었다. 비록 잘못이 옥이에게 없다 하더라도 난봉 난 사내 곁에 옥이를 둘 수 없게 되자, 예전에 세상이 향화에게 가해했던 것처럼 똑같은 방식으로 옥이를 내친다. 여기에 향화의 첫 번째 아이러니가 있다. 자기가 스스로 자기를 버린 것이다.

이로써 사건이 해결된 듯 보이지만 사내는 이제 술집 주모와 몸이 붙었다. 남대문 영감의 큰마누라처럼 향화는 밤마다 술집 근처를 배회하며 벌건 눈으로 사내를 찾아다녔다. 그러던 중 건달 삼촌을 따라 시골로 내려간 옥이가 집에서 몰래 도망쳐 향화네로 다시 온다. 향화는 이미 가망없는 생을 생각하고 사내와 옥이를 합방시켜준다. 대의를 위해

서로를 합방시켜주긴 했지만 수없이 마음이 들끓는다. 그의 눈앞에는 남대문 집의 마나님이 보였다. 그 억센 팔, 부리부리한 두 눈, 끝으로 그 집을 쫓겨나올 때 미친 듯이 차고 때리고 하던 그 모양이 자기는 감히 따르지 못할 신상처럼 거룩하게 떠올랐다.

향화는 자신의 어린 분신과 같은 옥이를 통해 큰마나님의 마음을 알게 된다. 자신이 큰마나님의 위치가 되어보니 사내를 빼앗긴 절절한 마음을 이해하게 되고 마음속 깊이 후회하고 반성한다. 여기에 두 번째 아이러니가 있다. 자신은 끝까지 허영심에 사로잡혀 자비로운 본처의 흉내를 내고 싶었던 것이다. 그에 반해 악다구니를 쓰며 첩을 구박하고 내친 큰마나님이 오히려 자신은 근접하지 못할 솔직하고 본처다운 모습이었던 것이다. 자신은 죽어도 조강지처는 못될 것이었다.

향화는 영감의 첩이 됨으로써 일차적으로 가정 파괴자이다. 기생첩으로 인해 큰마누라는 질투심에 휩싸이고 가정 불화를 만든다. 하지만 자신의 성적 욕망을 포기하지 못한 향화는 젊은 사내를 얻어 첩의 자리를 박차고 스스로 본처가 되고자 했다. 하지만 본처의 자리는 생각만큼 행복하지 않았다. 오히려 고통과 인내가 요구된 자리였다. 향화는 자신의 분신과 같은 어린 옥이에게 본처의 자리를 위협받자 옥이를 내쫓는다. 옥이면서 동시에 큰마나님인 상황, 첩이면서 동시에 본처인 상황, 여기에 이 작품의 이중의 아이러니가 존재한다. 이 두 작품 외에도 아이러니를 통해 반성의 기회를 만들어 개심하게 하는 작품으로 「인간낙서」가 있다.

앞서 살핀 바대로 부부 관계의 개입자이자 사랑의 배신자인 이들은 결말에 이르러 모두 죽는다. 서사 내에서 자신들이 저지른 일에 대해 반성하고 개심하지만 가정윤리의 파괴자들에게는 더한 대가가 요구된 것이다. 이러한 결말은 질투로 인해 불화를 겪던 부부들의 행복한 결말과는 정반대로 비극적 결말을 보여준다. 이처럼 아이러니를 통한 상반된 결말 처리 방식 또한 부부도와 가정윤리의 건설이라는 주제를 효과적으로 전달하는 수단이 된다.

작가는 아이러니의 기법적 성취를 통해 인생의 복잡성과 가치의 상대성에 대한 인식을 표현하고 균형 잡힌 넓은 시야를 성취하고자 했다. 아이러니를 통해 직설법으로 이야기하는 것보다 더욱 광범위하고 풍부한 의미를 전달함으로써 지나치게 단순하거나 독단적인 것을 배제하고자 노력했다.

6. 사랑의 상대성을 통한 장덕조식 아이러니

그간 문학사에서 장덕조의 위치는 제2세대 여성작가군을 대표하는 작품 없는 작가, 혹은 안이한 문장과 독창성 없는 스토리로 엇비슷한 작품을 찍어내는 판박이 작가 등으로 혹평되었다. 하지만 한 작가가 작위적, 공식적이라는 비난을 받으면서까지 유사한 소재와 주제를 고집하는 것은 분명 이유가 있을 것이다. 작가는 여성적 삶의 경험을 바탕으로 일상적 소재와 심리를 개연성 있게 그려내면서 당대 사회에 대한 현실인식을 드러낸다. 이것이 식민지 시대를 살았던 여성과 현실에 대한 장덕조의 솔직함이자 성실함이다. 이는 작가적 특성이자 문학적 색체로 이해되어야 할 부분이지 비난이나 질책의 대상은 아니다.

장덕조 초기 소설 여주인공들의 관심사는 사랑과 그 결실로써의 행복한 가정 건설에 있다. 이러한 이유로 소설의 대부분은 가정소설적 성격을 띠는데 전통적 세대 관계가 아닌 현대적 부부 중심의 신가정에서는 아내와 남편이 안과 밖의 정확한 역할 분담을 통해 가정 규율을 형성한다. 하지만 그녀의 초기 소설이 1930년대 신가정의 전형적 형태와 변별되는 점은 자녀가 없다는 사실이다. 이는 초기 소설이 부부 중심의 애정갈등만이 서사 내 중심 사건이 될 수 있는 단초가 되며 신가정소설 속에 내재한 결핍의 증후이다.

아이가 없는 부부 중심의 가정소설에서 갈등의 주요 요인은 연적의 개입과 그로부터 발생하는 부부 사이의 질투이다. 대부분 사건은 오해로 판명되지만 질투심으로 불화가 조성되고 긴장감이 최고조에 이른다. 그러나 질투는 개입된 인물들 간의 비난보다는 구성원 간의 반성의 계기가 됨으로써 상대방에 대한 깊은 사랑을 재확인하게 되고 부부도(夫婦道)의 새로운 윤리가 건설된다. 반면 부부에게 질투심을 유발한 연적은 아이러니를 통해 도덕적 개심(改心)을 하게 된다. 이들은 의도한 바와 정반대의 결과를 얻게 됨으로써 아이러니의 희생자가 되고 결말에 이르러 죽는다. 부부들의 행복한 결말과 반대 되는 연적의 비극적 결말은 부부도와 가정윤리의 건설이라는 주제를 효과적으로 전달하는 수단이 된다.

일반적으로 장덕조의 소설은 전체소설을 지배하는 주제적 강박으로 소설적 형상화가 현저히 미달된다는 평가를 받아왔으나 이는 아이러니를 통한 기법적 성취로 해소될 수 있다. 아이러니는 직설법으로 이야기하는 것보다 더욱 광범위하고 풍부한 의미를 전달함으로써 삶의 이면에 숨겨져 있던 진실을 마주하게 한다. 특히 장덕조는 아이러니를 창작 방법론이나 세계관으로 차용하는데 아이러니를 통해 인생의 복잡성과 가치의 상대성에 대한 인식을 표현하고 균형 잡힌 시야를 성취하고자 했다. 장덕조식 아이러니는 삶의 특수성을 주관하는 보편성의 승리를 통해 주제의식으로 나아간다.

9

러브스토리 속 '계집된 죄'의 전통

:: 첫 장편소설 『은하수』를 중심으로 ::

1. 약하고 불쌍한 무리들, 사랑의 실패담

장덕조는 식민지 시대 제2기 여성작가군을 대표하는 여성작가이자 한국 문단에서 가장 오랜 기간 문학 활동을 수행한 작가이다. 1932년 19세의 나이로 등단한 이래 2003년 작고할 때까지 70여 년 동안 다수의 작품을 발표했고 다양한 장르문학을 통해 대중과 함께 호흡했다. 장덕조의 소설은 사회 해부적인 주제보다 주로 여성을 주인공으로 하여 연애 갈등이나 애정, 결혼 등의 소재를 통해 흥미를 중시하는 구성을 취하는데 이러한 무난한 소재들이 그녀만의 독특한 기교를 통해 형상화됨으로써 대중들로부터 큰 인기를 얻었다.

하지만 대중적 인기에도 장덕조 소설에 대한 평단의 반응은 무짐직이었다. 안이한 태도라든지 판박이 작가 등의 오명은 장덕조 소설에 대한 다각적 접근을 방해했고 또한 친일 소설, 반공 소설 등의 타이틀은 연구적 접근을 망설이게 했다. 이러한 이유로 최근 장덕조 소설에 관한 연구는 1950년대 대중소설에 대한 관심이 폭발적인 데 반해 초기 소설에 대한 관심은 여전히 출발점에 놓여 있다.

식민지 시대에 쓰인 장덕조 초기 소설은 이후 70여 년 동안 지속된 장덕조 소설의 주제의식을 예비하고 있다. 이 장에서는 작가의 초기 소설 중 신문에 연재된 처녀 장편 『은하수』를 통해 초기 소설의 주제의식과 작가의 세계관을 살펴보고자 한다. 1932년에 등단하여 습작기를 거쳐 1936년 「자장가」, 「해바라기」 등의 대표 단편을 산출하고 난 후 1937년에 쓰인 『은하수』는 초기 단편소설이 보여준 '신가정 탄생' 이전의 여성(처녀)들의 학교생활, 사회 진출과 연애, 결혼에 이르기까지의 지난한 과정을 그려낸다. 더불어 이 작품은 1939년에 쓰인 중편소설 「여인도」의 전신에 해당하는 작품으로 '사랑-연애-결혼'으로 이어지는 여성 애정 서사의 전편(前篇)에 해당한다고 할 수 있다.

장덕조 초기 단편소설에 대한 이해와 함께 처녀 장편인 『은하수』는 신여성의 심리적, 사회적 갈등을 통해 진정한 여성 주체 정립의 어려움을 현실적으로 보여준다. 그러므로 단편, 중편, 장편소설의 연계를 통해 작가가 초기 소설에서 보여주고자 했던 작가의 주제의식과 세계관을 조명할 필요가 있다.

장덕조의 처녀 장편인 『은하수』는 『매일신보』에 1937년 7월 17일부터 12월 29일까지 총 164회 연재되었다. 그간 『은하수』는 장덕조 작가론에서도 제외되어 관련 연구나 비평이 전무할 뿐 아니라 발표 연도와 작품의 성격 또한 잘못 알려진 바 발표 연도와 지면, 장르 등이 명확히 규명되어야 할 것이다. 같은 시기 『조선일보』에 김말봉의 『찔레꽃』

이 연재되고 있었는데 『찔레꽃』의 폭발적인 인기를 의식한 『매일신보』에서 전략적으로 선택한 여성작가가 장덕조였다. 당시 신문에 장편소설을 연재한 경험이 있는 작가는 몇이 되지 않았다. 박화성, 강경애, 김말봉 정도였기에 『매일신보』에서는 이전에 중편소설을 연재한 경험이 있고 동지에 지속적으로 수필과 야담 등을 연재하던 장덕조를 영입하여 장편소설을 연재하게 한 것이다.

> 규수작가(閨秀作家) 중의 '넘버 원' 장덕조 여사의 「은하수」를 연재하게 되었습니다. 여사는 그 풍요한 재분과 경묘쇄탈(輕妙灑脫)한 필치로 일찍부터 여류문단 희유(稀有)의 괴재(瑰才)의 이름을 날리고 있는 것은 여러분과 같이 익히 알고 있는 바입니다마는 이제 여사는 새로운 포부와 새로운 의도를 가지고 그 첫 시험인 신문소설에 붓을 대이게 되었습니다. 대중적 흥미를 백퍼센트로 이끌고 가고 또 동시에 복욱(馥郁)한 예술적 방향을 가진 것—누구나 다 아는 평범한 소리이지만 그러나 일찍이 조선신문소설이 이 같은 작품을 가져본 일이 없습니다. 여사는 실로 이 지난한 형극의 길을 개척하려는 대담한 의욕에 불타고 있습니다.[1]

신문사가 게재한 연재소설 예고를 보면 당시 장덕조의 위상과 특징, 소설의 성격 등을 예측할 수 있다. 장덕조는 동시대에 활동한 여성작가들의 특징들을 공유하는 한편 알려지지 않은 독특한 지점을 갖고 있다. 이화여전 출신의 기자 생활을 했다는 점, 여류문단의 핵심적 멤버였다는 점, 문학적 성향으로 여성적 · 가정적 특징을 보이는 것 등은 다른 여

1 「연재소설 예고」, 『매일신보』, 1937.6.29.

성작가들과 공유되는 지점이지만 시, 수필, 대중소설, 역사소설, 희곡, 콩트, 야담 등을 넘나드는 다양한 글쓰기는 일찍이 규수작가에게는 발견된 바 없는 '풍요한 재분'일 것이다. 또한 경쾌하고 무거운 분위기의 완급 조절을 통해 이야기를 엮어내는 탁월한 재주는 이미 여류문단에서 인정된바 장덕조의 첫 신문 연재 장편은 문단과 대중의 관심을 끌기에 충분했다. 신문 연재 장편소설의 발굴이라는 측면에서 『은하수』의 형식적 구성을 살필 필요가 있다.

『은하수』는 남녀 주인공인 백인준과 신영순의 애정 갈등을 통해 대중적 흥미를 유발하고 식민지 여성의 현실적 취약성(성격적, 사회적)으로 애정 성취의 어려움을 보여줌으로써 예술성을 성취하고자 했다. 하지만 신영순과 백인준의 애정 갈등이 서사의 핵심축이기는 하지만 김

『매일신보』에 연재된 『은하수』 연재 정보

소제목	연재 횟수	전체 횟수	연재 일자	중심 인물
처녀화원	1-14	1-14	1937. 7. 17.-7. 31.	오영순, 김명애, 오현경
갈레 길	1-18	15-32	1937. 8. 1.-8. 18.	신영순, 백인준
전원풍경	1-17	33-49	1937. 8. 19.-9. 4.	김명애, 한형철
사랑의 윤리	1-16	50-65	1937. 9. 5.-9. 20.	신영순-백인준-김명애의 삼각관계
슬픈 기원	1-13	66-78	1937. 9. 21.-10. 3.	신영순, 백인준
탁류	1-13	79-91	1937. 10. 4.-10. 16.	오현경, 박진
새로운 전술	1-11	92-104	1937. 10. 17.-10. 29.	김명애, 장교장
요부	1-14	105-118	1937. 10. 30.-11. 12.	김명애, 박진
황혼의 노래	1-15	119-131	1937. 11. 13.-11. 25.	백인준
어떤 인상화	1-10	132-142	1937. 11. 26.-12. 6.	신영순
재회	1-12	143-154	1937. 12. 7.-12. 18.	신영순, 김명애, 오현경, 백인준
흐르는 은히	1-10	155-164	1937. 12. 19.-12. 29.	신엉순, 백인준

명애, 오현경, 가지하라 등 특정 여성군을 대표하는 세 명의 여성 인물이 작지 않은 비중으로 다루어지고 애정 관계를 중심으로 각각의 여성들의 수난사가 부차 플롯을 형성함으로써 작가의 시대의식을 보여준다. 즉『은하수』는 장르적으로 볼 때 선남선녀인 남녀 인물들의 사랑 이야기가 내용의 중심을 이루는 대중연애소설이면서도 식민지 여성들의 사회적 수난사가 전면화되어 작가의 주제의식을 보여준다는 것이다.

작가는 독자들의 호기심과 흥미를 유발하기 위해 대중연애소설이라는 형식을 차용하기는 했지만 연애소설의 일반적 결론인 '사랑의 성취'에 관심이 있었던 것이 아니라 '사랑의 실패'에 방점을 찍음으로써 그 좌절과 실패의 원인을 인물의 개인적, 사회적 측면에서 살피고 있는 것이다.

이 장에서는 제명(題名) '여름밤 하늘을 가로지는 별들의 강'(『은하수』)처럼 아름답고 고귀하지만 한 곳에 정착하지 못하고 부유(浮游)하는 '약하고 불쌍한 무리들'의 사랑의 수난을 인물 분석을 통해 고찰해보고자 한다.

2. 첩의 딸 콤플렉스와 주눅 든 전통 처녀

아름다운 처녀들이 보육교사가 되기 위해 함께 생활하는 경화보육기숙사에는 세 명의 명물이 있다. 서울의 백만장자 신종수의 장녀인 신영순, 시골 김 진사의 외동딸 김명애, 노처녀 기숙사 사감 오현경이 그들이다. 향기로운 처녀화원에서 맞는 여름방학 전날로부터 소설은 시작된다.

서울의 백만장자이자 실업계의 중진인 신종수의 영양 신영순은 용모가 아름답고 마음이 온유한, 마치 가을국화 같이 순수한 처녀이다. 하지만 가녀리고 애틋한 외모와 달리 진실한 무엇을 동경하여 고생과 분투 속에 자신을 내어던지는 성모형 여성이다. 반면 여왕같이 호화스럽고 화려한 생활 속에서 아름다움을 빛내는 명애는 시골의 보잘것없는 퇴락 양반의 딸이다. 이러한 반전의 아이러니는 장덕조가 즐겨 사용하는 기교로서 소설의 첫 시작부터 독자의 호기심을 높이고 서로 뒤바뀐 처지에 대한 의문이 이야기가 진행되면서 해소되어 독자에게 흥미를 주게 된다.

남부러울 것 없는 영순이 의기소침하고 침울한 데에는 비밀이 있다. 그것은 외부에는 전혀 알려지지 않은, 명애에게까지 비밀에 부치고 있는 '첩의 딸'이라는 사실이다. 이러한 사실은 작품의 초반부에 독자들에게 노출되어 영순의 심리와 행동에 당위성을 부여하지만 작중 인물들에게는 비밀에 부쳐져 또 다른 오해를 낳음으로써 긴장감 있는 서사가 진행된다.

영순은 기생 옥향의 딸로 태어나 보통학교 다닐 때까지 부친의 이름도 모른 채 행복하고 명랑하게 살았다. 하지만 옥향은 기생의 딸로 자라기보다는 아버지의 그늘에서 자라는 것이 더 나을 것이라는 생각에 영순을 부친에게 보내고 자신은 종적을 감춘다. 냉혹한 가정에 드러내놓고 멸시의 태도를 보이는 계모, 방약무인한 형제들 사이에서 영순은 눈물 마를 날이 없었다.[2] 영순이 서울 유수한 부호의 딸로 호화로운 큰집

2 아직도 왼편 팔꿈치 옆에 점같이 퍼렇게 남아 있는 자국은 이 집에 온 지 얼마 만에 자살하려던 모친을 찾아 몰래 병원으로 달아났다고 마님이 불에 달군 화젓가락을 대어준 자리, 부친에게 말질을 했다고 입을 꼬집어 사흘이나 얼얼하여 밥도 잘 못 먹던 일, 동생들의 학용품을 훔쳤다 하여 그 높은 대청에서 마당까지 굴러 차던 기억, 일부러 보란 듯이 동생들에게만 무엇을 사다 주고 옆에서 손가락을 물고 멀건이 바라보던 꼴이 밉살머리스럽나고 재떨이로 면상을 때려 피를 흘려주던 일, 무엇을 잘못했다고 김장독이 느런히

을 두고도 기숙사 생활을 할 수밖에 없었던 것은 이러한 이유에서이다.

영순에게 짐 지워진 첩의 딸이라는 태생은 그녀의 성질이나 태도에 결정적 영향을 미친다. 자신이 첩의 딸이기 때문에 사랑하는 사람을 선택할 자격도 없고 주위의 사람까지 위험하게 만드는 불행한 운명을 타고났으며 결국 어머니가 음독자살하게 만드는[3] '망한 년'이라는 생각을 갖게 한다. 이렇게 자신의 운명에 주눅이 들어버린 영순은 가정과 사회의 더러운 냉대를 박차고 나갈 용기가 없었다. 영순이 할 수 있는 것은 비관하고, 단념하고, 참고, 견디는 것이다.

영순은 명애의 장난으로 폐렴에 걸린 수영의 병간호를 하던 중 수영의 사촌오빠이자 대학병원 외과의로 있는 백인준을 만나게 된다. 백인준은 밤잠까지 잊고 헌신적으로 수영을 간호하는 영순의 정성에 감동하여 사랑을 느끼게 되고 영순 또한 작은 수고에 감사와 고마움을 표시하는 백인준의 성정에 사랑의 감정을 느끼게 된다. 하지만 영순은 자신이 첩의 딸이기 때문에 백인준과 같이 고귀한 왕자의 사랑을 받을 자격이 없다고 생각하고, 백인준이 사랑을 고백하자 약혼한 정혼자가 있다고 거짓말을 한다. 영순의 거절이 백인준의 입장에서는 장안 백만장자의 영양이 고아처럼 자라다시피 한 자신과는 어울리지 않아 완곡하게 거절한 것이라는 오해를 낳게 한다.

백인준의 고백을 거절한 후 영순의 처치는 백인준의 행복을 위해 친구 명애와 연인 관계를 만들어주는 것이다. 자신은 첩의 딸이지만 명애는 지체 있는 옛 양반의 딸이며 장차 유명한 음악가가 되고 훌륭한 의

서 있는 지하실에 집어넣고 밤이 되자 그대로 자물쇠를 채워 버림으로 울다울다 기진하여 잠이 들던 겨울밤의 기억도 있었다. 『은하수』 65, 1937.9.20.

3 기생 옥향은 딸 영순이 자신을 잊고 아버지의 집에 적응해 살기 위한 바람으로 자살한 것으로 위장했다. 영순은 실제로 어머니가 죽은 것으로 알고 자신도 어머니를 따라 죽으려고도 했지만 나중에 그 어머니가 살아 있다는 것을 알고 삶의 희망을 갖게 된다.

학박사가 될 그들의 성립이야말로 자신과는 도저히 비교할 수 없는 교양 있는 조합이라는 생각이었다. 그리고 자신은 운명의 순리대로 제 자격에 걸맞은 남자와 결혼하는 것이다. 계모에 의해 정해진 혼처는 안국동 포목점 주인 안석중의 조카로 "아직 젊은 주제에 박박 깎은 앞머리가 엷게 빗어져 오르고 항상 꼭 다물지 못하는 입과 넓죽한 코가 그 마음의 석명치 못함을 말해주는 사나이"[4] 안복덕이다.

이 작품의 여주인공인 신영순의 서사는 연애소설의 전형적 플롯인 삼각관계 혹은 인물 간의 대면적 갈등이 최소화되고 실질적인 갈등은 고난에 대처하는 신영순의 심리적 고민으로 처리되어 있다. 즉 신영순은 백인준과 연애를, 안복덕과 결혼을 하지만 연애와 결혼 과정에서 발생하는 남녀 간의 감정적 갈등이나 낭만적 사랑에 대한 환상은 서사화되지 않는다. 오직 영순의 내면적 갈등만이 전면화되어 상상 속에서 연애하고 후회하고, 결혼하고 후회하는 심리만이 나열된다. 이러한 서사 전개 방식은 작가가 의도한 바대로 영순의 소심하고 순종적인, 주눅든 성격을 도드라지게 만든다.

사랑의 좌절과 계모의 핍박을 벗어나기 위해 선택한 결혼이지만 영순의 결혼생활은 순탄치 못했다. 시집에서의 박대는 물론이거니와 남편의 변태성욕은 영순의 정신과 몸을 갉아먹고 결국 폐병까지 얻게 된다. 그리고 남편의 음식에 독을 탔다는 누명까지 쓰고 친정으로 쫓겨오는 신세가 된다. 친정으로 쫓겨 온 영순은 골방에 갇혀 죽음을 기다리지만 아버지로부터 어머니가 살아 있다는 소식을 듣고 삶의 희망을 갖게 된다.

영순의 따뜻한 마음과 놀라운 인종은 성모형 여성에 비유될 수 있다.

4 『은하수』 30, 1937.8.16.

첩의 딸로 태어나 온갖 구박을 받고 사랑하는 사람에게 거짓을 고할 수밖에 없는 운명, 원치 않는 결혼과 살인자라는 누명, 그리고 폐병까지. 그럼에도 힘닿는 대로 세상을 깨끗하게 만들고 싶다는 소망은 마치 『찔레꽃』의 안정순처럼 순결하고 고결한 마리아형 여성 인물로 보인다.[5] 하지만 영순은 영원한 여상으로 승화되지 못하고 여성의 비애와 탄식, 고뇌를 모두 맛본 가엾은 여성으로 감각되며 그녀를 성모로 추앙하기에는 조선의 여성들이 너무 비참하다는 비아냥거림까지 듣게 된다.

세상의 모든 고동을 홀로 짐지는 성모형 여성을 대표하는 영순이 결코 아름답거나 고결하게 포장되지 않는 것은 오히려 이 소설의 미덕이자 현실성이다. 그 현실성은 멜로드라마의 포기이다. 멜로드라마의 명확한 특징은 선악의 완벽한 대비와 권선징악이다. 이 작품에서는 명확한 선악 구분 없이 인물의 양면성에 초점이 맞추어져 있으며 또한 완벽하게 선이 승리하지도 악이 징치되지도 않는다. 모든 간난고초의 보상이 이루어져야 할 결말에 이르러 백인준은 유학을 떠나고 영순은 인준과의 사랑의 결실을 기약하지만 가지하라의 독백을 통해 이들의 사랑이 순탄치 않음을 예상하게 한다.

영순이 보여주는 눈물과 분투는 근대화된 세상에서 신식 교육을 받았지만 여전히 전통적 사고방식과 굴레를 벗어나지 못하는 식민지 여성의 개인적, 사회적 고통을 보여준다. 첩의 딸이라는 것에 주눅이 들어 스스로 불행해져가는 운동성을 대표하는 일종의 가엾은 표본인 것

5 "그야 용감히 일어나서 남성 대 여성의 싸움을 하는 이도 있겠고 모기가 되어 사자후를 하는 사람도 생기겠죠. 그렇지만 전 미약한 벌레면 벌레인 채로 한 개라도 이 개울 속의 더러운 것을 깨끗하게 면해보렵니다. 방법이야 여러 가지겠죠. 내 몸을 돌려 지하로 깊이 가라 앉아 버린다든지 개울 밖으로 건어낸다든지 혹은 힘 자라는 대로 직접 먹어 동화를 시킨다든지 전 운명이란 걸 믿습니다." 아직 바람이 싸늘한 천변가에 서 있는 영순의 하얀 얼굴은 성모상 같이 거룩해 보였다. 『은하수』 90, 1937.10.15.

이다. "이 세상의 모든 어려운 문제를 재래의 조선여성이 가졌던 도덕과 습관이란 외피로 싸가지고 희생의 길을 걸어가는"[6]는 영순의 고생에는 그러므로 섬세한 사회 문제가 있고 심각한 여성 문제가 있고, 복잡한 가정 문제가 엇갈려 있는 것이다.

3. 고아 콤플렉스와 자만한 근대 처녀

근대적인 강렬한 인상과 농염한 애교를 가진 김명애는 세련된 기지와 넘칠 것 같은 화려함으로 모든 사람들의 마음과 정신을 빼앗기에 충분했다. 자신의 미모와 재주를 충분히 인식했고 이를 어떻게 활용해야 이득이 생길지 명확하게 판단하는 총명이 있었다. 김명애는 지금은 비록 퇴락한 양반이지만 젊었을 때 서울서 상당한 벼슬자리에 있었다는 김 진사의 외동딸로 양친 부모의 절대적인 사랑과 보살핌 속에서 자라났다. 하지만 하기 방학식날 아버지가 위독하다는 전보를 받고 시골로 내려가면서 시련은 시작된다.

명애에게는 부모들끼리 약속한 정혼자 한형철이 있다. 명애도 형철에게 호의적 감정이 없는 것은 아니지만 근대적 여학생이 가난한 소학교 훈도(한형철)의 아내가 된다는 것은 왠지 세상에서 밀려나는 느낌이 들고 또한 성적인 끌림이 없는 연애, 연애 없는 결혼은 근대적 감각으로 화장된 자신에게는 도저히 용납할 수가 없는 것이었다. 좀 더 적극적으로 육체적 애정을 통해 사랑을 교감하고 싶었던 명애에게 형철은 소학교 선생처럼 행동할 뿐이었다. 명애는 아버지가 죽자 형철과의 약

6 『은하수』 76, 1937.10.1.

혼을 해소하고 가산을 정리하여 경성으로 올라온다.

스타일에 따라 사랑을 분류한 존 앨런 리(John A. Lee)의 유형학에 의하면 김명애는 에로스적 인물이다. 본능적인 충동과 욕망에 사로잡히는 욕구로서의 에로스와 열정의 근본적 결합은 구체적인 몸, 육체로부터 오는 감각이다. 그러므로 감정적 뜨거움과 강한 육체적 매력에 끌린다.

갈 곳이 없는 명애는 수영의 하숙집(백인준의 하숙집)에 머물게 되면서 신영순-백인준-김명애의 삼각관계가 형성되지만 백인준과 김명애의 관계는 찰나적 호기심에서 더 깊은 관계로 발전하지 못한다. 하지만 일시적 삼각관계로 인하여 이를 오해한 신영순이 백인준을 양보하고 다른 남자와 결혼을 감행하는 결과를 낳게 된다. 이러한 장치는 로맨스소설에서 남녀 주인공의 결합을 방해하는 오해의 플롯이다.

유일한 혈육이었던 아버지도 죽고 스스로 약혼도 해소한 명애는 주체적 삶을 살고, 동경에서 음악 공부를 계속하고 싶은 꿈을 이루기 위해 돈을 벌어야겠다고 생각한다. 그래서 자신에게 호의를 보여준 보육학교 장 교장에게 취직을 부탁한다. 일찍이 명애에게 흑심을 품고 있었던 장 교장은 어려운 직업을 갖고 고생을 하지 않아도 교육 사업가의 입장에서 모든 것을 원조해주겠다고 달콤한 말로 유혹한다. 하지만 명애는 조건 없는 원조는 없다는 것, 보답 없는 신세짐은 겁이 난다는 이유로 이를 거절한다.

명애는 총명한 기질과 센스, 자신감으로 충만했다. 그리고 이것은 양친 부모를 모두 잃은, 고아나 다름없는 자기에게 가장 큰 근대적 무기로 이 무기만 있으면 함정에 빠져도 솟아날 자신이 있고 저만 굳세다면 세상의 추악함 속에서도 빛날 수 있다는 자신감에 사로잡히게 된다. 하지만 명애에게 자립을 위한 고아 콤플렉스와 그 성격적 기질로서의 근대적 무기는 오히려 해와 독이 되었다.

> "난 처음으로 알았어. 흥 명사라는 놈들의 속껍질을 말야. 짐승같이 씨근거리면서도 체면은 보느라고 애쓰던 걸 생각하면 아이 우스워." … (중략) …
>
> "넌 아직 모른다 글쎄. 대명사들을 장중에 넣고 주무르는 묘미, 수영아 저어 우리 교장으로부터 누구요 누구요 하는 명사를 말이다 그것들을 모두 사람으로 아니 그렇게 알면 너 젬병이다. 모두들 뭔고 하니 헌데다 헌데야. 속에는 아주 짓무르고 썩었고 구더기가 덕시글덕시글하지만 겉만 번드르르하게 딱지가 앉은 것들야. 그런데 응 그 딱지를 떼고 푹푹 쑤셔주는 재미가 또 있거든." … (중략) …
>
> "그래도 나는 지지 않는다. 놈들을 더 골려 주었다가 한꺼번에 실망을 시켜주자 그래서 저희가 장난감같이 으르릉거리는 여자도 이만큼 따끔하는 걸 보여줘야지. 지금도 그 모양인 물건들이니 만약 내가 한번 성만 내면 슬슬 길걸 뭐."
>
> 그러나 그것은 결코 여자가 굳센 때문이 아니었으니 여성에게 그만한 방기가 있으면 남자에게는 그보다 더한 전술이 있는 것이었다. 더욱이 팽창한 풍선같이 교만해 있는 명애가 지금 교장의 무서운 공작이 어떤 놀라운 사슬같이 제 몸을 멀리 얽기 시작하고 있는 것을 깨달을 리 없었다.[7]

재산가, 호남자, 명망가, 유수한 고고학자인 경화보육의 장 교장은 가난한 학생은 가난한 학생대로 똑똑한 학생은 똑똑한 학생대로, 자신

7 『은하수』 98, 1937.10.23.

이 교육시킨 여학생을 유린하는 전술을 축적하고 있었다. 명애는 자신이 장 교장을 포함한 사회 명사들을 제 마음껏 희롱하는 것이라 생각했지만 이것 또한 명애의 자만심을 부추기기 위한 장 교장의 준비된 전술이었다. 결국 명애는 장 교장의 계획된 전술에 따라 수면제를 탄 차를 마시고 정조를 빼앗긴다.

자만심에 빠져 헛똑똑이처럼 정조를 빼앗기고 학교에도 돌아갈 수 없게 된 명애는 장 교장에게 복수하기 위해 여급이 된다. 여급이 되어 장 교장에게 막대한 금품을 빼앗은 후 그를 성격 파탄자로 타락시켜 한평생을 짓밟아주리라는 목표를 갖고 장안에서 첫 손 꼽히는 일류 여급 마그리트가 된다. 하지만 아이러니하게도 마그리트의 세퍼드가 된 것은 기숙사 사감 오현경의 남편인 박진이었다. 김명애와 오현경의 사이가 신영순과 오현경의 사이처럼 친숙한 것은 아니었지만 악감정은 없었기에 명애는 박진에게 아내에게 돌아가라고 권한다. 하지만 박진은 자살 소동을 벌이고 이 일이 신문에 실리면서 명애의 신분이 노출되자 카페를 옮겨 메이상이 된다.

다소 지루하고 단순한 감이 있는 신영순의 서사에 비해 부차 플롯인 김명애의 서사는 다양한 인물들과의 삼각관계, 대면적 갈등, 사랑에 대한 다면적 이해를 통해 서사를 풍부하고 역동적으로 이끌어간다. 그러므로 이 작품에서 김명애의 서사는 대중연애서사의 재미적 측면에서 주인공이 수행해내지 못하는 중요한 역할을 담당하고 있다. 불완전한 마리아형 인물로 구현되는 영순과 대비하여 명애는 열정적 사랑의 충동적인 면과 함께 자기애적 요소, 육체적 탐닉을 통해 에로스형 인물로 형상화된다.

이후 명애의 행적은 독립적인 일화 없이 편지나, 백인준의 소식을 통해 간간히 전해진다. 명애는 고향에서 올라온 한영설에게 들려 귀향하지만 형철의 부모와 충돌하고 동경으로 음악공부를 하러 떠났다는 것이다. 명애는 영원히 헤매는 양이 된 것이다.

김명애-마그리트-메이상-김명애로의 변신은 퇴락 양반의 외동딸인 김명애가 전통적 세계와 결별하고 근대적 여성 주체로 자립하는 고아 콤플렉스 극복기이다. 반면 근대적 총명과 기지를 소유한 처녀가 주체적으로 자신의 삶을 개척하기 위한 행로이기도 하지만 그 지나친 자만심과 욕망으로 여학생에서 여급으로, 요부로 전락하는 과정이기도 하다.

김명애와 신영순의 서사는 여성 주체성을 중심으로 자만과 주눅이 양극단에서 데칼코마니처럼 겹쳐지며 식민지 여성의 개인적 사회적 분투와 그 결과물로서의 실패와 좌절, 유동성을 사실적으로 대조하여 보여준다.

4. 결혼 콤플렉스와 광기의 노처녀

오현경은 서른셋의 노처녀로 이유 없이 빼긴다고 해서 '미스 빼기'나 '호랑이'의 별명을 달고 있는 경화보육 기숙사 사감이다. 학생들로부터 쓰레기통 속의 걸레처럼 취급받는 존재로 주위의 평판은 좋지 못하나 어렸을 때 부모를 여의고 눈 먼 조모와 지체 장애를 가진 남동생까지 돌보는 지난한 운명을 갖고 있다. 근시안에 미모와는 인연이 먼, 두 사람의 병신을 부양해야 하는 자신의 운명에 결혼이니 연애니 하는 문제는 슬프고 귀찮은 것이었다. 하지만 생활과의 고투 속에서 서른을 넘긴 '빼기'에게도 "시든 꽃의 남은 향기를 희롱해보려는 망령된 나비"가 찾아온다.

당대의 명사 박진이 오현경에게 청혼을 한 것이다. 보든 이에게 노처녀라는 이유로 무시당하고 천대받던 자신에게 소녀같이 쾌활한 성격과 남성적인 아름다움을 겸비한 총각이자 유명한 시인이기도 한 박진의 청혼은 지금까지의 설움과 고통을 일시에 회복할 수 있는 절호의 기회였다. 이 결혼을 통해 자신을 비웃어주던 모두에게 복수하고자 돌연히 나타난 행운에 오현경은 덥석 '불행'의 손을 잡는다. 사실 박진은 안영옥이라는 과부 예술가와 연인 관계에 있었는데 세상에 이를 무마시키기 위해서 오현경만한 결혼 상대자는 없었던 것이다. 오현경과 박진의 결혼을 적극적으로 추신한 안영옥은 박신이 결혼한 이후에도 자신의 집 아래채를 신혼 방으로 내어주며 박진과의 연인 관계를 지속한다.

세상 사람들은 모두 알고 있지만 오직 당사자(오현경)만 모르는 결혼을 하고 한참 후에야 둘의 관계를 의심하게 된 현경은 빚을 내어 살림집을 다시 구한다. 하지만 박진을 설득하여 어렵게 재건한 스위트 홈에 시골에서 조모와 남동생이 올라오면서 파탄을 맞게 된다. 이미 가정 밖에 마음을 두고 있었던 박진에게 조모의 상경은 좋은 트집거리가 되어 날마다 밖으로 돌았고 집에 들어오는 날은 구타와 폭행으로 가족들을 못살게 했다.

여기에 박진의 성병이 오현경에게 전이되어 임신한 아이까지 백치가 될 처지에 놓이게 된다. 박진에게 결혼이란 유희요 장난이었지만 오현경에겐 세상의 가장 큰 불행이 되어, 마침내 그녀는 광녀가 된다. 박진은 집을 나가고 홀로 병신 아이를 낳은 오현경은 정신 이상이 되어 매일같이 경화보육에 출근한다.

비밀실에 모여 신영순의 살인, 김명애의 타락, 오현경의 광기를 질타하던 장 교장 일동(교무부장, 음악선생)에게 광인의 목소리로 전달되는 살인하는 여자(신영순), 타락하는 여자(김명애), 자살하는 여자(정신적 자살-오현경)의 내막과 심정은 적나라하게 전달된다. 이를 통해 식민지 여성의 개인적 사회적 질곡과 여성의 고통, 분노가 가감 없이 노출되고 남성으로 대변되는 사회의 부조리는 신랄하게 비판된다.

> "아아 세상에 사내놈들이 있기 때문에 우리 여자는 타락한다. 괴로워한다. 피눈물을 흘리며 헤매 댕긴다. 참고 참고 참는 끝에 살인죄를 범하려다 너 같은 놈한테 욕을 먹는 것이다"… (중략) …
>
> "여자를 언제나 빼앗고 짓밟는 것은 너희들 남자 그래도 세상 놈들은 빼앗는 자를 벌하기 전에 빼앗기고 우는 자에게 돌을 던지려 하더라 왜 이 따위 세상이 되었느냐 왜 이 따위 사회가 되었느냐 나는 모른다 나는 모른다."
>
> "다아 사내놈들이 그렇게 만들어 주는 것이다. 사람을 죽이라고 자살을 하라고 타락을 하고 여급이 되고 매음을 하라고. 그리고도 너희들은 큰 낯을 하고 살아가는구나. 죄를 범한 자보다 죄를 범하게 한 자가 얼마나 무서운지 너희들은 깨닫지 못한다."[8]

경화보육 안에서 사감과 제자로, 세상의 고통을 모르고 살던 여성들은 이제 세상의 온갖 지탄을 받는 여자들이 되었다. 신영순과 김명애가 보여주는 인물적 파탄은 서사 내에서 그 파탄의 원인이 구체적으로 제시되지 않았으나 오현경의 서사에 이르러 여성의 고민, 비애, 고통이 결국 남성으로 대변되는 사회에 원인이 있음이 고발된다.

오현경은 온전하지 못한 정신으로 비밀실에 난입하여 세상의 불합리함을 광인의 목소리로 전달한다. 그리고 그 불합리함의 정점에 있는 장 교장에게 재떨이를 던져 살인한다. 오현경의 살인은 의도치 않게 김

8 『은하수』 121, 1937.11.15.

명애의 복수를 대신한 것이고, 박진의 자살 미수는 오현경의 복수를 김명애가 대신한, 반전의 아이러니를 발생시키고 다음 세상에 남성들도 모두 여성으로 태어나 똑같은 고통과 질곡을 견디어보라는 광인의 목소리는 단 한 번의 사랑으로 인생 전체가 뒤바뀐 여성의 가혹한 운명처럼 비통하고 처절하기만 하다.

5. 구원의 성자로서의 완인(完人) 남성

신영순, 김명애, 오현경 이들은 다른 시대적 감각과 성격, 외모를 가지고 있지만 하나같이 똑같은 운명을 살아간다. 이들이 공통된 운명의 질곡 속에서 허덕일 수밖에 없는 원인은 '계집된 죄' 때문이며 이것은 원죄로 취급됨으로써 이들의 분투와 노력으로는 벗어날 수 없는 천형으로 서사화된다.

비단 이 세 명의 주 인물뿐만 아니라 국적이 다른 내지 처녀 가지하라는 간호부에서 여급으로 생활하게 되고, 경화보육의 영예로운 운동부장 홍정진은 유부남의 꾐에 빠져 학교에서 퇴학을 당하며 명덕어멈과 침모도 모두 불행한 결혼으로 혼자된 몸이다. 이들은 모두 계집된 죄 때문에 누구랄 것 없이 모두 비슷한 운명을 살아간다.

작가는 여성을 고통과 괴로움 속에 밀어넣는 원인으로 '사내된 특권'을 남용하는 남성들을 지목했다. 『은하수』에서는 그 특권을 의도했던 의도하지 않았던 마구 휘두르는 갖가지 남성들이 등장한다. 김명애의 정조를 빼앗고 그 죄를 방종한 여성의 타락으로 소문낸 장 교장이나 결혼을 인생의 유희쯤으로 취급하여 오현경과 그 자식을 부정한 박진은 차치하고라도 영순의 고통을 짐작하면서도 방치한 아버지 신종수, 위

자료를 받아내고자 아내에게 독살의 죄를 뒤집어씌운 안복덕 등은 모두 부정적 인물로 그려진다.

대부분의 남성들이 여성을 존재론적 하자로 취급한 반면 이 작품에서 유일하게 긍정적인 인물로 그려지는 백인준은 그러한 남성들 속에서 오히려 극단적 박애주의자로 성인화된다. 백인준은 고통과 시련 속에서 허덕이는 모든 여성들을 구원할 뿐만 아니라 사내된 특권을 휘두르는 남성들을 개심시켜 그들을 반성케 하고 바른길로 인도한다.

대학병원 외과의로 있는 백인준은 사촌 여동생(수영) 병간호를 하던 영순의 헌신적 노력에 사랑의 감정을 느낀다. 하지만 자신의 사랑을 고백하려던 찰나 영순의 거짓 고백(정혼자가 있음)으로 좌절당하고 잠깐 유혹적이고 적극적인 명애에게 호감을 느끼기도 하지만 결국 영순에 대한 사랑을 잊지 못하고 심리적 고통을 겪는다.

백인준은 연애의 과정에 있는 일반적인 남녀들이 그렇듯 편지도 쓰고, 전화도 해보고, 집 앞에까지 찾아가 보았으나 영순 계모의 방해로 자신의 마음을 전달하지 못한다. 결국 영순의 결혼 날짜가 잡히고 백인준은 이루지 못한 사랑의 좌절로 상대방을 비난하기도 하고 자신의 못남을 부정하기도 하며 이별의 고통을 감내한다. 이때까지의 백인준은 사랑의 감정을 느끼고, 고백하고, 거절당하고, 좌절하고, 술 마시고, 상대방을 원망하며 다친 마음을 위로하는, 상당히 인간적인 모습을 보여준다.

하지만 이후 서사에서 오랜 시간 사라졌다가 여급이 된 명애와 가지하라의 눈에 발견된 인준의 모습은 하느님의 사자와 같이 거룩하고 고결한 모습이다. 이전의 백인준이 일반적인 대중연애소설의 완벽한 남성 주인공의 지위를 갖지는 못했으나 훨씬 인간적이고 생동감 있는 인물이었다면 성인화된 백인준은 개인적 사랑을 죽이고 불쌍한 인간을 위해 분투하는 성인의 모습을 보여준다.

백인준이 보여주는 아가페의 그늘 아래에서 모든 여성들은 구원되고 남성들은 개심한다. 사랑의 초월적 시혜성을 강조하는 아가페적 사랑은 은총적 성격을 통해 신적인 절대성을 드러낸다. 절대적 존재인 신만이 이러한 사랑을 줄 수 있으며 인간은 다만 자비와 은총에 참여할 뿐이다. 아가페는 원죄로 물들어 소외되어 있는 인간이 비로소 구원 받을 수 있는 유일한 사랑이다.

> "싫어 싫어. 난 이제 물질이란 죄다 없어져도 아깝지 않겠소. 아까 그이도 말씀하셨지 인생은 애욕이나 물질욕이나 명예욕이나 그런거보다 높고 고상한 게 있다고." … (중략) …
>
> "난 눈이 떼인 것 같은 마음이 나는구려. 뺨을 맞으면서도 태연히 상대자의 타락을 타이를 수 있는 그 도량 그게 정말이야 정말이구말구." … (중략) …
>
> "그래도 난 어떠한 노력을 하더라도 나를 구원하고 말테야 나뿐아니라 당신까지도." … (중략) …
>
> "네에 명애상 난 당신 사정을 아직 자세히 모르지만 정말루 인간이란 남을 원망하며 독을 품고 사는 것보다 서로 용서하여 사랑하고 사는 것이 바른 일 아닐까 우리 힘으로 우리 몸을 구원해 낼 수 없거든 그이 도움을 받아서라도 새로운 생활을 합시다."[9]

백인준을 사모하는 마음에 간호부를 그만두고 여급이 된 가지하라는 거룩한 백인준의 모습을 보고 지금까지의 거짓된 삶을 청산하기로

9 『은하수』 113, 1937.11.7.

결심한다. 이후 백인준의 가르침에 따라 교장을 살인하고 정신병원에 감금된 오현경을 헌신적으로 간호하며 그의 남은 가족들(맹인 조모와 저능아 남동생, 백치 딸)을 돌보아준다. 백인준과 가지하라의 정성스런 간호와 진심어린 충고를 받은 박진은 자신 때문에 오현경의 조모와 남동생이 자살하자 지금까지 유희적으로 인생을 낭비하고 남에게 고통을 안긴 삶을 깊이 반성하고 백치 딸을 잘 키울 것을 다짐한다.

백인준의 성인적 모습은 대부분 가지하라의 입을 통해 전해지는데 그녀는 백인준을 대신하여 명애를 개도하기 위해 애쓴다. 명애는 요부가 되어 세상 모든 남자들을 타락시키겠다는 독기로 가득 차 있었다. 그렇기에 인준의 행동이 오히려 위선적이거나 가식적이며 결국 자기 자신의 빛남을 위한 이기적 행동으로 생각했다. 하지만 백인준의 충실한 종인 가지하라가 늘 곁에서 백인준의 말씀을 전하며 명애의 타락한 마음을 돌리기 위해 애를 쓰자 그 누구에게서도 받지 못한 감격과 감사를 느끼게 된다. 명애를 설득한 가지하라의 노력과 한형철을 개심시킨 백인준의 노력으로 명애와 한형철은 다시 고향으로 귀향한다.

영순은 친정에 쫓겨온 후 아버지의 위암 발병으로 수술을 의뢰코자 백인준과 재회한다. 영순은 싫어서 헤어진 것이 아니었기에 재회 후에도 연애적 사랑을 갈망한다. 하지만 백인준은 '영순이나 명애나 가지하라나 모든 여성들을 사랑하는 대신 더 높고 더 거룩한 무엇을 사모하고 계신 이'였다.

남편 독살죄를 뒤집어쓰고 친정으로 쫓겨온 영순은 폐병까지 덮쳐 삶을 포기하려 한다. 하지만 백인준은 자신의 돈을 들여 영순의 결혼을 해소하고 (남편 독살죄를 씌워 거액의 위자료를 요구하는 안복덕에게 돈을 주어 이혼시킨다) 영순을 해주 요양원으로 옮겨 병을 치료해준다. 백인준은 스스로에 주눅들어 인종의 노예 근성을 버리지 못한 영순에게 사기

주장과 자립의 기반을 마련해주고 유학길에 오른다.

그 와중에 실업계의 거두로 세상에 거칠 것 없던 영순의 친부 신종수의 위암을 수술해주자 신종수는 백인준의 인류애적 태도에 큰 깨달음을 얻고 교육 사업에 투신할 것을 다짐한다. 백인준의 높고 거룩한 정신에 감동하고 그간 영순에 대한 미안함으로 경화보육을 인수한 신종수는 장차 영순을 사감으로 초빙하여 조선의 고통받는 여학생들의 참다란 인도자로 성장시킬 것을 다짐한다. 이 모든 미래는 백인준의 노력과 분두로 결실을 맺게 된다.

6. 실연담의 역설, 굳센 은하수에 대한 기대

여름의 밤하늘은 몹시 아득합니다. 저녁을 마치고 마루 끝에 나 앉았으면 비듬이 천심을 장식하는 허연 별의 모임 사람들은 그것을 불러 은하라 일컫습니다. 은강물, 은강물- 얼마나 그윽한 부름입니까. 아무리 때 묻고 더러워진 영혼이라도 가슴에 손을 얹고 은하수를 쳐다 볼 때만은 저절로 부모가 생각나고 고향이 생각나고 맑고 착한 인간의 본성에 돌아올 것입니다. 이 밤에도 쓰라린 과거를 은빛 강물 아래서 참회하는 젊은 여성들이 얼마나 많겠습니까. 여성은 흔히 약하다 합니다. 약함으로 잃고 빼앗기고 울고 불행해집니다. 이 같은 우리 여성들을 '강하여라' '굳세어라' 하기 전에 왜 약한가 무엇이 약하게 만들었나 어찌하여 강하게 살자 하면서도 결국은 약자의 굴레를 벗어나지 못하는 이러한 문제를 그려보려 하는 것이 소설 '은하수'의 주제입니다. 약한 자보다 약하게 만든 자가 더 나쁩니다. 과실을 범하는 자보다 그 잘못을 범하게 한 자가 있다면 더욱 밉지 않겠습니까? '은하수'에 나오는

여러 타입의 여성들이 어서 그들의 약한 원인을 깨닫고 굳센 사람이 되기를 빕니다.[10]

이 연재소설 예고란의 작가의 말을 보면 이 작품의 주제의식을 명확히 알 수 있다. 여성의 약함과 부족함을 무조건 비난하지 말고 그 약하고 불쌍한 여성들을 약하고 불쌍하게 만드는 것들, 강하고 굳세짐을 방해하는 것들을 좀 더 구체적이고 사실적으로 파헤쳐보자는 것이 이 작품의 주제의식인 것이다.

소설 속에서 세상의 지탄을 받는 살인하는 여자(신영순), 타락하는 여자(김명애), 자살하는 여자(정신적 자살-오현경)의 내막과 심경은 광인의 살기 어린 목소리를 통해 직설적으로 전달된다. 이들이 살인하거나 타락하거나 미칠 수밖에 없는 이유는 남성으로 대변되는 사회의 부조리 때문이다. 여성들이 다른 시대적 감각과 성격, 외모를 가지고 있지만 하나같이 똑같은 운명을 살아갈 수밖에 없는 것은 계집된 죄라는 공통된 운명의 질곡 때문이며 남성들은 오직 태생적으로 갖게 된 남성된 무기를 특권처럼 휘둘러 여성을 시련과 고통으로 내모는 것이다.

하지만 이 작품에서 남성으로 대변되는 사회적 불합리만을 비판하는 것은 아니다. 주눅과 자만, 콤플렉스 등의 여성 개인적 결함까지 함께 비판함으로써 다양한 각도에서 식민지 여성의 삶과 시련, 나아가야 할 방향을 제시하고 있는 것이다. 더불어 서울의 백만장자이자 근대적 실업 감각으로 자본을 소유한 신종수의 딸 신영순은 오히려 전통적이고 순종적인 여성으로, 시골의 퇴락 양반인 김 진사의 외동딸로 일찍부터 정혼자를 가진 김명애는 반대로 근대적이고 명랑한 여성으로 그려

---

10 「연재소설 예고」, 『매일신보』, 1937.6.29.

내는 작가의 아이러니적 기법과 양가적 감정 속에서 선택적 갈등을 묘파하는 탁월한 심리 묘사 등은 고평 받아야 마땅할 것이다.

그러나 여성의 운명과 질곡, 시련을 좀 더 거시적이고 사회 구조적인 차원에서 다루지 못하고 백인준을 제외하고는 남성과 여성의 관계를 상당히 적대적으로 그리고 있으며 그러한 적대성 내에서 여성을 구원하는 것은 또 다른 남성일 뿐이라는 결말은 환원론적 오류에 빠지게 하는 아쉬움을 남긴다.

10

한국전쟁기 베스트셀러 연애소설을 읽는 새로운 문법

:: 『격랑』론 ::

1. 한국전쟁기 장덕조 대중연애소설의 위상

장덕조는 한 시대를 풍미했던 작가이다. 이때의 '한' 시대는 일반적인 작가들보다 훨씬 더 긴 시간성을 요구한다. 한국 여성문학사에서 비견할 수 없는 왕성한 집필 활동은 1930년대에 출발, 세기를 달리하여 2000년대까지 이어졌다. 성왕한 창작욕은 활동 지면을 넘나들었고, 소설에만 국한되지 않는 서사력은 동시대의 다른 여성작가와 달리 야담, 희곡, 방송소설까지 새로운 대중매체들을 섭렵하면서 다채로운 창작 활동으로 지속되었다. 전 생애에 가까울 만큼 창작에 종사한 시간이 길었고 일제 강점기, 해방 공간, 한국전쟁기, 군정기, 민주화 시대 등 한국 현대사의 어느 시기에도 그의 글쓰기는 멈추지 않았다. 작품 활동의 시간으로 보나 작품량으로 보나 한국 문학사 상의 기록을 세울 만한 숫자인 듯하다.

하지만 다작의 작품 활동 및 긴 작가 이력에도 불구하고 그의 작품이 문단의 관심을 받은 적은 드물다. 식민지 시기 제2기 여성작가로 활동하면서 여류문단의 중추적 역할을 수행했지만 최정희, 이선희, 김말봉만큼 당시에 이슈가 될 만한 자기 세계를 발화하지 않았기 때문에 문단적으로 대중적으로 소외를 받았다.

장덕조의 작가적 신분이 확립된 것은 1950·1960년대의 일이다. 장덕조는 1950년대 수많은 대중연애소설을 발표한 인기 작가로 1950년대 대중소설 인기를 견인했던 정비석, 김내성 등과 어깨를 나란히 했다. 한국전쟁기 신문에 소설을 연재한 작가로는 김광주가 19편으로 가장 많으며 최인욱 16편, 정비석 15편, 박용구 14편, 장덕조 13편, 곽하신 13편, 박영준 12편, 김말봉 11편 등이 그 뒤를 잇는다.[1] 장덕조는 1950년대 당시 인기의 척도라 할 수 있는 신문소설을 가장 많이 연재한 여성작가로서 독자들에게 큰 호응을 얻었으며 우리 문단의 제일인자로 손꼽히는 대중소설가로 자리매김했다. 그러므로 1930년대의 김말봉에 뒤이어 대중소설에서의 여성작가 계보를 잇는 대표적 인물인 셈이다.

이 장에서는 한국전쟁기 이후 장덕조 대중연애소설의 대표성을 띠는 『격랑』을 중심으로 장덕조 소설의 변화 양상과 연애를 통해 드러나는 작가의 시대의식을 고찰해보고자 한다. 『격랑』은 1957년 12월 1일부터 1958년 5월 31일까지 『경향신문』에 총 181회 연재된 소설로 1959년 단행본으로 출판되었다. 1950년대 장덕조가 발표한 소설을 크

1 한원영, 『한국신문 연재소설의 사적 연구(상)』, 푸른 사상, 2010, 38쪽.

게 대중연애소설과 멜로풍 역사소설로 대별할 수 있는데 작품의 배경이 현대와 과거(역사)를 넘나듦에도 로맨스의 특수성과 보편성을 통해 시대성을 포착하고자 했던 작가의식의 일관성을 발견할 수 있다. 『격랑』은 연역적으로 볼 때 식민지 시대부터 이어진 여성의 보편적 일상사를 기저로 1950년대 시대적 특수성을 사랑 이야기를 통해 구현한 것으로, 이 시기 독자들의 오락적 흥미를 충족하면서도 불변하는 가치에 대해 설파하는 교양적 서사이다.

2. 1950년대 장덕조 방식의 유니크성

이 글은 앞의 두 장과 연속선상에 있다. 초기 단편소설을 중심으로 장덕조의 문학적 출발에 대해 규명한 「부부 중심의 러브스토리와 스위트홈의 구상」에서는 식민지 시기 장덕조의 젠더의식에 주목했다. 초기 소설은 식민지 시기 여성들의 일상사를 소재로 사랑과 결혼을 통해 부부 중심의 도덕적 가정 건설을 서사화한다. 이들은 의도치 않게 발생하는 삶의 혼란(남편의 외도)을 일탈이나 타락의 기제로 삼지 않고 반성의 계기로 삼으면서 더욱 단단한 가정을 이루어낸다. 그러므로 장덕조의 초기 단편소설은 아내가 이야기를 이끌어가는 부부 중심의 가정소설이라 할 수 있다.

장덕조의 첫 장편소설인 『은하수』는 대중연애소설임에도 주인공 남성과의 연애 관계는 약화되고 오히려 식민지 여성들의 개인적, 사회적 수난사가 전면화되었다는 측면에서 초기 단편소설과 궤를 같이한다. 여성들이 다른 시대적 감각(전통과 근대)과 성격, 외모를 가지고 있음에도 하나같이 똑같은 운명을 살아갈 수밖에 없는 것은 '계집된 죄' 때문이며 남성들은 태생적으로 갖게 된 '사내된 특권'를 휘둘러 여성을 고통과 시련으로 내몬다.

앞선 두 장의 내용을 볼 때 식민지 시기 발표한 초기 소설의 주요 소재는 식민지 시대 여성들의 사랑, 결혼, 가정 문제이며 연애나 애정 충돌이 주요 갈등으로 등장한다. 이는 시대를 달리해도 장덕조 소설의 주요 제재이지만 갈등을 예각화하는 방식이나 주요 플롯에서는 변화가 감지된다. 장덕조가 1950~1960년대 발표한 소설을 보면 소설의 배경이 현저히 도시 공간으로 바뀌었다. 주인공의 직업은 남성의 경우 식업 불명의 남편이거나 땅을 잃은 농민이었던 반해 구미에서 돌아온 사람, 의사, 은행가, 실업가 등으로 구체화되었다. 여성의 경우도 대개 가정주부였다가 전쟁미망인, 여대생으로 변화되었다. 특히 사건의 핵심적 갈등은 이전의 소설일 경우 가정 잡사였으나 에로스적 요소가 가미된 삼각연애, 외도, 원조교제, 불륜 등으로 한국전쟁기 대중의 호기심을 끌 수 있는 자극적인 소재가 전면화되었다. 『격랑』 또한 장덕조의 1950년대 대중소설의 핵심 제재에 부합하는 내용을 표면에 배치하여 독자의 호기심을 자극하고 있다.

가장 이른 시기에 장덕조의 전 작품을 연구 대상으로 그 변모 양상과 작가의식을 연구한 조리에 따르면 장덕조의 작품에서는 1950년대를 전후로 이전의 작품 세계에 반한 새로운 방향 전환을 감지할 수 있다고 했다. 먼저 그 이전의 작품에 대해서는 초기의 신감각적인 인상과 그 후의 서정적, 신변소설적, 사실적, 풍자적, 향토적 특징들을 언급했다. 그러나 1950년대 이후의 연재소설들은 이러한 용어들로 표현하기가 어렵다고 하면서 이전의 작품들은 의식적으로 본격문학에 접근하여 개인적인 담론과 주아적 감정을 표현하고자 했다면 그 이후의 연재소설들은 상업성에 양보함으로써 통속적인 대중소설로서 스토리의 확장과 주제의 불명확성이라는 특징을 드러낸다고 정리했다. 조리의 연구는 장덕조의 문학 세계를 통시적으로 살필 수 있는 기반을 마련했다는 점에서 의의를 지니지만 연구의 비중이 상대적으로 식민지 시기에 발표한 작품에 치우친 감이 있어 1950년대 이후에 발표한 작품에 대한 관심을 촉발한다.

김동윤은 1950년대 신문 연재소설을 개괄하면서 장덕조의 작품(『격랑』, 『원색지대』)이 특히 사회부패상에 대한 대항의식을 드러낸다고 보았다. 정치인, 고급관료 등 지도층의 부패상과 정치 불신이 강렬하게 제기되어 있고 뇌물 청탁과 권력 동원이 난무하는 무규범성의 세태도 반영되어 있다고 보았다. 이는 장덕조의 대중연애소설이 시대성의 반영이자 이에 대한 비판의식을 드러냄으로써 신문소설의 사회적 기능을 달성했다는 긍정적 평가라 할 수 있다.[2] 김동윤의 연구는 1950년대 신문소설의 전반적 양상과 특징에 집중하다보니 개별 작품을 깊이 있게 고구할 수 없었고 이러한 이유로 『격랑』 또한 소재적 차원에서만 언급된 한계가 있다.

남금희는 『대구매일신문』에 연재된 장덕조의 소설 5편(「비취」, 「만종)이 운다」, 「여자 삼십대」, 「여인상」, 「역류 속에서」)을 연구 대상으로 1950년대 시대상과 애정 풍속, 전쟁을 겪은 여성들의 가치관의 변화를 살펴보고 있다. 전후 여성들의 지위와 사회 인식의 변화는 봉건적 사고를 벗어나 개인의 행복과 애정의 권리가 우선시되는 삶을 요구하지만 그 형태는 기존의 도덕적 관습을 뛰어넘는 간통, 도피행각, 죽음 등으로

2 20대의 회사원 최금희는 "유능한 정치가라고 불리우고 싶으면 싶을수록 책략과 허위를 일삼아야 하는 모양"이라며 선거운동이란 거짓말 경쟁이라고 비판한다. 뿐만 아니라 "정치가라는 건 출세를 위해서는 어떤 부끄러움도 창피도 무릅"쓴다면서 "양심이란 걸 가져서는 정치가가 될 수 없다"고 흥분한다. 정치와 선거에 대한 강한 불신이 드러난다. 김동윤, 『신문소설의 재조명』, 예림기획, 2001, 154쪽.

파국을 맺는다고 보았다. 또한 전후 여성들이 인생의 길에서 무너지는 모습을 보여주는 반면 건전한 가치관을 가지고 현실을 직시하며 변화하는 현실에 적응하려는 여성 인물들 또한 그려내었다고 평가했다.[3]

이영미는 장덕조의 1950년대 연애소설을 두루 살피면서 장덕조의 대중연애소설이 동시대에 활동했던 정비석, 김내성, 김말봉 등과 어떻게 같고 다른지를 파악함으로써 장덕조 소설의 특수성을 파착했다. 장덕조의 대중연애소설이 한국전쟁 이후 물질 만능의 세태 속에서도 사랑의 진정성을 선택하는 방식으로 신파성을 극복했고 이러한 측면에서 김내성의 소설과 맞닿아 있다고 보았다.[4] 남금희와 이영미의 연구는 장덕조가 1950년대 발표한 대중연애소설을 연속성의 측면에서 살피면서 시대적 특수성을 포착했지만 이를 통해 작가가 이야기하고자 하는 주제의식이 무엇인지는 뚜렷이 밝히지 못한 면이 있다.

김윤서는 자신의 연구에서 장덕조가 1930년대 쓴 소설들이 서정적, 신변잡기적이라면 1950년에 이르러 확실히 대중소설적 면모를 갖추었다고 평가했다. 김윤서는 장덕조의 1950년대 장편 연애소설을 대상으로 젠더 정체성과 생성의 윤리, 미학적 측면을 살펴보았는데 특히 『격랑』의 경우 1950년대 여성들의 성과 사랑, 결혼이라는 문화정치가 새롭고 현대적인 양태 속에서 구현되었다고 보았다. 비규범적 사랑의 양식들이 가부장적 연애 담론과 위계화를 배제한 채 성의식의 탈주를 보여준다고 했다. 결론적으로 여성 젠더의 귀결점이 가부장적 이데올로기에 대한 또 하나의 종속이라는 점이 장덕조 소설의 한계이나 반면 가

---

3 남금희, 「1950년대 장덕조 신문소설 연구-『대구매일신문』을 중심으로」, 『현대소설연구』 제20호, 한국현대소설학회, 2003.
4 이영미, 「아프레걸과 현모양처, 그 허와 실-장덕조와 박계형」, 『한국대중예술사, 신파성으로 읽다』, 푸른역사, 2016.

부장제의 거대 담론 속에서 상징적 기표로 머물지 않고 슬픔과 고통을 긍정하는 힘과 본질주의로서의 여성 젠더의식을 찾고자 하는 주체의 태동, 재배치, 새로운 생성을 보여준다는 점에서 그 의의를 찾았다. 『격랑』을 '질투 모티프'로 고찰한 연구에서는 세 여성 인물(추련, 금희, 은주)의 질투의 양상을 구별하고 이것이 성, 사랑, 결혼과 이데올로기의 불완전성 및 욕망의 영역을 형성해가는 것을 살펴보았다.[5] 김윤서는 박사학위 논문에서 소략하게 분석된 『격랑』을 개별 논문으로 확장, 질투의 방법론으로 해석했는데 여성 인물의 변별에 따른 세 가지 질투의 양상만을 확인하는 차원에서 마무리된 감이 있어 아쉽다.

1950년대 신문 연재소설에서는 여러 가지 여성 문제가 부각되어 나타나는 것이 주된 특징의 하나이다. 이 시기 소설은 부정적 의미에서 여성 문제를 사회의 이슈로 부각시키는 면도 있었지만 여성 의식의 자각과 확산에 기여한 부분 또한 간과할 수 없다. 예를 들어 전쟁 미망인의 시련과 방황이라든지 유한마담과 여대생들의 탈선 등을 중심으로 여성 문제에 대한 관심을 증대시키는 가운데 성차별의 실상을 고발하고 여성 의식을 고취하는 기능을 나름대로 수행했다 할 수 있다. 여전히 가부장제가 지배 이데올로기로서 굳건히 자리 잡고 있던 상황이었지만 높은 현실의 장벽 속에서 그에 대한 문제 제기를 시도했다고 볼 수 있다. 그리고 이러한 여성 의식의 쟁점화가 소설에 많이 드러나는 것은 여성작가의 활동이 활발해진 점과도 맥을 같이한다.

한국전쟁기 그 어떤 작가보다 활발히 작품 활동을 수행한 장덕조는 대중연애소설의 규범적인 관습(convention)을 유지하면서, 기존 가치관

---

5 김윤서, 「장덕조 소설의 젠더의식 연구-1950년대 연애소설을 중심으로」, 영남대학교 박사학위 논문, 2017;김윤서, 「장덕조 소설에 내재한 '질투' 모티프 고찰-『격랑』을 중심으로」, 『한민족어문학』 제78집, 한민족어문학회, 2017.

을 포용함과 동시에 남녀 주인공의 욕망과 인식의 변화 등 대중의 가치관과 교감하며 새로운 젠더상을 구축하는 글쓰기를 했다. 이것이 1930년대 김말봉을 잇는 1950년대 새로운 '유니크'인 것이다. 이 시기 장덕조의 대중연애소설이 빠르게 인정받을 수 있었던 것은 독자의 심미적 욕구와 소설의 간접적 지도 기능, 교양의 수단을 골고루 갖추어 맛있게 차림할 수 있는 장덕조의 필력 때문이었다.

이 시기 "장덕조 여사는 이미 '광풍', '낙화암', '다정도 병이련가' '누가 죄인이냐' 등의 장편소설로 정평이 있는 분"으로, 이 장에서는 1950년대 장덕조 신문 연재 대중연애소설의 대표성을 갖는 『격랑』을 통해 동시대 다른 작가와 변별되는 장덕조의 독특성을 연애소설의 구현 방식을 통해 살피고자 한다. "격랑처럼 흔들리는 시대의 풍속도" 속에서 "오탁과 추악에 물들지 않은" 숨은 진주(한은주)의 사랑과 사상과 생활 방식을 통해 "한 줄기 시대상을 응시"하려는 작가의 의도를 고찰해보고자 한다.[6]

3. 여대생의 총명한 사랑과 합리적 여성상의 건설

연애소설을 읽는 가장 전통적인 방식은 서사에 표면화되어 있는 삼각관계의 플롯을 따라가는 것이다. 애정의 삼각관계는 연애소설의 관습화된 공식으로 도덕과 욕망의 선택적 갈등에 처한 주 인물의 상황을 구현하기에 효과적이다. 또한 하나의 삼각형은 각 꼭짓점에 위치한 인물을 중심으로 새로운 삼각관계를 형성하기에 사건이 유기적으로 조직

6 「다음 석간 장편소설 격랑 연재예고」, 『경향신문』, 1957.11.20.

화되어 마치 상당히 복잡한 사건의 충돌로 포장되기도 한다. 이러한 삼각관계의 서사를 쫓아가는 독자는 반복과 중첩의 사건 속에서 해결의 실마리를 찾고 주 인물의 선택과 오해에 심리적 긴장감을 갖고 서사적 흥미를 느끼게 되는 것이다.

『격랑』에는 모두 네 개의 삼각관계가 등장한다. 박창렬-한은주-유준식, 한은주-박창렬-추련여사의 삼각관계는 주요 플롯을 형성하면서 서사의 내적 긴장을 유발하고 한은주-유준식-한은영, 한은영-유준식-최금희의 삼간관계는 부차 플롯을 형성하면서 서사의 행간을 풍성하게 만든다. 이 소설에서 가장 핵심적인 삼각관계는 여주인공 한은주를 중심으로 놓고 박창렬-한은주-유준식, 박창렬-한은주-추련 여사의 삼각관계이다.

여주인공 한은주는 여대생으로 가난한 아이들을 위해 야간교실에 참여하고 있는, 성정이 청정하고 고고하며 아름다운 여성이다. 이런 은주의 가정은, 아버지는 손꼽던 영문학자였으나 사변 때 납치당해 생사조차 알 수 없고 어머니는 수복 후 처음에는 옷가지며 패물 같은 것을 돈으로 바꾸어 살고 그다음에는 빚을 얻어 지냈으리만큼 생활에 대해 몰상식하다. 그럼에도 끌려간 남편이 돌아왔을 때 얼굴 볼 낯이 없다며 딸들은 대학(은주)과 고등학교(은영)에 보내고 있다. 다달이 학비와 생활비에 이자를 무는 빚만 백만 환이지만 딸들의 취직을 허락하지 않는다. 이러한 가정에서 은주는 경제적 곤궁에 시달리면서도 자신이 추구하는 가치를 잃지 않기 위해 고군분투한다.

한은주와 함께 야간교실을 운영하는 유준식은 은주와 마찬가지로 대학에 다니고 있으며 가난하지만 "정직하고 순정적이고 얼굴이 잘 생겼다."[7] 한은주는 자신의 삶을 돌보지 않고 오직 야간교실 아이들의 교육에 내진하는 유준식을 정신적으로 존경한다. 두 선남선녀 주인공은 순수함, 도덕성, 정직함의 정신적 요소(선의 가치)와 반면 물질적 결여라는 결핍의 요소를 갖춘, 이러한 의미에서 전통적인 연애소설의 주인공 '감'으로 손색이 없다.

서사의 초반부는 가난하지만 건강한, 궁핍하지만 풍족한 아름다운 남녀의 사랑의 서사에 초점이 맞추어진 듯하여 독자들의 멜로드라마적 감상성을 충족시키는 듯 보인다. 이러한 방식은 고전적이며 전형적인 연애서사의 공식이다. 하지만 이러한 환상은 얼마 지나지 않고 깨어진다. 한은주와 유준식은 친밀함을 기반으로 한 감정적 유대를 갖지만 이것이 열정적 사랑으로 가속화되진 않는다. 한은주와 유준식의 사이는 "사랑하는 사이라기보다는 친우라는 편이 옳았다."[8] 한은주는 유준식의 반항적인 성격과 곧은 정직함, 습관화된 고독을 동경하기는 했지만 그를 현실적 의미의 애인으로 여기기엔 경제적 장벽이 서로에게 놓여 있었다.

> 젊은 남녀가 저녁마다 같은 장소에서 같은 목적을 위해 노력하고 있노라면 서로 호의를 가지는 것은 당연한 일일 것이다. 그러나 은주는 준식을 상대로 사랑에 빠지기에는 지나치게 총명하였고 준식 역시 생활의 부담이 너무도 컸다. 가난이 무엇인가를 그들은 다 같이 알고 있는 것이다. … (중략) … 은주는 결혼의 상대로서 준식을 생각할 때 전도는 요원한 듯 했다. 어느 편에서든지 경마말처럼 맹진할 정열이 없는 한 돈 없는 현대 지식 계급에 있어 연애란 결혼이란 한 개의 숙명이 아닐 수 없다고 생각하는 은주였다.[9]

---

7 장덕조, 『격랑』, 신태양사, 1959, 40쪽.
8 『격랑』, 43쪽.
9 『격랑』, 43쪽.

식민지 시대 최고의 대중연애소설 『찔레꽃』에서 보여준 사랑과는 확연히 다르다. 이들보다 더 가난하고 더 열악한 환경 속에서도 민수와 정순의 가난은 장애가 되지 않았다. 오히려 서로의 사랑을 더욱더 공고히 해주는 물적 장치였으며 그렇기에 그 사랑을 지켜나가는 정순의 숭고성은 종교적 경지(정순=성모 마리아)로 비약되기도 했다. 반면 이 작품에서 이상주의적 사랑은 자리할 곳이 없다. 사랑에는 총명함이 선행하기 때문이다. 명민(明敏)함이란 용어가 더 적합할 것 같은데 자신의 위치(여대생-가장)에 대해 정확히 파악하는 똑똑함과 맹진할 정열을 애당초 차단하는 민첩함이 '돈 없는 현대 지식 계급'의 숙명이라는 것이다.

은주가 준식과의 애정 문제를 의식적으로 급진전하지 않은 것은 그 사랑으로 인해 자기를 건설하기보다 후퇴시키는 점이 없지 않을까 주저했기 때문이었다. 이때의 자기 건설은 정신적, 이상주의적 요소가 아니다. 순수하거나 청결한 사람들은 이 같은 사고방식을 경박하고 안이한 태도로 조소할 수 있으나 은주가 생각하는 자기 건설은 가난에 괴로워하고 이를 부끄러워해 본 사람만이 이룩할 수 있는 자기 향상이다. 낭만적 사랑에 함몰되지 않는 현실주의적이며 합리적인 삶의 태도이다.

이러한 이유로 한은주와 유준식의 관계는 선남선녀의 연애서사를 형성하지 못하고, 유준식이 야간교실의 운영자금을 만들기 위해 고향으로 내려가면서 서사의 상당 부분에서 부재하게 된다. 유준식의 부재로 인해 상경 이후에도 유준식의 공백을 타고 들어온 박창렬과 본격적인 삼각관계를 형성하지 못한다. 이는 박창렬이 서사의 막바지에 이르러서야 은주의 애인으로 유준식의 이름을 알게 되고 이를 크게 개의치 않는 것을 통해서도 알 수 있다. 고향에서 상경한 후 유준식은 박창렬에게 물질적 원조를 받아 야간교실이 운영된 것을 확인하고 은주에게 크게 화를 내시만 은주의 상황에 개입할 자격이 없음을 알고 더 이상

야간교실에 나가지 않는다. 이후 유준식은 은주의 친구인 최금희, 은주의 여동생인 한은영 두 명의 아프레와 에로스적인 삼각관계를 형성하면서 새로운 의미망을 형성한다.

대중연애소설에서 여주인공들의 삶의 방식은 개인적 욕망이나 사랑의 감정이 자기 정체성을 확립하기 위한 필연적인 정서의 형태로 인정된다. 그들의 삶의 방식은 기존의 질서(구도덕)와 제도에 대한 거부와 새로운 질서에 대한 신념으로 욕망의 양각화를 구체적으로 보여준다. 서사의 전반적인 흐름에는 전통적인 선의 가치에 대한 굳건한 믿음과 수성의 의지를 보이는 은주지만 기존 질서에 대한 동요와 불안의식 또한 표출된다.

한은주는 동생 은영으로부터 '그이(박창렬)가 언니의 패트런'이라는 비아냥을 듣고도 "참 좋은 어른이야"로 무마해버린다. 은주는 박창렬의 굳센 힘과 정열에 큰 혼란을 느끼면서도 자신에게 굳센 기둥이 되어주었으면 하는 이중적 감정을 느낀다. 한은주는 박창렬을 애정의 상대라기보다 영혼이 안정할 수 있는 유일한 곳이라 생각했다. 애욕과 관능의 시선이 아니라 안심하고 평온한 사랑을 기대했음에, 창렬의 배신, 실연으로 강한 자기 존중의식을 회복하게 된다. 박창렬의 계속된 사과와 순애보적 행동에 내심 마음이 흔들리기도 했지만 새롭게 다져진 자신의 내적 생활이 이를 허락지 않았다.

고통을 통해 인생의 참된 값어치를 알고자 했던 은주는 격랑(사랑의 수난)의 바다에서 괴로움을 겪다가 비로소 인생 항로를 찾게 된 것이다. 이처럼 한은주는 전통적인 성 윤리를 견지하며 주어진 현실의 틀을 합리적으로 수용하는 자세를 통해 진정성 있는 연애의 의미를 되새긴다. 즉 사랑의 수난을 거쳐 새롭게 수립되는 윤리적 인간형의 여성인 한은주의 삶은 은영, 금희와 비교되어 긍정적인 가치를 획득하게 된다.

은주는 언제나 평온한 바다의 경멸할 뱃놀이꾼이 되기보다 이 세상의 모든 고통과 부딪쳐 그 처절한 인생의 참된 의의를 걸어보고 싶은 욕망을 가지고 있었다. 고생을 통하여 인생의 값을 알고 싶었다. … (중략) … 격랑의 바다에서 몇 번이나 난선의 괴로움을 경험한 뒤 비로소 자기의 용감했던 인생 항로에 대하여 말하리라 생각한다. 어찌 혼자 편안할 수 있겠는가. 많은 사람들이 각각 그 괴로운 인생 항로에서 허덕이고 있는데 홀로 파도 없는 바다의 유쾌하고 평온한 뱃놀이를 원한다는 것은 부끄러운 일이다.[10]

4. 중년 남성의 안정적 사랑과 보수주의로의 회귀

이 소설의 실질적인 남녀 주인공 및 삼각관계는 한은주와 '외국산 미학자' 박창렬이며, 이들의 연애서사를 추련 여사가 방해하는 형국이다. 한은주가 박창렬을 처음 만난 것은 추련 여사의 새로 지은 아틀리에 낙성 파티에서이다. 추련은 국전에서 조각으로 대통령상을 받은 여류 예술가이며 신선하고 발랄한 매력을 발산하는 여성이다. 평소 여류 조각가로서 추련을 사모해왔던 은주는 파티에서 타락에 찌든 현장을 목도하고 이를 야간학교 아이들의 세계와 비교하다 우울한 마음으로 파티를 빠져나오는데 은주를 뒤쫓아온 것이 박창렬이다.

애정소설의 공식성에 따르면 애정의 삼각관계에서 삼각을 형성하는 주 인물들은 시대적 가치를 대변하는데 이 가치가 선과 악으로 정확하게 양분된다. 악의 가치를 추구하는 인물은 거개가 자본을 바탕으로 가

10 『격랑』, 208쪽.

부장제의 이득을 누리는 전형적인 남근적 영웅과 일치한다. 남근적 영웅은 여성 인물을 도덕적으로 성적으로 억압하는 면에서 비도덕적 인물의 전형이다.[11] 앞선 관습에 따르면 박창렬은 한은주와 유준식의 건강한 연애관계를 방해하고 한은주의 물질적 결핍을 파고들어 여주인공을 선택적 갈등에 처하게 하는 남근적 인물일 것이다.

하지만 박창렬은 실상 마음이 깨끗하고 추한 것을 싫어하는 중년의 미학자로서 1950년대 장덕조 연애소설의 새로운 남성 주인공형이다. 박창렬은 프랑스에서 미학을 전공했고 현재는 대학교수로서 남 보기 부끄럽지 않은 세태적 지위를 가지고 있으며 결혼의 경험이 없는 미혼자로서, 정신적 물질적으로 모든 자격을 구비한 중년 신사이다. 타고난 반항적인 성격과 긴 외지 생활에서 습관된 고독으로 화려한 인생에 대한 동경은 접어둔 채 어느새 중년이 되었는데 한은주의 외곬적인 정직함에 새로운 세계를 발견하고 망막하던 생활이 선명한 색채를 띠기 시작했다.

박창렬이 한은주에 대한 사랑을 고백하면서 추련 또한 질투로 유발된 사랑의 감정을 확인한다. 사실 박창렬과 추련의 관계는 한은주와의 관계보다 훨씬 더 드라마틱하다. 죽은 오빠의 친구로 어렸을 때 만나 청년 시절 추련에게 열정적으로 구애했으나 추련은 창렬의 친구와 결혼을 했다. 창렬은 실연의 아픔으로 고국을 떠나 프랑스 유학길에 올랐고 다시 고국에 돌아왔을 때 추련은 미망인이 되어 있었다. 하지만 창렬은 이미 추련에게 과거의 열정이 사라졌으며 우연히 파티에서 만난 깨끗하고 고귀한 은주에게 매혹되지만 서로 엇나가는 운명의 장난처럼 추련은 창렬에게 집착하게 된다. 게다가 여성에게 전혀 관심이 없던 창

11 이정옥, 『1930년대 한국 대중소설의 이해』, 국학자료원, 2000, 155-156쪽.

렬이 추련에게 메신저가 되어달라고 하자 추련은 '매사에 질투가 났다'. 모든 것을 구비한 신사의 사랑을 얻는 것은 "자기 개인의 자존심뿐만 아니라 미망인의 이름으로써도 승리"[12]하는 것이라 생각했기에 추련은 본격적으로 창렬을 유혹하기로 결심한다.

추련은 박창렬에게 약을 탄 물을 마시게 한다. 쓰러진 박창렬을 침대에 누이고 금희로 하여금 은주를 불러내어 침대에 함께 누워 있는 모습을 보게 한다. 이날은 박창렬이 은주의 집으로 약혼을 허락받기 위해 오기로 한 날이었다. 가장 행복한 날 모든 파탄을 경험한 은주는 장고의 시간 끝에 박창렬과 헤어질 결심을 하고 P읍의 조그만 여학교로 떠나게 된다.

박창렬은 은주가 떠난 이유를 알지 못한다. 그러한 상황에서도 박창렬은 은주의 고귀함과 사랑을 믿고 순애보적 사랑을 지켜나간다. 박창렬의 굳센 의지와 사랑의 강도는 은주와 연애 중일 때보다 실연한 이후 더욱 빛을 발한다. 도량이 넓은 것, 한결같은 성격, 남을 의심할 줄 모르는 심정은 한은주가 그토록 지키고자 했던 '격 있는 사람'으로서의 면모를 보여준다.

추련은 창렬이 은주와 헤어진 후 자신에게로 올 것이라고 믿고 있었다. 하지만 박창렬의 순애보적 사랑이 은주가 사라진 뒤 그 집안까지 돌보는 사태가 되자 다시 계략을 짠다. 금희와 추련은 제2차 합작으로 박창렬을 정릉의 호텔로 이끌고 가 저번처럼 약을 탄 냉수를 마시게 한다. 호텔방에 숨어 있던 추련은 의식을 잃은 박창렬에게 '책임을 지우자'는 속셈으로 가장 강력하고 비합법적인 방법으로 박창렬을 공략한다. 결국 추련과 하룻밤을 같이 지낸 박창렬은 아침이 되어 '결혼을 약

---

12 『격랑』, 344쪽.

속했다'는 추련의 말을 듣고 도망치듯 호텔을 빠져나온다. 몽롱한 정신과 세상의 모든 허위와 속임수에서 벗어날 수 있는 유일한 구원자인 은주에게로 가고자 맹렬히 차를 몰았으나 결국 박창렬의 차는 낭떠러지에서 떨어지고 만다. 두 공범자 추련과 금희는 박창렬의 사고 소식을 접하고 병원을 찾아가면서 박창렬의 의지에 새삼 놀라고 자신들의 이기를 참회한다.

> 그 힘은 몸에 배인 습성이라고도 할 수 있고 사상이라고도 부를 수 있는 것이었다. 그것은 보수적인 그리고 자기 기호나 사상에 완고한 신념을 가진 전통적인 한국인의 성격이기도 했다. 그 같은 신념과 성격 속에서 박창렬의 연애도 의외로 보수적인 틀 가운데서 진행되고 있었는지 모른다. 그는 무궤도라는 것을 가장 싫어했다.
>
> 그가 처녀성을 높이 평가한 것도 그 같은 사상 때문인지 몰랐다. 요컨대 그는 정통적인 사회질서 안에서 살아가야 할 사람이었다. 박창렬은 그 연대 남성들이 호흡해온 한국의 전통적인 사회도덕 속에서 자라나 파리의 생활이 몸에 배인 남자다.
>
> 추련은 신이 자기를 벌한 것이라고 생각할 수밖에 없었다. 주아적(主我的)인 애욕을 못 이겨 덮어놓고 빼앗으려고만 했던 잘못을 신은 이렇게 벌하신 것이다. 추련은 박창렬을 통하여 비로소 남녀간의 애정이란 얼마나 몰아적(沒我的)이라는 것을 배웠다. 인간은 가장 크고 높은 애정을 지녔을 때 어떤 방해에도 꺾이지 않는다. 상대방을 믿는 마음이 그만큼 큰 것이었다. 진실로 사랑하는 동안 인간은 신에게 통할 수 있는 것인지도 몰랐다. 박창렬의 은주에 대한 사랑이 그러했다.[13]

13 『격랑』, 476쪽.

『격랑』은 전후사회의 혼란과 불안 속에 변화된 시대상을 대변하는 남녀 주인공의 모습을 통해 대중연애소설이 가질 수 있는 사회적 멜로드라마로서의 가치를 구현했다. 끊임없이 유동하는 세계가 주는 이상 속에서 이전에 보여준 바 없는 새로운 애정 갈등 양상을 그렸다.

즉 신성해야 할 연애와 결혼에서 돈(물질)이 우선시되는 세태에 대해 매춘에 가까운 부정적 요소라는 판단이 전제된다. 하지만 이것은 시대의 어쩔 수 없는 흐름이라는 것, 또한 진정한 사랑의 마음이 전제된다면 남성의 물질적 후원은 충분히 정당하고 심지어 애정의 크기가 커질수록 물질적 후원도 커진다는 생각을 내비친다. 사랑의 물질성은 정신성만큼이나 사랑을 윤택하고 풍요롭게 만드는 요소라는 점을 피력한다. 이렇게 물질과 애정을 교환관계로 설정하는 것이 정당할 수 있다고 보는 점에서 장덕조는 정비석과 동질적이다.[14]

단 장덕조는 이러한 물질적 원조가 정당하려면 사랑의 진정성이 전제되어야 함을 강조한다. 가난의 고통을 견디면서도 자기 향상을 고집하는 한은주의 합리적 사랑과 그 삶을 정신적, 물질적으로 격려하고 옹호하는 박창렬의 성숙한 사랑에서 새롭고 발전적인 사랑의 배태가 가능한 것이다. 단지 물질의 풍요로움에 기반한 중년 남성의 청춘에 대한 성적인 갈망이 아니라 서로의 정신적 요소에 대한 동경과 합일이 선행한 후 육체적 욕망은 이를 강화시킨다. 이 시기 소설에서 애정을 물질과 연계시키는 사고가 매우 당당하게 발현되는 경우는 장덕조 소설 외에 쉽게 발견되지 않으며 이것은 당대 현실의 반영태이자 다른 의미에서 이상주의적인 사랑의 양상일 것이다.

이처럼 『격랑』은 새로운 인간상과 연애관을 제시하며 당시로서는 보

14 이영미, 앞의 책, 336-337쪽.

기 힘든 애정소설을 구현했지만 종국에는 물질적 가치를 대변하는 남성 주인공을 죽음으로 처리하고 사회가 제시하는 도덕적 윤리를 따라야 한다는 것으로 소설은 마무리된다는 점에서 대중연애소설의 공식에 충실하다. 박창렬은 자유로운 파리에서 유학생활을 했기 때문에 정신적 특히 육체적으로 개방적 분방함을 지녔으리라 추측하지만 실상 추련과 금희로 상징되는 허위와 타락의 구렁텅이를 빠져나오려는 박창렬의 정신과 오버랩되는 것은 '보수성', '자기 기호나 사상에 완고한 신념'이다. 박창렬은 무규범적이고 반도덕적인 것을 싫어했으며 이러한 이유로 한은주의 처녀성(정직함과 자기 향상을 위한 노력)을 존중했다. 그리고 이것은 한국의 전통적인 사회 도덕 속에서 성장한 '전통적인 한국인의 성격'으로 일반화된다.

박창렬이 사랑하는 여성을 지키려 자신을 죽여 얻게 되는 몰아적 사랑은 종교적 신념으로서의 가치를 획득하게 된다. 소설의 중반까지 이 소설이 획득한 독특한 사랑의 양상은 대중연애소설의 전형적 결말 구도에 침몰해 들어가면서 대중연애소설의 전통적 가치와 나를 던져 악인까지 회개하게 만드는 휴머니즘으로 귀결된다. 2차에 걸친 속임수로 사랑을 빼앗고 죽음에 이르게 한 추련과 금희에게 마지막 유언을 하며 숨을 거두는 창렬의 모습은 가치 있는 삶의 방향을 제안하는 소설의 지향점이며 도덕성과 윤리성을 강조하는 일면이라고 할 수 있다. 창렬이 운명하게 되자 이기적이고 타락한 욕망에 후회의 눈물을 흘리는 추련과 금희의 모습을 통해 작가가 추구하는 윤리관을 되새김질하게 된다.

5. 패트런과 아프레의 시대성, 전환기 사회의 재현

장덕조가 한국전쟁 이후 발표한 대부분의 대중연애소설이 초중반부에는 에로스가 점철된 자유연애를 통한 낭만적 사랑, 미국식 문물과 사상의 유입을 통해 전근대성과 근대성의 혼성을 재현한다고 볼 때 이러한 사회문화적 코드는 한국 사회의 변화와 흐름을 상징적으로 보여준다고 할 수 있다. 그리고 이러한 변화를 가장 앞서 보여주는 것이 주인공의 변화이다. 한은주의 동생 은영의 말을 빌리면 주인공의 변화가 일목요연하게 설명된다.

> "미스터 유하고 은주 언닌 나이도 비슷하지, 아직 생활 능력도 없지. 언니는 집이 가난하고 장녀니까 지금 기막히게 돈이 필요한 거에요. 미스터 유는 우리 집의 빚을 갚아주고 우리 식구들을 먹여 살릴 능력이 없지 않아요?"
>
> "야간교실을 살리기 위해서 박창렬 씨한테 접근을 했다고 하지만 그건 핑계에요. 언니가 벌써부터 생각하고 있었던 것은 무능한 미스터 유에게 대한 반역이었어요. 언니는 언제나 초조해하고 있었거든요. 박창렬 씨가 들여다 준 난로는 그게 난로가 아니라 미스터 유로부터 뛰쳐나가는 조약대 같은 거야."[15]

영악한 은영이 언니 은주의 연애를 꿰뚫어보고 있다. 언니가 정직하고 미더운 유준식을 선택할 수 없는 이유, 그것은 바로 생활 능력이 없기 때문이다. 가난한 집안의 장녀인 은주는 초조하게도 돈이 필요했고

15 『격랑』, 372쪽.

그 궁색함을 박창렬의 난로가 비집고 자리 잡은 것이다. 난로로 시작된 가난한 야간교실 후원은 점점 한은주 가족에 대한 후원으로 확대된다.

전쟁, 미국 문화의 유입 등으로 폭증한 물욕, 성욕의 자유로운 발현을 위해서는 물질적 풍요로움이 절대적이었지만 불행하게도 그것을 갖춘 이는 소수의 중년 남성이었던 것이다. 그러니 당시 명동에 나와 돌아다니는 스물 전후의 젊은 여성들에게 중년 남성은 충분히 매력적인 대상이었던 셈이다. 이들은 여자가 패트런 남성을 통해 자금을 끌어내어 사회 활동에 이용하고 집안을 먹여 살리는 것을 '수완이 좋은' 것이라고 평가한다.

'패트런(patron)'의 사전적 정의는 '보호자의 역할을 하는 사람, 예술가나 사회사업 · 학술 단체 따위를 재정적으로 원조하는 사람'인데, 이는 후원자, 보호자, 장려자, 은인 등의 개념으로서 '스폰서(sponser)'와 유사한 의미로 쓰이고 있다. 직업 활동을 하기가 요원했던 당시로서 안정된 생활을 유지할 수 없던 사람들에게 물적 토대를 제공하는 무리의 존재는 중요했을 것이다. 아무런 후원 없이 홀로 서야 하는 여성들에게 경제적 위축이 자칫 삶의 위축으로 이어질 수 있는 상황에서 재력 있는 후원자의 물질적 후원은 재능 있는 여성들에게 큰 힘이 되었음에 분명하다. 이처럼 장덕조 소설에서는 여자들이 사회적 활동을 함에 있어 남성의 경제적 후원을 당연시하고 있다. 여성들은 적극적으로 사회 활동을 하는 인물들인데 모두 애정관계로 얽힌 남성의 후원에 의해 그 사회적 활동을 지속하고 있다. 한은주가 패트런이라는 말에 충격을 받은 것은, 당시 이 말이 단순한 후원자라는 의미가 아니라 애정을 전제로 한 물질적 후원의 의미로 널리 쓰이고 있었기 때문이다.

이 작품은 물욕이나 정복욕에 휘둘려 행해지는 사랑에 대해 비판적인 태도를 취하고 있다. 사랑보다 경제력에 치중하는 결혼은 일종의 매춘적 상황이라고 이야기한다. 타락한 정치 상황에 대한 비판과 추련의 속임수 동침 상황을 오버랩해놓은 마지막 부분은 그런 의도를 확실히 보여준다. 하지만 그럼에도 이 소설을 비롯하여 장덕조 소설 전체에서 분명히 나타나는 것은 이러한 패트런 현상이 당시 매우 흔했다는 점, 도덕성 여부를 떠나 젊은 여자들이 패트런을 원하는 세태를 충분히 이해할 만한 현상으로 형상화하고 있다는 점이다.

김병익은 한국전쟁 이후 폐허의 비현실적 공간에 새로운 군상이 출현했다고 했다. "전통적 윤리가 파괴되는 아프레게르의 퇴폐성과 부조리한 상황 속에 참담한 비극성을 느끼는 실존주의"가 그것이다. 자칫 서로 전혀 다른 이질성을 갖는 듯 보이지만 이 두 군상은 절망이란 하나의 비극에서 탄생한 쌍둥이이며 이것은 소설에서 찰나적인 들뜬 사람과 가없이 침울한 사람으로 극화되었다고 했다.

1950년대 대중연애소설은 사랑의 정열에 휩싸인 명동형, 아프레 걸(apres-girl), 전후파 여성 인물을 통해 애욕적 욕망을 발산하는 열정적 사랑을 전면화한다. 이들은 '자신의 재량에 따라 성을 기획하는 새세대의 여성들'로 개인의 욕망 실현과 성적 자유를 서구적 교양이나 근대적 감각으로 습득한 인물들이다. 이들은 전통적 윤리와 도덕으로부터 자유와 성적 자기 결정권을 주장할 정도로 똑똑한 여성들이다. 능동적으로 자신의 삶을 개척하는 사회적 욕구와 열정의 자유분방함에 휩싸인 정서적 욕구의 충족을 삶의 모토로 삼는다. 이들은 남성편력을 통해 에로스적 사랑을 구현하며 가정에서, 육체에서 자유와 해방을 구가한다.[16]

이 소설의 첫 장면은 은주의 고등학교 동창인 금희가 은주에게 저녁

16 김현주, 「'아프레 걸'의 주체화 방식과 멜로드라마적 상상력의 구조」, 『한국문예비평연구』 제21호, 한국현대문예비평학회, 2006, 316쪽.

에 파티에 함께 가자며 권하는 장면으로 시작된다. 금희는 고등학교를 졸업하자마자 타이프와 영어를 배우더니 지금은 반도호텔의 외국인상사에 취직했다. 아버지가 무역상을 운영하는 만큼 집안도 넉넉하고 아무에게도 제약을 받지 않는 강한 자유의사를 지닌 현대여성이다. 추련여사의 말을 빌리면 금희는 '지나친 아프레'이다.

아프레의 말과 행동은 모순당착의 연속이다. 말 같지도 않은 소리를 했다가도 곧 엄연한 진리를 토론하고 현대적임을 자랑하지만 공상과 현실을 구별소자 못한다. 최금희는 처음에는 은행 영업부장인 김욱에게 접근하여 물질적 풍유를 느꼈지만 무뚝뚝하게 자신을 대하는 유준식에게서 발랄한 패기를 발견하고 이에 끌리게 된다. 최금희-유준식-한은영은 삼각관계를 형성하며 애정 갈등 양상을 보이는데 은영은 금희보다 더 문제적 인물로 보인다. 은영은 준식에게 정신적으로 더 끌리면서 결혼을 결심한다. 하지만 이 또한 최금희에 대한 질투의 감정에 유발된 즉흥적 판단이며 박창렬에게는 언니 은주를 좋아하여 자신을 만나는 줄 알면서도 물질적 배경을 가진 중년 신사로서의 신뢰감에 견딜 수 없는 호감을 느끼는 것이다.

당시 많은 여성잡지들은 아프레 걸 담론을 통해 사회적 무질서 혹은 위기론을 생산해내는 한편으로 신정조론, 신연애론을 통해 성욕을 관리하며 순결한 여성상을 생산해냈다. 아프레 걸은 현대 여성의 육체에 허영, 사치, 창부성, 양풍모방, 이기주의 등 온갖 부정적인 기표들이 덧붙여지는 과정에서 탄생한 담론적 구성물이다. 이 작품에서도 금희와 은영을 통해 아프레의 부정성을 서사화하지만 이에 대한 균형 잡힌 시각을 요구하기도 한다.

장덕조는 앞서 패트런에 대해서 애정을 바탕으로 한 물적 후원을, 사랑의 진정성을 기저로 한 물질적 원조를 부정적으로만 판단하지 않았다. 이러한 이해 방식은 아프레에 대한 판단에서도 엿보이는데 전후의 혼란한 상황에서 무궤도의 표본처럼 비난받은 아프레의 생활이 실상은 살기 위한 방황, 교육의 부재에서 오는 무지, 절박한 자기 표현이라는 점이다. 이들이 맹목적으로 새로운 것에 돌진하는 것은 더 이상 유효하지 않은 연애의 순수성이나 결혼의 윤리에 대한 회의 때문이며 과거의 도덕관으로는 변화된 시대에 인간처럼 살 수 없기 때문이라는 것이다.

장덕조는 아프레의 의문과 방황을 전근대적 사회에서 근대적 사회로 이행하는 과정에서 발생하는 인식적 혼란이라는 측면에서 온화하게 바라보고 있지만 전후파의 발생지인 파리에서 유학한 박창렬의 입을 빌려 날카로운 조언도 첨언한다. 파리에서 젊은이들의 연애는 보수적인 틀 가운데서 진행된다는 것, 성적인 해방은 사랑의 확신을 가진 후 이루어지는 것이며 이 같은 파리 젊은이들의 자유분방함은 그 행동들을 이해하고 축복해주는 관대한 시민사회의 성장 속에서 가능하다는 것이다.

6. 사랑 이야기의 특수성과 보편성

이 장에서는 한국전쟁기 이후 장덕조 대중연애소설의 대표성을 띠는 『격랑』을 중심으로 장덕조 소설의 변화 양상과 연애를 통해 드러나는 작가의 시대의식을 고찰해보았다. 이 시기 발표한 대중연애소설의 대부분이 자유연애, 미국식 문물과 사상의 유입을 통해 전근대성과 근대성의 혼성을 재현한다고 볼 때 이러한 사회문화적 코드는 한국 사회의 변화와 흐름을 상징적으로 보여준다고 할 수 있다. 그리고 이러한 변화를 가장 앞서 보여주는 것이 주인공의 변화이다.

한은주는 순수함과 도덕적인 측면에서 전통적인 연애소설의 여주인공으로 손색이 없지만 사랑에 있어 현실적 총명함을 우선한다. 자신의 위치(여대생-가장)에 대해 정확히 파악하는 똑똑함과 자기 건설의 자양이 될 수 있는 사랑을 선택하기 위해 열정을 다스린다. 이는 낭만적 사랑에 함몰되지 않는 현실주의적이며 합리적인 삶의 태도이다. 박창렬은 전통적인 연애소설의 관습에 따르면 남근적 인물의 전형에 위치하지만 실상 마음이 깨끗하고 추한 것을 싫어하는 중년의 미학자로서 1950년대 장덕조 연애소설의 새로운 남성 주인공형이다. 가난의 고통을 견디면서도 자기 향상을 고집하는 한은주의 합리적 사랑과 그 삶을 정신적, 물질적으로 격려하고 옹호하는 박창렬의 성숙한 사랑에서 새롭고 발전적인 사랑의 배태가 가능한 것이다.

이처럼 『격랑』은 남녀주인공의 모습을 통해 전후사회의 혼란과 불안 속에 변화된 시대상을 보여주며 새로운 애정 갈등 양상을 그렸다. 단 여대생의 총명한 사랑과 중년 남성의 안정적 사랑이 정당하려면 사랑의 진정성이 전제되어야 함을 강조한다. 물질적 원조에 기반한 중년 남성의 청춘에 대한 성적인 갈망이 아니라 세대를 뛰어 넘는 정신적 요소에 대한 동경과 합일이 선행되어야 하는 것이다. 이전의 소설에서 정신과 물질은 선악으로 양분된 것에 반해 이 시기 소설에서 애정을 물질과 연계시키는 사고가 매우 당당하게 발현되는 경우는 장덕조 소설 외에 쉽게 발견되지 않는다. 이것은 당대 현실의 반영태이자 다른 의미에서 이상주의적인 사랑의 양상일 것이며 장덕조의 통찰력이기도 하다.

『격랑』은 새로운 인간상과 애정관을 제시하며 당시로서는 보기 힘든 연애소설을 구현했지만 반면 물질적 가치를 대변하는 중년 남성을 죽음으로 처리하고 사회가 제시하는 도덕적 윤리를 따라야 한다는 것으로 소설은 마무리 된다는 점에서 대중연애소설의 컨벤션에 충실하다.

가장 선진적인 파리에서 유학했음에도 박창렬의 정신과 오버랩 되는 것은 '보수성', '자기 기호나 사상에 완고한 신념'으로 이는 '전통적인 한국인의 성격'으로 일반화되고, 자신을 죽여 얻게 되는 '몰아적 사랑'은 회개의 원리로 악인을 구원한다. 소설의 중반부까지 이 소설이 획득한 독특한 사랑의 양상은 대중연애소설의 전형적 결말 구도에 침몰해 들어가면서 대중연애소설의 전통적 가치와 나를 던져 악인까지 뉘우치게 만드는 휴머니즘으로 귀결된다.

Code

3

멜로망스의 판타지와 엘레지의 정동:

박계형

11

박계형의 허스토리와 러브스토리 창작방법론

1. 1960년대 베스트셀러 시대의 개막

박계형은 1963년 등단 이후 1970년대 후반까지 60여 편의 장편소설과 라디오 소설, 드라마 대본을 써냈고 여대생 작가로서 『머무르고 싶었던 순간들』이 공전의 히트를 기록하면서 부와 명예를 한순간에 거머쥔 당대 스타였다.[1] 1960년대 박계형 소설의 인기는 신드롬에 가까웠다. 박계형은 최희숙, 신희수와 함께 '한국의 사강(Francoise Sagan)'[2]

---

1 유재혁, 「박계형, 20년 만에 신작 발표, '임종'」, 『한국경제』, 2001.8.14.

2 이화여대 국문과를 다니던 최희숙은 1959년 『슬픔은 강물처럼』을 통해 일약 스타가 된다. 이화여대 영문과 졸업반이었던 신희수는 1960년 서울신문사의 500만 환 장편소설 공모전에 당선되었다. 고려대 영문과 출신의 박계형은 1964년 동양라디오 개국 기념 현상모집 상금 50만 원선에 당선되며 등장했다. 이 젊은 여성작가들은 '한국의 사강'으로

으로 호명되며 큰 인기를 얻었고 최희숙과 신희수가 작품 활동을 지속하지 않은 데 반해 잘 알려진 『머무르고 싶었던 순간들』뿐 아니라 같은 해 『이대로 살다 죽으리』(1966)도 베스트셀러에 올랐고, 1969년 『목숨의 불꽃이 질 때까지』, 1970년 『사랑할수록 외로워지리라』, 『애정이 있는 양지』, 1971년 『이루어질 수 없는 아픔을』, 1972년 『고독한 사춘기』, 1973년 『그립다 말을 할까』, 1975년 『진실』까지 연속해서 10여 년 동안 발표한 대부분의 소설이 베스트셀러가 되었다. 박계형의 소설은 1960년대 중반부터 1970년대 중반까지 10여 년 동안 한국의 독서문화사를 지배했다고 해도 과언이 아니다.

하지만 독서 현장의 인기에 반해 그간 박계형에 대한 학적 관심은 거개가 지엽적이거나 부정적이었다. 베스트셀러 관련 연구는 모두 대표작인 『머무르고 싶었던 순간들』에 한정되어 있으며, 이 또한 개별 작품론이기보다 1960년대 여대생 작가 그룹의 일원으로 소략하여 연구되거나 근대 가부장제 이데올로기를 자연스럽게 유포하는 창구 역할을 담당했다고 비판되었다. 하지만 이러한 방식은 박계형 소설의 독보적, 지속적 인기에 대한 설명으로 부족해 보인다.

베스트셀러 소설은 동시대인의 공동 체험이나 집단적 심층 심리를 대변하는 사회적 산물로서의 의미를 지닌다. 즉 소설 장르에서는 베스트셀러가 되는 요인 중의 하나인 적시성 혹은 시사적인 관심이 잘 반영될 수 있기에 베스트셀러 소설은 그 사회적 의미나 가치가 배가된다는 것이다. 이러한 이유로 박계형의 베스트셀러 작품을 따라 읽고 그 의미를 해독하는 것은 박계형을 하나의 문학적 현상으로 이해하는 작업이

호명되었다. 허윤, 「'여대생' 소설에 나타난 감정의 절대화—최희숙, 박계형, 신희수를 중심으로」, 『역사문제연구』 40호, 역사문제연구소, 2018, 170쪽.

며 이를 통해 당대 문학제도를 미학적으로 해석할 수 있는 다양한 시선을 마련할 수 있게 된다.

이 장에서는 박계형 작품에 대한 비평적 판단이 긍정적이든 부정적이든, 박계형의 소설에 대한 좀 더 다양한 학적 관심이 촉발되길 기대하며 연구적 이목이 집중될 수 있는 제반 작업으로 풍부한 작품 해석의 기반이 되는 작가에 대한 이해를 바탕으로 작품 연보 및 대표작을 통시적으로 살피면서 작가의식의 변모 과정을 고찰하고자 한다.

2. 낭만적 사랑과 슬픔의 감정

박계형은 열심히 작품 활동을 하던 당시에도 신변에 대한 개인적 이야기나 인터뷰를 하지 않았고 수필도 쓰지 않았다. 현재의 선행 연구로 작가의 개인적 이력에 대한 궁금증을 해소할 수 있는 길은 없다. 이는 유일하게 작가의 이력이 기록되어 있는 『한국여성문인사전』을 봐도 마찬가지이다. 『한국여성문인사전』에 보면 박계형의 연보는 한 줄이다. '1965년 고려대학교 영어영문학과 졸업'이 그것이다. 또한 작품 목록은 비교적 상세히 나열된 데 반해 연구적 동향을 파악할 수 있는 참고문헌도 한 줄이다.[3]

박계형의 소설은 신문 연재나 잡지 게재가 아니라 처음부터 단행본 책으로 출판되어 당시로서는 독특한 형태로 소비되었기 때문에 신문, 잡지 연재 시 부록처럼 따라오는 작가의 말, 소개의 글이 존재하지 않는다. 하지만 책을 출간하면서 책의 머리나 꼬리에 서문이나 후기를 수

3 숙명여자대학교 한국어문화연구소, 『한국여성문인사전』, 태학사, 2006.

록하여 글을 쓰던 당시의 소회나 저간의 사정, 작가적 포부 등을 토로하고 있다.

박계형의 소설은 거의가 머리글, 서문, 후기 중 하나를 달고 있다. 이것의 공통된 특징은 작가가 독자에게 띄우는 편지글의 형태를 취한다는 것이다. 일반적인 편지의 형식을 따르는 서문은 계절 인사로부터 시작하여 현재 자신의 심경, 글을 쓰게 된 동기, 좀 더 좋은 글을 쓰겠다는 포부로 이어지며 글의 말미에 항상 몇 월 며칠 "계형이가"(예:1966년 10월 30일 청파동에서 계형이가)로 끝맺고 있다. 앞선 형식은 작가의 육성을 통해 독자들의 작품 이해를 높이고자 한 철저한 의도로 보이며 이러한 이유로 단행본의 서문 및 후기는 박계형 작가론 및 작품 연구에 중요한 참조점이 되어야 한다.

이 글에서는 작가와 작품을 연대기적으로 훑어보면서 박계형 소설의 핵심적 요소를 '낭만성'으로 파착했다. 이때의 낭만성은 서정성, 감상성, 정신성, 비현실성, 이상주의적 성질이다. 이는 1960년대 사회적 현실의 대립항으로서 생성된 것이 아니라 작가 개인의 감상적 취향에서 추동된 면이 있다. 낭만주의적 세계 이해를 바탕으로 소설의 핵심 제재는 사랑이며, 사랑하는 관계에서 발생하는 즐거움, 환희, 쾌락, 기쁨의 측면보다는 이별, 아픔, 외로움의 측면에 집중하면서 슬픔의 감정을 주조한다. 비애의 정조를 바탕으로 소설의 결말은 실패, 죽음, 파멸, 불화, 배신으로 종결되기에 비극적 낭만성을 구현한다.

박계형의 낭만적 글쓰기의 변화 양상을 제대로 이해하기 위해서는 작가의 삶과 작품에 대한 진지한 접근과 고증이 이루어져야 하며 이는 전체를 아우르는 포괄적 시선을 필요로 한다. 그러므로 이 글에서는 다분히 전기비평적 요소를 수렴한다. 작가의 이력에 대한 공감을 통해 문학의 미적 가치 이면에 작가의 면실이 감추어져 있음을 알게 되고 정치

입은 고통을 치유하려는 작가의 치열한 노력에 공감하게 될 것이다.

박계형 소설에 대한 선행 연구의 의의를 수렴하면서 좀 더 다양하고 확대된 학적, 대중적 관심이 유발되기 위해서는 작가와 작품에 대한 범론적(汎論的) 이해가 있어야 한다. 또한 연대기적인 흐름 내에서 전체 작품을 대별하고 변화의 지점에서 포착되는 낭만성을 해석하기에 개별 작품의 세밀한 분석은 후행하는 연구의 몫으로 남겨두고자 한다. '오늘' 연구의 부족함이 '내일' 연구의 밑거름이 되어야 할 것이다.[4]

3. 여대생의 감상적 취향으로서의 글쓰기

박계형은 1943년 서울에서 출생했고 본명은 박숙자이다. 작가로 등단하기 이전의 기록은 머리글에서 단편적으로 확인할 수 있다. 독실한 가톨릭 가정에서 자라났으며 어린 시절을 떠올리면 "자주색 마카오 세일러복에 란도셀을 메고 국민학교에 입학하던 날"이 생각난다는 언급이나 한 번도 서울을 떠나 살아본 경험이 없다는 것 등을 볼 때 꽤 유복한 유년 시절을 보낸 듯하다. 국민학교 입학 후 곧장 난리(한국전쟁)가 나자 책가방에 쌀을 지고 피난을 다녔으며 전쟁 후 이모가 다녔다는 수도여중, 수도여고를 졸업했다. 중고등학교 시절 작가는 늘 막연한 불안과 초조, 열등의식에 사로잡힌 이상한 계집애였다고 회상한다.[5]

1961년 그녀는 고려대학교 영어영문학과에 입학했다. "하필이면 남

---

4 여기저기 흩어진 작가의 육성을 수집하고 출간된 단행본의 머리글이나 2000년도 초반 오랜 공백을 깨고 신작을 출간하면서 신문사들과 인터뷰한 자료, 고려대 교우회 소식지, 종교 신문 등을 통해 부족한 연보를 보충했고 부록을 통해 작품 연보를 밝히면서 박계형 문학의 방대함에 새삼 놀라게 된다.

5 박계형, 『그토록 고독한 강가에서』, 문영각, 1968.

자만 다닌다는 고려대학교 학생이 된" 이유는 시험이라는 경쟁이 두려워 "학교 성적만 가지고도 조용히 합격할 수 있었던 무시험의 혜택" 때문이었다. 하지만 학창 시절과 마찬가지로 대학 시절도 "늘상 손님처럼 거북하고 불편스러웠다"고 기억한다. 유년 시절의 회상을 통해 볼 때 작가는 건강하고 쾌활한 또래와 잘 어울리지 못하는 조숙하고 감수성이 예민한 여학생이었다.

독서는 내성적이고 사색적이었던 작가에게 유일한 기쁨이었다. "독서라는 자그마한 창으로 세상 물정을 배웠고 그리므로 독서는 나의 눈을 세상으로 뜨게 해 준 유일한 친구였다."고 그녀는 말한다. 장난처럼 시작된 글쓰기는 "점점 무섭고 강렬한 집념으로 불붙어 올랐고 그건 어떤 무엇에도 단념할 수 없는 오직 하나의 욕망이고 야심이 돼" 버렸다. 이러한 욕망이 약 10년간 60여 편의 장편소설을 쓸 수 있었던 동력이 되었을 것이다.

박계형의 등단작은 『머무르고 싶었던 순간들』로 알려져 있지만 이보다 1년 앞선 대학교 2학년 때인 1963년에 『젊음이 밤을 지날 때』와 『영과 육의 갈림길에서』를 발표했다. 『머무르고 싶었던 순간들』의 엄청난 인기로 이전에 발표했던 두 작품이 다소 가려진 면이 있지만 두 편 모두 『주간한국』 베스트셀러에 오르며 등단과 동시에 베스트셀러 작가가 되었다. 이 두 작품은 "바람난 여대생과 난봉쟁이 탕아"[6]의 서사이며 성적인 자유분방함이 드러나는 자유주의적 입장을 고수한다.

이는 박계형보다 앞서 최희숙과 신희수가 지나간 자리에서, 앞선 성공을 경험한 상업주의 출판사에서 그녀에게 이렇게 작품을 쓰도록 요

6 이용희, 「한국 현대 독서문화의 형성: 1950~60년대 외국서적의 수용과 '베스트셀러'라는 상지」, 성균관대학교 박사학위 논문, 2018.

구한 것으로 추측된다. 박계형은 이 작품으로 독자들에게 상업적인 작품만을 쓴다는 힐난을 받은 적이 있지만 "결과적으로 그렇게 되었는지는 모르지만 그게 목적일 수는 없다"고 항변한다. 작가가 두 편의 소설(『젊음이 밤을 지날 때』, 『영과 육의 갈림길에서』)을 쓴 것은 "주제넘게 사회를 고발해보는 것"이 목적이었다. 사랑하는 관계에서 여인의 순결 문제에 대해 젊은 여성들의 대변자가 되어 사회의 맹점을 지적해보고 싶었다는 것이다. 하지만 이러한 당돌함은 자극적인 선정성만 부각된 나머지, 박계형에 붙은 요란스러운 타이틀은 향후 작가에게 영광이자 수모가 되었다.[7] 『젊음이 밤을 지날 때』는 동일한 제목으로 영화화되었고 『영과 육의 갈림길에서』는 『처녀성』이라는 이름으로 영화화되었다. 여대생의 타락한 생활을 그린 이 소설이 작가의 이야기처럼 여겨져 학교를 그만두어야 했다는 소문이 있을 정도로 당대의 관심사였다.

박계형은 앞선 두 작품과 전혀 다른 색채의 『머무르고 싶었던 순간들』을 통해 독서계의 총아로 떠오른다. 동양라디오 개국 기념 50만 원 현상문예 방송소설 부문 당선작인 이 작품을 쓴 건 대학교 3학년 여름이었다. 자궁암으로 죽음을 앞둔 윤희가 남편과의 연애와 결혼 과정을 아름답게 회상하고 있는 이 소설은 현상공모에 당선된 그해 12월 라디오를 통해 낭독 방송되었다. 그러나 이 작품에 대한 대중의 폭발적인 반응은 2년이 지난 뒤 1966년 10월 신아출판사에서 단행본으로 출판되면서부터이다.

앞선 두 작품으로 독자들의 응원과 질타를 동시에 경험한 작가에게 당선이 주는 기쁨은 자괴감으로 가득 찼던 당시의 작가에게 소설 쓰기의 능력을 인정받는 중요한 전환점이 되었다. 『머무르고 싶었던 순간

7 이상의 사료는 박계형, 『이대로 살다 죽으리』, 대문출판사, 1969 참조.

들』의 서문에서 밝혔듯, 당선이 결정되기 전 방송국 측에서 실화 여부를 묻는 전화는 "실화인 것으로 착각될 만치 실감이 있었던 것"[8]에 대한 높은 긍지를 드러낸다.

이 작품은 소녀적 취향의 서정적인 대중소설로 40만 부 판매를 기록했고 내용은 상당 부분 각색되었지만 1969년 이형표 감독, 신성일, 고은아 주연으로 영화화되었다. 당시 여고, 여대생 사이에서 대단한 인기를 누렸으며 수업 시간에 책상 밑에 숨겨가며 읽었던 책으로 이 책을 안 본 여학생도 있었을까 할 정도였다. "계약금으로 보통 기와집 한 채 값을 받았고 주간 베스트셀러 다섯 권 중 세 권이 내 책일 때도 있었다"[9]니 당시 박계형의 인기를 가늠해볼 만하다.

이 책은 1966년 신아출판사에서 초판 발행 후 다른 출판사를 거치면서 80년대 후반까지 여러 번 재판을 거듭하여 인기를 지속했다. 박계형은 이 작품의 인기를 지속시키고자 1968년 『(속) 머무르고 싶었던 순간들』을, 1969년 『(후편) 머무르고 싶었던 순간들』을 발표했다. 『(후편) 머무르고 싶었던 순간들』의 머리글에 "전혀 관련도 없는 이야기를 <속 머무르고 싶었던 순간들>이라고 타이틀을 붙이게 해서 많은 이들을 실망시킨 데 대해서 나는 참으로 가슴이 아프다. 하지만 그것이 나의 본의가 아니었음을 이해해주기를 바라면서"라고 기술한다. 아마 영광을 재현하고자 했던 출판사의 권유로 전혀 상관없는 이야기를 동일 제목으로 출판한 듯하다. 반면 『(후편) 머무르고 싶었던 순간들』은 전편에서 죽은 윤희의 남편 성호의 행적을 추적하며 여전히 윤희를 잊지 못하는 성호를 통해 숭고한 사랑 이야기를 그려내고 있다. 변심을 인간의 당연

8 박계형, 『머무르고 싶었던 순간들』, 신아출파사, 1966, 2쪽.
9 구희령, 「[사람 사람] 소설가 박계형 씨 20년 침묵 깨」, 『중앙일보』, 2001.8.4.

한 심리로 용서하는 풍토에 진정성 있는 사랑, 사랑의 존엄성을 일깨우고자 쓰인 이 소설은, 그러므로 진정한 후편의 가치를 갖는다고 고백한다. 『머무르고 싶었던 순간들』의 전편, 속편, 후편은 출판사를 달리 하여 모두 14곳에서 출판되었다.

박계형은 1965년 고려대학교 영문과를 졸업했고 경희대학교 대학원에 입학했다. 1966년 단행본으로 출간된 『머무르고 싶었던 순간들』의 폭발적인 인기와 함께 같은 해 발표한 『이대로 살다 죽으리』까지 연타석으로 베스트셀러에 오르면서 박계형 신드롬은 시작되었다. 연이어 1967년에 발표한 『해가 지지 않는 땅』에는 작가의 오랜 의욕과 보람이 가득 차 있다.

일반적으로 석 달에서 다섯 달 사이에 장편 하나를 마쳤던 작가의 경험에 견주어 이번 작품은 '아끼고 싶은 이야기'를 꺼내어 2년여에 걸쳐 완성되었기에 그만큼 애착과 심혈을 기울였다는 것이다. 도시에서 태어나 도시에서 자란 작가에게 들려오는 인간성을 저버린 소문들(어린 첩한테 찔려 죽은 중년 사내의 얘기나 동생을 죽여야 했던 형의 사연 등)에 대항하여 인간이 진정 추구해야 할 '무구한 세계'를 깨우쳐주고자 집필했다는 이 소설은 작가의 오랜 지향인 자연에 대한 동경과 갈망이 드러나 있다. "꽈리 열매 영그는 뒤곁과 옥잠화 피는 우물가"[10]의 세계에서 아름답게 사랑하고 아름답게 죽는 이야기를 쓰는 것이 작가의 변함없는 문학적 이상이며 영원한 목적이라는 것이다.

다음 해에 출간된 『연짓골의 연사』도 이 작품의 연장선에 있다. 그간 박계형 소설이 전작 장편 단행본으로 출판되어 독자들과 만난 것과 달리 『연짓골의 연사』는 『월간 농원』에 연재된 작품으로 후에 책으로 출

10 박계형, 『해가지지 않는 땅』, 문우사, 1967, 3쪽.

판되었다. 한 번도 도시를 떠나 생활해본 적이 없는 작가에게 농촌은 언제나 그리움과 낭만의 대상이었으며 항상 농촌소설에 대한 꿈을 갖고 있었다고 한다. "연짓골에서 자라온 웅이와 연이라는 두 아름다운 연인은 아주 전형적인 농촌의 젊은이"[11]로 그들의 비극적 사랑 이야기는 전형적인 박계형식 연애담에 농촌이라는 색다른 배경을 덧입힌 박계형표 연애소설이자 농촌소설인 것이다.

앞선 작품들과는 결을 달리하지만 작가적 지향의 또 다른 표현이라 할 수 있는 색다른 소재의 산문도 이 시기 출간된다. '박계형 논픽션'이라는 부제를 달고 있는 『그토록 고독한 강가에서』는 당시 사회에서 이슈가 되었던 사건(꽃제비 사건, 처녀막 복원 수술, SEX 파동 등)을 바탕으로 "교활하고 약삭빨라진 인간들의 숱한 죄악"에 대한 작가적 고발이 이루어지고 있다. 특히 '인간들이여!'로 시작되는 이 소설의 머리글에는 인간의 타락과 대비해 이를 괴로워할 신에 대한 반성과 고뇌가 드러나는데 향후 소설에서 발견되는 종교적 색채가 서서히 예비되고 있음을 알 수 있다.

정리해보자면 이 시기 박계형의 소설은 시적 감수성을 바탕으로 아름다운 사랑에 대한 강렬한 동경을 드러내는 연애소설이다. 그리고 개별 서사의 배경이 무엇이냐에 따라 소설적 색깔은 달라지는데 도시는 세속적이고 악의 표상들이 판치는 곳이며 이곳에는 신도 부재한다. 반면 농촌은 인간이 목마르게 찾는 맑고 무구한 세계이며 선의 세계이다. 목가주의적 세계와 자연에 대한 동경은 낭만주의적 세계관을 드러내고 결국 그렇지 못한 환경 속에서 절망하고 갈망하며, 사랑의 진정성과 도덕성을 찾아가는 것이 작가가 지향하는 소설적 세계관인 것이다.

---

11 박계형, 『연짓골의 연사』, 대문출판사, 1968, 1쪽.

4. 욕망으로서의 낭만성과 이상주의적 글쓰기

박계형은 1963년 소설 집필을 시작하여 1963년 2편, 1966년 2편, 1967년 4편, 1968년 3편, 1969년 6편의 장편소설을 출간했다. 즉 소설 쓰기를 시작하여 5년 동안 17편의 장편소설을 집필할 정도로 엄청난 창작열에 비례한 다작을 출간했다. 그리고 1969년 스물일곱 살에 결혼을 했다. 작가가 결혼하기 전 마지막으로 출간한 『바람 속의 눈동자들』의 서문에 보면 작가의 결혼에 관한 심경을 확인할 수 있다.

박계형의 남편은 초등학교 동창생이다. "그는 나보다 더욱 공부를 잘했으며 나보다 더욱 얼굴이 희어 아름다웠고" 그런 그에게 "열한두어 살 계집애가 지닐 수 있는 얼풋하고 연연한 감정"을 지니고 있었다. 참 희한하고 당연한 박계형의 연애소설처럼 그들은 "성장하여 사랑했고 내일 결혼을 한다." 박계형은 이처럼 복된 결혼에 감사하는 의미로 꼭 공헌할 만한 소설을 쓰고 싶다는 의욕에 보채었고 그 결과물이 『바람 속의 눈동자들』이다. 이 소설 또한 1970년도 베스트셀러 소설부 3위에 올랐다.

박계형의 작품 서문은 독자에게 띄우는 편지글의 형태를 취하고 있다고 앞서 언급했는데 서문의 말미에 구체적인 지명이 확인된다. 그것은 청파동과 상도동인데, 청파동은 결혼하기 이전에 살았던 곳이고 상도동은 결혼 후 자리를 잡은 곳이다. 1969년 이후에 출간한 작품은 모두 '상도동에서 계형이가'로 서문이나 후기가 마무리된다.

1969년 김인호(한양대학교 교수)와 결혼하여 슬하에 2남 1녀를 둔 평범한 주부로 행복하게 살면서 박계형은 글쓰기를 게을리하지 않는다. 오히려 결혼 이전보다 더욱 활발한 창작열을 불태우는데 결혼한 다음 해인 1970년 10여 편에 가까운 장편소설을 출간했고 1971년 노벨문화사에서 총 16편의 장편소설이 실린 8권의 대표작 전집을 출간한다.

결혼 이후 발표한 작품들의 서문에는 행복한 가정생활에 대한 즐거움과 기대가 가득한 반면 여러 잡다한 번뇌로 인한 공포 등 양가적인 감정이 노출된다. '깨물어주도록 예쁜 아가'와 '피붙이처럼 가깝고 친밀스러워가는 애기 아빠', '사랑스러운 남동생들'과 한 집안에 살면서 남들이 부러워할 만한 화목과 평화를 느끼며 스스로 '참 행복한 여자'라고 생각하지만 안일에서 오는 권태도 있고 "좀 더 위로 솟구치고 싶은 지극히 풍속적인 야망이 있고 쇠스런 유혹으로부터 오는 괴로운 설레임"[12]도 있다. 이는 아마 소설 쓰기에 대한 욕망일 듯한데 결혼 전 잦은 감동과 충격 속에서 정열적으로 몰두할 수 있었던 글쓰기에 대한 욕심인 듯하다. 그때는 비록 독자들에게 다작을 한다고 힐책을 당하기도 했지만 "하루에 원고지 백 장을 채울 수 있을 정도로"[13] 감정이 격동되어 있었다.

소설가이자 주부가 된 박계형은 현실의 자신은 비록 세파에 닦여 거칠고 모질어졌지만 작품 속에서만은 깨끗한 서정을 잃어버리지 않으려 안간힘을 쓰고 있다고 고백한다. 이젠 '어리고 치졸한 센치'가 아니라 '높은 차원에서의 낭만'을 구현시켜 독자들에게 '사무치는 향수' 같은 것에 젖어볼 수 있는 작품을 쓰고 싶다고 피력한다.[14]

1974년에는 앞서 노벨문화사에서 출간한 대표작 전집을 출판사를 달리하여 동림출판사에서 재출판했다. 동일한 전집을 몇 년의 시간차를 두지 않고 전권을 재출판했다는 것은 시간이 지나도 여전히 박계형의 작품이 큰 인기를 연속하고 있었음을 반증한다.

---

12 박계형, 『인생의 반은 이별이어라』, 노벨문화사, 1970, 1-3쪽.
13 박계형, 『임 그리워 밤에 우는 새야』, 우리들사, 1971, 1-3쪽.
14 박계형, 『인형의 외출』, 노벨문화사, 1971.

같은 해 그녀는 매체를 달리하여 라디오 방송용 드라마 대본을 집필한다. MBC 라디오에 『진실』이라는 작품이 1974년 11월 1일부터 12월 31일까지 두 달간 매일 오후 9시 10분부터 9시 30분까지 방송되었다. 베스트셀러 소설 작가로서 입지가 확고한 박계형이 라디오 드라마 작가로서 데뷔 작품이라는 측면에서 대대적으로 광고되었고 재미있고 신선하다는 평가를 받으며 큰 인기를 얻었다. 다음해인 1975년 라디오 드라마를 다시 소설화시켜 단행본으로 동림출판사에서 출판되었고 소설 또한 서점으로 출간 문의가 올 정도로 관심을 받았고 출간되자마자 베스트셀러에 올랐다.

5. 선미(善美)의 갈망, 정신주의적 요소

행복한 가정을 꾸려나가면서도 엄청난 창작열과 꾸준한 성실성으로 글쓰기에 매진하던 중 1976년 중앙일보 신춘문예에 「어떤 신부(神父)」가 가작으로 당선된다. 이전에 발표했던 책의 서문에 '신이시여'로 시작되거나 '주여 굽어 살피소서'로 끝나는 것들이 더러 있는데 신이 주신 평화와 안식을 거부하고 인간의 욕망에 따른 결과 부도덕, 패륜, 무질서로 가득찬 현실 사회에 대한 개탄과 함께 이 불쌍한 인간들을 가련히 여겨달라는 고해와 같은 서문들이다.

이전부터 작품에서 종교적 색채가 감지되는데, 신춘문예 당선작에는 인간의 욕망과 신에 대한 숭배 사이에서 갈등하는 '신부'가 등장한다. "은정이 김 신부의 방을 드나들게 된 것은 아주 쉽게 시작된 일이었다."라는 도발적인 문장으로 시작되는 이 작품은 사제서품을 받은 지 얼마 되지 않는 김 신부와 가정이 있는 은정이라는 여성이 주인공이다.

김 신부는 로마 유학으로 종교적 지식은 월등하지만 신자들과는 수월히 교감하지 못하는 인물이다. 반대로 눈에 뜨일 만한 외모에 외국물을 먹어서인지 사제관을 들락거리는 여신자들이 하나둘이 아니었으며 신부 또한 이들과 가볍게 어울려주었다. 그중 한 사람이 30대 중반의 두 아이가 있는 은정이다.

은정은 처음에는 가정생활의 불만, 남편에 대한 권태감으로 찾아와 상담을 했지만 상담의 횟수가 잦아지면서 "그에 대한 그녀의 감정이 색다른 것으로 변형되어가고 있었다."[15] 지루한 일상에 절 대로 전 코끝에 꽃향기처럼 스며드는 신부에 대한 열정을 신앙심의 이름으로 포장한 채 은밀하고 고적한 설렘을 느끼던 중 순간적인 발작처럼 김 신부를 부둥켜안게까지 되었다.

> 그는 기지개를 켜면서 일어섰다. 그때 그녀는 돌아서서 반쯤 일어선 그를 왈칵 껴안아버리고 말았다.
>
> "신부님, 용서하세요. 사랑하고 있어요." … (중략) …
>
> 눈을 감고 서 있는 그이 얼굴은 마치 번질거리는 한 개의 석탄덩어리 같았다. 목이 졸리어 죽어가고 있는 사람처럼 새카맣게 질려있는 그의 얼굴을 보자 그녀는 그만 덜컥 겁을 먹어버린 것이었다. 그러나 실제로 그녀를 밀어낸 것은 그녀의 넓적다리에 문득 닿는 그의 발기된 남성에 대한 소스라침이었다. 그것이 그녀에게 그렇게 뜻밖이었던 것은 그녀의 그런 행위가 얼마나 완전한 신뢰를 향한 도전이었으며 또 그런 그녀의 욕망이 얼마큼 천진하고 담백하게 정신적이었던가에 대한 분명한 증거가 될 것이었다. … (중략) …

15 박계형, 『달무리』, 방향사, 1977, 8쪽.

무엇보다도 그의 조용한 세계를 뒤집어 놓고 말았다는 죄책감이 제일 그녀를 괴롭혔다.[16]

하지만 그 포옹은 은정보다 김 신부에게 더 큰 충격을 주었다. 그간 자각하지 못했던 인간적 욕망을 느끼며 김 신부의 공고한 세계가 흔들린 것이다. 유쾌하고 거스름이 없던 김 신부의 생활은 점점 더 우울과 근심으로 무거워지고 유일한 혈육인 어머니까지 돌아가시자 자신의 성직에 대해 회의를 느끼게 된다. 김 신부는 은정의 집을 방문하여 남편, 아이들과 편안한 한때를 보내기도 했지만 은정의 아이들을 보며 자신도 '완전한 남성인가에 대한 확인을 위해' 아이를 낳아보고 싶다고 이야기한다. 그 후 김 신부는 성당에서 사라진다.

삼 년이 지나 우연히 길거리에서 마주친 김 신부는 어떤 처녀와 결혼을 하여 아이까지 낳고 고무신 가게를 운영하며 근근이 살아가고 있다고 했다. 그에게서는 생활에 익숙지 못한 사람의 미숙함과 그 미숙함에서 얻어지는 상처와 때탐을 발견할 수 있었다. 신부에서 세속의 인간으로 돌아간 그에게 인간적 연민과 동정을 느끼는 은정은 그의 삶이 좀 더 녹록해지기를 바랄 뿐이다.

성직과 세속적 갈등에서 인간의 속적 욕망을 끊어내고 일반인이 도달할 수 없는 높은 곳까지 도달하여 교훈을 주는 소설을 종교소설이라 한다. 박계형이 이 작품을 집필하기 이전에 쓴 여러 글에서 물질적 욕망과 폭력으로 점철된 세속적인 현실을 질타하고 순수한 신앙의 세계로 나아가자는 고백을 여러 번 했기에 이 소설이 그 결과물이 아닐까 추측할 수 있다. 더불어 그간의 작품이 단행본으로 출간된 것에 반해

16 『달무리』, 22-23쪽.

이 작품은 신춘문예를 통해 발표되었기에 순수소설에 대한 갈망이 매체를 달리하여 발표된 것이라 판단할 수 있다.

하지만 이 소설의 미덕은 가톨릭 신부가 주인공으로 등장함에도 종교소설이지 않은 데 있다. 소설 속 김 신부는 성직과 육체적 갈망에서 보편적인 한 남성의 인간적 욕망을 포기하지 않았다. 작가는 그 부분을 은정이라는 여성 화자를 통해 탐색하여 여과 없이 그려내고 있다. 이는 독자의 예상을 깨는 서사 방식이자 작가적 능력이다. 반면 김 신부의 심정적 변화가 깊은 내면적 갈등을 동반한 숙고의 결과임이 시사로 세밀하게 구현되지 못해 성직자에서 고무신 가게를 운영하는 남성으로의 변전이 치밀한 개연성을 획득하기 어렵다는 점, 은정의 내면 묘사 또한 일차원적인 점은 아쉬움을 남긴다.

1977년 2편의 단편소설과 1편의 장편소설이 실린 소설집 『달무리』 발간 이후 박계형의 창작열은 현저히 꺾이는 모습을 보인다. 여기에는 여러 가지 이유가 있는 듯 보이는데, 일상사의 번거로움, 작가의 종교적 편향, 다작으로 인한 소재적 고갈, 소설의 방향성에 대한 고민 등이 중층적으로 작용한 것으로 생각된다. 특히 『달무리』의 서문을 통해 확인되는 '소설을 통해 많은 사람들에게 보답해야 한다는 부채감', '책을 읽는 어린 영혼들에게 옳은 것을 주어야 한다는 고민' 등 소설의 교훈성, 계몽성에 대한 강렬한 집착이 드러난다.

『머무르고 싶었던 순간들』은 "이불 속에 누워 발을 조용히 모우고 눈을 감으면 그때서부터 시작되는"[17] 아름다운 공상이었다. 이 멋지고 아름다운 공상은 당시의 독자와 교감하여 소설 읽기의 쾌락을 선사했고 시대적 상징이 될 수 있었다. 하지만 어린 나이에 큰 성공을 거둔 작

17 『머무르고 싶었던 순간들』, 3쪽.

가에게 계속되는 인기와 다작은 부채감으로 남게 되었다. 자신의 소설을 읽는 '어린 영혼'들에게 자신의 소설이 '한 싹을 틔워줄 깨끗하고 온전한 씨앗이 되기를' 기도하는 마음으로 소설을 쓰게 되는 것이다. 순수무구한 세계, 선의 세계의 대한 갈망과 교훈성에 대한 추구는 종교적 기원으로 나아간다.

『달무리』 이후 4년 만에 발표한 『자유를 향하여 날으는 새』는 원죄의식으로 인해 낙오된 인간이 인생의 모든 억압으로부터 벗어나 진정한 자유를 찾는 자기투쟁의 과정을 그린 장편이다. 다음 해에 내놓은 『사랑의 샘』은 "색정이나 육욕이 사랑인 것처럼 오도된 이 시대 사랑의 참모습을 찾고 싶다"고 밝히며, 아내로부터 버림받은 닥터 민과 남편한테 이혼당한 서윤지 여사가 결합하기까지의 간절한 사랑 이야기를 다룬다.

> 먼젓번 니 아내는 너무 육기(肉氣)를 풍겨 네게 작은 사랑밖엔 체험시키지 못했을 게다. 젊은 날의 우리들은 흔히 육감에 빠져 사랑의 큰 열락을 모르고 결혼해 버리는 잘못을 범해 버린다. … (중략) … 이것은 하느님이 태초 때부터 인간에게 베풀어주신 크나큰 자비시다. 인간에게 자신과 같은 영을 나누어 주시고 육신을 만들어 주시어 하나가 되는 기쁨을 누리도록 해주셨다. 그러나 육감이 새어들면 사랑의 맛은 점차 흐려지고 만다. 육은 권태를 일으키고 새로운 것을 필요로 하게 한다. 우리들의 영혼이 원하는 만족을 얻지 못해 그 조갈 때문에 마음은 다시 떠서 방황을 계속한다. 완전한 사랑의 환희는 하늘에 있다는 것을 잊지 말아라.
>
> 너희들의 사랑이 정말 그렇게 뜨겁고 깊다면 오래오래 행복할 수도 있나. 서로의 영혼을 자라게 해서 늘 새롭게 만날 수 있다면 권태를 이

길 수도 있을 게다. 그러나 보다 크고 영원한 사랑은 하늘에 있다는 사실을 잊지 말고 하느님과 이웃에 대한 사랑을 게을리해서는 안 된다.[18]

이 인용문은 닥터 민과 서윤지 여사가 결혼을 약속하고 인사드리러 간 날 닥터 민의 아버지가 두 사람에게 덕담으로 한 이야기이다. 한 번씩 사랑의 실패(육적인 관계)를 겪은 남녀가 다시 한 번 사랑의 짝을 이루기 위해 어려움을 이겨나가는 과정에서 이 고난을 딛고 사랑의 결실(영적인 관계)을 이룰 수 있음은 모두 하느님의 예비하심인 것이다. 그러므로 앞선 역경은 더 큰 사랑을 이루기 위한 좋은 경험이 되는 것이며, 이 책의 제목인 '사랑의 샘'은 결국 하느님을 지칭하는 것이다. 이 시기 박계형의 낭만성은 사랑의 고도한 정신성, 이상주의적 동경, 종교성에 맞닿아 있다.

1975년 이전 다작의 작품으로 베스트셀러에 올랐고 1975년 이후 산발적으로 작품 활동을 지속하던 박계형은 1982년 『사랑의 샘』을 끝으로 문학계를 떠나 약 20여 년에 가까운 절필의 시간을 갖는다.

6. 죽음의 양면성, 종교주의로의 침잠

언젠가부터 내 소설이 싫어지더군요. 남부러울 것 없이 모든 것을 가졌는데도 행복이 느껴지지 않고 마음이 공허해지면서 내 자신 진정한 절망자란 생각을 떨쳐버릴 수가 없었습니다. 가정생활에 묻혀 20년간 문학과 등진 후 다시 펜을 들게 된 것은 그리스도와 만난 후 문학의

18 『사랑의 샘』, 352쪽.

진실을 알리고 작가적 양심에 어긋나지 않는 작품을 써야겠다는 결심 때문입니다.[19]

이 글은 박계형이 새로 소설을 출간하면서 20여 년간의 절필 이유를 밝힌 인터뷰이다. 가정생활에 묻히다 보니 문학을 자연스럽게 등지게 되었고, 19세의 소녀적 꿈으로 그린 세상이 부끄러워 그간 많은 출판사에서 재출판을 요구했으나 모두 거절했다고 한다. 그리고 절판된 자신의 책을 찾는 사람들의 이야기를 들을 때마다 새 작품을 써야겠다는 부담을 느꼈고, 새 작품에 대한 열망을 느끼던 중 책상에 앉자마자 이야기가 술술 풀려 2001년 신작 『임종』을 출판하게 되었다는 것이다. 이 책은 출간되자 장년층 여성 독자가 한꺼번에 1천6백 부를 주문하는 등 올드 팬들의 관심이 지대하다고 출판사측은 전했다.[20] 그리고 이 작품은 2002년 『환희』라는 제목으로 수정된 데 이어 2006년 영국에서 영문판으로도 출간돼 화제가 되었다.

해부학 교수의 자전적 고백 형식으로 엮은 『환희』는 아버지를 고발하는 아들을 통해 인생이 본질적으로 내포하는 사랑과 죄와 죽음의 문제, 죄와 벌의 필연성 등을 다뤘다. 작가 개인사적으로 볼 때 어머니, 아버지의 죽음과 함께 사랑하는 맏아들 영훈의 죽음은 작가의 삶을 슬픔으로 채웠고 이를 통해 삶과 죽음이 우리의 생에 함께 하고 있음을, 인간의 필연적 운명임을 깨달았고 신의 섭리에 다가가게 되었다고 고백한다.

『환희』 출간 후 다음 해에 쓰인 『회귀』는 "결혼(철민)과 이혼 등을 거쳐 20여 년 만에 첫사랑의 남자(류현)를 찾아가는 한 여인(지혜)의 인생

19 김진혜, 「박계형 씨 '머무르고 싶었던……' 영역판 출간」, 『한국일보』, 2004.11.8.
20 구희령, 「[사람 사람] 소설가 박계형 씨 20년 침묵 깨」, 『중앙일보』, 2001.8.4.

역정을 통해 인생에서 진실된 가치는 무엇인가라는 질문을 던지고 있다. 소설 속의 첫사랑은 인간의 순수한 본성과 양심을 찾으려는 인간의 그리움이기도 하다."[21] 『회귀』는 1983년에 발표한 『사랑의 샘』과 유사한 소재와 주제를 담고 있다.

박계형은 20여 년의 절필 이후 새 작품을 출간하면서 여러 신문사와 한 인터뷰에 이전 작품에 대한 부끄러움을 토로한다. 그리고 그 창피함의 근거로 작중인물의 도덕성을 언급하고 있다. 점점 더 나이를 먹어가는 작가에게 당시 소녀적 감수성과 공상으로 이루어진 소설에 대한 도덕적 회의가 생겼고, 20여 년의 성찰의 기간 후 '파괴된 인간성 회복'이라는 새로운 화두가 소설의 주제로 자리 잡게 되었다는 것이다.

하지만 절필 이후 발표한 두 소설에서 '인간성'에 대한 탐색은 소설의 말미에 다소 급조된 경향이 보인다. 소설은 이전의 베스트셀러 소설처럼 서정성과 감상성을 미감할 수 있는 회상적 구조의 연애서사를 전면화하기에 높은 가독률을 갖는다. 하지만 인간의 순수한 본성에 대한 갈구, 죄와 용서의 문제가 서사 내부에서 인물의 치열한 내적 고민과 행동의 결과물이기보다는 처해진 현실적 패배로 인해 삶의 방편으로서 구하게 된 차선책이며 이 또한 소설의 말미에서 종교성으로 급전된 양상을 보인다. 그러므로 피상적 의미의 낭만성을 획득한다.

7. 박계형 연애소설의 로맨틱 로드

이 장에서는 1960년대 대중의 독서사를 지배했던 박계형의 작품을

21 「[사람들] "'머무르고 싶었던 순간들'에만 머무를 수 없죠."」, 『조선일보』, 2003.10.27.

낭만성의 변주, 즉 로맨틱 로드의 점진적 변화를 통해 살폈다. 박계형 소설의 핵심적 정조인 낭만성은 서정성, 감상성, 이상주의적 성질이다. 낭만주의적 세계 이해를 바탕으로 소설의 중심 소재는 사랑이며, 연인 관계에서 발생하는 열정, 쾌락, 환희의 측면보다는 슬픔의 감정에 집중하여 상실, 이별, 아픔의 측면에 몰두한다. 낭만성을 추구함에도 기쁨을 통한 결혼, 축제에 도달하지 못하고 소설의 결말은 비애의 정조를 바탕으로 죽음, 파멸, 불화, 배신으로 종결되기에 비극적 낭만성이 구현된다. 아름다운 탄식으로 가득찬 박계형의 낭만주의적 세계관은 당시 독자들에게 강한 울림을 주었고 시대적 코드와 맞물려 박계형 소설의 상업적 성공을 이끌었다.

박계형의 작품을 연대기적으로 훑어보았을 때 낭만성 내에서도 중심 정조가 변화됨을 알 수 있다. 등단 후 결혼하기 이전까지(청파동 시절) 박계형의 소설은 시적 감수성을 바탕으로 아름다운 사랑에 대한 강렬한 동경을 드러내는 연애소설이다. 목가주의적 세계와 자연에 대한 동경은 낭만주의적 세계관을 드러내고 결국 그렇지 못한 환경 속에서 절망하고 갈망하며, 사랑의 진정성과 도덕성을 찾아가는 것이 작가가 지향하는 소설적 세계관인 것이다. 이 시기 박계형의 작품 활동은 여대생의 감상적 취향으로서의 글쓰기라 할 수 있다.

주부가 된(상도동 시절) 박계형은 현실의 자신은 비록 세파에 찌들어 거칠어졌지만 작품 속에서만은 깨끗한 서정을 잃어버리지 않으려 안간힘을 쓰고 있다고 고백한다. 여대생의 '어리고 치졸한 센치(센티멘털리즘)'가 아니라 '높은 차원에서의 낭만'을 구현시켜 독자들에게 '사무치는 향수' 같은 것에 젖어볼 수 있는 작품을 쓰고 싶다고 피력한다. 신춘문예 가작 당선작인 「어떤 신부」에서는 성속의 갈등, 『자유를 향하여 날으는 새』, 『사랑의 샘』에서는 육적인 관계를 사랑의 실패로, 영적인 관계를 사랑의 결실로 다루면서 사랑의 고도한 정신성, 이상주의적 동경, 종교성을 드러낸다.

박계형은 20여 년의 절필 이후 새 작품을 출간하면서 이전 작품에 대한 부끄러움을 토로한다. 그리고 20여 년의 성찰의 기간 후 '파괴된 인간성 회복'이라는 새로운 화두가 소설의 주제로 자리잡게 되었다고 말한다. 소설의 표면적 구조는 절필 이전의 베스트셀러 소설처럼 서정성과 감상성을 미감할 수 있는, 과거를 추억하는 회상적 연애서사를 전면화했고 감각적인 문체와 탄력 있는 문장으로 가독성을 높였다. 하지만 작가가 갈구한 인간의 순수한 본성에 대한 갈구, 죄와 용서의 문제가 서사에서 인물의 치열한 내적 고민과 행동의 결과물이기 보다는 현실적 패배로 인해 삶의 방편으로서 구하게 된 차선책이며 이 또한 소설의 말미에서 종교성으로 급전된 양상을 보인다. 그러므로 피상적 의미의 낭만성을 거둘 뿐이다.

12

공상적 낭만성과 서정소설의 수사학

:: 『머무르고 싶었던 순간들』론 ::

1. 베스트셀러 여성작가들의 약진

우리에게 1960년대는 어떠한 시대로 호명되는가. 문학사의 통상적인 기술 방식에 따르면 1960년대 문학은 한국전쟁의 상처를 고스란히 껴안은 1950년대 문학의 단순성과 체험의 직접성에서 벗어나는 한편 1970년대 문학의 가교 역할을 충실히 수행했다는 점에서 여전히 과도기적 문학 형식으로 규정된다. 하지만 문학사의 전통적인 시각이 아닌 '변화'를 중심에 놓고 보면 최인훈과 김승옥에 가려진 새로운 작가들이 떠오른다.

전후 한국의 출판·독서문화는 일본, 미국 출판시장의 압도적인 영향 속에서 형성되었다. 특히 1962년부터 일본의 번역본이 독서가를 휩

쓸다시피 했는데 이러한 상황에서 1960년대 베스트셀러 시장에서 두드러졌던 여성작가들의 약진은 눈여겨 볼 대목이다. 박경리, 박계형, 전혜린 등의 소설과 에세이는 문단의 외면 속에서 대중의 지지를 받았고, 1960년대 내내 베스트셀러 1위 자리를 두고 여러 번역물과 가장 치열하게 경합했던 한국문학들이다.[1]

1960년대 베스트셀러의 지형을 논의할 때 그 제일 첫 자리에 놓이는 이가 박계형이다. 박계형은 『머무르고 싶었던 순간들』(1966)을 통해 독서계의 총아로 떠오른다. 이 소설은 박계형이 고려대 영문과 3학년 때 동양라디오 개국 기념 50만 원 현상문예 방송소설 부문에 응모하여 당선한 작품이다. 이 작품은 여성적 취미의 서정적인 연애소설로 당시 문학소녀들에게 큰 인기를 얻어 40만 부 판매를 기록했다.[2]

이 장에서는 1960년대를 대표하는 베스트셀러 『머무르고 싶었던 순간들』의 인기 요인을 텍스트 내부로 시선을 돌려 기존의 논의를 좀 더 다각화할 필요를 느낀다. 이를 통해 박계형 소설 연구의 다양한 방법론이 산출되길 기대한다.

---

1 이용희, 「한국현대 독서문화의 형성: 1950-60년대 외국서적의 수용과 '베스트셀러'라는 장치」, 성균관대학교 박사학위 논문, 2018.

2 TBC는 이 작품을 저녁에 낭독했으나 그때는 그처럼 인기를 끌지 않았다. 박 씨는 그 바람에 이 작품을 싸게 팔아버렸다고 말하고 있다. 방송이 나가고 시일이 지나도 별로 거들떠보는 출판사들이 없자 박 씨 쪽에서 서둘러 신아출판사와 선이 닿자 헐값에 출판권을 넘겨줘 버렸다. 형식은 10년 간 출판권을 대여하는 것인데 사실상 매절이나 다름없었다. (하지만) 소설이 나오자 지금까지 무심한 듯했던 청취자들이 열광적인 독자로 바뀌었다. 양평, 『베스트셀러 이야기』, 우석, 1985, 142쪽.

2. 박계형이라는 신드롬과 터부 사이

이어령은 1960년대 말 한국 문화시장의 판도가 "여성의 손에 의해" 바뀌었다고 했다. 그는 이를 부정적인 현상으로 치부했는데 이때의 여성문화란 "미국의 마미즘이 상징하듯 감각화, 비투쟁화, 순응화, 보수화의 문화적인 패턴"을 띠며 "사치하나 깊이도 알맹이도 없는 문화 형태"[3]라고 보았다. 이어령의 태도에서 유추할 수 있듯이 박계형의 소설이 베스트셀러로 팔리던 당시 박계형 작품에 대한 학적 평가는 철저한 무관심이었다. 이들의 소설은 언론과 영화계와 독서계에서 뜨거운 호응을 받았지만 문단과 평단에서는 냉혹하리만치 무시를 당한다.

한국일보 출판담당 기자였던 양평은 박계형의 『머무르고 싶었던 순간들』에 대해 "나이 어린 여성이 별로 힘들이지 않고 단시일에 쓴" 작품으로 "소설의 사회적 책임이니 문학성이니 하는 거창한 용어는 알 바 없이 대중의 무료한 시간을 채워주는 것으로 만족"했다고 평가했다. 또한 10여 년간 발표한 다작의 작품에 대해서 "조그마한 지식과 '이브의 상상력' 만으로 인스턴트 제품을 찍어내듯 작품을" 썼다는 혹독한 비판을 가했다. 1960년대 픽션류의 대표적 베스트셀러로 박계형의 『머무르고 싶었던 순간들』을 꼽은 이임자는, 이름 없는 처녀 작가 박계형의 소설을 처음부터 끝까지 연애로만 일관된 흥미 위주의 통속소설이라고 평가했다.

박계형이 창작열을 높이던 당시, 베스트셀러 목록을 정리하는 가운데 간략하게 언급된 정도를 제외하면 박계형 소설에 대한 언급은 마치 금기처럼 보이기도 한다. 박계형의 작품에 대한 양적, 질적 특성을 파악

---

3 이어령, 「대중문화 시대의 개막」, 『신동아』, 1967.1.

한 후 가치 판단이 이루어진 것은 2000년대 이후이다.

최미진은 1960년대 대중소설의 서사전략을 연구하면서 박계형의 여덟 개 작품을 연구 대상으로 폭넓은 분석을 시도했다. 이는 동시대의 다른 작가의 작품에 비해 압도적으로 많은 분석량인데 박계형의 소설이 그만큼 1960년대 대중소설의 지형도 내에서 차지하는 바가 크다는 것을 반증한다. 『애정이 있는 양지』는 오해 전략을 통해 김문희의 순결성 강조와 유진의 인정, 사랑을 가치 있고 보다 낭만적으로 만들어주는 서사전략을, 『영과 육의 갈림길에서』는 지연 전략을 통해 여성의 순결 헤게모니에 대한 균열을 보여주지만 낭만적 사랑의 성취에 실패를, 『이대로 살다 죽으리』에서는 성의 통제나 규제에 도전하고 저항하는 책략으로 은폐 전략을, 『머무르고 싶었던 순간들』, 『해가 지지 않는 땅』에서는 결혼 전의 연애는 낭만적 사랑의 이상을 성취하는 과정이며 결혼 후의 연애는 그것을 바탕에 둔 결혼생활의 지속 과정임을 보여주지만, 결혼생활에서 맞부딪히는 가부장적인 현실과 문제항들을 슬쩍 숨겨두고 주인공들의 사랑을 통해 낭만적 사랑의 환상을 만끽시킨다. 『사랑과 이별이 흐르는 강』과 『목숨의 불꽃이 질 때까지』는 대체 전략을 구사함으로써 이혼녀의 욕망을 실현하는 과정을 드러낸다. 이처럼 박계형의 1960년대 연애소설은 다양한 서사 전략을 구사하면서 연애와 사랑의 담론을 대중화하고, 근대적 사랑의 모델들을 생산했으며 이를 통해 독자들의 새로운 기대지평을 형성했다고 파악했다.[4]

1960년대 연애소설을 대상으로 연애가 각 젠더 시선 속에서 어떻게 전유되는지의 양상을 살핀 김복순은 박계형의 『머무르고 싶었던 순간들』의 키워드를 '순결'로 정의한다. 전반부에서 윤희와 성호는 오누이

4 최미진, 『1960년대 대중소설의 서사전략 연구』, 푸른사상, 2006, 25-27쪽.

같은 관계로 지내다 서로의 이성을 발견하고 열정적 사랑을 불태우다가 결혼에 다다른 낭만적 사랑의 전형적 사례이며, 후반부에서는 전쟁이 터지고 공산당 치안대원으로부터 겁탈당할 뻔한 핵심 사건을 통해 군사주의의 논리와 순결의 문제가 초점화된다고 했다. 즉 순결-순수-전통 개념이 군사주의의 논리와 상동성을 지니고, 근대 가부장제 이데올로기를 자연스럽게 유포하는 창구 역할을 담당했다고 비판한다.[5]

1960년대 여대생 작가의 글쓰기를 대중성의 측면에서 해명한 조은정의 논문은 선행 연구에서 지적된 문제점을 부인하기 어렵지만 이것이 독자 대중에게 커다란 호응을 얻었다는 의미를 해명하는 데 한계가 있다고 지적하고 좀 더 긍정적인 의미로 작품을 해석한다. 조은정은 여대생 작가의 작품이 1950년대 후반 여대생들의 삶의 고민을 살펴보게 해주었고, 특히 박계형의 소설은 여성들의 현재적 욕망을 적확하게 재현했음을, 독자들은 순수하고 깨끗한 낭만적 사랑의 서사를 통해 현재를 위로하고 오늘을 살아갈 수 있는 동력을 제공해 받는다고 정리했다.[6]

이 글 또한 대중연애서사가 갖는 문화적, 사회적 차원의 의미를 이데올로기의 논리, 계몽의 논리와 가부장제, 순결의 문제로 초점화하는 기존 연구와 거리를 두고자 한다. 이러한 방식은 담론을 형성하고 외연을 해석할 수 있을지언정, 소설의 이야기성에 공감하는 대중적 인기의 동인을 해석하기에는 부족함이 있기 때문이다.

박계형 소설의 문화사적 의미를 면밀히 분석한 이영미에 따르면 박

5 김복순, 「1960년대 소설의 연애전유 양상과 젠더」, 『대중서사연구』 19호, 대중서사학회, 2008.

6 조은정, 「1960년대 여대생 작가의 글쓰기와 대중성」, 『여성문학연구』 24호, 한국여성문학학회, 2010.

계형의 작품은 1960년대 초반에는 성적인 자유분방함이 드러난 자유주의적 입장(『젊음이 밤을 지날 때』, 『영과 육의 갈림길에서』)을 고수하다가 1960년대 중반 이후(『머무르고 싶었던 순간들』) 가부장제의 복원과 현모양처 이데올로기, 이를 지탱하는 순결주의로 변화해 나갔다고 한다. 하지만 박계형 소설이 비록 극단적인 순결주의에 입각해 있지만 서사 전반에 걸쳐 폭력적이고 억압적인 남성 중심적 사회 구조에 대한 공포와 불만을 제기했다는 점에서 문화사적 의미는 적지 않다고 평가했다.[7]

허윤은 1950년대 말에 등장한 세 명의 여대생 작가의 데뷔작(최희숙의 『슬픔은 강물처럼』, 신희수의 『아름다운 수의』, 박계형의 『머무르고 싶었던 순간들』)을 대상으로 여대생 작가와 '감정의 절대화'라는 틀을 공식화한다. 이 중 박계형의 소설은 낭만적 사랑과 비애의 정조를 주로 하고 여기에 섹슈얼리티가 결합된 것으로 보았다. 이처럼 여대생 소설은 여성의 섹슈얼리티와 내면 그 자체를 중심으로 내세우며 감정의 절대화라고 할 수 있는 소설의 서사 구조를 통해 여자다운 감상성을 재현하는 것으로 파악했다.[8]

박계형 소설의 핵심을 '낭만성'으로 포착한 진선영의 논문은 작가의 등단작부터 2000년대 이후 발표한 최근의 작품까지 연대기적으로 훑어보면서 박계형의 소설에 대해 다방면의 이목이 집중되길 기대하고 있다. 박계형 소설의 핵심 소재는 사랑이며 낭만주의적 세계 이해를 바탕으로 하지만 만남보다는 이별을, 환희보다는 비통함에 집중하면서 슬픔의 감정을 주조한다고 보았다. 이 논문은 낭만적 글쓰기의 변주를

---

7 이영미, 「아프레걸과 현모양처, 그 허와 실-장덕조와 박계형」, 『한국대중예술사, 신파성으로 읽다』, 푸른역사, 2016, 319쪽.

8 허윤, 「'여대생' 소설에 나타난 감정의 절대화-최희숙, 박계형, 신희수를 중심으로」, 『역사문제연구』 40호, 역사문제연구소, 2018.

살피는 작가론의 형태를 취하기 때문에 개별 작품에 대한 세밀한 분석이 후행되어야 할 것이다.

앞서 정리한 바와 같이 박계형의 소설은 단독으로 연구되기보다는 1960년대 여대생 소설로서 그룹화되어 연구되었다. 이러한 방식은 1950년대 대중문학과의 변별성을 강조할 수 있을 뿐더러 1960년대 문학 담론과의 연계성 속에서 독서시장의 변화를 파악하기에 유의미한 소속화이다. 여대생 작가가 당시 동년배 여성의 사랑 이야기를 쓴다는 점, 이들의 소설은 전통적인 등단 코스인 신춘문예나 추천제, 문예지를 통한 등단이 아니라 고액의 현상공모에 당선 되었다는 점, 신문 연재 후 인기를 얻어 단행본으로 출간된 것이 아니라 처음부터 단행본으로 소비되었다는 점 등은 분명 '새로운' 변화가 시작되는 지점에 있기 때문이다.

하지만 최희숙, 신희수, 박계형은 비슷하지만 다르다. 최희숙, 신희수는 등단작이 인기작이자 그 이후로 작품 활동을 중단했다. 반면 박계형은 약 10여 년의 활동 기간 중 60여 편의 작품을 집필했고, 이것이 1960~1970년대를 가로지르며 인기소설이 되었다. 베스트셀러 소설, 영화, 라디오 드라마 등 당대 대중문화 전반을 넘나드는 다작과 인기는 박계형의 소설을 좀 더 밀도 있고, 다양한 방식으로 접근하는 것을 가능케 한다.

이 글에서는 1960년대 사회 및 문학장, 독서 인구의 변화 등을 텍스트의 수용적 가치를 가늠할 수 있는 유의미한 참조점으로 수용하고, 박계형 소설이 함유하는 당시 이데올로기의 부정적 강화에 일견 동의하면서도, 그것을 전부로 설명될 수 없는 은성(殷盛)적 가치를 탐구하고자 한다.

박계형의 『머무르고 싶었던 순간들』은 자유로운 연애와 운명적 색채가 짙은 결혼, 행복이 넘치는 가정의 일상을 낭만적 사랑으로 소설화한다. 이때 동시대의 여대생 작가와 다른 박계형 '다운' 사랑이 갖는 특징을 살피기 위해서는 작가가 구현하는 낭만적 사랑의 본질을 파악할 필요가 있다. 여기에서는 그 본질의 실마리를 '머리글'을 통해 추론하고자 한다. 작가가 서문을 통해 풀어내는 창작의 동기는 연역적 방식으로 작품 전체를 주관한다. 더불어 내용의 낭만성을 증폭시키는 글쓰기의 디테일에 주목함으로써 박계형 소설을 '소설답게' 분석하고자 한다.

3. 멋지고 아름다운 공상 '나는 소설을 쓴다'

이 소설은 자궁암 말기 선고를 받은 윤희가 남편 성호와 별장에서 함께 지내면서 자신의 인생을 회고하는 이야기이다. 회상의 내용은 연대기적으로 서술되어 시골에서의 어린 시절, 서울로 이사와 성호를 만나고 그와의 약혼과 결혼, 신혼의 단꿈에 취해 있던 부산 시절과 아이를 갖고 나서의 대구 생활, 남편 성호가 교환교수로 2년 6개월간 미국 법조계 시찰을 하던 시간 윤희의 자궁암 발병과 투병이 겹치면서, 윤희의 죽음으로 대단원의 막을 내리게 된다.

마치 액자처럼 구성된 작품의 내부는 전형적인 낭만적 사랑 이야기를 따른다. 남편 성호와의 인연은 아버지 대에서부터 시작된 필연으로, 열한 살과 열세 살의 풋풋한 만남과 격정적 연애, 약속된 결혼, 행복을 보증하는 출산, 남편의 성공에 이르는 과정을 추억하는 이 소설은, 유년기, 청춘 등 삶의 특정한 한때가 아니라 삶 전체가 행복했던 순간들이 연쇄되는 유기성을 드러낸다. 그러므로 이 소설의 속내는 머무르고 싶었던 '순간'이 아닌 시공의 '영원'과 '무한'에 대한 이야기인 것이다.

불변하는 낭만적 사랑 이야기는 섹슈얼리티—사랑—결혼—재생산이 하나의 관계 속에 수렴되는 것을 이상으로 한다. 회고의 형태로 기술되는 내부 서사는 인간의 삶을 충족시켜주기 위해 각각의 상황에서 향유되던 사랑의 부속물들(성, 사랑, 결혼)이 낭만적 사랑을 통해 하나의 가치로운 덕목으로 결합되는 양상을 보여준다.

천진무후한 영혼으로 그저 신기하고 즐겁기만 했던 용골의 어린 시절에 대한 회상으로부터 시작하여 약수동 푸른 저택 속에서의 즐거운 시간들은 아름다운 선남선녀의 성장 서사와 맞물린다. 성호는 중학교에 갓 입학한 홍안의 미소년이었고 윤희도 풋풋한 소녀였다. 성호 아버지의 죽음으로 한집에 같이 살게 되면서 여전히 오누이처럼 스스럼없이 대하는 사이였지만 "옆 방에 성호를 두고 자는 매일 저녁마다 아름다운 환상에 사로잡히고 있었다."[9] 미목이 수려한 열아홉 살의 법과 대학생 성호와 촌티도 가시고 다리에도 알맞게 살이 올라 예쁘장한 처녀가 된 윤희는 정원을 거닐다 첫 키스를 하게 된다.

첫사랑과 첫 키스를 한 후 결혼을 약속하는 장면과 "이 결정을 한 번도 후회해 본 적 없다"는 성인 화자의 결의에 찬 어조는 운명적 사랑의 절대성을 보증한다. 물론 이들의 흔들림 없는 사랑에도 연적인 경희와 민규라는 바람이 불면서 질투와 애증의 감정적 파고를 겪기도 하지만 이는 반대로 서로의 사랑을 재확인하는 동기가 된다는 점에서 낭만적 사랑의 클리셰(cliché)를 따른다.

낭만적 사랑이 결혼으로 정착되기 이전에는 열정적 사랑의 형태를 띠는데 이때에는 남녀 간의 열정적 충동이 내러티브를 지배하게 된다. 붉게 충혈된 눈, 타는 듯한 입술, 흥분한 표정, 광포해지는 호흡, 전신으

9 박계형, 『머무르고 싶었던 순간들』, 대문출판사, 1966, 34쪽.

로 몸서리치는 흥분 등 제어할 수 없는 육체적 흥분이 포착되지만 사랑하는 두 연인들의 감정적 혼란과 섹슈얼리티는 '다치지 않고' 결혼을 통해 가정 속에 정착된다. 첫날 밤 요 위에 얼룩진 진홍빛 무늬를 통해 확인된 '아름답고 싱싱한 처녀성'은 낭만적 사랑의 귀중한 선물처럼 바쳐진다.

사랑이라는 감정과 결혼이라는 제도 그리고 하나의 미덕으로 끌어안은 섹슈얼리티까지, 열정과 이상의 여러 가지 덕목을 새롭게 배열시킨 관념의 복합체인 낭만적 사랑은 윤희와 성호의 사랑 이야기를 통해 실체화된다. 내부 서사의 낭만적 사랑의 양상은 윤희와 성호의 경험을 매개하고 분절하는 문화적 표상일 뿐만 아니라 두 주인공의 행위에 의미를 부여하는 당시 독자들의 행동 모델이 된다는 점에서도 의미를 부여할 만하다. 니클라스 루만(Niklas Luhmann)에 따르면 당대 유행하는 서사 속 표현들과 사건들, 남녀 간의 사랑을 표현하는 징표들은 문학 텍스트 내부에서만 힘을 발휘하는 것이 아니라 외부에서 그것을 체험하는 독자들에 의해 폭발적으로 수용됨으로써 당대만의 유행을 창조한다.[10]

낭만주의의 본질과 개념을 명쾌하게 정의할 순 없지만 보편적 의미에서 낭만적 성질을 추출해 본다면 주관적, 개성적, 신비적, 공상적, 동경적, 과거적과 같은 인간의 감정적 속성으로 그 개념을 정의할 수 있다. 박계형의 『머무르고 싶었던 순간들』은 이러한 낭만적 성질을 교집합 하고 있다. 그러나 박계형이 그려내는 '철저한' 낭만성은 이상주의적 요소, 영원한 사랑에 대한 과도한 신비화와 맞물려 반시대성, 반지성주의, 비현실성 등으로 비판을 받아왔다. 하지만 작가의 서사적으로 '계산

---

10 니클라스 루만, 『열정으로서의 사랑』, 정성훈 · 권기돈 · 조형준 역, 새물결, 2009.

된' 낭만성은 역설적으로 현실성의 이면이라고 판단된다.

해명의 시작을 『머무르고 싶었던 순간들』의 머리글로부터 시작하는 것은 작가의 소설 쓰는 의도가 가장 명확하게 드러난 표지이기 때문이다. 박계형은 다작을 했음에도 글이나 말로 작품에 대한 언급이나 문학장에 모습을 드러내지 않았다. 그러므로 집필 혹은 출간 당시의 감정적 어조나 작품 의도가 선명히 드러나 있는 머리글은 작품 해석과 작가 의도를 파악함에 중요한 근거 자료가 될 수 있다. 작품의 머리글은 그간 작품 해석의 의도적 오류에 대한 작가의 해명이자 명쾌한 답이 될 수 있으며 본 연구가 궁극적으로 도달하고자 하는 『머무르고 싶었던 순간들』의 호평에 대한 본고의 최종적 판단이기도 하다.

『머무르고 싶었던 순간들』의 머리말은 세 개의 작품이 대조되며 시작된다. 작가는 『머무르고 싶었던 순간들』 이전에 쓰인 『젊음이 밤을 지날 때』와 『영과 육의 갈림길에서』를 같은 편에 놓고 그 대척점에 『머무르고 싶었던 순간들』을 위치시킨다. 전자의 작품들이 '방황하는 젊은 이들의 사연'이 담긴 '아름답지 않은 얘기'라면 후자는 '절절히 가슴에 사무치도록 진실한 사랑의 주인공'이 등장하는 '아름답고 순수무후한 얘기'라는 것이다. 그리고 이것이 작가가 진정 쓰고 싶었던 이야기라는 사실을 고백한다.

> 나의 모든 이상과 지향은 아름답고 순수무후한 것이 있었고 역시 사랑도 그런 종류의 것을 그려왔었다.
>
> 그런 나의 모든 사랑에 대한 꿈과 낭만은 『머무르고 싶었던 순간들』안에 있다.
>
> 이제 스물 넷, 양띠다.
>
> 남들은 한창이라는데 내 주변엔 어째 스산한 바람만 든다.

> 하늘은 높고 바람은 향그럽고 나는 젊은데 여기 아직 가을이 없구나.
>
> 실상은 주변머리 없고 수줍기만 한 나는 곧잘 남몰래 가슴을 태우는 일이 있다.
>
> 그래서 멋지고 아름다운 얘기들을 공상한다. 이불 속에 누워 발을 조용히 모우고 눈을 감으면 그때서부터 나의 연애는 시작된다. 따뜻한 대화 한 번 나눈 적 없는 가슴 속의 그이는 드디어 내게 찾아오고 나는 그이를 맞아 분홍잠옷의 아름다운 몸매로 그를 맞는다.
>
> 물론 거긴 달빛이 흐르는 커다란 저택의 정원이며 그이의 눈빛이나 나의 뺨이나 모두 그림처럼 아름다우리라.
>
> 끝없는 공상의 세계 속에서 한동안 나는 감미롭지만 눈을 뜨면 나는 혼자다. 그래서 나는 소설을 쓴다.[11]

작가는 현상문에 당선 당시 22살의 꽃다운 여대생이었다. 수줍음 많고 남몰래 가슴 태우는 일이 많은 나(작가)에게 낭만적 사랑은 현실에서는 불가능하다. 현실이 처참하기에 서사는 더욱 보상적이다. '그래서 멋지고 아름다운 얘기들을 공상'하는 것이다. 이 연애는 환한 대낮 놀이공원이나 영화관에서 시작되는 것이 아니라 이불 속에서 조용히 눈을 감으면 시작되는 상상이다. 공상에서는 주인공도 배경도 완벽할 것이며 모든 것이 아름다우리라. 하지만 이 공상은 눈을 뜨면 깨어지는 허상이다. 그러므로 현실의 작가는 소설을 쓰는 것이다. 입 밖으로 꺼내어 말할 수 없었던, 이불 속에서 꿈꾸었던 아름답고 완벽한 사랑 '이야기'를.

이것이 『머무르고 싶었던 순간들』의 창작 의도이다. 순수한 사랑에 대한 꿈을 활자로 적는 것, 그것은 낭만적 사랑에 대한 작가의 꿈이자,

11 『머무르고 싶었던 순간들』, 3-4쪽.

동시대를 작가와 같은 나이로 살았던 당시 여대생들의 내면과 삶의 고민들을 살펴보게 해주면서 이 작품을 소비했던 문학소녀들의 꿈이기도 했다.

우리는 흔히 일상생활에서 "소설 쓰고 있네"라는 관용구를 사용한다. 이때의 소설은 개연성이 아닌 허구성이며, 실제성이 아닌 가공의 의미이다. 박계형이 쓴 공상(소설)은 멋진 꿈이자 아름다운 상상으로 현실 불가능성의 총합이다. 작가 스스로가 낭만적 사랑, 영원한 사랑의 현실적 불가능성을 머리글로 언표화하는 것 자체가 이 소설이 구축한 극명한 현실성이기에 소설의 개연성은 오히려 외부에서 시작된다. 그것과 맞물려 이 소설이 여주인공의 죽음을 전제로 시작하여 그것의 당위로 끝난다는 점에서 낭만적 사랑의 불가능성과 비현실성에 대한 '사실주의적 의미에서 견지되는' 작가적 책임을 대신하는 것이다.

그러므로 박계형의 소설이 보여주는 낭만적 사랑의 이상주의적 요소와 반현실적 요소는 반시대성, 비현실성에 대응하여 타산된 소설 내용이라 할 수 있다. 박계형의 낭만적 연애소설의 유례 없는 대성공의 이유는 여기에 있다.

4. 서정적 비극성의 강화와 시적 문체

선행 연구의 대부분이 이 소설의 낭만성을 내용적인 측면에서 조명하고 있다. 이 글 또한 3절에서 이야기의 측면에서 낭만성을 포착했다. 현실적으로 불가능한 것에 대한 공상적 낭만성의 무한한 증폭이 작가의 서사 전략이라고 판단했다. 4절에서는 이러한 낭만성을 증폭시키는 소설적 장치에 대해 고구하고자 한다. 이는 박계형 소설의 낭만성을 좀 더 소설'답게' 포착하고자 함이다.

『머무르고 싶었던 순간들』에서는 소설의 낭만성을 강화시키는 수사학적 요소들로 서정적 문체, 이미지를 통한 감각의 형상화와 이로 인한 서정적 비극성이 주조되고 있다. 1960년대 당시 『머무르고 싶었던 순간들』을 읽은 현재의 많은 여성 독자들이 죽음과 삶을 잇는 강렬한 사랑 이야기라는 내용과 함께 감상적이고 서정적인 문체, 시간을 거슬러 뇌리에 새겨진 명징한 장면을 기억하는 것을 볼 때, 이러한 요소는 내용적 부분과 함께 이 소설의 인기를 견인한 중요한 요소로 판단된다.

서사의 내부는 사랑이 갖는 열정적 충만과 환희의 발전 서사를 따라가지만 서사의 출발과 함께 인지되는 여주인공의 예정된 죽음은 비애의 정조를 미감케 하면서 비극성을 강화시킨다. 예고된 죽음으로 인해 독자들은 두 남녀 주인공들의 성장 서사에서 행복하고 즐거운 시간의 틈틈을 비집고 들어오는 부질 없음, 희망 없음을 안타깝게 바라보게 된다.

시처럼 시작되는 에필로그는 짧은 문장이 군더더기 없이 부드럽게 연속되고 독자 각자에게 '누구에게나 기억되는 순간들이 있을 것'이라는 명상의 시간을 주듯이 한 줄의 휴지가 끝난 다음 서사는 시작된다.

내부 액자의 첫 시작은 '2. 범바위골의 어린 시절'로 시작되어 범바위골을 떠나 서울로 이사를 가는 '3. 초록 지붕 밑의 노을빛 연정'으로 이어지는데 일곱 살에서 열한 살로 이어지는 시간의 흐름은 '두 아이의 어머니가 된 지금'의 현재적 시간의 지배를 받으며 감정적으로 재구성된다.

> 가을이면 그 연한 잎새들 위로 갖가지 빛깔로 꽃이 피었다.
>
> 가을 오후의 뽀오얀 학교 마당에서 가날프고 나른한 꽃송이들이 고

> 용한 바람에 흔들리고 있던 모습들은 나이가 먹을수록 더 영원한 향수로 잊혀지지 않는다.
>
> 두 아이의 어머니가 된 지금도 하얀 햇발을 보고 있으면 문득 그 촌 학교 앞 마당에 피어 있던 코스모스가 생각난다.
>
> 그건 첫사랑의 애인을 잊지 못하고 몸부림치는 어떤 여인의 미련처럼 절절하고 가슴 아픈 추억이 아니라 감미롭고 아득한 그리움이다.[12]

작품의 외피(차례)는 철저히 시간의 흐름, 성장의 시간을 따르지만 이 작품이 서사적이라고 느껴지지 않는 것은 확장된 묘사 때문이다. 묘사는 사물과 현상에 대한 지배적인 인상을 중심으로 눈에 보이듯이 그것의 특질과 양상을 그려내는 기술이다. 세밀한 그림을 그리듯 묘사를 통해 진술의 시간이 확장되고 서사적으로 과거와 현재를 잇는 시간의 지속감은 느껴지지 않는다. 다만 그리움이란 화자의 시적 정서만이 서사를 채우게 되면서 이야기의 속도는 소멸된다.

소설의 행간에서 '열한 살의 소녀'에서 '두 아이의 어머니'가 된 시간의 흐름은 느껴지지 않고 시간의 흐름이 멈춘 상태에서 향수를 유발하는 동시적 이미지(가을, 학교 마당, 꽃송이들, 코스모스)가 경합하면서 서정적 자아의 객관적 현실은 뒤로 물러나고 그 인식만이 특별한 의미를 부여받게 된다.[13]

세계에 대한 객관적 인식이 아니라 화자의 자기인식을 직접적으로 형상화했고 그 형상화의 대부분이 이미지에 기대고 있다. 이미지란 객관적 대상의 주관화인 동시에 주관적 정서의 객관화라고 할 수 있다.

12 『머무르고 싶었던 순간들』, 24-25쪽.

13 최은영, 「이효석 서정소설의 특질과 그 문체 연구」, 『현대문학이론연구』 38, 현대문학이론학회, 2009.

이미지를 통해 드러나는 자기인식의 직접적 형상화는 서정적 경험의 주객합일과 무시간성을 드러내는 중요한 표지이다.[14] 인식 주체가 자신의 감정을 대상에 투사하는 세계의 자아화가 이루어지기 때문에 서사적 거리가 단축, 소멸되면서 순간적인 감각으로 대상을 자각하게 된다.

> 길섶 잡초 속에 떼꾼하게 보이는 빨간 산딸기가 저물어가는 회색 대기 속에 퍽이나 고와 보인다.
>
> 어디선가 가늘게 이름 모를 풀벌레 울음소리가 들려왔다.
>
> 그렇게 녹음이 무성한 산등성이를 넘고 나면 오곡이 무르익는 전답이 있고 전답 너머로 불빛이 비친 초가마을이 보였다.
>
> 늙은 호박의 배통처럼 불그레한 초가의 뒤창이 평화롭다고 생각하다 보면 어느새 으슥한 산길로 접어들고 성호는 앞서 걷고 있는 지게꾼 몰래 내 허리를 포근히 다가 안아서 입술을 맞춰 주곤 했다.
>
> 아름다운 밤길이었다.
>
> 어느새 밤은 어둡게 깊어 있었고 하늘엔 숱한 잔 별이 강을 이루어 흐르고 있었다.
>
> "윤희는 별을 닮았어. 말고 영롱해 보이는 작은 별이야."
>
> 무한히 행복했다.
>
> 어두운 산속 푸른 별이 떴던 밤.
>
> 그 호젓한 풀섶이 얼마나 그리운지 모르겠다.
>
> 그게 설령 전화가 두려워 찾아가던 피난길이었지만 사랑하던 우리들에겐 너무도 짙은 서정과 낭만이 피어오르던 밤길이다.[15]

---

14 나병철, 『문학의 이해』, 문예출판사, 1994, 179쪽.

15 『머무르고 싶었던 순간들』, 185-186쪽.

이 장면은 『머무르고 싶었던 순간들』에서 가장 큰 긴장과 시련이 유발되는 사건의 첫 출발점이다. 윤희와 성호는 1950년 6월 22일에 결혼을 했다. 부산 신혼여행 사흘째 되던 날 한국전쟁이 발발하자 이들은 충남 은진 성호의 외조모댁에 피신을 가게 된다. 한국전쟁이라는 민족적 대수난이 이들에게 아프고 괴로운 사건이 아니라 오히려 깊은 사랑을 확인하고 결실을 맺어가는 시간임을 피난가는 길의 "너무도 짙은 서정과 낭만이 피어오르던 밤길"을 통해 유추케 한다.

'오곡이 무르익은' 한적한 초가마을의 서정적 배경과 함께 '곱다', '평화롭다', '아름답다', '그립다' 등의 감각 언어는 순간적인 감각의 이미지를 표현하는 데 유용하다. 형용사나 부사어와 같은 감각 언어는 산문 문장의 연속성을 파기하면서 시적 분위기를 유발한다.

소설 속 장면은 이미지에서 이미지로 움직이면서 독자에게 그림을 제시해주듯이, 독자들은 머릿속에서 계속 상기시킬 수 있으며 언어가 표출할 수 없는 것들을 이미지로써 나타내 장면이 풍기는 분위기가 작품의 주제를 대신할 수도 있게 된다. 여리고 가녀린, 힘없는 것들(산딸기, 풀벌레, 호박 등)의 결합은 강렬한 이미지를 구축하여 상징에 가까워진다.

역사적 서사가 뒤로 물러나고 자아와 세계의 화합은 '어두운 밤 산속의 푸른 별'과 같이 시적 문체로 드러난다. 동일한 의미의 단어나 어구의 반복적 사용을 통한 감정의 증폭, 그림을 그릴 듯한 이미지적 언어 등은 소설적 대상과 내적 거리를 소실하는 시적 문체의 특성인 것이다.

서사의 인과성이 약화되는 시적 문체는 문장의 길이가 짧고 또한 문단을 구성하는 문장도 풍성하지 않다. 박계형은 단문으로 문단 나누기를 해가면 짧은 호흡을 유지한다. 한 문장이 한 줄을 넘어가는 경우가 드물다. 운율이 느껴지는 시적 문장은 서사체에 대한 정서적 몰두를 훼방하는 대신 감상적 기분에 젖게 한다.[16]

문장과 문장이 이어져 한 단락을 이루지 않고 각각의 문장이 대등한 형태로 나열된 체제를 갖는다. 이러한 방식은 세로줄로 된 오래된 장정에서 오히려 읽기의 새로운 미학성을 던져주는 맛이 있다. 특히 대등하게 나열된 문장은 적게는 다섯 줄, 많게는 30줄, 평균적으로 15줄 정도가 나열되다가 한 줄이 띄어지면서 서사의 흐름이 단절되는 경험을 하게 된다. 동일한 챕터 안에서 한 줄이 띄어지는 경우 서사의 휴지(休止)가 발생하는데 이로 인해 인과의 계속성은 반감될 수밖에 없다.

짧은 문장이 주는 간결성과 문장과 문장을 걸쳐 수놓은 시적인 순간들은 이 작품의 수사학적 장치이며 이러한 서사적 디테일이 내용적 서정성과 합치되어 소설의 낭만성을 증폭시켰던 것이며, 독자들에게 강렬한 인상을 남기게 되었다.

---

16 잠시 후 그 청결한 숨결이 조용히 내 입술 위로 다가섰다.
감기듯이 부드러운 살결이었다.
첫 키스였다.
나는 심연에 가라앉듯 넋이 빠져버렸다.
무어가 무언지 몰랐다.
가슴이 뛰고 머리는 몽롱했다.
그건 성숙해서 숱하게 체험해 온 그런 키스와는 달랐다.
뜨거운 열정도 깊은 희열도 아닌 그저 감도이었다.
이성으로서의 살 한 구텅이의 부딪침이 아니고 순백의 영혼을 파고든 깊은 결합이었다.
그건 오랜 시간이 흐른 지금에도 눈앞에 선연하다.
푸르스름한 대기 속에 조용히 흔들리던 앵두 가지들.
그 위로 보이던 멀고 신비해 보이던 하늘.
『머무르고 싶었던 순간들』, 44-45쪽.

5. 타산된 낭만성과 서정적 디테일

이 장에서는 1960년대 사회 및 문학장, 독서 인구의 변화 등을 텍스트의 수용적 가치를 가늠할 수 있는 유의미한 참조점으로 수용하고, 박계형 소설이 함유하는 당시 이데올로기의 부정적 강화에 일견 동의하면서도, 그것을 전부로 설명될 수 없는 『머무르고 싶었던 순간들』의 구체적 인기 요인을 텍스트 내부에 집중하여 살펴보았다.

박계형의 『머무르고 싶었던 순간들』은 자유로운 연애와 운명적 색채가 짙은 결혼, 행복이 넘치는 가정의 일상을 낭만적 사랑으로 소설화한다. 그러나 박계형이 그려내는 '철저한' 낭만성은 이상주의적 요소, 영원한 사랑에 대한 과도한 신비화와 맞물려 반시대성, 반지성주의, 비현실성 등으로 비판을 받아왔다. 하지만 소설의 '머리글'을 통해 낭만성의 본질 및 작품 창작 의도를 살핀 결과, 박계형은 멋진 꿈이자 아름다운 상상으로, 현실 불가능성의 총합으로 이 소설을 쓴 것이다. 즉 박계형의 소설이 낭만성의 성질 중 공상력, 상상력을 극대화한 것은 역설적으로 그렇지 못한 현실의 또 다른 반영인 것이다. 박계형의 소설이 보여주는 낭만적 사랑의 이상주의적 요소와 반현실적 요소는 반시대성, 비현실성에 대응하여 '계산된' 소설 내용이라 할 수 있다.

『머무르고 싶었던 순간들』에서는 소설의 낭만성을 강화시키는 수사학적 요소들로 서정적 문체, 이미지를 통한 감각의 형상화와 이로 인한 서정적 비극성이 주조되고 있다. 작품의 외피(차례)는 철저히 시간의 흐름, 성장의 시간을 따르지만 이 작품이 서사적이라고 느껴지지 않는 것은 무시간성 때문이다. 시간의 흐름이 멈춘 상태에서 향수를 유발하는 동시적 이미지(가을, 학교 마당, 꽃송이들, 코스모스)가 경합하면서 서정적 자아의 객관적 현실은 뒤로 물러나고 그 인식만이 특별한 의미를 부여

받게 된다. 세계에 대한 객관적 인식이 아니라 화자의 자기인식을 직접적으로 형상화했고 그 형상화의 대부분이 이미지에 기대고 있다.

'곱다', '평화롭다', '아름답다', '그립다' 등의 감각 언어는 순간적인 감각의 이미지를 표현하는 데 유용하며 산문 문장의 연속성을 파기하면서 시적 분위기를 유발한다. 또한 동일한 의미의 단어나 어구의 반복적 사용을 통한 감정의 증폭, 그림을 그릴 듯한 이미지적 언어 등은 소설적 대상과 내적 거리를 소실하는 시적 문체의 특성인 것이다. 짧은 분상이 주는 간결성과 문장과 문장을 길쳐 수놓은 시적인 순간들은 이 작품의 수사학적 장치이며 이러한 서사적 디테일이 내용적 서정성과 합치되어 소설의 낭만성을 증폭시켰던 것이다. 실제로 박계형 소설을 읽으면 마치 시를 읽는 듯한 감상에 젖게 되고 입 밖으로 소리 내어 읽으면 리듬이 느껴지기도 한다. 이는 『머무르고 싶었던 순간들』이 낭독을 목적으로 창작되었고 그것에 최적화된 작법을 갖는 이유이다.

13

전원적 멜로망스와 종교소설로의 전회

:: 농촌소설을 중심으로 ::

1. 일구재소녀(一九才少女) 박계형의 등장

1950년대에 외국 서적 수입과 번역물 출판의 양적 증대가 이루어진 이래로 1960년대에 들어서면서 독서 대중의 외국 도서, 번역물 수용이 본격화되었다. 1960년대 단행본이 주축을 이루고 있던 소설계는 사실상 불황이었고 맥이 빠진 서점가를 일본의 번안소설이 독점하고 있는 상황이었다. 이러한 특이한 상황에서 박계형의 소설은 항상 A급으로 베스트셀러가 되었고 박계형의 이름을 달면 책이고 영화고 모두 명성을 날렸다. 출판사와 영화사는 앞 다투어 '문제의 베스트셀러 작가의 신작소설', '고대 사년생인 박계형의 소설 영화화'를 책 표지와 영화 포스터의 중심에 위치시켰다.

한 달에 한 권 꼴로 다작을 하는 박계형은 『머무르고 싶었던 순간들』 이래 무수한 베스트셀러를 양산해왔다. 1960년대 단행본 베스트셀러는 상당수가 일본 번역물이었는데, 강력한 멜로드라마성을 띤 『만가』, 『가정교사』, 『빙점』 등과 겨루어 자리를 지킬 수 있는 작가는 몇 되지 않았다. 1960년대 초반 서점가에 돌풍을 일으킨 이시자카 요지로(石坂洋次郎)의 소설 『가정교사』는 약 10개월에 걸쳐 베스트셀러 1위를 차지하며 한국 독자들의 압도적 지지를 받았다.[1] 한국 독자들의 욕망을 교묘히 파고 들어간 일본 문학과 경쟁한 '일구새소녀(一九才少女)' 박계형의 인기는 출판계를 놀라게 했다. 감각적이고 서정적인 문체로 여대생의 다중, 연애서사를 전면에 배치하여 하이틴 독자들의 호기심을 자극한 『젊음이 밤을 지날 때』는 1963년 당시 느닷없으면서도 어쩌면 자연스러운 돌출이었다.

1960년대 두드러진 일본 문학 붐을 주도하며 최근까지 가장 많이 번역된 작가인 미우라 아야코(三浦綾子)의 소설 『빙점』은 1964년 일본 아사히 신문 '1천만엔 현상 소설 공모에 당선'됨으로써 당시의 일본 문단에 센세이션을 불러일으켰다. 연재가 끝나지도 않은 이 소설이 서울에서 단행본으로 출간되었다거나 방송에서 장기 연속 낭독을 하고 있음을 질타하는 신문사설이 등장할 정도로 일본 번역소설의 우상처럼 군림한 이 소설에 대적할 만한 한국 소설이 박계형의 대표작인 『머무르고 싶었던 순간들』이다. 여전히 미우라 아야코(三浦綾子)의 『원죄』, 『운명』, 『빙점』, 『양 치는 언덕』, 『사랑이 흘러가는 곳』이 연속해서 히트를 친 1967년에 박계형은 이에 질 수 없다는 듯이 『이대로 살다 죽으리』,

1 강우원용, 「1960년대 초기 베스트셀러를 통해 본 일본소설 번역물과 한국 독자-하라다 야쓰코, 이시자카 요지로, 박경리를 중심으로」, 『일본학보』 97권, 한국일본학회, 2013.

『사랑이 그리워질 무렵』, 『그해 가을』, 『해가 지지 않는 땅』을 연속적으로 발표하여 베스트셀러 A급에 그 이름을 올렸다.

일본 번역소설의 인기가 시들해져 가던 1969년에 『머무르고 싶었던 순간들』은 여전히 독자들에게 맹위를 떨치고 있었고 『밤에도 뜨는 태양』, 『별을 보고 산다』, 『정이 흐르는 발자국 소리』, 『목숨의 불꽃이 질 때까지』, 『오늘만 영원히 사랑하리』, 『첫 정이 트이던 시절』 또한 어깨를 나란히 하여 박계형의 전성기를 형성했다.

그렇다면 박계형 소설의 인기는 1960년대와 함께 저물었을까. 1970년대 초반은 여전히 번역문학이 그 인기를 지속하고 있었지만 1970년 노벨문화사에서 '박계형 신작전집'이 발간되면서 그 인기가 최고조에 이른다. "동양라디오 50만 원 현상 문예모집에 당선된 이래 7~8년간 수십만 젊은이들의 열렬한 호응과 공감을 받으며 '베스트셀러 작가'라는 특이한 존재로 선풍적인 인기 속을 휘몰아온 박계형 여사의 신간 전집"[2]이라는 슬로건을 달고 이 전집은 불티나게 팔렸다. 문학의 한 전환점을 이루었다고 평가되는 1970년대는 벽두에 최인호의 『별들의 고향』이 『조선일보』에 연재되기 시작하면서 독자들의 관심을 끌었으며, 연재가 끝난 후 1974년에 책이 출판되자 폭발적인 인기와 함께 수십만 권이 팔려 베스트셀러가 되었다. 유신체제기의 특이한 문화현상으로 보이는 '창녀, 호스티스'가 이 작품 이후 서사물의 제재로서 장기적 대유행을 하면서 하나의 경향성을 이루었다. 이들 속에서도 박계형의 소설은 선전한다. 박계형은 『사랑할수록 외로워지리라』, 『애정이 있는 양지』, 『이루어질 수 없는 아픔을』, 『고독한 사춘기』, 『그립다 말을 할까』 등을 연속적으로 발표하며 인기를 지속했다.

---

2 「광고」, 『동아일보』, 1970.4.29.

앞서 박계형 소설의 인기를 실증하기 위해 우리가 기억할 만한 1960~1970년대 대표적인 베스트셀러와 그 인기를 견주어보았다. 박계형 소설의 인기는 모든 베스트셀러가 그렇듯 시대적 견인과 새로운 독자층 형성과 맞물려 있다. 어림잡아도 10년이 넘는 이 시간 동안 베스트셀러로 나열된 박계형의 소설만도 20여 편이 넘는다. 하지만 박계형의 소설에 대한 학적, 독서적 관심은 여전히 『머무르고 싶었던 순간들』에만 머물러 있다. 박계형의 낭만적 글쓰기 스타일을 응집하고 있는 『머무르고 싶었던 순간들』의 시대적 상징성을 부정할 수는 없지만 앞서 나열한 바와 같이 『머무르고 싶었던 순간들』은 박계형의 소설의 마지막이 아니라 박계형 시대의 개막을 알리는 작품이라는 사실이다.

긍정적 의미의 다작이 빚어내는 풍성한 이야기의 힘은 시대를 달리하여 그 위력을 발휘하고 있었고 이는 충분히 탐구할 만한 가치를 갖는다. 이에 이 장에서는 박계형의 『머무르고 싶었던 순간들』 이후 작가적 지향이 투영된 베스트셀러 작품을 중심으로 세계관의 지속과 변화를 중점적으로 살펴보고자 한다.

2. 옥잠화와 메밀꽃의 세계, 농촌소설에 대한 갈망

박계형 소설은 배경적으로 볼 때 농촌과 도시의 생활이 적당히 배합된 형태를 취하며 소설의 시작이 이향(離鄕)에서 출발하여 귀향 모티프로 종결되는 소설이 다수이다. 대표작 『머무르고 싶었던 순간들』은 남녀가 성장-사랑-결혼-출산-사별하는 연대기적 형태를 취하기 때문에 배경적 요소가 다소 약화된 감이 있지만 공간적 요소를 중심에 놓고 보면 작가의 스타일이 좀 더 확연해지는 면이 있다.

『머무르고 싶었던 순간들』에서 윤희의 회상으로 그려지는 '범바위골의 어린 시절'은 순수하고 정감 넘치는 동리 사람들과의 추억으로 주인공에게 고향에 대한 향수를 불러일으킨다. 이후 가족과 함께 도시로 이주, 도시에서의 생활이 직선적으로 서술되는 가운데 낭만적 사랑의 결실로 결혼에 이른다. 신혼여행 중 한국전쟁이 발발하고 충남 은진으로의 피난길은 이 작품에서 유일하게 역사적 서사가 중심에 놓이는 곳이지만 시골길을 걸어가는 사랑하는 남녀의 짙은 서정과 낭만이 압도하여 무시간적 진공 상태가 펼쳐진다. "토방에서 기거하고 산채나물을 주식으로 하던 초라한 생활이었지만 우리에겐 풍성한 사랑이 있었다"[3]라는 서술과 '그래도 즐거워'라는 소제목을 통해서 알 수 있듯이 민족적 대수난이 이들에게 아프고 괴로운 날들만이 아니라는 사실은 농촌 생활의 목가적인 배경이 뒷받침한다.

『머무르고 싶었던 순간들』이 발표된 이후 박계형은 여러 단행본의 머리글에서 농촌소설에 대한 갈망을 피력한다. 작가는 줄곧 도회지에서 자랐기에 "먼지와 각박에 목이 탄 도회지 사람들"[4]은 잃어버린 고향을 그리워하며, "해당화나 메밀꽃에 대한 동경"[5]을 떨칠 수 없다거나 이에 "나는 이상하게도 항상 농촌소설을 쓰고 싶다"[6]고 말한다. 더불어 작가로서 산업화, 근대화라는 이름으로 점점 모양을 잃어가는 고향, 사람이 떠나고 안으로 붕괴되어가는 농촌을 옛 모습 그대로 소설 속에 보존하여 언제나 돌아갈 수 있길 바라는 고향을 그려내고자 했다는 포부를 피력했다. 이러한 작가적 지향은 낭만주의적 경향을 드러내는 다수의

3 박계형, 『머무르고 싶었던 순간들』, 대문출판사, 1966, 190쪽.
4 박계형, 『동짓달 그믐밤』, 노벨문화사, 1971, 1쪽.
5 박계형, 『해가 지지 않는 땅』, 대문출판사, 1969. 1쪽.
6 박계형, 『연짓골의 연사』, 대문출판사, 1968, 1쪽.

농촌소설 창작으로 이어진다.

박계형 식 농촌소설을 이해하기 위해서는 이 개념을 좀 더 한정할 필요가 있다. 작가가 말하는 농촌이나 작품에서 그려지는 농촌은 도시의 상대적 개념이다. 박계형의 농촌소설은 소설의 주제적인 측면은 제외시키고 농촌이라는 배경을 중시한다. 즉 농촌소설은 전원적이고 향토적인 공간으로서의 농촌을 배경으로 하거나 단순히 농민을 주인공으로 설정하는 소설을 말하며, 농촌에서의 삶에 목적의식적이고 적극적인 의미 부여를 거부하는 소설이다.

기존 세계에 안주하는 것을 거부하는 상상력의 발현은 낭만주의의 본성이다. 이러한 사실은 종종 현실 도피, 과거로의 도피, 꿈과 환상으로의 도피로 구현된다. 무한세계와 죽음, 무와 자연에 대한 동경은 이러한 발상의 결론지였다. 자연이야말로 결함투성이의 타락한 인간세계에서 벗어날 수 있는 가장 구체적인 피난처였으며 낭만주의적 재료로 그려진 농촌은 빛과 색의 추상성으로 즉 시골 풍경의 실제 모습과는 동떨어진 상징적 형태로 묘사된다.[7]

도시는 세속적이고 악의 표상들이 판치는 곳이며 이곳에는 신도 부재한다. 반면 농촌은 인간이 목마르게 찾는 맑고 무구한 세계이며 선의 세계이다. 목가주의적 세계와 자연에 대한 동경은 낭만주의적 세계관을 드러내고 결국 그렇지 못한 환경 속에서 절망하고 사랑의 진정성과 도덕성을 찾아가는 것이 작가가 지향하는 소설적 세계관인 것이다.

이 장에서는 박계형의 대표적 농촌소설이라 할 수 있는 『해가 지지 않는 땅』(1967), 『그해 가을』(1967), 『연짓골의 연사』(1968) 세 편의 소설을 연구 대상으로 그 서사 방식과 작품의 주제의식을 살펴보고자 한

7 데이비드 블레이니 브라운, 『낭만주의』, 강주헌 역, 한길아트, 1998.

다. 이 세 작품은 작가의 공간적 지향이 드러나는 농촌을 배경으로 낭만적 사랑 이야기가 중심 서사를 이루고 슬픔의 정서가 미감된다면 점에서 박계형 식 연애서사의 전형을 보여주지만 1970년대 이후 펼쳐지는 박계형의 연애서사가 나아가는 방향을 미리 갖춤한다는 측면에서 연구적 의의가 있다.

세 편의 연구 대상은 출판 당시 베스트셀러가 되었을 뿐만 아니라 『해가 지지 않는 땅』은 1975년 베스트셀러 집계 기록을 보면 베스트셀러 소설 부분 2위에 올랐고, 1976년 2월 베스트셀러 소설 부분 3위에 올랐다. 이 작품의 다음으로 황석영의 『객지』나 조해일의 『겨울 여자』가 따르고 있다. 『연짓골의 연사』도 1975년 11월 베스트셀러 소설 부분 4위에 올랐다. 출판 당시는 아니더라도 한참의 시간이 지나 출판사와 장정이 바뀐 후 박계형의 소설이 재인기를 얻는 경우는 여러 번 있었다. 이 소설 또한 출간된 지 무려 9년 후에 베스트셀러에 오른 것을 보면 요즘 말로 '역주행'의 세례를 받은 듯하다.

3. 아름답게 사랑하고 비극적으로 죽는 이야기

이루어지지 않은 첫사랑에 대한 이야기는 박계형이 즐겨 사용하는 소재이다. 처음이 주는 순수하고 열정적인 사랑의 감정은 '첫사랑'으로 명명될 때 독자들에게 더욱 저린 감회를 불러일으킨다. '동양방송 50만 원 현상당선작가의 제이의 야심작'이라는 타이틀을 달고 있는 『그해 가을』[8]은 서툴렀지만 순수했고, 처음이라 위대했던, 어긋나버린 첫사랑에 대

8 박계형, 『그해 가을』, 문예출판사, 1967.

한 이야기이다. 이 소설은 십여 년이 지난 현재 젊은 날을 스쳐간 풋풋한 연정에 대한 성인 화자의 회억담(回憶談)으로 특정 인물에 대한 미련보다는 열일곱 살 시절의 첫사랑에 대한 추억과 강렬한 그리움이 소설 전체를 지배한다.

열일곱 살의 여주인공 강인지는 숙성한 문학소녀이다. 여고의 젊고 쾌활한 국어 선생을 사모하다가 총각 선생이 서울로 부임해 가면서 강한 상실감을 경험한다. 고통 없는 소녀 시절에 큰 공허감을 안긴 사건이 있은 후 사랑에 눈을 뜨게 되고 마을에서 함께 사란 동갑내기 문수가 새로운 감각으로 다가온다. 어릴 때부터 곧잘 싸우고 시시덕거리며 어울려 다니던 문수가 이제 밤잠을 설치게 하는 대상이 된 것이다. 푸른 하늘, 찰랑거리는 시냇가, 무르익은 들판을 달리며 함께 커가는 인지와 문수의 성장은 사랑의 감정과 비례한다.

그러나 인지는 마을의 월성사에 서울 대학생이 와 있다는 소식을 듣고 가슴속에 큰 동요를 느낀다. 시골의 여고생에게 '서울' '대학생'이 주는 설레임과 동경은 시골 소녀의 마음을 뒤흔든다. 마음속에서 문수에 대한 감정이 연연하면서도 좀 더 넓고 광활한 도회지에서 살고 싶었던 동경이 인지를 서울 대학생에게로 이끈다. 인지는 절에 가는 편지를 대신 전해주러 간다는 핑계로 매일 월성사에 성훈을 만나러 간다.

> 그날 밤 돌아와서 나는 문수와 성훈 씨가 주는 각기 다른 충격으로 잠을 이룰 수가 없었다. 문수의 그 때 묻지 않은 순결하고 미숙한 분위기는 내게 티 없는 가까움과 감각적인 감미로움 속으로 빠져들게 했으며, 성훈 씨의 보여 주었던 그 이해할 수 없는 침울하고 심오한 세계는 나를 숭앙 속에 우러르게 했다. 그건 미지에 대한 동경과 바람과 불가사의한 호기심이었으나 문수와의 분위기는 이성이라는 근본적인 성의

판별감과 직접 통하고 있었던 것 같다.[9]

연애소설에서 사랑의 장애물이 연적과 같은 인격적 요소로 등장할 경우 그들은 보통 그 당시 사회적 규범이나 관습을 대표할 때가 많다. 『그해 가을』에서 성훈과 문수는 각각 도시와 농촌의 이미지를 갖는다. 성훈은 도시의 어둡고 침울한 분위기를 대변하는데 이는 농촌에서 자란 인지에게 호기심으로 작동한다. 문수는 그 또래의 혈기왕성한 소년이 갖는 치기 어린 오기가 없다. 순리를 거스르지 않으면서 지켜보고 기다릴 줄 안다. 부드러움과 평화, 따뜻한 즐거움은 고향, 농촌의 이미지를 갖는다. 성에 눈 뜨기 전부터 함께 어울려 고향의 들녘을 헤매던 정감적이고 가족적인 인물이다. 하지만 인지는 문수에게서 따뜻한 정을 감각하면서도 마음속으로는 끊임없이 성훈을 지향하는 것이다. 도시와 농촌, 어두움과 밝음, 인공과 자연, 욕망과 순리 사이에서 갈등하는 인지의 모습을 통해 인간의 양면성을 탐색할 수 있다. 문수의 부드러움과 성훈의 날카로움 속에서 갈등하는 인지의 서사가 진행되는 가운데, 성훈이 월성사로 내려오게 된 이유가 액자소설처럼 들어온다.[10] 인지가 서울 남자와 돌아다닌 말을 들은 엄마가 인지에게 예전의 현몽을 이야기하며 인지의 짝은 문수라고 못 박는다.[11] 인지는 문수가 자신

---

9 『그해 가을』, 63쪽.

10 성훈은 경제적으로 어려운 대학 생활을 하다가 버스에서 우연히 만난 은영에게 사랑의 감정을 느낀다. 이후 은영의 도움으로 고시공부를 시작하게 된다. 은영은 온갖 정성으로 성훈의 뒷바라지를 했지만 경제적 궁핍에서 벗어날 수 없자 미군부대 양갈보 노릇까지 하게 된다. 이를 알게 된 성훈은 은영을 버리고 증오와 복수심으로 고시에 매달렸고 결국 합격한다. 하지만 그 성공은 성훈을 끝없는 공허와 허탈감으로 이끌었다. 일 년 가까이 은영을 찾아 헤매다가 우연히 길거리에서 다시 만나 은영과의 결합을 꿈꾸었으나 다음날 '미군 위안부 자살'이라는 소식을 듣고 자포자기의 심정으로 월성사로 오게 된 것이다.

11 "내가 너를 안고 있는데 어디선가 새 한 마리가 와서 네 머리 위에 앉는 거다. 나는 놀래

의 신랑감이 될 것이라는 운명론적 선언에 오히려 더 큰 반항감을 느낀다. 그러나 문수 또한 철모르는 어릴 적부터 인지가 자신의 아내가 될 것이라고 믿었다. 문수의 간곡하고 절절한 고백에도 인지는 작고 좁은 마을을 떠나 반드시 서울로 시집을 가고 싶다고 항변한다.

이 소설은 감수성 예민한 열일곱의 소녀와 순수한 농촌 소년 문수, 침울한 도시 청년 성훈과의 삼각관계를 그리고 있다. 하지만 이 소설에서의 삼각관계는 전통적 연애서사의 갈등 플롯을 구축하지 않는다. 일반적인 연애소설의 삼각관계는 주인공 남녀의 사랑을 방해하는 요소나 인물이 등장하여 갈등을 유발하고, 사랑의 장애물과 그 극복 과정을 통해 독자들의 기대지평을 충족시킨다. 하지만 『그해 가을』에서는 사랑하는 두 주체와 연적을 구분하기 쉽지 않다.

서울 대학생에 대한 시골 여고생의 동경을 방해하는 소년 문수를 연적으로 놓기에 그들의 관계는 너무 운명적이며 순수하다. 반대로 어릴 적부터 신랑 신부로 운명 지어진 인지와 문수의 연적으로 성훈을 놓기에 성훈의 열정은 비자발적이다. 인지, 문수, 성훈 모두 그 나름대로의 사정과 곡절을 갖기에 어느 누구도 악인이 아니다. 하지만 어느 누구도 위압적인 악인이 아님에도 소설의 말미에 여주인공을 제외한 두 연적이 자살로 젊은 생을 마감함으로써 소설의 비극성은 극대화된다. 성훈은 자신에 대한 인지의 동경을 느끼고 은영의 대용물로써 다시 한 번

서 쫓아 버릴려고 자꾸 손짓을 해도 새는 꼼짝 않고 네 머리 위에서 너를 내려다보고 있었다. 무서워하지 않는 그 당돌한 새가 하도나 기이해서 나는 자세히 들여다 봤다. 그랬더니 그게 바로 문수가 아니겠니? 새의 얼굴이 글쎄 틀림없이 문수랑 닮았더란 말이다. 문수를 꼭 닮은 그 새하고 너는 무언가 내가 들을 수 없는 이야기를 한참이나 지껄여 대더라. 그러더니 너도 갑자기 한 마리의 새가 되어 둘이 같이 후루루 공중으로 날아가버리는 거다. 새가 된 너와 문수는 내 머리 위를 몇 번 돌더니 저쪽 재 너머로 멀리 사라져 버렸다. 갑자기 너를 뺏긴 나는 빈품이 허전해서 허공을 바라보고 엉엉 울다가 잠이 깨었단다." 『그해 가을』, 126-127쪽.

삶의 의지를 불태웠지만 은영에 대한 그리움을 이기지 못하고 바위 위에 은영의 얼굴을 그려놓고 자살한다. 문수는 성훈을, 도시를 동경하는 인지의 강렬한 욕망에 좌절하여 진달래 섬돌바위 위에서 몸을 던진다. 너무나 사랑해서 고통스러운 비극적인 첫사랑인 것이다.

농촌을 배경으로 비극적인 사랑 이야기를 다룬 『연짓골의 연사』 또한 동일선상에서 다룰 수 있다. 소설의 첫 시작은 연짓골의 동네 머슴애들(경환, 웅, 태만, 덕팔)과 처녀들(연이, 순분이, 귀남, 옥정)이 밤 마실을 다니며 은근한 정을 나누는 농촌의 겨울밤으로부터 시작된다. 가족들에게 색실을 빌리러 가거나, 짚신을 꼰다는 핑계로 밤 마실을 감행하는 풋풋한 처녀 총각들의 설렘과, 무료한 겨울밤에 사랑방에 모여 놀고 이야기를 나누는 처녀 총각들의 모습은 농촌 마을의 건전하고 건강한 로맨스를 엿보는 듯하다.

특히 네 쌍의 선남선녀들 가운데 마을에서 가장 순하고 예쁜 연이와 남자다운 웅이는 다른 이성들 사이에서 동경의 대상인데 이들은 남몰래 사랑을 키워나가고 있다. 하지만 배심 있고 다혈질인 초등학교 동창인 경환이 또한 연이에 대한 연심이 있다. 여기에 이들의 갈등과 오해가 발생한다.

엄숙하고 보수적인, 손바닥만한 산골 시골마을에서 남들의 눈에 띄지 않고 연애를 하기 위해서 연이와 웅이는 봉섭이네 빈집[12]으로 향한

12 봉섭이네 빈집이라면 이 연짓골에서 아랫마을로 가는 고개 위에 덩그라니 남겨진 초가집이다. 방 하나 부엌 하나 꼭 그림처럼 간단한 그 집에는 지난 가을까지도 봉섭이네 식구가 살았었다. 원래는 무당이 살았었는데 잘 되지 않아서 그녀가 버리고 떠난 걸 남의 집 곁방살이 하던 봉섭이네 식구가 들어 몇 해 살다가 지난 가을 형편이 좋아져서 감골로 쌀 세 가마짜리 집을 사가지고 이사를 가는 바람에 그대로 빈 집으로 남게 된 것이다. 무당이 들었던 집이라 사람들이 서먹서먹해 하는데다 고개 위라 바람을 잘 타고 인가하고 떨어져 적적해서 아무도 드는 사람이 없어 빈집으로 남아 있는 것이다. 『연짓골의 연사』, 23쪽.

다. 순수한 연인들의, 밀실의 사랑이 이루어져야 할 봉섭이네 빈집은 목가적인 전원의 풍경 안에서도 상당히 그로테스크하다. 이러한 공간학적 배경은 이들의 순진무후한 사랑에 대한 복선적 역할을 하며, 이후에 경환이 연이의 육체를 탐하는 장소로 변질된다. 이곳에서 연이와 웅이 사이에 심상치 않은 기색을 탐색한 경환에게 뒤를 밟혀 읍내 여인숙으로 쫓겨 가게 되고, 하룻밤을 지낸 후 그곳에서 웅이는 서울로 연이는 마을로 갈리게 된다.

서울로 도망간 웅이와 마을로 돌아온 연이는 배일을 그리움과 두려움 속에서 살게 된다. 돈을 벌어 자신을 데리러 오겠다는 웅이를 그리워하면서도 자신은 이미 처녀가 아니라는 사실, 그리고 이 모든 것을 알고 있는 경환이 사실을 마을에 소문낼까봐 두려워 살얼음판 같은 하루를 살아간다. 게다가 온갖 고생을 하며 두 남매를 길러낸 어머니는 '영화배우 김지미'를 닮은 딸 연이가 자신의 팔자를 닮지 말고 도시 양복쟁이에게 시집을 가 부귀영화를 누려야 한다고 누누이 말했다. 연이는 어머니의 기대를 저버릴 소문이 마을에 나게 되면 가족도 자신도 모두 끝이라고 생각한다.

연이를 인형처럼 부릴 수 있는 패를 손에 쥔 경환은 연이를 봉섭이네 빈집으로 부른다. 경환은 소문을 빌미로 연이를 탐하고 결혼에 이르게 된다. 연이의 모습은 자신의 사랑을 지키고 쟁취하기 위한 주체적인 모습이나 삶을 개척하고자 하는 자유의지가 결여된 마치 토마스 하디의 『테스』를 떠올리게 한다. 될 대로 돼라는 식의 배포도 없는 연이는 생물학적, 환경결정론에 의거한 자연주의적 세계관을 보여준다. 연이는 중등교육까지는 받았으나 농촌마을의 폐쇄적이고 보수적인 영향 아래에서 자라 가족과 동리에 소문이 나는 것을 제일 먼저 걱정하고, 참고 견디면 될 것이라고 여기며 모든 것을 운명에 맡기는, 순박하고 어리석은 모습을 보여준다.

웅이의 아이를 임신하고 경환이와 결혼을 하게 된 연이는 마음속에 웅이를 담고 하루하루 고통스러운 날을 살아간다. 웅이와 꼭 닮은 아들을 낳아 하루하루를 간신히 버티던 연이는, 연이가 낳은 아이가 경환의 아이가 아니라는 것을 알게 된 시댁 식구들의 냉대와 경환의 학대 속에 날로 시들어가던 중 아들 또한 한 달을 넘기지 못하고 죽는다.

연이에 대한 연정에 미련을 버리지 못한 웅이가 군대의 장교가 되어 마을로 돌아왔다. 웅이와 연이는 첫사랑을 나누었던 옛날의 여인숙에서 만나 다시 함께 사랑하며 살 것을 다짐하지만 뒤쫓아 온 경환이 웅이와 싸우며 "소위 계급장 좀 떼고 콩밥 좀 먹어봐라"라고 으름장을 놓는다. 연이는 웅이를 사랑하는 마음에는 한 번도 변함이 없었는데 왜 이렇게 되었는지 자신은 무슨 잘못을 했는지 의아할 뿐이다. 더구나 자신 때문에 웅이마저 불행해질 것을 생각하니 더 이상 살 필요를 느끼지 못한다. 경환의 으름장이 있은 다음 날 연이가 목을 메고 다음날 그 자리에 웅이가 목을 멘다. 다음해 연인들이 죽은 그 자리에서 연이와 웅이의 행복한 모습을 보았더라는 마을 사람들의 후일담은 죽어서야 함께할 수 있는 연인들의 비극적이고도 슬픈 사랑의 이야기를 들려준다.

『그해 가을』과 『연짓골의 연사』에서 연지와 문수, 연이와 웅이가 보여주는 사랑은 전형적인 낭만적 사랑이다. 한 마을에서 태어나 함께 성장하고 사랑하며, 목가적인 분위기 속에서 함께 미래를 꿈꾸는 로망스인 것이다. 하지만 여기에 성훈과 경환이 등장하면서 이들의 사랑은 흔들린다. 상황이, 운명이 이들의 사랑을 낭만적 사랑의 종착점인 기쁨과 축제로 이끌지 않는다. 사랑하는 남녀 사이를 방해한다는 측면에서 성훈과 경환은 악인이지만 이들의 입장에서 보면 이들은 열정의 추동사라는 점에서 사랑의 아이러니가 있다.

사랑의 갈라진 틈에서 비극이 발생하고 남겨진 자의 슬픔과 애도는 이 소설들을 더욱 감상적이고 낭만적으로 만든다. 이들의 죽음은 운명론적, 개인적, 감정적이기에 숭고하기보다 상황의 아이러니에 가깝고 독자들이 느끼는 감상은 센티멘털한 감정이 비장미로 전환되지는 않는다. 이것이 박계형 식 낭만적 연애소설에서 통상적으로 향유되는 미감인 것이다.

낭만주의적 이야기의 핵심적 모티프는 사랑과 죽음이다. 사랑을 위한 죽음이라는 명제만큼 로맨틱한 것은 없다. 시인 샤를 피에르 보들레르(Charles-Pierre Baudelaire)가 "정확히 말해서 낭만주의의 핵심은 주제의 선택이나 진실의 정확한 표현에 있는 것이 아니라 감정의 표현 방식에 있다"라고 말한 것처럼 낭만주의는 개인의 경험과 감정 및 표현 방식을 강조했다.[13] 사랑은 주관적이고도 감정적인 이야기를 표현하기에 최적의 질료인 것이다. 낭만적 사랑 이야기는 인간의 구체적이고 주관적인 경험, 감정과 본능의 잠재력, 그러므로 필연적으로 기쁨이 아닌 고통, 슬픔, 두려움, 상실을 그 추구 대상으로 상정했다. 박계형이 그려내는 아름답게 사랑하고 죽는 사랑 이야기는 목가적인 전원 속에서 더욱더 낭만적이고 비극적으로 그려진다.

4. 자연이라는 이름의 권능, 정화시키는 신앙의 힘

우리가 통상적으로 생각하는 연애소설은 앞서 살핀 『그해 가을』과

13 최상규, 『독일 낭만주의』, 연세대학교 출판부, 1995, 191쪽.

『연짓골의 연사』처럼 젊은 남녀 간의 사랑 이야기이다. 하지만 박계형 소설의 힘은 낭만적 사랑을 결혼이라는 제도로 정착시킨 후 부부 관계에서 발생하게 되는 갈등과 부침을 조명한다는 점에서 새롭고, 다른 의미에서 참신하다. 『머무르고 싶었던 순간들』은 '자본주의적' 연애소설의 가능성을 타진해볼 수 있는 좋은 재료였고 큰 인기를 얻음으로써 부부간의 낭만적 사랑을 지속적으로 소설화할 수 있게 되었다.

1967년에 출간된 『해가 지지 않는 땅』[14]은 TBC에서 2개월에 걸쳐 낭독되었고 낭만적 사랑-결혼-재생산-위기-화해 등의 서사를 다룬다는 점에서 『머무르고 싶었던 순간들』과 유사하지만 연인이 부부가 되고, 섹슈얼리티를 포섭하여 결혼으로 안정화된 낭만적 사랑의 위험과 위기를 다양한 지점(고부갈등, 외도, 자식과의 갈등)에서 천착한다는 면에서 전작보다 한 단계 나아간 점이 있다. 또한 전작과의 큰 차이로 '농촌을 배경으로 한 농부가 겪는 사건들을 엮은 것'이라는 점이 있는데 작품의 서문에서 확인할 수 있듯이 오랜 시간 이런 류(농촌소설)의 소설을 창작하고자 했다는 작가의 동경이 결실을 맺은 작품이다.

앞서 살핀 바와 같이 『그해 가을』과 『연짓골의 연사』 또한 농촌을 배경으로 하지만 젊은 남녀의 엇갈린 사랑 이야기에 초점이 있다 보니 전원적 배경은 원경화되었다. 하지만 이 작품에서는 농사와 관련한 농촌 생활의 어려움이라든지 대가족이 빚어내는 갈등, 마을 사람들의 모습이 핍진하게 노출되어 농촌소설로서의 면모가 더욱 생생해진다. 농촌의 삶을 배경으로 작품의 중반부인 '신앙' 부분에서부터 작품의 성격은 급격히 변전하는데 이러한 변화는 향후 박계형 소설이 나아가는 방

14 『해가 지지 않는 땅』은 문우사에서 1967년 출판되었다. 이 글에서는 1969년 대문출판사본을 저본으로 삼았다.

향을 예비한다는 측면에서 눈여겨볼 필요가 있다. 이러한 이유로 『해가 지지 않는 땅』은 가장 이른 시기에 작가의 동경과 지향이 응축되어 나타난 작품으로 유의미하다.

『해가 지지 않는 땅』을 결혼 전과 후로 나누어 서사적 관계를 살피기엔 결혼 전의 서사는 무척 짧다. 주인공 상현의 시점으로 서사화되는 소설에서 결혼 전 서사의 경우 고향 읍내 초등학교에 같은 날 부임한 상현과 연이의 풋풋한 연애 과정을 그린다. 상현과 연이는 서로의 마음을 알아가던 중 같은 학교의 박 선생 또한 연정을 품고 있음을 알게 된다. 박 선생은 부모 없는 가난한 집안의 장남으로 여러 동생을 부양하면서 어렵게 교사 생활을 유지하고 있다. 상현과 연이의 연애는 양가집의 허락으로 자연스럽게 결혼으로 이어지고 박 선생에게 실연의 상처를 안긴 죄책감에 도덕적이고 순박한 상현과 연이는 함께 학교를 그만두고 농부로서의 삶을 시작하는 것으로 결혼 전 서사는 짧게 마무리된다. 청신무결한 결혼, 도덕적 책임을 다한 결혼 후 서로에게 완전히 종속되었다는 달콤한 속박감과 감미로운 친근감 속에서 상현과 연이는 "흙으로 만든 사람처럼 흙을 뒤집어쓰고 흙속에 묻혀 살았다."[15]

그러던 중 첫 번째 위기가 닥치는데 친구 성수가 땅을 팔아 북간도로 가서 술장사를 하자고 꼬신다. 독자들은 그간 상현의 행동과 의지를 생각한다면 친구 성수의 유혹쯤은 거뜬히 이겨낼 수 있으리라 생각하지만 '평생을 바람을 피우다 발광하며 죽은 아버지'라는 가혹한 운명이 늘 상현을 짓눌렀기에 야망에 들떠 땅문서를 들고 성수를 쫓아가고 싶었던 그의 약점 또한 간파할 수 있다. 하지만 상현은 '콩이 열리면 콩을 먹고 쌀이 열리면 쌀을 먹는' 촌부로서의 입장에서 유혹을 이겨낸다. 이

15 『해가 지지 않는 땅』, 23쪽.

후 부부간에 열정적이고도 자연스러운 교섭은 아내의 임신으로 이어지고 출산과 풍년이 겹치면서 자연의 섭리에 따라 사는 촌부의 보람과 즐거움이 서사화된다.

이 소설에서 가장 큰 위기에 해당하는 옥정네의 유혹은 아내가 둘째를 임신하고 상현이 아내의 초췌한 몰골에 불만을 갖는 틈을 타고 들어온다. 타락한 아버지 밑에서 자란 까닭에 어릴 때부터 밝고 환한 빛을 지향했던 상현으로서는 "어쨌든 끝장을 보고야 말겠다는 듯이 물러설 줄 모르는 옥정네의 끈질긴 유혹은 차츰 그의 마음속에 심한 혼란을 일으키기 시작했"[16]으며 그토록 경계하던 아버지의 마음을 이해할 수 있는 지경에까지 이른다.

> 그는 여인의 몸을 안아 눕히고 그 위로 쓰러졌다. 그의 머리 위에서 쾅쾅 천둥이 울리기 시작했다. 비가 쏟아지려나. 하도 천둥이 요란해서 귀가 윙윙 거렸다. 천둥소리는 점점 더 강렬하게 그의 머리 위를 갈겨댔다.
>
> 그의 떨리는 손끝이 옥정네의 치마를 걷어 올렸다. 머리 위에서 쾅쾅 울려대는 천둥소리와 피속에서 활활 타오르는 관능의 아우성 때문에 그는 정신을 차릴 수가 없었다. 그 극도의 혼란 가운데서도 그의 손끝은 민감스레 여인의 살결을 더듬어 내려가고 있었다. 드디어 여자의 마지막 속옷이 잡혔다.
>
> 우르르르 쾅!
>
> 갑자기 그의 머리 위에서 쿵쿵거리던 천둥이 깨질 듯이 자지러졌다. 그 천둥소리에 놀라서 그의 손끝이 와들와들 마구 떨리고 있었다. …

16 『해가 지지 않는 땅』, 95쪽.

(중략) …

바로 그 순간이었다. 휘익 이상한 비린내가 그의 코끝을 물고 늘어졌다. 그는 움찔해서 떨어졌다. 꼭 썩은 생선통의 뚜껑을 뗀 순간처럼 지긋지긋한 악취가 물씬물씬 풍겨오고 있었다. 지독한 악취였다. 어찔 머릿속까지 흔들렸다. 목구멍에서 왈칵 솟구쳐 오는 구역을 토하며 그는 벌떡 일어섰다.[17]

해산날을 받아둔 아내의 충고를 물리치고 방앗간으로 향하는 상현의 욕정과 만월이 높은 날 부정을 저지르는 남녀에게 내리꽂은 천둥과 벼락은 마치 현실을 비판하고 인간을 정화시키는 낭만주의적 자연의 속성을 보여준다.

낭만주의적 자연관은 자연을 통합적이고도 신비로운 존재 상태로 파악하려는 사유에서 출발한다. 낭만주의의 자연철학적 특성은 상상력과 예견 같은 비과학적인 능력을 강조한다. 이때의 자연은 신비로운 자연이다. 낭만주의적 자연은 인간이 상실했던 공동체적 감정을 회복시켜주는 심급 기관으로 형상화된다. 노발리스(Novalis)가 정의한 '생산하고 잉태하는 힘', '무한하고도 영원히 지속되는 합일'로서의 자연은 소유 혹은 부에 대한 인간의 의식을 비판할 수 있는 기능도 지니고 있다. 소유나 부에 대한 집착은 모두에게 공동의 토대였던 자연을 임의적으로 분리하여 자기 것으로 점유하려는 의식에서 나오며, 자연은 그와 같은 분리를 비판하는 원천적인 언어로 작용한다. 자연이 현실을 비판하는 이상적인 의미로 파악될 때 자연의 특성에 의해 인간이 파악된다는 것이다. 통합적인 존재로서의 자연은 이제 허위적이고도 잘못된 인간

17 『해가 지지 않는 땅』, 104쪽.

존재를 교정해줄 수 있는 모범상으로 기능하게 된다.[18]

상현의 귓전에 내리꽂히는 비판하는 자연과 함께 옥정네의 육체에서 풍겨 나오는 비린내는 비정상적이었던 상현을 다시 이성적으로 되돌린다. 비린내는 작품 속에 모두 세 번 등장하는데 타락한 아버지에게서, 도둑질하려다 들킨 이후 성수에게서, 마지막으로 위 장면에서 취각을 찌른다. 아버지의 주변에서 늘 맡아왔던 지겨운 악취는 상현의 의식 맨 밑바닥에 침전돼 있던 악에 대한 본질적인 혐오감이 후각적인 현상으로 발현된 것으로 상현의 도덕성 형성의 근거였다. 더럽고 추하고 악한 것에 대한 정신적 거부가 육체적으로 전이된 것이다.

상현의 외도는 부부의 인생에 전환점으로 작용한다. 아버지를 늘 경계했지만 자신도 한순간에 아버지처럼 될 수 있다는 허점을 발견하고 각성함으로써 부부 간의 사랑을 보다 도덕적이고 이상적으로 만드는 계기가 되었다. 그리고 이것은 아내 연이의 배려에 힘입어 보다 이상화될 수 있었다. 하늘을 향한 성찰과 반성으로 "그늘이 없는 생활 속에서 선미와 영기를 놓고 사는 그들의 가정엔 언제나 잦은 물살처럼 웃음이 자지러졌다."

자연은 생명력의 근원이지만 죽음의 권능이 실현되는 곳이기도 하다. 경고(황 씨와 옥정네의 사망, 흉작)와 보상(사내아이의 출산, 풍년)을 동

---

18 인간과 소통하고 합일하는 낭만주의적 자연의 모습은 소설 속에 자주 등장한다. "망연히 선 채 그는 하늘을 쳐다 봤다. 이젠 하늘의 뜻에 맡길 수밖에 없다는 체념감이 떨어졌다. 제발 하늘이여, 한 번만 꼭 한 번만 용서하시고 연이를 살려 주십시오. 상현은 간절한 기원을 안은 채 한참 동안 그 맑은 하늘을 바라보고 섰다. 그러자 갑자기 이상한 영감이 빛줄기처럼 휘익 그의 뇌리를 지르고 지났다. 아내는 틀림없이 산다. 그 기묘한 영감은 순간이 겹칠수록 굳은 확신으로 다져졌다. 어머니가 돌아가시던 날은 떡장처럼 구름이 끼어서 꼭 굴뚝 속 같던 하늘이었다. 그날 밤 어머니는 죽었다. 그런데 오늘은 저렇게 달이 밝다. 틀림없이 아내는 산다. 하늘이 저렇게 밝은 게 틀림없이 그 징조일 게다. 단지 내가 불순한 욕망에 잠겨 있었기 때문에 하늘은 잠시 나를 놀라게 하는 것뿐이다. 그러나 나는 다시 놀아왔고 아내는 산다." 『해가 지지 않는 땅』, 108-109쪽.

시에 관장하며 인간의 삶을 경건하게 한다. 촌부들의 하늘에 대한 신망과 외경은 언덕 위 공회당 마당에 새로 지어지는 성당에 대한 관심으로 이어진다. 현실을 비판하고 인간을 정화시키는 자연이 종교로 실재화되는 순간이다.

낭만적 사랑을 중심에 놓고 보면 이 소설은 결혼 전과 후로 나뉘지만 신앙을 중심에 놓고 보면 신앙을 갖기 전과 후로 소설은 정확히 반으로 갈라진다. 스스로 충분히 바르고 행복하게 살 수 있다고 도도한 자존심에 종교에 대한 열의는 일어나지 않던 상현에게 중반부 이후의 모든 일화는 신에게 다가가고 계시를 따르는 과정이다.

아들 영기가 홍역 뒤끝에 폐렴을 앓고 사경을 헤맬 때 지금까지의 무성의를 반성하고 신에게 적극적인 참여를 서약하자 영기가 살아나는 기적을 경험한 후 상현, 연이 부부는 자연과 신에 헌신하는 삶을 살기로 다짐한다. 서울로 중등학교에 진학한 딸 선미가 유부남을 사랑하게 되었을 때, 다시 시골 마을로 내려와 동네 청년 웅선과 교제하게 되었을 때, 아빠와 엄마가 교사 생활을 한 양지보통학교에 교원인 딸 선미가 부임하고 웅선과 결혼할 예정이었으나 웅선이가 전쟁에 나가 전사했을 때에도 가족들은 종교의 힘으로 이겨낸다. 결정적으로 낙오된 미군 병사가 상현의 집에 숨어들었을 때 그의 목에 '은빛 줄에 매달린 예수고상'을 발견하고 다시금 '내 곁에 신이 머물러 계심'을 자각하게 된다. 결국 미군(다니엘 레이놀즈)과 선미는 결혼을 약속한다. 시골에서 노년의 삶을 여유롭게 살던 상현은 꿈을 통해 자신의 죽음을 직감하고 신부님이 보는 앞에서 편안히 죽음을 맞이한다.

> 그는 아버지가 그렇게 위대한 성인이었다고는 믿고 있지는 않았다.
> 하지만 신이 원래 의도했던 인간이 있었다면 그건 아버지 같은 사람이

> 라고 여기고 있었다. 애초에 이 땅 위에 인간을 만들었을 때 그는 아버지 같은 인간을 의도했음에 틀림없으리라.
>
> 내가 준 이 기름진 땅을 일궈 곡식을 심어 열매를 따먹고 하나의 아낙을 맞아 평생 동안 의지하고 사랑하며 불평 없이 살거라. 비록 너희들이 헤아릴 수 없는 여럿이 되더라도 서로 미워하거나 해치지 말고 욕심부리지 말고 도와가며 웃으며 살거라.[19]

창세기의 훈시처럼 살다간 상현은 가족들은 물론이고 마을 사람들에게 신의 계시를 몸으로 실천하는 사도처럼 여겨졌다. 그가 베푼 친절과 보살핌은 깊고 사무쳤기에 그의 죽음 이후 마을 사람들은 깊은 애도와 상실감을 느낀다.

인간의 영원한 본향과 같은 선을 추구하고 자연의 순리를 거스르지 않으며 거기에 맞게 살아가려 노력한 상현과 연이 부부를 통해 선의 세계, 자연의 섭리, 영적인 삶을 깨우쳐 주려했던 작가의 포부는 1970년대 이후 더욱더 종교적 삶에 대한 동경을 드러내는 소설로 이어진다.

5. 농촌소설에서 종교소설로

박계형은 대표작인 『머무르고 싶었던 순간들』 이후 지속적으로 농촌소설에 대한 갈망을 피력했다. 이 장에서는 『해가 지지 않는 땅』(1967), 『그해 가을』(1967), 『연짓골의 연사』(1968) 세 편을 박계형의 대표적 농촌소설로 선정하여 낭만성의 지속과 변화를 살폈다. 이 세 작품은 농촌

19 『해가 지지 않는 땅』, 380-381쪽.

을 배경으로 이전과 동일한 낭만적 연애가 서사의 중심에 포진하고 슬픔의 감정이 주조된다는 점에서 박계형 식 연애서사의 전형을 보여주지만 자연성, 정신성, 종교성 등 1970년대 이후 박계형의 소설이 나아가는 방향을 미리 갖춤한다는 측면에서 연구적 의의가 있다.

『그해 가을』과 『연짓골의 연사』에서 인지와 문수, 연이와 웅이가 보여주는 사랑은 전형적인 낭만적 사랑으로 목가적인 분위기 속에서 함께 미래를 꿈꾸는 로망스인 것이다. 하지만 여기에 성훈과 경환이 등장하면서 이들의 사랑은 흔들린다. 의도치 않은 상황으로 이별하게 되고 사랑의 갈라진 틈에서 비극(자살)이 발생하며, 남겨진 자의 슬픔과 애도는 이 소설들을 더욱 감상적이고 낭만적으로 만든다. 이들의 죽음은 운명론적, 개인적, 감정적이기에 숭고하기보다 상황의 아이러니에 가깝고 독자들은 센티멘털한 감상성을 느끼게 된다. 이것이 박계형의 낭만적 연애소설이 통상적으로 획득하는 미감이다. 박계형이 그려내는 아름답게 사랑하고 죽는 사랑 이야기는 아름다운 전원 속에서 더욱더 낭만적이고 비극적으로 그려진다.

1967년에 출간된 『해가 지지 않는 땅』은 『머무르고 싶었던 순간들』과 유사하지만 그것과 가장 큰 차이로 '농촌을 배경으로 농부가 겪는 사건들을 엮은 것'이라는 점인데 농촌소설을 쓰고자 했던 작가의 동경이 결실을 맺은 작품이다. 이 작품에서 결혼 전 서사는 박 선생에게 실연의 상처를 안긴 죄책감에 도덕적이고 순박한 상현과 연이가 학교를 그만두고 농부로서의 삶을 시작하는 것으로 종결되고 이후 결혼 후 서사는 긴 장정으로 다소 평이하게 서사화된다.

이 소설에서 가장 큰 위기에 해당하는 옥정네의 유혹은 아내가 둘째를 임신하고 상현이 아내의 초췌한 몰골에 불만을 갖는 틈을 타고 들어온다. 부정을 저지르는 남녀에게 내리쏟은 천둥과 벼락은 비판하는 자연이라는 낭만주의적 자연의 속성을 재현하다. 자연은 경고와 보상을 동시에 관장하며 인간의 삶을 경건하게 하고 촌부들의 하늘에 대한 신망과 외경은 성당에 대한 관심으로 이어진다. 현실을 비판하고 인간을 정화시키는 자연이 종교로 실재화 되는 순간이다. 이 소설은 신앙을 중심에 놓으면 전과 후가 정확히 반으로 갈라진다. 도덕성과 윤리로 무장한 상현은 도도한 자존심에 종교에 대한 열의가 일어나지 않았다. 하지만 자신이 그토록 부정했던 아버지처럼 될 수 있다는 사실, 사랑하는 아들이 폐렴으로 사경을 헤맨 일을 겪은 중반부 이후의 모든 일화는 신에게 다가가고 계시를 따르는 과정으로 그려진다.

박계형은 상현과 연이 부부의 삶을 통해 자연과 신의 섭리를 거스르지 않고 인간의 영원한 본향과 같은 선을 추구하며 마을 공동체 속에서 순리대로 살아가는 인간의 모습을 재현하려 했다. 그리고 그 결과가 아들의 눈에 비친 아버지의 삶이다. 성경의 말씀이 현실에서 역사하는 창세기의 훈시처럼 살다간 상현의 모습은 1970년대 박계형 소설의 한 지향점을 보여준다.

부록

김말봉 작가 연보 및 작품 연보

장덕조 작가 연보 및 작품 연보

박계형 작가 연보 및 작품 연보

김말봉 작가 연보 및 작품 연보

【작가 연보】

1901　경남 밀양에서 부 김윤중과 모 배복수 사이의 3자매 중 막내로 출생했다(4.3.).
함양군 안의면에서 성장했고 본적은 부산시 영주동 517번지이다.
본명은 말봉(末峰), 필명은 보옥(步玉), 아호는 끝뫼, 노초(露草)를 사용했다.
미국인 어을빈의 부인이 경영하는 기독교계 소학교에서 초등학교를 마쳤다.

1914　일신여학교(현 동래여고)에 입학했다.

1917　일신여학교를 3년 수료하고 상경하여 정신여학교(현 정신여고) 4년에 편입했다.

1919　서울 정신여학교 4년을 졸업했다.

1919　황해도 재령 명신여학교 교원이 되었다.

1922　도쿄에 있는 송영고등여학교 4학년에 편입, 고근여숙에서 기숙했다.

1923　송영고등여학교 5학년을 졸업했다.

1924　교토 동지사여자전문학교 영문과에 입학했다.

1924　목포의 이의현 씨와 동거했다.

1927　교토 동지사여자전문학교 영문과를 졸업했다.

1928　첫 딸 재금이 출생했고 이 무렵 첫 결혼을 정리한 듯하다.

1929 시인 변영로의 주선으로 『중외일보』의 기자가 되었고 주로 탐방기를 썼다.

1930 『중외일보』를 퇴사했다.

1930 상오 11시 부산 영주동 525번지 자택에서 전상범과 결혼했다. 전상범과의 사이에서 영, 보옥 쌍둥이를 낳았다.(출생년도 명확치 않음)

1932 『중앙일보』 신춘문예에 단편 「망명녀」가 김보옥(쌍둥이 딸의 이름)이라는 필명으로 당선되어 문단에 데뷔했다.

1933 이사하여 부산 동구 좌천동 794번지에 거주했고 딸 제옥을 낳았다.

1935 『동아일보』에 첫 장편소설인 『밀림』 연재를 시작했다.

1936 장티푸스로 남편 전상범이 사망하고 『밀림』을 한 달간 연재 중단했다.

1936 『동아일보』 4차 강제 정간으로 『밀림』 연재를 중단했다.

1937 『조선일보』에 『찔레꽃』을 연재하기 시작했다.

1937 이종하와 재혼했다. 혼인 신고는 1943년 4월 29일에 했다.

1937 딸 정옥이 출생했다.

1937 『찔레꽃』 연재를 마치고 한 달 후 『밀림』 후편을 다시 연재하기 시작했다.

1938 『밀림』 후편이 96회로 연재 중단, 미완되었다.

1941 아들 무를 낳았다.(김말봉 소생의 자녀는 모두 6명)

1945 해방까지 일어로 글쓰기를 거부, 가난과 싸웠다. 서울 중구 동자동 18-20으로 이주했다.

1946 조선부녀총동맹을 비롯한 14개 좌우익 여성단체가 '폐업공창구제연맹'을 결성, 이 단체의 회장직을 수락하고 공창폐지운동의 전면에 나섰다.

1947 『부인신보』에 『가인의 시장』을 연재하기 시작했다. 미완으로 연재를 마쳤으나 후에 결말을 보충하고 『화려한 지옥』으로 제목을 바꾸어 문연사에서 출간했다.

1947 김말봉을 중심으로 한 여러 여성단체의 노력으로 공창폐지령이 확정되고 11월에 폐업공창구제연맹은 해소되었다.

1949 보배 언니가 거주하고 있는 하와이로 시찰을 떠났다.

1950 하와이에서 귀국, 부산으로 피난하여 수정동에 거주했다.

1952 베니스에서 열린 세계 예술가 대회에 한국대표로 참가했다.

1954 『옥합을 열고』, 『새를 보라』, 『푸른 날개』 등 3편의 장편소설을 동시에 연재했다. 남편 이종하가 사망했다.

1955 미 국무성 초청으로 도미 시찰을 떠나 펄 벅 여사(소설 『대지』 써 미국에서 여성으로서는 최초로 노벨문학상 수상한 작가)를 만났다.

1956 미국에서 귀국하여, 미국 방문기를 각 신문사에 연재했다.

1957 『생명』, 『방초탑』, 『푸른 장미』, 『화관의 계절』 등 4편의 소설을 동시에 연재했다.

1957 성남교회 창립일에 기독교 장로교회에서 최초의 여성 장로로 피선되었고 대한민국 예술원 회원에 당선되었다.

1958 『행로난』, 『사슴』, 『장미의 고향』, 『제비야 오렴』, 『환희』, 『해바라기』 등의 작품을 1959년에 걸쳐 발표, 왕성한 작품 활동을 했다.

1960 폐암으로 세브란스 병원에 입원했다.

1961 종로 오세헌 내과에 재입원했으나 상오 6시 사망했다(2.9.).

1962 1주기를 맞아 망우리 묘지에 묘비를 세웠다.

【작품 연보】

1. 단편소설

「망명녀」, 『중앙일보』, 1932.1.1.-10.(김보옥으로 신춘문예 당선)

「고행」, 『신가정』, 1935.7.

「요람」, 『신가정』, 1935.10.-1936.2.(5회로 연재중단)

「편지」, 『현대조선여류문학선집』, 1937.

「성좌는 부른다」, 『연합신문』, 1949.1.23.-1.29.(6회)

「낙엽과 함께」, 『신여원』 1, 1949.3.

「이십 일간」, 『주간서울』 50-62, 1949.8.29.-11.21.

「선물」, 『현대문학』, 1951.

「합장」, 『신조』 1, 1951.6.

「망령」, 『문예』 13, 1952.1.

「어머니」, 『신경향』 4권 1호, 1952.6.

「사천이백 원」, 『협동』 37, 1952.12.

「바퀴소리」, 『문예』 15, 1953.1.

「처녀애장」, 『전선문학』, 1953.2.

「전락의 기록」, 『신천지』 54, 1953.7,8.

「이슬에 젖어」, 『현대공론』 12, 1954.12.

「여적」, 『한국일보』, 1954.12.10.-1955.2.13.(10회)

「식칼 한 자루」, 『신태양』 30, 1955.2.

「여심」, 『현대문학』 2, 1955.2.

「탕아기」, 『여성계』 4권 2호-6호, 1955.2.-6.

「여신상」, 『여성계』 5권 1호-9호, 1956.1.-6,9,11.(6회)

「사랑의 비중」, 『여원』 2권 4호, 1956.4.

「고슴도치」, 『주부생활』 1권 5호, 1957.5.

「남편의 유령」, 『아리랑』 3권 6호, 1957.6.

「아내의 유서」, 『아리랑』 3권 7호, 1957.7.

「이런 취직」, 『아리랑』 3권 12호, 1957.12.

「그리운 눈동자」, 『아리랑』 4권 2호, 1958.2.

「그믐밤의 선설」, 『아리랑』 4권 3호, 1958.3.

「돌아온 아내」, 『아리랑』 4권 4호, 1958.4.

「부르는 소리」, 『아리랑』 4권 5호, 1958.5.

「광명한 아침」, 『학원』 7권 2호-8권 2호, 1958.6.-1959.1.(9회)

「아담의 후예」, 『보건세계』 5권 3호-6권 2호, 1958.6.-1959.2.(9회)

「월야의 비화」, 『아리랑』 4권 7호, 1958.7.

「어머니를 죽인 사나이」, 『아리랑』 4권 9호, 1958.9.

「수의를 선물한 아들」, 『아리랑』 4권 10호, 1958.10.

「장도는 슬프다」, 『아리랑』 4권 11호, 1958.11.

「악몽」, 『여원』 5권 4호, 1959.3.

「부부이변: 간통쌍벌죄」, 『소설계』 8, 1959.4.

「학사님 논으로 가다」, 『아리랑』 5권 5호, 1959.4.

「참새 둥우리」, 『주부생활』 3권 12호, 1959.12.

「이브의 후예」, 『현대문학』 64-65호, 1960.4.-5.

2. 장편소설

『밀림』, 『동아일보』, 1935.9.26.-1936.8.27.(『동아일보』4차 정간으로 233회로 연재 중단)

1936.1.26.-2.25.(연재 중 남편 전상범의 사망으로 연재 중단)

1937.11.4.-1938.2.7.(총 293회로 전편 완재)

1938.7.1.-12.25.(후편 96회 연재 후 중단, 미완)

『찔레꽃』, 『조선일보』, 1937.3.31.-10.3.

『가인의 시장』, 『부인신보』, 1947.7.1.-1948.5.8.(총 108회 연재 후 중단, 미완)

『화려한 지옥』으로 문연사에서 1951년 8월 초판 발행

『꽃과 뱀』, 1949.(연재 여부 불확실)

『별들의 고향』, 1950.(연재 여부 불확실)

『설계도』, 『매일신문』, 1951.(연재 일자 불확실)

『출발』, 『국제신문』, 1951. (연재 일자 불확실)

『파도에 부치는 노래』, 『희망』, 1951.10.-1952.10, 1953.1.-6.

『태양의 권속』, 『서울신문』, 1952.2.1.-7.9.(139회)

『계승자』, 『사랑의 세계』, 1952.

『바람의 향연』, 『여성계』 3권 1호-4권 1호, 1954.1.-1955.1.(11회)

『옥합을 열고』, 『새가정』 1권 1호-2권 3호, 1954.2.-1955.3.(14회)

『새를 보라』, 『대구매일신보』, 1954.2.1.-6.17.(120회)

『푸른 날개』, 『조선일보』, 1954.3.26.-9.13.(161회)

『찬란한 독배』, 『국제신문』, 1955.2.15.-7.9.(138회)

『생명』, 『조선일보』, 1956.11.28.-1957.9.16.(265회)

『방초탑』, 『여원』 3권 2호-4권 2호, 1957.2.-1958.2.(13회)

『푸른 장미』, 『국제신문』, 1957.6.15.-12.25.(186회)

『화관의 계절』, 『한국일보』, 1957.9.18.-1958.5.6.(228회)

『길』, 『희망』 8권 1호, 1957.-1958.1.

『행로난』, 『주부생활』 2권 2호-3권 1호, 1958.2.-1959.1.(12회)

『사슴』, 『연합신문』, 1958.6.1.-12.31.(212회)

『장미의 고향』, 『대구매일신보』, 1958.11.20.-1959.4.22.(142회)

『제비야 오렴』, 『부산일보』, 1958.12.1.-1959.7.19.(227회)

『환희』, 『조선일보』, 1958.12.15.-1959.7.21.(217회)

『해바라기』, 『연합신문』, 1959.7.1.-1960.2.28.(236회)

3. 시

「오월의 노래」, 『신가정』, 1935.5.

「해바라기」, 『신가정』, 1935.9.

4. 수필

「매매가 아픈 밤」, 『중외일보』, 1930.3.29.

「맛뽀는 어디로」, 『신가정』, 1935.4.

「만리장공 속에 달만 홀로 달려」, 『신가정』, 1935.8.

「5월은 내 사랑의 상징」, 『조광』, 1936.5.

「잠꼬대」, 『소년』, 1937.10.

「미혼인 젊은 남녀들에게」, 『부인』 2권 6호, 1947.9.

「러취 군정장관을 추모하며」, 『새살림』, 1947.12.

「새 시대의 남녀 정조관」, 『부인』 3권 5호, 1948.12.

「가을의 추억:이역에서 만난 인도 청년」, 『해방공론』, 1949.10.

「낙엽과 주검」, 『연합신문』, 1949.11.9.-11.11.

「나의 여학생 시절」, 『여학생』 2권 1호, 1950.1.

「새 술은 새 부대에」, 『부인경향』 1권 1호, 1950.1.

「양여사와 나의 아라비안 인사」, 『부인』 5권 1호, 1950.2.

「본 대로 들은 대로」, 『경향신문』, 1951.8.26.

「하와이의 야화」, 『신천지』 7권 2호, 1952.3.

「멀리 떠나 있는 남편」, 『신천지』 7권 3호, 1952.5.

「무슨 별 말 있으리:문인 대우나 받게 되었으면」, 『부산일보』, 1952.12.5.

「자유 예술인의 전결」, 『신태양』 2권 6호, 1953.1.

「베니스 기행」, 『신천지』 8권 1호, 1953.4.

「딱한 문제」, 『신천지』 8권 2호, 1953.5.

「내 아들 영이」, 『문예』 17, 1953.9.

「나의 문필 생활과 유년기」, 『현대공론』 2권 1호, 1954.2.

「농촌부녀에게 부치는 편지」, 『노향』, 1954.3.

「나의 작가생활」, 『국제보도』 34호, 1954.7.

「나의 청춘기」, 『중앙일보』, 1954.8.1.

「나는 어머니를 닮았다고」, 『새벽』 1권 2호, 1954.12.

「육사에 부침」, 『추성』 1호, 1954.12.

「돌팔매」, 『조선일보』, 1955.1.22.

「작가로 세상에 나오기까지」, 『신태양』 4권 1호, 1955.1.

「대망의 노트」, 『사상계』 3권 3호, 1955.3.

「아메리카 3개월 견문기」, 『한국일보』, 1955.12.8.-12.13.

「내가 와서 있는 학교」, 『여성계』 4권 12호, 1955.12.

「미국에서 느낀 일들」, 『평화신문』, 1956.11.12.-11.15.

「미국에서 만난 사람들」, 『한국일보』, 1956.11.18.-11.23.

「미국기행」, 『연합신문』, 1956.11.26.-12.5.

「시장께 올리는 인사」, 『경향신문』, 1957.1.4.

「화장과 독서와」, 『연합신문』, 1957.1.6.

「인간 · 여인 · 전화」, 『경향신문』, 1957.3.10.

「바느질 품에 늙고」, 『평화신문』, 1957.5.9.

「'카나다' 선교회 한국지부에 부침:대등한 인격 교류」, 『동아일보』, 1957.5.23.-5.25.

「아내라는 이름의 가정부」, 『여성계』 6권 3호, 1957.5.

「식전에서 초야를 마칠 때까지」, 『여성계』 6권 4호, 1957.6.

「딸에 대한 어머니의 권위와 한계」, 『여원』 3권 8호, 1957.8.

「미국 사람들이 무서워하는 병」, 『여원』 3권 8호, 1957.8.

「옷치장과 모방」, 『평화신문』, 1957.11.27.

「주부들에게 보내는 새해의 편지」, 『한국일보』, 1958.1.12.

「십대의 성년 기록」, 『연합신문』, 1958.1.22.-1.23.

「등대수가 본 한국여성의 고뇌상」, 『여성계』 7권 4호, 1958.4.

「함께 하고 싶은 이야기」, 『한국일보』, 1958.5.6.

「어머님 회상」, 『여원』 4권 5호, 1958.5.

「너의 피가 헛되지 말아야하겠다」, 『동아일보』, 1958.6.26.

「가을과 싱거운 병」, 『경향신문』, 1958.9.9.

「한국 남성은 정말 매력 없다」, 『자유공론』 2권 1호, 1958.12.

「남의 나라에서 부러웠던 몇 가지 사실들」, 『예술원보』 2호, 1958.12.

「전화라는 것」, 『경향신문』, 1959.1.7.

「매화」, 『서울신문』, 1959.2.6.

「봄이라는 계절」, 『연합신문』, 1959.2.11.

「가는 곳마다 꽃 속에 싸여」, 『세계일보』, 1959.2.28.

「학생과 신문과 병과」, 『경향신문』, 1959.3.3.

「내가 본 간호원:어머니, 누나인 동시에 때로는 애인」, 『보건세계』 6권 3호, 1959.3.

「성장한 딸과 모친의 권위」, 『가정교육』 11호, 1959.5.

「어머니는 늙으면 외로워지나?:어머니를 맞으면서」, 『주부생활』 3권 5호, 1959.5.

「크리스마스 이브」, 『서울신문』, 1959.12.24.

「들은 대로 본 대로」, 『서울신문』, 1960.3.4.

「어머니」, 『주부생활』 4권 3호, 1960.3.

「위인들의 첫사랑 교훈」, 『가정교육』 28, 1960.12.

「남편의 정조와 아내」, 『가정교육』 29, 1961.1.

5. 칼럼 및 평론

「여기자 생활의 감상」, 『조선지광』, 1930.1.

「비치는 대로의 최의순 씨」, 『철필』, 1930.8.

「남자는 약하다」, 『별건곤』, 1930.8.

「나의 분격」, 『삼천리』, 1936.12

「여행을 하고 싶다」, 『동아일보』, 1938.1.8.

「내가 하고 있는 일」,『경향신문』, 1946.10.24.
「희망원의 사명」,『부인』 1권 3호, 1946.10.
「진정한 대변자 되라」,『여성신문』, 1947.5.13.
「유곽의 존재는 과연 사회적 죄악이냐」,『가정신문』, 1947.6.7.
「시기 늦었으나 실천화에 목적」,『부인신보』, 1947.11.1.
「희망원 준비의 사회가 냉정」,『중앙신문』, 1948.1.21.
「공창 폐지 그 후 일개년」,『연합신문』, 1949.2.22.-24.
「공창 폐지와 그 후의 대책」,『민성』 5권 10호, 1949.10.
「여성과 문예」,『서울신문』, 1949.8.6.-8.9.
「신남녀동등론」,『부인경향』 1권 4호, 1950.4.
「오늘의 정조관-여성의 순결은 신화시대부터」,『서울신문』, 1953.3.22.
「(논단) 간통죄와 쌍벌주의」,『서울신문』, 1953.7.12.
「나의 소설의 모델이 된 사나이」,『신태양』 2권 10호, 1953.6.
「(영화평) 미녀 엠마」,『조선일보』, 1954.1.9.
「문화인을 대우하라」,『여성계』 3권 1호, 1954.1.
「판도라」,『조선일보』, 1954.3.1.
「작가의 말」,『조선일보』, 1954.3.25.
「결혼이상론」,『현대여성』 2권 9호, 1954.11.
「학 같이 늙어가는 김팔봉 씨:젊은 시절에는 의젓한 청년」,『서울신문』, 1955.3.18.
「작가의 말」,『한국일보』, 1957.9.13.
「육당 선생님과 나:30년 전 부인기자로 인터뷰」,『평화신문』, 1957.10.14.
「<행로난>을 연재하며」,『주부생활』 2권 2호, 1958.2.
「제1회 내성상 심사 소감」,『경향신문』, 1958.2.22.
「여류작가와 여인」,『동아일보』, 1958.4.24.
「<화관의 계절>을 끝내며」,『한국일보』, 1958.5.6.

「<춘근집>」, 『서울신문』, 1959.2.12.

「대중문학」, 『경향신문』, 1959.3.5.

「독단은 곤란하다」, 『조선일보』, 1959.5.9.-5.1.

「육체파 소설의 시비:소설 비평에 대한 몇 가지 견해」, 『서울신문』, 1959.6.12.

「나의 애송시:박두진의 <해>」, 『보건세계』 6권 11호, 1959.11.

6. 동화

「호배추와 달걀」, 『대벗』, 1952.

「어머니의 책」, 『새벗』, 1952.1.

「씨름」, 『소년세계』 5, 1952.11.

「신랑과 신부와 화살과」, 『학원』 2권 2호, 1953.2.

「은순이와 메리」, 『새벗』 22, 1953.10.

「인순이의 일요일」, 『학원』 2권 12호, 1953.12.

「파초의 꿈」, 『학원』 3권 1호-3권 9호, 1954.1.-9.

「파랑지갑」, 『학생계』 1권 1호, 1954.4.

7. 설문

「여자가 본 남자 개조점」, 『별건곤』, 1930.1.

「내가 본 나, 명사의 자아관」, 『별건곤』, 1930.6.

「명류부인의 산아 제한」, 『삼천리』, 1930.9.

「십만 애독자에게 보내는 작가의 편지」, 『삼천리』, 1935.11.

8. 콩트

「산타클로스」, 『조광』, 1935.12.

「S와 주기도문」, 발표 연대 미상.

「손수건」, 『민주여론』, 1954.1.25.

「돌아온 이들」, 『추성』 4, 1957.6.

「꿈」, 『코메트』 39, 1959.8.

9. 기사 및 좌담회

「여학교를 찾아-정동 이화여학교」, 『중외일보』, 1929.9.11.

「여학교를 찾아-관훈동 동덕여교」, 『중외일보』, 1929.9.13.

「여학교를 찾아-연지동 정신여교」, 『중외일보』, 1929.9.14.

「여학교를 찾아-견지동 여자상업」, 『중외일보』, 1929.9.15.

「여학교를 찾아-제동 여자고보교」, 『중외일보』, 1929.9.18.

「여학교를 찾아-필운동 배화여고」, 『중외일보』, 1929.9.19.

「여학교를 찾아-수송동 숙명여고」, 『중외일보』, 1929.9.20.

「여학교를 찾아-안국동 근화여교」, 『중외일보』, 1929.9.21.

「여학교를 찾아-내자동 여자미술」, 『중외일보』, 1929.9.22.

「본사주최, 가정부인 문제 좌담회」, 『중외일보』, 1930.1.1.-1.2.

10. 단행본

『찔레꽃』, 인문사, 1939.

『밀림』, 영창서관, 1942.

『찔레꽃』, 합동사서점, 1948.

『꽃과 뱀』, 문연사, 1949.

『화려한 지옥』, 문연사, 1951.

『태양의 권속』, 삼신출판사, 1953.

『별들의 고향』, 정음사, 1953.

『푸른 날개』, 형설출판사, 1954.

『밀림』, 영창서관, 1955.

『생명』, 동인문화사, 1957.

『푸른 날개』, 남향문화사, 1957.

『생명, 푸른 날개』, 민중서관, 1960.

『바람의 향연』, 신화출판사, 1962.

『찔레꽃』, 진문출판사, 1972.

『벌레 많은 꽃』, 대일출판사, 1977.

장덕조 작가 연보 및 작품 연보

【작가 연보】

1914 경상북도 경산군 자인면 북사리 76번지(속칭 순월마을)에서 장재수의 딸로 태어났다(10.13.).

1919 동네 서당에서 초보적인 한문을 깨쳤고 동네에서 천재소녀로 불렸다.

1920 어머니와 함께 대구 진골목으로 이사하여 대구여자공립보통학교에 입학했다.

1926 대구여공보 재학 중인 12세 때 『동아일보』에 시 「꿈나라」, 「비」, 「황혼」을 두 달에 걸쳐 연속 발표했고 같은 해 대구여자공립보통학교를 졸업했다.

1927 대구여자고등보통학교(현 경북여고)에 입학했고 일본인 배척 동맹휴학 사건에 참여했다.

1929 광주학생운동에 동참하자는 격문을 써서 퇴학을 당하는 바람에 서울 배화여자고등보통학교로 편입했다.

1931 배화여고보 졸업과 동시에 이화여자전문학교 영문과에 입학했다.

1932 이화여전을 중퇴하고, 개벽사에 입사했다.

1932 단편소설 「저회」를 이태준의 추천으로 『제일선』에 실었다.

1933 대구공회당에서 유진태 주례 하에 신간회 간부였던 박명환(보성전문학교, 와세다대학교 졸업)과 결혼식을 올렸고 황금정에 신혼살림을 차렸다.

1934 신경쇠약으로 동래 온천을 다녀왔다.

1937 첫 장편소설 『은하수』를 『매일신보』에 연재했다.

1938 남편은 주식매매장에서 일했고 딸(4살), 아들(2살)과 함께 서대문구 아현정 496번지 28호에 거주했다.

1944 소개령을 따라 5남매를 거느리고 경기도 창동으로 이사를 가서 해방 때까지 살았다.

1950 전쟁 당시 대구로 피난을 가서 『영남일보』 문화부장을 역임했고 최초의 여성 종군기자 겸 문총구국대의 육군 종군 작가단에 가담, 종군 작가로 활약했다.

1951 『대구매일신문』 문화부장 겸 논설위원을 역임했다.

1953 『평화신문』 문화부장을 1950년대 중엽까지 했고 늑막염으로 장기 입원했다.

1955 복막염으로 수도의과대학교 부속병원에 입원했다.

1972 아들이 있는 미국으로 이민을 갔다가 견디지 못하고 두 달 후에 돌아왔다.

1976 통일주체국민회의 대의원에 피선되었다.

1981 첫 수필집 『일곱 장의 편지』를 출판했다.

1985 전 10권의 『여인잔혹사』를 동양문고에서 출판했다.

1987 대한민국 문화예술상 보관문화훈장을 받았다.

1989 3년간의 집필 끝에 원고지 2만 6천 장 분량의 대하소설 『고려왕조오백년』(고려서관) 14권을 완결, 출간했다.

2003 89세에 노환으로 사망했다(2.17.).

【작품 연보】

1. 단편소설

「그 여자의 약혼」(掌篇小說), 『신여성』, 1932.6.

「저회」, 『제일선』, 1932.8.

「애인」, 『삼천리』, 1933.1.

「애달픈 죽음」, 『신가정』, 1933.8.

「남편」, 『신가정』, 1933.10.

「기적」(중편), 『신여성』, 1934.1.-5.

「아내」, 『신가정』, 1934.2.

「어미와 딸」, 『삼천리』, 1934.8.

「부부도」, 『신가정』, 1934.11.

「어떤 여자」, 『중앙』, 1934.12.

「여자의 마음」(중편), 『조선일보』, 1935.9.20.-10.10.

「자장가」, 『삼천리』, 1936.4.

「한 교훈」, 『삼천리』, 1936.6.

「양말」, 『여성』, 1936.9.

「해바라기(1)」, 『삼천리』, 1937.1.

「귀여운 여자」, 『매일신보』, 1937.1.10.

「창백한 안개」, 『조광』, 1937.4.

「해바라기(2)」, 『삼천리』, 1937.5.

「소인, 성인」, 『백광』, 1937.6.

「해바라기(3)」, 『삼천리』, 1937.10.

「바람 부는 날」, 『삼천리』, 1938.1.

「한매」, 『여성』, 1938.2.

「입원」, 『삼천리』, 1938.4.

「악마」, 『여성』, 1938.8.-9.

「한야월」(역사소설), 『조선일보』, 1938.8.12.-9.1.

「여름밤」, 『삼천리』, 1938.10.

「여인도」, 『매일신보』, 1939.5.

「황혼」, 『문장』, 1939.7.

「파마넨트」, 『조광』, 1939.8.

「근친전후」, 『여성』, 1939.12.

「젊은 부부」, 『조광』, 1940.3.

「여류예술가」, 『삼천리』, 1940.4.

「횡액」, 『여성』, 1940.7.

「인간낙서」, 『조광』, 1940.11.

「연화촌」, 『방송소설명작선』, 1943.

「우후청천」, 『방송소설명작선』, 1943.

「새로운 군상」, 『매일신보』, 1944.1.12.-1.16.

「재생」, 『방송지우』, 1944.2.

「행로」, 『반도작가단편집』, 1944.

「총후의 꽃」, 『방송지우』, 1945.

「상해에서 온 여자」, 『서울신문』, 1947.2.4.

「창공」, 『문화』 1권 2호, 1947.7.

「함성」, 『백민』 3권 4호, 1947.6/7.

「광야에 외치다」, 『주간서울』 1권 1호-1권 4호, 1947.8.5.-11.20.(4회)

「저회」, 『연합신문』, 1949.1.30.-2.23.(17회)

「곤비」, 『국도신문』, 1949.8.8.-8.15.(5회)

「저돌」, 『신천지』 4권 8호, 1949.9.

「어떤 이혼소」, 『주간서울』 52, 1949.9.

「십자로」, 『수간서울』 64-85, 1949.12.5.-1950.5.1.(22회)

「삼십년」, 『백민』 6권 4호, 1950.2.

「정」, 『부인경향』 1권 6호, 1950.6.

「어머니」, 『전시문학독본』, 1951.

「젊은 힘」, 『전시문학독본』, 1951.

「서리」, 『주간국제』 6, 1952.4.

「비취」,『대구매일신문』, 1952.7.19.-8.11.(22회)

「청신」, 『신태양』, 1952.8.

「영혼의 점화」, 『대구매일신문』, 1952.9.28.-10.3.

「매춘부」, 『코메트』 2, 1953.1.

「풍설」, 『희망』 3권 2호, 1953.2.

「선물」, 『전선문학』 4, 1953.4.

「노경」, 『교통』 2권 1호-3호, 1954.1.-4.

「비가 온다」, 『희망』 4권 9호-5권 12호, 1954.9.-1955.12.

「청조와 같이」, 『중앙일보』, 1954.11.14.-11.21.(8회)

「일제미기」, 『전시한국문학선:소설편』, 1954.

「비련」, 『아리랑』 1권 1호, 1955.3.

「상사일념」, 『아리랑』 1권 3호, 1955.5.

「허영의 풍속」, 『경향신문』, 1955.6.25.-7.15.(19회로 연재중단, 미완)

「유전」, 『희망』 6권 3호, 1956.3.

「사랑의 풍속」, 『주간희망』 37-61, 1956.9.7.-1957.2.22.

「연」, 『주부생활』 1권 3호, 1957.3.

「전후파 실격자」, 『아리랑』 3권 11호, 1957.11.

「현가」, 『여원』 3권 11호-4권 11호, 1957.11.-1958.11.(13회)

「정열일관」, 『새살림』 7호, 1957.12.

「바다의 정열」, 『대중문예』, 1957.

「성복」, 『대중문예』, 1957.

「사랑의 행로」, 『아리랑』 4권 1호, 1958.1.

「이열치열」, 『홍미』 1호, 1958.1.

「수우」, 『아리랑』 4권 3호, 1958.3.

「숙명적」, 『새교실』 3권 3호, 1958.3.

「푸른 상사수」, 『명랑』 3권 3호-8호, 1958.3.-8.

「백야몽」, 『아리랑』 4권 4호, 1958.4.

「혈연」, 『코메트』 33, 1958.5.

「애인의 생태」, 『아리랑』 4권 6호, 1958.6.

「사랑의 천국」, 『아리랑』 4권 8호, 1958.8.

「여자의 생태」, 『아리랑』 4권 9호, 1958.9.

「화염처럼」, 『아리랑』 4권 10호, 1958.10.

「여체」, 『아리랑』 4권 11호, 1958.11.

「청포도시절」, 『아리랑』 5권 1호, 1959.1.

「고요한 애정」, 『소설계』 6권 9호, 1963.9.

「봄날」, 『새농민』 4권 3호, 1964.3.

「요승신돈」, 『농원』 1권 1호-2권 10호, 1964.5.-1965.10.(18회)

「뇌봉탑의 유래」, 『국제신보』, 1965.2.9.-2.16.(3회)

「죄인」, 『우리들』 1권 10호, 1966.10.

「강빈의 죽음」, 『새농민』 7권 10호-8권 10호, 1967.10.-1968.10.

「연지」, 『여원』 14권 6호-15권 9호, 1968.6.-1969.9.

2. 장편소설

『은하수』, 『매일신보』, 1937.7.17.-12.29.(164회)

『여자 삼십대』, 『대구매일신문』, 1953.5.25.-6.30.(35회)

『다정도 병이련가』, 『신태양』 2권 8호-3권 26호, 1954.2.-9.

『방풍』, 『동아일보』, 1953.8.20.-1954.3.9.(200회)

『여인상』, 『대구매일신문』, 1954.7.1.-11.30.(127회)

『여자 사십 세』, 『중앙일보』, 1955.1.2.-6.26.(164회)

『만종(晩鐘)이 운다』, 『매일신문』, 1955.5.20.-10.21.(152회)

『정염의 강물은』, 『국제신문』, 1956.3.6.-8.13.(153회)

『낙화암』, 『동아일보』, 1956.7.1.-1957.3.19.(258회)

『누가 죄인이냐』, 『연합신문』, 1957.4.24.-10.12.(170회)

『격랑』, 『경향신문』, 1957.12.1.-1958.5.31.(181회)

『백조흑조』, 『국제신문』, 1958.5.14.-12.31.

『원색지대』, 『서울신문』, 1958.10.30.-1959.11.29.(213회)

『열대어』, 『국제신문』, 1959.7.17.-1960.2.13.(209회)

『대신라기』, 『연합신문』-『서울일일신문』, 1959.7.1.-1961.12.31.(735회)

『역류 속에서』, 『대구매일신문』, 1960.5.11.-12.31.(226회)

『여화(麗花)』, 『대한일보』, 1961.6.21.-1962.7.30.

『벽오동 심은 뜻은』, 『한국일보』, 1963.8.20.-1964.9.10.(310회)

『춘풍추우』, 『매일신문』, 1964.1.10.-12.30.(300회)

『한양성의 달』, 『국제신문』, 1964.5.1.-1965.6.30.(365회)

『귀거래』, 『대한일보』, 1965.1.1.-1966.10.15.(551회)

『민비』, 『경향신문』, 1965.6.1.-1966.8.22.(369회)

『괴도: 홍총각 외전』, 『주간 한국』, 1965.8.1.-1966.5.22.

『지하여자대학』, 『중앙일보』, 1968.1.1.-12.30.(239회)

『이조의 여인들』, 『한국일보』, 1968.5.8.-1972.1.30.(513회)

『여승암』, 『국제신문』, 1970.6.1.-1971.6.1.

『천추궁 깊은 밤에』, 『서울신문』, 1974.1.1.-1979.5.31.

『여인잔혹사』, 동양문고. 1985.

『고려왕조오백년』, 고려서적, 1989.(전14권)

3. 시

「꿈나라」, 『동아일보』, 1926.10.3.

「비」, 『동아일보』, 1926.11.4.

「황혼」, 『동아일보』, 1926.11.4.

4. 수필

「포도」, 『제일선』, 1932.10.

「(귀향수필) 이제」, 『신여성』, 1932.11.

「인형 빼앗긴 조카」, 『신동아』, 1932.12.

「가두 여인 풍경」, 『별건곤』, 1933.1.

「애인」, 『삼천리』, 1933.1.

「안 잊히는 어부」, 『제일선』, 1933.2.

「고국을 떠나던 그날 밤」, 『신여성』, 1933.2.

「속삭이는 소리」, 『신가정』, 1933.4.

「속세를 권하던 젊은 여승」, 『신동아』, 1933.5.

「이마의 흉터」, 『신가정』, 1934.6.

「낙동강에 밤잡이」, 『신동아』, 1934.7.

「Durtal, 방랑, 찾아온 우물」, 『삼천리』, 1934.11.

「마지막 만난 여인」, 『중앙』, 1935.2.

「비, 꽃, 구름」, 『신가정』, 1935.4.

「나팔꽃 이야기」, 『신가정』, 1935.7.

「고력부」, 『동아일보』, 1935.7.30.

「애처로운 혼, 승천하던 밤」, 『신동아』, 1935.8.

「부부싸움의 비명」, 『조광』, 1936.1.

「풀어진 인내의 줄」, 『동아일보』, 1936.1.9.

「깨어지는 꿈」, 『동아일보』, 1936.1.22.

「정열의 처녀 사는 남해 섬에서 탈의로」,『조광』, 1936.2.

「봄은 오건만」,『신가정』, 1936.3.

「사월의 하늘」,『신가정』, 1936.4.

「춘효단상」,『매일신보』, 1936.4.2.-4.9.

「부부싸움의 비명」,『조광』, 1936.5.

「폐허의 환상」,『매일신보』, 1936.7.17.-26.

「등대속의 처녀」,『조광』, 1936.8.

「비오는 날입니다」,『조광』, 1936.9.

「가을 오제(五題)」,『매일신보』, 1936.9.30.-10.4.

「아련한 추억」,『조광』, 1936.11.

「그믐의 황혼 아래」,『조광』, 1936.12.

「노변기」,『조광』, 1937.1.

「자취」,『여성』, 1937.1.

「고향의 봄」,『백광』, 1937.4.

「고향 유정기:화강암의 맑은 산비탈에는 분꽃이 피었고」,『여성』, 1937.4.

「소꿉질」,『조광』, 1937.6.

「해인사」,『조광』, 1937.8.

「할아버지와 발과」,『여성』, 1937.8.

「가을」,『여성』, 1937.11.

「눈 오던 날」,『조광』, 1938.1.

「바람 부는 날」,『삼천리』, 1938.1.

「한양과 달성으로 오고 가며」,『여성』, 1938.2.

「여름」,『청색지』, 1938.8.

「낙향」,『매일신보』, 1938.9.24.

「방초의 향기」,『조광』, 1939.5.

「졸업기담」,『학우구락부』, 1939.7.

「고향 동무에게」, 『가정의벗』, 1939.12.

「밤차」, 『매일신보』, 1940.1.1.

「봄을 기다리는 마음」, 『조광』, 1940.2.

「식모난」, 『박문』, 1940.2.

「맥령」, 『가정의벗』, 1940.6.

「난향」, 『조광』, 1940.7.

「의욕」, 『매일신보』, 1941.8.7.

「출발하는 날」, 『매일신보』, 1943.3.7.-10.

「하루빨리 본받을 내지의 습속」, 『반도の광』, 1943.5.

「병사의 어머니」, 『반도の광』, 1943.8.

「형이 거두신 것」, 『반도の광』, 1943.10.

「결전 하의 서울 소식」, 『반도の광』, 1944.1.

「결전 하의 아동지도」, 『반도の광』, 1944.3.

「장마 개이는 날」, 『대조』 3권 3호, 1948.8.

「부인과 독서」, 『서울신문』, 1949.12.26.

「전락하는 모성애」, 『국도신문』, 1950.3.17.

「여성과 직업」, 『주간서울』 82호, 1950.4.10.

「환상」, 『경향신문』, 1950.5.8.

「초하만보」, 『경향신문』, 1950.6.15.

「선거유감」, 『국도신문』, 1950.5.9.-10.(2회)

「내가 본 공산주의」, 『적화삼삭구인집』, 국제보도연맹, 1951.

「어떤 여인」, 『시문학』 3, 1951.6.

「애증교착기」, 『시문학』 3, 1951.6

「영예의 귀환을」, 『코메트』 3, 1953.2.

「나의 소년 시절의 오월: 그네」, 『소년세계』 11, 1953.5.

「고난」, 『대구일보』, 1953.9.2.

「환희」, 『조선일보』, 1955.2.12.

「책상」, 『동아일보』, 1955.4.27.

「둔감한 신경」, 『경향신문』, 1955.4.28.

「추풍부」, 『한국일보』, 1955.9.16.

「우부의 변, 죽음과 마주 서서」, 『조선일보』, 1955.9.18.

「추석」, 『동아일보』, 1955.9.30.

「행복」, 『동아일보』, 1955.10.23.

「나는 가을 이렇게 지내려 한다: 건강을 위하여 자유로이」, 『소년세계』 36, 1955.11.

「송년유감」, 『중앙일보』, 1955.12.27.

「이 해에 하고픈 것」, 『동아일보』, 1956.1.11.

「전락하는 모성애: 여성범죄와 남성의 책임」, 『국제신보』, 1956.1.11.

「미망인의 연애 문제」, 『여원』 2권 3호, 1956.3.

「병상기」, 『자유문학』 1권 1호, 1956.6.

「부여행: 장편 『낙화암』 집필에 앞서」, 『동아일보』, 1956.6.28.

「『사랑의 풍속』연재 전 소감: 작가의 말」, 『주간희망』 36, 1956.8.31.

「풍류촌담」, 『야담과 실화』 1권 1호, 1957.2.

「상사몽」, 『서울신문』, 1957.8.22.

「동창생에게」, 『주부생활』 1권 10호, 1957.10.

「기차가 무서워 꿈을 버린 동무」, 『학원』 6권 11호, 1957.11.

「동록초: 겨울 맛 이야기」, 『세계일보』, 1958.2.5.

「반갑지 않은 친절」, 『동아일보』, 1958.4.13.

「체념」, 『연합신문』, 1958.4.21.

「명석의 정신」, 『세계일보』, 1958.5.8.

「다음 연재 『녹색지대』: 작자의 말」, 『서울신문』, 1958.10.26.

「어머니를 생각하며」, 『한국일보』, 1959.1.21.

「어머니날에」, 『국제신보』, 1959.5.8.

「어떤 모순」, 『세계일보』, 1959.5.21.

「독단과 편견은 삼가 주기를: 박문하 씨에게 답한다」, 『국제신보』, 1960.1.5.-1.6.

「꿈과 정서가 깃든 가정을 꾸미자」, 『가정생활』 1권 11호, 1961.11.

「야성의 정, 신영균」, 『여원』 8권 4호, 1962.4.

「김종오 장군에게: 관용을 바랍니다」, 『한국일보』, 1962.8.2.

「깨끗한 승리를: 아주경기대회 여성선수들을 보내며」, 『서울신문』, 1962.8.17.

「그 여주인공들을 변호한다: 어머니로서의 새 삶을 하길」, 『미의 생활』 2호, 1962.9.

「굿 놀이 요란한 달 밝은 밤에」, 『여원』 8권 10호, 1962.10.

「만추, 사랑」, 『미의 생활』 4호, 1962.11.

「시대에 즉응할 마음의 준비를」, 『동아일보』, 1963.1.29.

「감동 준 역경의 여심」, 『한국일보』, 1963.3.13.

「어머니의 현대적 조건」, 『여상』 2권 5호, 1963.5.

「선비들: 위정당국자에게 보내는 글」, 『동아일보』, 1963.7.31.

「『벽오동 심은 뜻은』:'참'이 그리운 시기」, 『한국일보』, 1963.8.14.

「인정과 자연의 합창:강릉, 삼척」, 『여원』 9권 12호, 1963.12.

「어떤 조그만 이야기」, 『지방행정』 134호, 1964.

「망중한」, 『월간법제』, 1964.

「새해를 맞으면서:40대 어머니와 20대 딸의 대화」, 『경향신문』, 1964.1.3.

「본지 새 장편소설 『춘풍추우』 작자의 말」, 『매일신문』, 1964.1.7.

「장편연재소설 『한양성의 달』: 작자의 말」, 『국제신보』, 1964.4.2.

「더 크고 더 넓은 염원」, 『여원』 10권 5호, 1964.5.

「삭열하는 시기」, 『가정생활』 4권 6호. 1964.6.

「정책수립도 실천도 당신들이 해왔다」, 『여상』 3권 6호, 1964.6.

「명사의 말:경상도 편」, 『학원』 13권 8호. 1964.8.

「한심스런 공덕심의 결여」, 『여원』 10권 9호, 1964.9.

「해보고 싶은 편집」, 『여상』 3권 11호, 1964.11.

「새 연재소설 『귀거래』:작자의 말」, 『대한일보』, 1964.12.19.

「잃어버린 봄」, 『부산일보』, 1965.2.20.

「잔설의 낙수소리」, 『부산일보』, 1965.2.27.

「창문을 열고」, 『동아일보』, 1965.3.18.

「초기 순교사에 감동」, 『가톨릭시보』 468호, 1965.4.25.

「효녀의 귀감」, 『여원』 11권 5호, 1965.5.

「무의미한 음식지도」, 『부산일보』, 1965.7.22.

「다음 연재소설 :『괴도』:홍총각 외전, 작가의 말」, 『주간한국』, 1965.7.25.

「여대생 이제」, 『신동아』 11호, 1965.8

「소인한거」, 『동아일보』, 1965.12.27.

「쓰다 남은 작품의 종결」, 『영남일보』, 1966.1.9.

「점복관념」, 『동아일보』, 1966.1.25.

「낙선재 주변」, 『동아일보』, 1966.2.10.

「고립」, 『동아일보』, 1966.2.26.

「문인과 재화」, 『재무』 122호, 1966.2.

「결혼시즌」, 『동아일보』, 1966.3.10.

「참고 견디는 것이 제일」, 『경향신문』, 1966.3.14.

「중요한 문제」, 『동아일보』, 1966.3.24.

「내 주장에 맹종하는 일」, 『여원』 13권 3호, 1967.3.

「P.R시대」, 『지방행정』 174, 1968.

「그때와 지금의 기자상: 나의 기자 시절」, 『신문과방송』, 1977.

「체념」, 『경산문학』(창간호), 1989.

5. 희곡

「형제」,『조선문학』, 1933.11.

「노처녀」,『조광』, 1944.2.

6. 비평

「(세태비평) 가두 연인 풍경」,『별건곤』, 1933.2.

「(여성시평1) 여성과 직업」,『매일신보』, 1936.5.6.

「(여성시평2) 가정과 여성」,『매일신보』, 1936.5.7.

「(여성시평3) 결혼문제」,『매일신보』, 1936.5.8.

「(여성시평4) 육아문제」,『매일신보』, 1936.5.9.

7. 야담

「때는 눈앞에」,『월간야담』 12, 1935.9.

「광란의 무희」(때는 눈앞에 후편),『월간야담』 13, 1935.11.

「미녀와 비련」,『월간야담』 14, 1935.12.

「조반의 비애」,『월간야담』 15, 1936.1.

「상사몽」,『월간야담』 15, 1936.1.(춘금여사)

「만파식적」,『월간야담』 17, 1936.3.

「춘소감별」,『월간야담』 17, 1936.3.(춘금여사)

「일청 · 월정」,『매일신보』, 1936.4.9.

「영오와 세오」,『매일신보』, 1936.4.16.

「벌수발복」,『월간야담』 19, 1936.6.

「기인 김진사」,『월간야담』 20, 1936.7.

「충효」,『월간야담』 20, 1936.7.(춘금여사)

「금주삽화」,『월간야담』 21, 1936.8.

「용강의 어용」,『월간야담』 21, 1936.8.(춘금여사)

「피 묻은 부채」, 『월간야담』 21, 1936.8.(일파)

「자겸과 청음」, 『매일신보』, 1936.8.5.-8.15.

「기연」, 『매일신보』, 1936.8.27.-9.10.

「돈 잘 쓰는 사위」, 『월간야담』 22, 1936.9.

「몽조」, 『월간야담』 22, 1936.9.(춘금여사)

「솥 속에 돈 꾸러미」, 『월간야담』 23, 1936.10.

「두 친구」, 『월간야담』 23, 1936.10.(춘금여사)

「여색화인」, 『월간야담』 23, 1936.10.(일파)

「머리위에 도끼날」, 『월간야담』 24, 1936.11.

「열열장부」, 『월간야담』 24, 1936.11.(춘금여사)

「해묵오백동」, 『월간야담』 24, 1936.11.(일파)

「문장수난」, 『월간야담』 25, 1936.12.

「인색한 장인」, 『월간야담』 25, 1936.12.(춘금여사)

「교동의 운성」, 『월간야담』 25, 1936.12.(일파)

「순정의 호떡 두개」, 『월간야담』 27, 1937.2.

「기지가 활인」, 『월간야담』 27, 1937.2.(춘금여사)

「보수」, 『월간야담』 27, 1937.2.(일파)

「충복설원」, 『월간야담』 28, 1937.3.(일파)

「맹부를 구출코저」, 『월간야담』 29, 1937.4.

「패낭의 비상」, 『월간야담』 29, 1937.4.(춘금여사)

「허실」, 『월간야담』 29, 1937.4.(일파)

「옥봉애가」, 『월간야담』 30, 1937.5.

「묘상의 광객」, 『월간야담』 30, 1937.5.(춘금여사)

「벌레 먹은 떡잎」, 『월간야담』 30, 1937.5.(일파)

「양봉승공」, 『월간야담』 31, 1937.6.

「미녀대평기」, 『월간야담』 31, 1937.6.(춘금여사)

「고도의 의인」, 『월간야담』 31, 1937.6.(일파)

「결사고충:노환 김처선」, 『월간야담』 32, 1937.7.(춘금여사)

「비상유언:여배물복과거」, 『월간야담』 32, 1937.7.(일파)

「원앙가연:의사 요확탄」, 『월간야담』 33, 1937.8.

「혈루애화:정녀 홍루몽」, 『월간야담』 33, 1937.8.(춘금여사)

「유협백수」, 『월간야담』 34, 1937.9.(일파)

「벽오동 심은 뜻은」, 『월간야담』 35, 1937.11.(춘금여사)

「장력당이문」, 『월간야담』 36, 1937.12.(춘금여사)

「의기남아:숙명? 인연?」, 『월간야담』 37, 1938.1.(춘금여사)

「신문」, 『월간야담』 39, 1938.3.(춘금여사)

「지성달의:감천의 정성」, 『월간야담』 41, 1938.5.(춘금여사)

「친구와 돈 석량」, 『월간야담』 43, 1938.7.(일파)

「목은의 사희시, 빈군수둑전법」, 『월간야담』 44, 1938.8.(일파)

「하담의 강정」, 『월간야담』 45, 1938.10.(일파)

「풍연전」, 『월간야담』 46, 1939.1.(일파)

「관중장물」, 『월간야담』 48, 1939.3.(일파)

「묘공보은」, 『월간야담』 50, 1939.5.(일파)

「파동」, 『야담』, 1939.6.

「시하관오시발복」, 『월간야담』 53, 1939.8.(일파)

「충혼의 죽엽」, 『월간야담』 55, 1939.10.(일파)

「어옹과 간녀」, 『아리랑』 1권 4호, 1955.6.

「왕자의 사랑」, 『청사』 1호, 1955.6.

「(시대야화) 은원」, 『야담』 1권 1호, 1955.7.

「(처세비담) 비상 주머니」, 『야담』 1권 2호, 1955.8.

「과거여담」, 『아리랑』 1권 8호, 1955.9.

「(순의미담) 충신의 후손」, 『야담』 1권 3호, 1955.9.

「(출세가화) 현처」, 『야담』 1권 5호, 1955.11.

「기지」, 『신태양』 5권 1호, 1956.1.

「충신의 피」, 『소년소녀만세』, 1956.1.

「대인의 흉도」, 『아리랑』 2권 2호, 1956.2.

「(의리미담) 붕우유신」, 『야담』 2권 2호, 1956.2.

「(반정비화) 폭군의 최후」, 『야담』 2권 3호, 1956.3.

「(충렬비담) 명장의 죽음」, 『야담』 2권 4호, 1956.4.

「(접객기담) 왕가의 후예」, 『야담』 2권 5호, 1956.5.

「(택서기담) 대상의 일면」, 『야담』 2권 6호, 1956.6.

「(야사) 남자의 마음」, 『아리랑』 2권 7호, 1956.7.

「(야사) 요녀의 말로」, 『야담』 2권 7호, 1956.7.

「인과 보복」, 『야담』 2권 8호, 1956.8.

「(무옥사화) 문장 수난기」, 『야담』 2권 9호, 1956.9.

「(야사) 탐욕무한」, 『아리랑』 2권 9-10호, 1956.9.-10.

「(충복미담) 의인 유종호」, 『야담』 2권 10호, 1956.10.

「(비전기화) 귀신과 친한 재상」, 『야담』 2권 12호, 1956.12.

「(역사소설5인집) 낙운궁비사」, 『야담』 3권 1호, 1957.1.

「(발신기화) 구국이담」, 『야담』 3권 3호, 1957.3.

「(사제정화) 방랑하는 도승」, 『학원』 6권 8호, 1957.8.

「애증의 성화」, 『야담』 3권 8호, 1957.8.

「은의무한」, 『야담』 3권 11호, 1957.11.

「만가」, 『야담』 3권 12호, 1957.12.

「추우」, 『야담』 4권 1호, 1958.1.

「탕자」, 『야담』 4권 4호, 1958.4.

「추물」, 『야담』 4권 5호, 1958.5.

「(위인소전) 선견지명」, 『야담』 6권 1호, 1960.2.

8. 콩트

「우산」, 『여성』, 1937.2.

「아들」, 『여성』, 1938.1.

「젊은 아내와 식모」, 『매일신보』, 1940.1.5.

9. 동화

「소년과 왕의」, 『학원』 2권 4호, 1953.4.

「바둑이」, 『소년세계』 14, 1953.8.

「이상한 점쟁이」, 『소년세계』 31, 1955.2.

「한 매화 가지에서」, 『학원』 4권 2호, 1955.2.

「백조의 노래」, 『학원』 5권 4호-7호, 1956.4.-7.

「매리와 푸른 기」, 『학원』 6권 9호, 1957.9.

「안개 낀 다리 밑」, 『소년생활』 1, 1958.8.

「별 하나 나 하나」, 『학원』 14권 1호-15권 8호, 1965.1.-1966.8.(19회)

10. 단행본

『우후청천』, 조선출판사, 1943.

『월하적성:사화집』, 정문관, 1946.

『훈풍』, 영웅출판사, 1951.

『사랑의 편지』, 문성당, 1951.

『십자로』, 문성당, 1953.

『광풍』, 인화출판사, 1954.

『여인애가』, 영웅출판사, 1954.

『여자 삼십대』, 인화출판사, 1954.

『다정도 병이련가』, 세문사, 1956.

『향화』, 혜문사, 1957.

『장미는 슬프다』, 희망사, 1957.

『격랑』, 신태양사, 1959.

『낙화암』, 신태양사, 1959.

『벽오동 심은 뜻은』, 삼성출판사, 1964.

『대원군』, 삼중당, 1967.(전4권)

『요승 신돈』, 삼중당, 1967.

『지하여자대학』, 국민문고사, 1969.

『낙엽의 성좌』, 이학사, 1970.

『이조의 여인들』, 삼성출판사, 1971.(전8권)

『대신라기』, 을유문화사, 1975.

『여인열전』, 동양문고, 1980.

『일곱 장의 편지:장덕조 에세이』, 우주, 1981.

『누가 죄인이냐』, 창우문화사, 1983.

『여인잔혹사』, 동양문고. 1985.

『고려왕조오백년』, 고려서적, 1989.(전14권)

박계형 작가 연보 및 작품 연보

【작가 연보】

1943 서울에서 출생했다. 본명은 박숙자이다.

1958 수도여자중학교를 졸업했다.

1961 수도여자고등학교를 졸업하고 고려대학교 영문과에 입학했다.

1963 대학교 2학년 때 『젊음이 밤을 지날 때』, 『영과 육의 갈림길』을 출간했다.

1964 『영과 육의 갈림길』에서가 『처녀성』이란 이름으로 영화화되었다.
『머무르고 싶었던 순간들』이 동양라디오 개국기념 50만 원 현상문예 방송소설 부문에 당선되었다.

1965 고려대학교 영어영문학과 졸업하고 경희대학교 대학원에 입학했다.

1966 『머무르고 싶었던 순간들』을 신아출판사에서 출판했다.

1969 초등학교 동창생인 김인호와 결혼하여 슬하에 2남 1녀를 출산했다.

1971 노벨문화사에서 총 16편의 장편소설이 실린 8권의 대표작 전집을 출간했다.

1974 출판사를 달리하여 동림출판사에 대표작 전집을 재출간했다.

1974 MBC에 라디오 드라마 <진실>을 방송했다.

1975 라디오 드라마 <진실>을 소설화해 동림출판사에서 출판했고 이것이 베스트셀러가 되었다.

1976 『중앙일보』 신춘문예에 「어떤 신부(神父)」가 가작으로 당선되었다.

1982　『사랑의 샘』을 끝으로 문학계를 떠나 절필기에 들어갔다.

2001　20년간의 절필을 끝으로 『임종』을 출간했다.

2002　『임종』을 『환희』라는 제목으로 개작했다.

2003　『회귀』를 삼육출판사에 출간했다.

【작품 연보】

1. 단편소설

「어떤 신부」, 『중앙일보』 신춘문예 가작 당선, 1976.

2. 장편소설

『젊음이 밤을 지날 때』, 백영사, 1963.

『영과 육의 갈림길에서』, 백영사, 1964.

『이대로 살다 죽으리』, 토픽출판사, 1966.

『머무르고 싶었던 순간들』, 신아출판사, 1966.

『사랑이 그리워질 무렵』, 신아출판사, 1967.

『해가 지지 않는 땅』, 문우사, 1967.

『날이 새면 생각하리』, 대문출판사, 1967.

『그해 가을』, 문예출판사, 1967.

『(속)머무르고 싶었던 순간들』, 신아출판사, 1968.

『연짓골의 연사』, 대문출판사, 1968.

『그토록 고독한 강가에서』, 문영각, 1968.

『사랑과 슬픔이 같이 오던 날』, 신아출판사, 1969.

『별을 보고 산다』, 신아출판사, 1969.

『성이 가는 발자국 소리』, 삼육출판사, 1969.

『바람에 달 가듯이』, 상원출판사, 1969.

『밤에도 뜨는 태양』, 삼육출판사, 1969.

『(후편) 머무르고 싶었던 순간들』, 제삼도서출판사, 1969.

『첫정이 트이던 시절』, 노벨문화사, 1970.

『오늘만 영원히 사랑하리』, 노벨문화사, 1970.

『당신이 가슴에 심어준 것은』, 노벨문화사, 1970.

『바람속의 눈동자들』, 노벨문화사, 1970.

『목숨의 불꽃이 질 때까지』, 노벨문화사, 1970.

『결혼 그 뒤』, 청자각, 1970.

『인생의 반은 이별이어라』, 노벨문화사, 1970.

『꿈을 먹다만 세월』, 노벨문화사, 1970.

『사랑할수록 외로워지리라』, 노벨문화사, 1970.

『애정이 있는 양지』, 노벨문화사, 1970.

『연애와 결혼』, 삼육출판사, 1971.

『나는 작은 눈물의 강』, 노벨문화사, 1972.

『그립다 말을 할까』, 노벨문화사, 1972.

『회상』, 노벨문화사, 1972.

『우리들의 영원한 것』, 동림출판사, 1973.

『진실』, 동림출판사, 1975.

『고향 이야기』, 삼육출판사, 1976.

『우리들의 저 남쪽나라』, 우리들사, 1977.

『자유를 향하여 날으는 새』, 비봉출판사, 1981.

『사랑의 샘』, 비봉출판사, 1982.

『임종』, 삼육출판사, 2001.

『어느 투명한 날의 풍경화』, 삼육출판사, 2001.

『환희1-2』, 삼육출판사, 2002.

『회귀』, 삼육출판사, 2003.

3. 전집

『박계형 대표작전집1(인형의 외출/꿈을 먹다 만 세월)』, 노벨문화사, 1971.
『박계형 대표작전집2(바람속의 눈동자들/사랑할수록 외로워지리라)』, 노벨문화사, 1971.
『박계형 대표작전집3(당신이 내 가슴에 심어준 것은/애정이 있는 양지)』, 노벨문화사, 1971.
『박계형 대표작전집4(인생의 반은 이별이어라/첫정이 트이던 시절)』, 노벨문화사, 1971.
『박계형 대표작전집5(회상/잊히지 않아도 잊으리라)』, 노벨문화사, 1971.
『박계형 대표작전집6(이루어 질 수 없는 이 아픔을/목숨의 불꽃이 질 때까지)』, 노벨문화사, 1971.
『박계형 대표작전집7(동짓달 그믐밤/오늘만 영원히 사랑하리)』, 노벨문화사, 1971.
『박계형 대표작전집8(임 그리워 밤에 우는 새야/고독한 사춘기)』, 노벨문화사, 1971.

4. 단행본

『달무리 : 박계형 소설집』, 방향사, 1977.
『어떤 신부(神父)』, 삼육출판사, 1992.

참고문헌

「「서울신문」에 작가 61명 도전-일체 집필을 거부, 소설 『군웅』 무단 중지가 도화선」, 『경향신문』, 1956.9.21.

「『밀림』 장편소설 예고」, 『동아일보』, 1935.9.25.

「『찔레꽃』 연재예고」, 『조선일보』, 1937.3.27.

「『태양의 권속』 연재예고」, 『서울신문』, 1952.1.31.

「『푸른 날개』 연재예고, 3월 26일자부터 연재」, 『조선일보』, 1954.3.20.

「『화관의 계절』 연재예고」, 『한국일보』, 1957.9.10.

「거개가 논픽션」, 『매일경제』, 1969.11.14.

「대중잡지의 현황과 진로좌담회1」, 『경향신문』, 1958.2.12.

「신춘 「중앙문예」 당선자 시상식」, 『중앙일보』, 1976.1.22.

「연재소설 예고」, 『매일신보』, 1937.6.29.

「예고 오는 7월 1일부터 장편소설 연재 김말봉 씨 작 『佳人의 市場』」, 『부인신보』, 1947.6.12.

「일본소설의 졸속 절도 수입」, 『경향신문』, 1965.9.1.

「풍문첩」, 『별건곤』 36, 1931.

Beer, Gillian, 『로망스』, 문우상 역, 서울대학교출판부, 1980.

강계숙, 「'성처녀', 그 대중적 신화의 속읽기」, 『작가연구』 14, 2002.

강만석, 「의미, 재미, 권력의 문제를 통해 본 신수용자론 연구-존 피스크의 능동적 TV 수용사론에 대한 비판을 중심으로」, 성균관대학교 박사학위 논문, 1993.
강애경, 「1960년대 신문 연재소설의 '사랑'의 정치성 연구」, 전남대학교 박사학위 논문, 2012.
강옥희, 「1930년대 후반 대중소설 연구」, 상명대학교 박사학위 논문, 1999.
______, 「대중소설의 한 기원으로서의 신파소설」, 『대중서사연구』 9, 2003.
______, 「대중문학 연구의 현황과 과제」, 『대중서사연구』 12, 2004.
강우원용, 「1960년대 초기 베스트셀러를 통해 본 일본소설 번역물과 한국 독자-하라다 야쓰코, 이시자카 요지로, 박경리를 중심으로」, 『일본학보』 97, 2013.
강철주, 「황금알 낳는 인기작가들」, 『출판저널』11, 1988.
강현구, 『대중문화와 문학』, 보고사, 2004.
강현두, 『현대사회와 대중문화』, 나남출판, 1998.
갠즈, 하버트, 『대중문화와 고급문화』, 강현두 역, 나남출판, 1998.
경향신문편집부, 『경향신문오십년사』, 경향신문사, 1996.
고광률, 「한국 대중소설의 사회적 가치관 수용 연구」, 대전대학교 박사학위 논문, 2009.
고은지, 「20세기 '대중 오락'으로 새로 태어난 '야담'의 실체」, 『정신문화연구』 31, 2008.
고인덕, 「신문소설에 나타난 가치연구」, 서강대학교 석사학위 논문, 1980.
고준영, 「1930년대 신문장편소설에 나타난 민족관」, 고려대학교 석사학위 논문, 1980.
고현철, 「낭만적 사랑과 키치적인 양식-베스트셀러 시집의 비판적 해석」, 『현대시』 8, 2000.
골드스, 클리퍼드, 『불타는 베스트셀러』, 케루빔, 1997.
구명숙, 이병순, 김진희, 엄미옥 편, 『(해방기) 여성 단편소설 1-2』, 역락, 2011.
구인환외, 『문학교육론』, 삼지원, 1990.
구희령, 「[사람 사람] 소설가 박세영 씨 20년 침묵 깨」, 『중앙일보』, 2001.8.4.

권기성, 「근대 야담 작가 연구의 외연 확장과 시선의 전환-『월간야담』의 작가군과 '장덕조'」, 『동반한문학』 80, 2019.
권기철, 「에로스, 필리아, 아가페: 로츠의 사랑의 세 단계」, 『가톨릭 철학』 4, 2002.
권미라, 「김말봉 통속소설 연구」, 영남대학교 석사학위 논문, 2006.
권선아, 「1930년대 대중소설의 양상 연구」, 고려대학교 석사학위 논문, 1994.
권영민, 『한국현대문학사』, 민음사, 1993.
권유성, 「1920년대 초기 사회주의 경향 잡지의 문예론과 시적 실천 양상 연구」, 『국어국문학』 165, 2013.
J. 그리블, 『문학교육론』, 나병철 역, 문예출판사, 1983.
기든스, 앤소니, 『현대인의 성, 사랑, 에로티시즘』, 배은경·황정미 역, 새물결, 1996.
김강호, 『한국 근대 대중소설의 미학적 연구』, 푸른사상, 2008.
김경수, 『페미니즘과 문학비평』, 고려원, 1994.
김경연, 「1920년대 초 '공통적인 것'의 상상과 문화의 정치-『신생활』의 사회주의 평민문화운동과 민중문예의 기획」, 『한국문학논총』 71, 2015.
김교헌, 「남자의 질투와 여자의 질투: 연인 관계에서의 질투의 성차」, 『한국심리학회지』 9, 2004.
김기진, 「문예시대관 단편-통속소설소고」, 『조선일보』, 1928.11.9.-11.20.
김기태, 「베스트셀러가 출판문화 발전에 미치는 영향」, 『출판잡지연구』 5, 1997.
김남천, 「작금의 신문소설-통속소설론을 위한 감상」, 『비판』, 1938.12.
김내성, 「대중문학과 순수문학-행복한 소수자와 불행한 다수자」, 『경향신문』, 1949.11.9.
김동석, 『김동석 비평집』, 서음출판사, 1989.
김동식, 「연애와 근대성」, 『민족문학사연구』 18, 2001.
김동윤, 『1950년대 신문소설 연구』, 제주대학교 박사학위 논문, 1999.

김동인, 「소설에 대한 조선인의 사상을」, 『학지광』18, 1919.
김동현, 「“국민”의 상상과 “비국민”의 기억-장덕조의 일제 말기 일본어 소설과 해방 이후 소설을 중심으로」, 『순천향 인문과학논총』 31, 2012.
김문환, 『미학의 이해』, 문예출판사, 1989.
김미영, 「김말봉의 『밀림』과 『찔레꽃』의 독자수용과정에 대한 인지심리학적 고찰」, 『어문학』 107, 2010.
김미현, 『여성문학을 넘어서』, 민음사, 2002.
______, 「한국 근·현대 베스트셀러 문학에 나타난 독서의 사회사: 1980-1990년대 소설의 ‘아버지’ 담론을 중심으로」, 『비교문학』 36, 2005.
______, 『젠더 프리즘』, 민음사, 2008.
김병익, 『한국문단사』, 일지사, 1973.
김병익, 「70년대 신문소설의 문화적 의미」, 『신문연구』, 1977.
김복순, 「해방후 대중소설의 서사방식(상)-1970년대까지를 중심으로」, 『인문과학연구논총』 19, 1999.
______, 『페미니즘 미학과 보편성의 문제』, 소명출판, 2005.
______, 「1960년대 소설의 연애 전유 양상과 젠더」, 『대중서사연구』 19, 2008.
______, 「산업화의 최종심급과 재현의 젠더: 1960-70년대 소설을 중심으로」, 『한국현대문학연구』 27, 2009.
______, 「낭만적 사랑의 계보와 서사원리로서의 젠더: 1950년대 <사상계>와 <여원>을 중심으로」, 『어문연구』 39, 2011.
김선남, 「베스트셀러 요인에 대한 방법론적 접근」, 『커뮤니케이션연구』 12, 1997.
______, 「베스트셀러 현상에 대한 수용자 의식 연구」, 『한국출판학연구』 39, 1997.
______, 「수용자의 독서동기에 관한 실증적 연구」, 『한국출판학연구』 40, 1998.

김성곤, 『뉴미디어 시대의 문학』, 민음사, 1996.
김성재, 「베스트셀러와 출판의 질」, 『월간조선』 1, 1984.
김성환, 「1970년대 대중소설에 나타난 욕망 구조 연구」, 서울대학교 박사학위 논문, 2009.
김송현, 「크리스챤의 인간성 회복」, 『새가정』, 1966.
김수용, 『아름다움의 미학과 숭고함의 예술론』, 아카넷, 2009.
김양선, 「일제말기 여성작가들의 친일담론 연구」, 『어문연구』 33, 2005.
______, 「반공주의의 전략적 수용과 여성문단-한국전쟁기 여성문학 장을 중심으로」, 『어문학』101, 2008.
______, 「[한국여성인물사전] 장덕조」, 『이투데이』, 2017.11.29.
김언호 외, 「우리시대 베스트셀러의 사회사」, 『출판저널』, 1988.
김열규 편, 『한국문학의 두 문제-원한과 가계』, 학연사, 1985.
김영덕, 『한국 여성 문화 농촌』, 이화여대 출판부, 1968.
김영식, 『그와 나 사이를 걷다: 망우리 사잇길에서 읽는 인문학』, 호메로스, 2015.
김영애, 「국어교육, 어떤 텍스트로 가르칠 것인가:『꽃과 뱀』의 대중소설적 위상」, 『한국어문교육』 19, 2016.
김영찬, 「1930년대 후반 통속소설 연구 - 『찔레꽃』과 『순애보』를 중심으로」, 성균관대학교 석사학위 논문, 1995.
김영태, 「친일세력 미 청산의 배경과 원인」, 『한국학논총』 31, 2009.
김예리, 「'언어로의 전회'와 인문학으로서의 작가론」, 『한국근대문학연구』 27, 2013.
김우종, 『한국현대소설사』, 성문각, 1982.
김욱동, 『모더니즘과 포스트모더니즘』, 현암사, 1992.
______, 『포스트모더니즘의 이론』, 민음사, 1992.
김원경 엮음, 『승당 임영신 박사의 빛나는 생애』, 민지사, 2002.
김윤시, 「장덕조 소설의 '사랑의 서사 연구 - 『역류 속에서』를 중심으로」, 『인문연구』 69 2013.
______, 「장덕조 소설의 '사랑의 정치성' 연구 - 『만종이 운다』를 중심으로」, 『우리말글』 64, 2015.
______, 「장덕조 소설 연구」, 영남대학교 박사학위 논문, 2018.
______, 「장덕조 소설에 내재한 '섹슈얼리티의 다양성' 고찰」, 『우리말글』 81, 2019.
김윤회, 「『월간야담』에 나타난 야담의 양상과 대중서사로서의 의의」, 고려대학교 석사학위 논문, 2012.
김은경, 「1950년대 여학교 교육을 통해 본 '현모양처'론의 특징」, 『한국가정과교육학회지』 4, 2007.
김은실, 「'여성해방'에 대한 콜론타이와 레닌의 정치적 갈등」, 『정치사상연구』 14, 2008.
김은우, 『한국여성의 애정갈등의 원인 연구』, 한국연구원, 1963.
김은하, 「전후 국가 근대화와 "아프레 걸(전후여성)" 표상의 의미」, 『여성문학연구』 16, 2006.
______, 「비밀과 거짓말, 폭로와 발설의 쾌락-국가 근대화기 여성대중소설의 선정성 기획을 중심으로」, 『여성문학연구』26, 2011.
김익현, 『인터넷신문과 온라인 스토리텔링』, 커뮤니케이션북스, 2002.
김인환 외, 『문학의 새로운 이해』, 문학과지성사, 1996.
김자성, 「독일문학작품에 구현된 카인 아벨의 소재 변용(Ⅰ)」, 『헤세연구』 23, 2010.
김재국, 『디지털시대의 대중소설론』, 예림기획, 2002.
김재원, 「비판적 베스트셀러론」, 『세대』 10, 1966.
김정준, 『마태 김의 메모아: 내가 사랑한 한국의 근현대 예술가들』, 지와사랑, 2012.
김종구, 「현대소설과 가족세계기」, 김열규 편, 『한국문학의 두 문제-원한과 가세』, 학연사, 1985.

김종서 외, 『교육학 개론』, 교육과학사, 1984.
김주현, 「여성주의 미학과 예술 작품의 존재론」, 이화여자대학교 박사학위 논문, 2004.
김준오, 『문학사와 장르』, 문학과지성사, 2000.
김중식, 「점입가경 베스트셀러 신 풍속도」, 『출판저널』 11, 1994.
김중신, 『소설감상방법론 연구』, 서울대학교출판부, 1995.
김중철, 『소설과 영화:서사성과 대중성에 대하여』, 푸른사상, 2000.
김중현, 『대중문학의 이해』, 청예원, 1999.
김지영, 「'연애'의 형성과 초기 근대소설」, 『현대소설연구』 27, 2005.
김진혜, 「박계형 씨 '머무르고 싶었던……' 영역판 출간」, 『한국일보』, 2004.11.8.
김창남, 『대중문화의 이해』, 한울, 2003.
김창식, 『대중문학을 넘어서』, 청동거울, 2000.
김천혜, 「수용미학의 흥성과 쇠퇴에 대한 고찰」, 『독일어문학』 8, 1998.
김춘식, 「대중소설과 통속소설의 사이」, 『한국문학연구』 20, 1998.
김한식, 「김말봉의 『찔레꽃』과 '본격통속'의 구조」, 『한국학연구』 12, 2000.
김항명, 『이별속의 만남: 김말봉론』, 명서원, 1983.
김현, 「사랑의 재확인」, 『문학과지성』, 1989.
______, 『우리 시대의 문학/두꺼운 삶과 얇은 삶』, 문학과지성사, 1993.
김현주, 「1970년대 대중소설 연구」, 연세대학교 박사학위 논문, 2003.
______, 「1970년대 대중소설의 육체 담론」, 『여성문학연구』 10, 2003.
______, 「한국 대중소설의 전개와 독자의 문제」, 『독서연구』 13, 2005.
______, 「'아프레 걸'의 주체화 방식과 멜로드라마적 상상력의 구조」, 『한국문예비평연구』 21, 2006.
김혜수, 「1950년대 한국 여성의 지위와 현모양처론」, 『역사문학연구』 12, 2000.
김홍중, 「멜랑콜리와 모더니티:문화적 모더니티의 세계관 분석」, 『한국사회학』 40, 2006.

______, 「근대적 성찰성의 풍경과 성찰적 주체의 알레고리」, 『한국사회학』 41, 2007.

나병철, 『문학의 이해』, 문예출판사, 1994.

남금희, 「1950년대 장덕조 신문소설 연구—「대구매일신문」을 중심으로」」, 『현대소설연구』 20, 2003.

노지승, 「<자유부인>을 통해 본 1950년대 문화수용과 젠더 그리고 계층」, 『한국현대문학연구』 27, 2009.

______, 『유혹자와 희생양』, 예옥, 2009.

니그렌, 안더스, 『아가페와 에로스』, 고구경 역, 크리스챤 다이제스트, 1998.

대중문학연구회 편, 『대중문학이란 무엇인가』, 평민사, 1995.

______, 『추리소설이란 무엇인가』, 국학자료원, 1997.

______, 『연애소설이란 무엇인가』, 국학자료원, 1998.

______, 『과학소설이란 무엇인가』, 국학자료원, 2000.

대중서사장르연구회, 『대중 서사 장르의 모든 것. 1. 멜로드라마』, 이론과 실천, 2007.

동국대학교 한국문학연구소 편, 『대중문학과 대중문화』, 아세아문화사, 2000.

라깡과현대정신분석학회 엮음, 『우리시대의 욕망 읽기』, 문예출판사, 1999.

라트, 볼프강, 『사랑, 그 딜레마의 역사』, 장혜경 역, 끌리오, 1999.

랩, 익냐스, 『사랑의 심리학』, 이유리 엮음, 박우사, 1992.

랭거, 수잔, 『예술이란 무엇인가』, 이승훈 역, 고려원, 1982.

로쯔, 요하네스, 『사랑의 세 단계-에로스, 필리아, 아가페』, 심상태 역, 서광사, 1985.

루만, 니클라스, 『열정으로서의 사랑』, 정성훈 · 권기돈 · 조형준 역, 새물결, 2009.

류현주, 『하이퍼텍스트문학』, 김영사, 2000.

모트, 프랑크 루터, 『베스트셀러의 진실』, 이임자 편, 경인문화사, 1998.

문성숙, 『대중문학과 대중문화』, 아세아문화사, 2007.
뮈케, D. C., 『아이러니』, 문상득 역, 서울대학교 출판부, 1986,
민병덕, 「한국 근대 신문 연재소설 연구 - 작품의 공감구조와 출판의 기능을 중심으로」, 성균관대학교 박사학위 논문, 1988.
민족작가협회, 『문학, 인터넷을 만나다』, 북하우스, 2001.
바르트, 롤랑, 『텍스트의 즐거움』, 김희영 역, 동문선, 1997.
______, 『사랑의 단상』, 김희영 역, 동문사, 2004.
박명진 편역, 『문화, 일상, 대중: 문화에 관한 8개의 탐구』, 한나래, 1996.
박명진, 「즐거움, 저항, 이데올로기」, 『사회과학과 정책연구』 13, 1991.
박미정, 「서사 텍스트에서의 감정이입을 통한 자아형성 연구」, 인천대학교 석사학위 논문, 2001.
박배식, 「손창섭의 세태소설 분석-『길』을 중심으로」, 『국어국문학』 113, 1995.
박병준, 「'사랑'에 대한 철학적 성찰」, 『해석학연구』 14, 2004.
박산향, 「김말봉 소설 『꽃과 뱀』에 나타난 양면성 고찰」, 『인문사회과학연구』 14, 2013.
______, 「김말봉 장편소설의 남녀 이미지 연구」, 부경대학교 박사학위 논문, 2014.
박선희, 「김말봉의 『가인의 시장』 개작과 여성운동」, 『우리말글』 54, 2012.
______, 「『찔레꽃』에 나타난 스포츠와 연애」, 『우리말글』 59, 2013.
박성봉, 『대중예술의 이론들』, 동연, 1994.
______, 『대중예술의 미학』, 동연, 1995.
______, 『감성시대의 미학』, 일빛, 2009.
______, 『멀티미디어 시대 대중예술과 예술 무정부주의』, 일빛, 2011.
박영준, 「1960년대 한국 장편소설 연구」, 고려대학교 박사학위 논문, 2006.
박예환, 「출판의 사회적 책임과 한국출판문화의 과제」, 연세대학교 석사학위 논문, 1989.

박유미, 「해방 후 공창제 폐지와 그 영향에 관한 연구」, 『역사와 실학』 41, 2010.
박인기 편역, 『작가란 무엇인가』, 지식산업사, 1997.
박정애, 「동원되는 여성작가-한국전과 베트남전의 경우」, 『여성문학연구』 10, 2003.
박정은, 「대중문화텍스트의 해독에 나타나는 즐거움(pleasure)의 다원성에 관한 연구」, 한국외대학교 석사학위 논문, 1998.
박종홍, 「『밀림』의 담론 고찰」, 『현대소설연구』 16, 2002.
______, 「백신애 소설의 '집 떠남' 고찰」, 『현대소설연구』 55, 2014.
______, 「여성소설의 '이중성' 고찰」, 『어문논총』 60, 2014.
박종화, 「『태양의 권속』 서」, 『태양의 권속』, 삼신출판사, 1953.
박철우, 「1970년대 신문 연재소설 연구」, 중앙대학교 석사학위 논문, 1996.
박필현, 「국가주의적 젠더정체, 모성의 호명과 주체화의 욕망:해방기 장덕조 소설을 중심으로」, 『구보학보』 15, 2016.
박혜경, 『이념 뒤에 숨은 인간』, 역락, 2009.
반건우, 「1930년대 대중 연애소설의 서사구조 연구 - 김말봉의 『찔레꽃』과 박계주의 『순애보』를 중심으로」, 한양대학교 석사학위 논문, 2009.
배기정, 「『찔레꽃』의 전개양상과 그 의미」, 『국어교육학연구』 28, 1990.
배노필, 「베스트셀러의 문화적 형성에 관한 연구」, 서울대학교 석사학위 논문, 1999.
배상미, 「성노동자에 대한 낙인을 통해 본 해방기 성노동자 재교육운동의 한계 - 김말봉의 『화려한 지옥』과 박계주의 『진리의 밤』을 중심으로」, 『현대소설연구』 55, 2014.
______, 「1930년대 여성 노동자의 노동, 그리고 계급투쟁」, 『민족문학사연구』 58, 2015.
백낙청, 「사회 비평 이상의 것」, 『창작과비평』, 1979 봄호.
백승영, 「니체 『자라투스트라는 이렇게 말했나』」, 『철학사상』 16, 2003.

백운주, 「1930년대 대중소설의 독자 공감요소에 관한 연구 - 『흙』, 『상록수』, 『찔레꽃』, 『순애보』를 중심으로」, 제주대학교 석사학위 논문, 1996.
백철, 「금년의 여류창작계」, 『여성』, 1936.12.
______, 「10월 창작평-금일의 문학적 수준」, 『조선일보』, 1938.10.5.
______, 「김말봉 씨 저 『찔레꽃』」, 『동아일보』, 1938.
벡, 울리히 · 게른샤임, 엘리자베트 벡, 『사랑은 지독한 (그러나 너무나 정상적인) 혼란』, 강수영 · 권기돈 · 배은경 역, 새물결, 1999.
부산여성가족개발원, 『부산 여성사 I :근현대 속의 부산여성과 여성상』, 부산여성가족개발원, 2009.
브라운, 데이비드 블레이니, 『낭만주의』, 강주헌 역, 한길아트, 1998.
서동훈, 「한국 대중소설 연구: 연애소설을 중심으로」, 계명대학교 박사학위 논문, 2003.
서승희, 「한국전쟁기 대중소설의 서사 전략과 젠더 정치」, 『여성학논집』 30, 2013.
서영채, 「1930년대 통속소설의 존재방식과 그 의미:김말봉의 「찔레꽃」을 중심으로」, 『민족문학사연구』 4, 1993.
서정자, 「삶의 비극적 인식과 행동형 인물의 창조:김말봉의 『밀림』과 『찔레꽃』 연구」, 『여성문학연구』 8, 2002.
______, 「아나키즘과 페미니즘 - 김말봉의 경우」, 『한국문학평론』 19 · 20, 2002.
______, 「김말봉의 현실인식과 그 소설화」, 『문학예술』, 2004 봄.
손종업, 「『찔레꽃』에 나타난 식민도시 경성의 공간 표상체계」, 『한국근대문학연구』16, 2007.
송경섭, 「일제하 한국 신문 연재소설의 특성에 관한 연구」, 서울대학교 석사학위 논문, 1974.
송민경, 「일제하 방송소설 연구」, 연세대학교 석사학위 논문, 2003.
송인화, 「1960년대 여성소설과 '낭만적 사랑'의 의미」, 『여성문학연구』 12,

2004.
송하춘 편저, 『한국현대장편소설사전: 1917-1950』, 고려대학교출판부, 2013.
쉐퍼, 발터 리제, 『니클라스 루만의 사회 사상』, 이남복 역, 백의, 2002.
슈람케, 위르겐, 『현대소설의 이론』, 원당희 · 박병화 역, 문예출판사, 1995.
슐트, 크리스티안, 『(낭만적이고 전략적인) 사랑의 코드』, 장혜경 역, 푸른숲, 2008.
스탕달, 『스탕달의 연애론』, 권지현 역, 삼성, 2007.
스턴버그, 로버트 외, 『사랑의 심리학』, 최연실 외 편역, 하우, 1999.
스턴버그, 로버트 · 웨이스, 카린, 『심리학, 사랑을 말하다』, 김소희 역, 21세기북스, 2010.
스토리, 존, 『문화연구의 이론과 방법들』, 박만준 역, 경문사, 2002.
신상필, 「야담 전문잡지 『월간야담』 · 『야담』의 운영과 작가층의 구성 양상」, 『남명학연구』 53, 2013.
신영덕, 『한국전쟁기 종군작가 연구』, 국학자료원, 1998.
신혜경, 「피스크의 문화적 대중주의에 대한 재고」, 『미학』 32, 2002.
심미애, 「베스트셀러에 나타난 감정 구조 연구」, 서강대학교 석사학위 논문, 1996.
심지현, 「1970년대 대중소설의 문학사회학적 일고찰」, 『한국말글학』 18, 2001.
심진경, 「문단의 '여류'와 '여류문단'」, 『상허학보』 13, 2004.
싱어, 벤, 『멜로드라마와 모더니티』, 이위정 역, 문학동네, 2000.
아지자 · 올리비에리 · 스크트릭 공저, 『문학의 상징 주제 사전』, 장영수 역, 청하, 1989.
안미영, 「김말봉의 전후 소설에서 선 · 악의 구현 양상과 구원 모티프 - 『새를 보라』 · 『푸른 날개』 · 『생명』 · 『장미의 고향』에 등장하는 '고학생'을 중심으로」, 『현대소설연구』 23, 2004.

안창수, 「『찔레꽃』에 나타난 삶의 양상과 그 한계」, 『영남어문학』 12, 1985.
양동숙, 「해방 후 공창제 폐지과정 연구」, 『역사연구』 9, 2001.
양왕용, 「정지용 시인과 동지사 대학 출신 문인들」, 『해동문학』 97, 2017.
양주동, 「여류문인 편감촌어」, 『신가정』, 1934.2.
양찬수, 「1930년대 한국 신문 연재소설의 성격에 관한 연구」, 동아대학교 석사학위 논문, 1977.
양평, 『베스트셀러 이야기』, 우석, 1985.
에델, 레온, 『작가론의 방법-문학전기란 무엇인가』, 김윤식 역, 삼영사, 1983.
연효숙, 「차이의 존재론과 그 여성주의적 함축」, 『철학연구』 72, 2006.
염상섭, 「소설과 민중」, 『동아일보』, 1928.5.31.
오미남, 「1930년대 후반기 통속소설 연구」, 중앙대학교 석사학위 논문, 1995.
오비디우스, 『연애법』, 이미혜 역, 동심원, 1996.
오선영, 「대중소설의 유행과 장르 분화」, 『문창어문논집』 46, 2009.
오세택, 「'인류 보편적 주제에 공감대' 박계형 씨 소설 「환희」 영국서 출간 인기」, 『가톨릭평화신문』, 2007.6.10.
오인문, 「한국신문 연재소설의 사회적 기능에 대한 고찰」, 중앙대학교 석사학위 논문, 1977.
오크스, 가이, 『게오르그 짐멜: 여성문화와 남성문화』, 김희 역, 이화여대출판부, 1993.
오태영, 「가정소설이 정치학」, 『나혜서연구』 2, 2013.
오혜진, 「대중소설론의 변천과 의의 연구」, 『우리문학연구』 22, 2007.
______, 「근대 대중소설에 나타난 장르믹스의 변모양상」, 『우리문학연구』 27, 2009.
______, 「대중소설에 나타난 주체 변모 양상」, 『국제어문』 51, 2011.
외돗생, 「동아 조선 중외 삼신문사 여기자 평판」, 『별건곤』, 1929.
용석원, 「유신시대 '창녀 · 호스티스' 서사의 의의」, 『스토리앤이미지텔링』 12, 2016.

울산대학교, 『베스트셀러 60년사 1945-2002』, 울산과학대학교출판부, 2001.
웨스턴, J., 『제식으로부터 로망스로』, 정덕애 역, 문학과지성사, 1988.
웰렉, 르네 · 워렌, 오스틴, 『문학의 이론』, 김병철 역, 을지문화사, 1993.
유문선, 「애정갈등과 통속소설의 창작방법 - 김말봉의 『찔레꽃』에 관하여」, 『문학정신』, 1990.
유병석, 「한국문사의 이명(異名) 연구」, 『문학사상』 16, 1974.
유인혁, 「<월간야담> 연구: 1930년대 야담과 '조선적인 것'의 대중화」, 동국대학교 석사학위 논문, 2010.
유재혁, 「박계형, 20년만에 신작 발표, '임종'」, 『한국경제』, 2001.8.14.
유지나 외, 『멜로드라마란 무엇인가』, 민음사, 1999.
유진아, 「1930년대 후기 장편소설에 나타난 통속성의 양상 - 『찔레꽃』과 『탁류』를 중심으로」, 한국외국어대학교 석사학위 논문, 2004.
윤백남, 「대중소설에 대한 사견」, 『삼천리』, 1936.2.
윤재걸, 「광복 50년의 말, 말, 말」, 『월간중앙』, 1995.1.
이강언, 「장덕조의 생애와 문학」, 『나랏말쌈』 8, 1993.
이경춘, 「1930년대 대중소설 연구 - 김말봉의 『찔레꽃』을 중심으로」, 경성대학교 석사학위 논문, 1997.
이광수, 「여(余)의 작가적 태도」, 『동광』, 1931.4.
이나미, 「일제의 조선지배 이데올로기:자유주의와 국가주의」, 『정치사상연구』 9, 2003.
이동수, 「포스트모던 페미니즘에서 여성의 정체성의 차이」, 『아시아여성연구』 43, 2004.
이동연, 『대중문화연구와 문화비평』, 문화과학사, 2002.
이무영, 「여류작가논평」, 『신가정』, 1934.2.
이미란, 「직장조직 내 여성의 주체화 양식 - 젠더 정체성과 실천전략을 중심으로」, 이화여자대학교 박사학위 논문, 2008.

이미향, 「일제 강점기 애정갈등형 대중소설 연구」, 숙명여자대학교 박사학위 논문, 1998.

이배용, 「미군정기 여성생활의 변모와 여성의식」, 『역사학보』 150, 1996.

이병순, 「김말봉의 장편소설 연구 - 1945-1953년까지 발표된 소설을 중심으로」, 『한국사상과 문화』 61, 2012.

이봉범, 「1950년대 잡지 저널리즘과 문학」, 『상허학보』 30, 2010.

이상규, 「부산 초량교회 출신의 여류 작가 김말봉」, 『생명나무』 385, 2013.

이상섭, 『문학비평용어사전』, 민음사, 1976.

이상진, 「대중소설의 반페미니즘적 경향 - 김말봉론」, 『문학과의식』, 1995.

이상화, 「전쟁기 여성 젠더 의식 - 정비석의 『세기의 종』을 중심으로」, 『대중서사연구』 17, 2011.

이선희, 「김말봉씨 대저 『찔레꽃』평」, 『조선일보』, 1938.

이세기, 「작품으로 행동하고 참여하는 작가 장덕조」, 『문화예술』, 2002.7.

이세열, 『베스트셀러 벗겨보기』, 직지, 2001.

이소운, 「여로형 소설의 크로노토프」, 『국어교육연구』 41, 2007.

이승훈, 『문학상징사전』, 고려원, 1995.

이신영, 「결혼초기의 부부 갈등에 관한 조사연구」, 이화여자대학교 석사학위 논문, 1984.

이어령, 「대중문화 시대의 개막」, 『신동아』, 1967.1.

이영미, 『한국대중예술사, 신파성으로 읽다』, 푸른역사, 2016.

이영애, 「김동인 액자소설의 담론적 특성」, 경일대학교 석사학위 논문, 2010.

이영희, 「한국의 베스트셀러 유형 연구-1948년부터 1997년까지 50년간을 중심으로」, 이화여자대학교 석사학위 논문, 1999.

이용욱, 『사이버문학의 도전』, 토마토, 1996.

이용희, 「한국 현대 독서문화의 형성: 1950-60년대 외국서적의 수용과 '베스트셀러'라는 장치」, 성균관대학교 박사학위 논문, 2018.

이우용 외, 『베스트셀러-우리 시대의 잘 팔린 책들 전면 비판』, 세대평론,

1990.
이원조, 「김말봉론」, 『여성』, 1937.
이은주, 『디드로 소설과 아이러니』, 만남, 2006,
이임자 편, 『베스트셀러의 진실』, 경인문화사, 1998.
이임자, 『한국 출판과 베스트셀러』, 경인문화사, 1998.
이임하, 「한국전쟁이 여성생활에 미친 영향 - 1950년대 '전쟁미망인'의 삶을 중심으로」, 『역사비평』 8, 2000.
______, 「한국전쟁과 여성성의 동원」, 『역사연구』 14, 2004.
이재선, 『한국현대소설사』, 홍성사, 1979.
이재선, 『현대한국소설사』, 민음사, 1991.
이정숙, 「김말봉의 통속소설과 휴머니즘」, 『한국언어문화』 13, 1995.
이정옥, 「대중소설의 시학적 연구 - 1930년대를 중심으로」, 서강대학교 박사학위 논문, 1998.
______, 『1930년대 한국 대중소설의 이해』, 국학자료원, 2000.
______, 「대중소설과 독자」, 『대중서사연구』 10, 2003.
이종호, 「1930년대 통속소설 연구」, 경북대학교 석사학위 논문, 1996.
이중한 외, 『우리출판 100년』, 현암사, 2000.
임국희, 「여성주의 정치 패러다임 전환의 이론적 모색」, 『페미니즘연구』 11, 2011.
임미진, 「해방기 아메리카니즘의 전면화와 여성의 주체화 방식 - 김말봉의 『화려한 지옥』과 박계주의 『진리의 밤』을 중심으로」, 『한국근대문학연구』 29, 2014.
임세화, 「해방기 소설에 나타난 '적산'에 관한 연구」, 동국대학교 석사학위 논문, 2012.
임순득, 「불효기에 처한 조선여성작가론」, 『여성』, 1940.
임영천, 『한국 현대소설과 기독교 정신: 다성성의 시학을 바탕으로』, 국학자료원, 1998.

임의섭 외, 『한국인의 대미인식』, 민음사, 1994.
임정연, 「1950년대 새로운 '통속'으로서의 아메리카니즘과 '교양' 메커니즘: 김말봉의 『방초탑』을 중심으로」, 『현대문학이론연구』 63, 2015.
임화, 「속문학의 대두와 예술문학의 비극: 통속소설론에 대하여」, 『동아일보』, 1938.11.17.-11.27.
______, 『문학의 논리』, 학예사, 1940.
장노현, 『하이퍼텍스트 서사에 관한 연구』, 정신문화원, 2002.
장두식, 「근대 대중소설 연구:1930년대 후반기 '연애소설'을 중심으로」, 단국대학교 박사학위 논문, 2002.
______, 「김말봉의 『찔레꽃』 연구」, 『국문학논집』 18, 2002.
장두영, 「김말봉 『밀림』의 통속성」, 『한국현대문학연구』 39, 2013.
장미경 · 김순전, 「여성작가 소설에서 본 내선일체 장치-최정희 「환영의 병사」와 장덕조 「행로」를 중심으로」, 『일본어교육』 51, 2010.
장서연, 「1970년대 대중소설 연구」, 동덕여자대학교 석사학위 논문, 1999.
장세진, 『뒤집어보는 베스트셀러』, 맥, 1997.
전미경, 「1920-30년대 가정탐방기를 통해 본 신가정」, 『가족과 문화』 19, 2007.
전영태, 「대중문학논고」, 서울대학교 석사학위 논문, 1980.
정봉래, 「신문소설의 위치」, 『세계일보』, 1957.7.17.-19.
정부교, 「근대 야담의 서사적 전통과 대중 지향적 변모:『일간야담』을 중심으로」, 부산대학교 석사학위 논문, 1998.
정비석, 『소설작법』, 신대한도서주식회사, 1949.
정비아, 「세태소설의 세계관 연구」, 숙명여자대학교 석사학위 논문, 2002.
정재욱, 『뉴욕의 황진이』, 시문학사, 2004.
정찬영, 「한국 증언소설 연구」, 부산대학교 박사학위 논문, 2000.
정태용, 「신문소설의 새로운 영성」, 『사상계』 81, 1960.4.
징하은, 『김말봉의 문학과 사회』, 종로서적, 1986.

정한숙, 『현대한국소설론』, 고려대 출판부, 1977.
정호기, 「국가의 형성과 광장의 정치-미군정기의 대중동원과 집합행동」, 『사회와 역사』 77, 2008.
정호웅·손정수 엮음, 『김남천 전집 2』, 박이정, 2000.
정희진, 「김말봉의 『찔레꽃』 연구」, 공주대학교 석사학위 논문, 2000.
살스비, 제크린, 『낭만적 사랑과 사회』, 박찬길 역, 민음사, 1985.
조남현, 「소설교육의 정향과 대중소설 문제」, 『문학교육학』 7, 2001.
조동일, 『한국문학통사5』, 지식산업사, 1994.
조리, 「장덕조 소설 연구」, 전북대학교 박사학위 논문, 2007.
조명기, 「한국 현대 대중소설 연구」, 부산대학교 박사학위 논문, 2002.
조미숙, 「베스트셀러의 영향 변수에 관한 연구」, 동국대학교 석사학위 논문, 1999.
조석연, 「해방 이후의 마약문제와 사회적 인식」, 『사학연구』 108, 2012.
조신권, 「시대의 아침을 밝힌 기독문인들2. 소설로서 나라를 빛낸 전영택, 심훈, 김말봉, 박화성」, 『신앙세계』 566, 2015.
______, 「끝뫼 김말봉의 소설: 지고지순한 사랑을 높은 가치로 그려낸 작가」, 『신앙세계』 587, 2017.
조은정, 「1960년대 여대생 작가의 글쓰기와 대중성」, 『여성문학연구』 24, 2010.
주창윤, 「1950년대 중반 댄스 열풍: 젠더와 전통의 재구성」, 『한국언론학보』 53, 2009.
진선영 엮음, 『김말봉 전집1: 밀림』, 소명출판, 2014.
진선영, 「부부 역할론과 신가정 윤리의 탄생: 장덕조 초기 단편소설을 중심으로」, 『여성문학연구』 28, 2012.
______, 『한국 대중연애서사의 이데올로기와 미학』, 소명출판, 2013.
______, 「장덕조 신문 연재 장편 『은하수』연구」, 『현대문학이론연구』 56, 2014.

______, 「한국전쟁기 김말봉 소설의 이데올로기 연구 - 『별들의 고향』을 중심으로」, 『겨레어문학』 55, 2015.
______, 「해방기 세태소설의 한 양상 - 김말봉의 『가인의 시장』을 중심으로」, 『한국문화연구』 29, 2015.
______, 「형식적 미학과 운명애의 향연 - 김말봉의 『꽃과 뱀』을 중심으로」, 『여성문학연구』 36, 2015.
______, 「인조견을 두른 모럴리스트: 김말봉 대중소설 창작방법론 연구」, 『현대소설연구』 68, 2017.
______, 「김말봉 『밀림』의 역설 연구」, 『이화어문연구』 44, 2018.
______, 「김말봉 이명(異名) 연구」, 『어문연구』 46, 2018.
______, 「『월간야담』의 여류 야담가의 정체와 전통적 글쓰기의 의미」, 『현대소설연구』76, 2019.
______, 「1950년대 이후 장덕조 대중연애소설의 변화와 관습:『격랑』을 중심으로」, 『여성문학연구』 47, 2019.
______, 「박계형론:낭만적 글쓰기의 변주를 중심으로」, 『대중서사연구』 25, 2019.
지라르, 르네, 『폭력과 성스러움』, 김진식 · 박무호 역, 민음사, 1997.
차봉희 편, 『수용미학』, 문학과지성사, 1985.
차혜영, 「'종합선물셋트'로서의 문학, 1970년대 대중소설의 존재양상」, 『한국문학평론』, 2001.
차희정, 「해방기 장덕조 소설에 나타난 여성성의 위장과 전유」, 『한중인문학연구』 35, 2012.
채만식, 「장덕조 여사의 진경」, 『조광』 5권3호, 1939.3.
천정환, 『근대의 책읽기』, 푸른역사, 2003.
______, 「처세 · 교양 · 실존-1960년대의 '자기계발'과 문학문화」, 『민족문학사연구』 40, 2009.
최경희, 「1960년대 소설에 나타난 '여성교양' 담론 연구 - 연애 · 결혼 · 가족

서사를 중심으로」, 경희대학교 박사학위 논문, 2013.

최미진, 「1960년대 대중소설의 서사전략 연구」, 부산대학교 박사학위 논문, 2003.

______, 「부인명 대중소설에 나타난 여성의식 연구」, 『현대소설연구』 21, 2004.

______, 「광복 후 공창폐지운동과 김말봉 소설의 대중성」, 『현대소설연구』 32, 2006.

______, 『1960년대 대중소설의 서사전략 연구』, 푸른사상, 2006.

______, 『한국 대중소설의 틈새와 심층』, 푸른사상, 2006.

______, 「1950년대 장덕조 소설에 나타난 연애와 결혼-『다정도 병이련가』를 중심으로」, 『현대문학이론연구』 37, 2009.

______, 「1950년대 장덕조의 라디오 소설 연구」, 『대중서사연구』 22, 2009.

______, 「<방송>소재 장덕조의 라디오 단편소설 연구」, 『인문학논총』 30, 2012.

최미진, 김정자, 「한국 대중소설의 상호텍스트성 연구 - 김말봉과 최인호의 『별들의 고향』을 중심으로」, 『어문학』 89, 2005.

______, 「한국전쟁기 김말봉의 『별들의 고향』 연구」, 『한국문학논총』 39, 2005.

최병구, 「1920년대 프로문학의 형성과정과 미적 공통성에 관한 연구」, 성균관대학교 박사학위 논문, 2013.

최상규, 『독일 낭만주의』, 연세대학교 출판부, 1995.

최성일, 『베스트셀러 죽이기』, 한국출판마케팅연구소, 2001.

최시한, 『가정소설 연구』, 민음사, 1993.

최영석, 「근대주체 구성과 연애서사」, 연세대학교 석사논문, 2002.

최은영, 「이효석 서정소설의 특질과 그 문체 연구」, 『현대문학이론연구』 38, 2009.

최성호, 「1970년대 베스트셀러 소설의 영상화 연구」, 홍익대학교 석사학위 논문, 2006.
최지현, 「해방기 공창폐지운동과 여성 연대 연구 - 김말봉의 『화려한 지옥』을 중심으로」, 『여성문학연구』 19, 2008.
최해군, 「소설가 김말봉과 그 곁 사람들」, 『부산일보』, 2003.4.9.
추은주, 「1970년대 대중소설 연구」, 부산대학교 석사학위 논문, 1997.
추현주, 남상인, 「미술치료에서 별 상징 활용과 의미」, 『미술치료연구』, 2010.
카웰티, J. G., 『대중예술의 이론들』, 박성봉 편역, 동연, 1994.
컨, 스티븐, 『사랑의 문화사』, 임재서 역, 말글빛냄, 2006.
쿤츠, 딘, 『베스트셀러 소설을 쓰는 법』, 정태원 역, 서지원, 1986.
크네어, 게오르그 · 낫세이, 아민, 『니클라스 루만으로의 초대』, 정성훈 역, 갈무리, 2008.
크리스테바, 줄리아, 『사랑의 역사』, 김영 역, 민음사, 1995.
태혜숙, 「몸의 정치, 성차의 윤리」, 『여성이론』 2, 2000.
통속생, 「신문소설 강좌」, 『조선일보』, 1933.9.9.
펠스키, 리타, 『근대성과 페미니즘』, 김영찬 · 심진경 역, 거름, 1998.
프로이트, 『성욕에 관한 세 편이 에세이』, 김정일 역, 열린책들, 1996.
피스크, 존, 『대중문화의 이해』, 박만준 역, 경문사, 2002.
필립스, 크리스토퍼, 『사랑, 그 위대한 악법』, 이세진 역, 예담, 2009.
한기호, 「[한기호의 책통] 광복 70년, 책속 '자유부인' 어떻게 변했나」, 『머니투데이』, 2015.3.14.
한림대학교 아시아문화연구소, 『미군정기 한국의 사회변동과 사회사1』, 한림대 출판부, 1999.
한림대학교 인문학연구소 엮음, 『대중문학 주변부의 반란』, 민속원, 2007.
한명환, 『한국현대소설의 대중미학 연구』, 국학자료원, 1997.
______, 「1950년대 지역신문에 나타난 여성담론 양상 연구-영남지역 신문소설의 '여성주체' 개념을 중심으로」, 『어문연구』 47, 2005.
한미화, 『우리시대 스테디셀러의 계보』, 한국출판마케팅연구소, 2001.

______, 『베스트셀러 이렇게 만들어졌다』, 한국출판마케팅연구소, 2002.
한용환, 『소설학 사전』, 고려원, 1992.
한원영, 「1950년대 지역 신문에 나타난 여성담론 양상 연구 - 영남지역 신문 소설의 여성주체 개념을 중심으로」, 『어문연구』 47, 2005.
______, 『한국신문 연재소설의 사적 연구(상)』, 푸른 사상, 2010.
한혜원, 「정비석 소설의 창작방법 연구」, 이화여자대학교 석사학위 논문, 2002.
허문영 엮음, 『우리시대의 대중문화』, 한나래, 1995.
허윤, 「1930년대 여성장편소설의 모성담론 연구」, 이화여자대학교 석사학위 논문, 2006.
______, 「'여대생' 소설에 나타난 감정의 절대화-최희숙, 박계형, 신희수를 중심으로」, 『역사문제연구』 40, 2018.
허창운, 『현대문예학의 이해』, 창작과비평사, 1989.
홀럽, 로버트 C., 『수용미학의 이론』, 최상규 역, 예림기획, 1999.
홍구, 「여류작가군상」, 『삼천리』, 1933.3.
홍성암, 「대중소설의 특성과 독자 취향」, 『한민족문화연구』 6, 2000.
홍은희, 「김말봉 소설 연구」, 대구가톨릭대학교 석사학위 논문, 2002.
황영숙, 「김말봉 장편소설 연구-『푸른 날개』와 『생명』을 중심으로」, 『한국문예비평연구』 15, 2004.

찾아보기

[ㅇ]

[ㅊ]

한국 베스트셀러 여성작가의 러브스토리 코드

김말봉, 장덕조, 박계형 소설의 미학

펴낸날 1판 1쇄 2020년 12월 2일
지은이 진선영
펴낸이 이승아
펴낸곳 이화여자대학교출판문화원
주소 서울특별시 서대문구 이화여대길 52 (우03760)
등록 1954년 7월 6일 제9-61호
전화 02) 3277-2965 (편집), 362-6076 (마케팅)
팩스 02) 312-4312
전자우편 press@ewha.ac.kr
홈페이지 www.ewhapress.com
책임편집 민지영
디자인 정혜진
찍은곳 한영문화사

ISBN 979-11-5890-394-7 93810
값 28,000원

* 잘못된 책은 구입처에서 바꾸어 드립니다.

이 도서의 국립중앙도서관 출판예정도서목록(CIP)은 서지정보유통지원시스템 홈페이지(http://seoji.nl.go.kr)와 국가자료종합목록시스템(http://www.nl.go.kr/kolisnet)에서 이용하실 수 있습니다. (CIP제어번호 : CIP2020048220)